中国物流技术协会推荐教材

面向“十二五”物流专业工学结合规划系列教材

物流成本管理

人类进入21世纪后，以新型流通方式为代表的连锁经营、物流配送、等产业发展迅速
加之经济全球化趋势明显增强，给世界各国经济发展带来了前所未有的机遇
被誉为“第三利润源泉”的现代物流产业，在国民经济建设与社会发展中发挥着愈来愈重要的作用

WULIU CHENGBEN GUANLI

主　编　阎　平　彭卫华
副主编　赵吉贞　刘宗盛　张　罡
参　编　龙桂先　周文胜　杨开裕

中国商业出版社

图书在版编目(CIP)数据

物流成本管理/阎平，彭卫华主编. —北京：中国商业出版社，2015.2

ISBN 978-7-5044-5932-9

Ⅰ.物… Ⅱ.①阎…②彭… Ⅲ.物流-成本管理-教材 Ⅳ.F253.7

中国版本图书馆CIP数据核字(2007)第080465号

责任编辑：刘毕林

中国商业出版社出版发行

（北京广安门内报国寺1号 邮编：100053）

新华书店总店北京发行所经销

北京航天伟业印刷有限公司印刷

787×1092毫米 开本：1/16 印张：19.25 字数：350千字

2015年2月第1版 2015年2月第2次印刷

定价：39.80元

* *

序

当前物流不仅在我国,就是在世界范围也已经成了经济活动的热点！因为随着市场国际化、采购全球化,生产布局也随市场采购一道全球化了,这就大大地加长了供应链。而电子信息网络技术的发展,已把供应链加长对商流、信息流和资金流造成的不利影响解决掉了,从而使物流的效率对整个生产与营销成本的影响凸显出来,引起了大家的关注。中国已成为世界的加工厂,其物流需求极大,在国内物流企业快速发展的同时国外的物流企业也纷纷进入中国,物流市场竞争极为激烈,这就更加剧了我国物流人才短缺的状况。所以各院校纷纷设立物流专业,以满足市场对物流人才的迫切需求。在解决需求方面高端的如研究生、本科生等参与的单位很多,但在高职、中专方面关心的就少多了。这主要是由于人们对物流人才市场缺乏了解,加上我国的学生与家长们望子成龙的心太迫切,殊不知人才的需求也是综合的,犹如一架机器上的各个部件一样,是缺一不可的。为什么有些产品我们都喜欢原装的？这不是输入到中国的零部件有问题,主要是我们的操作人员在领会设计意图,理解操作规范和实际动手装配上,较之国外的企业有较大的差距。为此国家教育部特别强调在大、中专学生培养中一定要加强实操能力的培养与训练。在重视高层物流经营与管理人才培养的同时,也要特别关心物流职业技术教育,培养和造就一大批有一定的基础理论知识,又了解物流第一线生产实际状况,并具备岗位实操能力的物流人才。

为解决上述问题,中国物流技术协会与全国职业教育教学培训委员会商贸专业委员会合作进行了物流专业教师物流实践知识的培训,在海尔、昆船、红河、北京西南物流中心等国内著名企业现场进行物流生产知识的讲授和参观、考察与研讨,丰富教师的物流生产实践知识;考察中教师们还对生产线进行了拍照和录相,带回学校作为课堂教学的素材,配合课堂讲解增强学生们对物流生产的感观认知度。在此基础上我们又做了大量的调研,分析了教学方面对教材的质量与专业性的要求,在兰州召开了“现代物流职业教育教材”编写研讨会,提出编写一套物流管理与实训相结合的系列教材。该系列教材共有 14 本,既系统地涵盖了目前物流专业教育的教学内容,又有针对性地培养学生的职业技能。

本系列教材在突出实用性技能的同时,也编进了一定量的物流领域新知识、新技术和新概念。除了可作学校教学使用外,也可作为企业人才培训和物流从业人员自我提高的辅导材料。

中国物流技术协会 牟惟仲

前　言

人类进入21世纪后，以新型流通方式为代表的连锁经营、物流配送、电子商务等产业发展迅速，加之经济全球化趋势明显增强，给世界各国经济发展带来了前所未有的机遇。被誉为"第三利润源泉"的现代物流产业，在国民经济建设与社会发展中发挥着愈来愈重要的作用。在原材料、设备、劳动力、成本的压缩空间趋于零后，对成本的控制将转为物流领域，因此，发展现代物流产业对优化资源配置、降低生产成本、提高经济效益，从而增强市场竞争力具有十分重要的意义。物流产业的发展，将成为衡量一个国家现代化程度和综合国力的重要标志之一，它又被称为经济发展的"加速器"。

我国加入WTO以后，物流业是最先对外开放的行业之一，要实现物流一体化、发展第三方物流、与国际物流企业竞争，已引起各级政府部门和众多国内大企业的重视，如海尔公司、一汽大众公司等，率先组建自己的物流公司。但是由于我国对物流研究相对滞后，物流技术水平相对落后，使得培养出的人才参差不齐，与国外物流产业人才相比，主要体现在人员素质以及物流知识和技能与实践脱节，很难满足社会对物流人才的要求。在加强高层次物流经营与管理人才培养的同时，最好大力发展物流职业技术教育，培养和造就大批物流生产第一线技术操作和运作管理的应用型人才。

从总体上看，我国物流职业教育方面刚刚起步，还没有真正形成一个较完整的职业教育体系，在课程设置、教材选取、培养方向等方面缺乏规范性。物流业既是一个跨行业、跨部门的复合产业，又具有劳动密集型和技术密集型相结合的特征。在此情况下，由全国职业教育教学培训委员会商贸专业委员会组织编写了这套教材，该系列教材将有针对性地来培养学生的职业技能，精练理论，并突出实用性技能，充分体现物流领域的新知识、新技术、新思想和新方法。

"现代物流管理"系列教材共14本，由经济管理出版社和中国商业出版社分别出版。本书是该系列教材中的一本。主要内容有：物流成本管理概述、物流成本核算，物流成本分析、预测与决策，物流成本控制，企业物流成本管理，运输成本管理，仓储成本管理，装卸搬运成本管理，包装成本管理，流通加工成本管理，配送成本管理，物流成本绩效评估等以及相关的案例分析。

本书编写分工如下：阎平（广西商业学校高级讲师）编写第1、8、10章，彭卫华（广西商业学校高级讲师）编写第2、3、7章，刘宗盛（甘肃农业职业技术学院副教授）编写第4章，张罡（四川商贸学校高级讲师）编写第5章，龙桂先（广西财经学院副教授）编写第6章，周文胜（广西商业学校高级讲师）编写第9章，赵吉贞（河南许昌工商管理学校讲师）编写第11章，杨开裕（四川商贸学校高级讲师）编写第12章。最后由阎平和彭卫华统稿。

在编写过程中，吸收了当前物流管理和成本管理领域中的最新成果和技术，力求通俗易懂地将当今物流成本管理的一般运作方法和管理技术较为全面地介绍给读者，书中内容深入浅出、重点突出，便于初学者在整体掌握物流成本学科的同时能把握住重点和难点；每章在整体描述的基础上，均选用了典型案例进行分析并归纳出本章小结，起到促进对理论的理解和知识的提纲挈领作用；每章后面的习题为读者提供了复习和巩固的便利。本书还大量采用了图表等形式，生动直观，可操作性强。

本书可作为职业院校现代物流管理及相关专业的教材，也可用于企业培训教材和物流从业人员自学参考。

在编写过程中，我们参阅、引用了国内外有关物流学科的论著和资料，在此一并表示衷心的感谢。由于时间仓促和作者水平、学识有限，书中难免存在一些疏漏和不足，恳请读者批评、指正。

现代物流管理系列教材编审委员会

2015 年 2 月

目 录

◆——第 1 章　物流成本管理概述

●本章学习目标与要求

★引导案例

★章节内容

物流成本概述

物流成本管理概述

物流成本的控制

★案例

海尔集团发展物流的成果分析

★本章小结

★习题

★学习目标

物流成本是伴随着物流活动而发生的各种费用，物流成本的高低直接影响企业利润水平的高低。人们对物流的关心首先是从物流成本开始的，物流被看作是企业的"第三利润源"。因此，物流成本管理已成为企业物流管理的一项重要内容。通过本章的学习，要掌握物流成本的涵义、构成及分类；理解物流成本的主要学说和物流成本管理的意义；掌握物流成本管理的内容；掌握物流成本管理的方法和降低物流成本的途径等。

---

*

中国与发达国家物流成本的比较

由于受多种因素的影响，我国物流成本大大高于发达国家。据有关资料显示，我国物流企业运营成本在所统计的国家中最高，英国、美国、日本、新加坡等国的物流成本占 GDP 的比例分别为 10.1%、10.5%、11.4%、13.9%；而在我国，大陆地区物流成本占 GDP 的比例为 16.9%，事实上，国内物流专家认为可能还要高，在 18% 或 19% 左右。因此降低物流成本是关系到企业经营成败关键因素之一。

根据中国物流权威机构于 2004 年的计算：全国物流成本每降低一个百分点就可以新增

1300亿元的社会经济效益。

1.1 物流成本概述

成本是指在企业进行某项活动时所发生的各种相关耗费。在企业管理中，成本管理一直受到人们的普遍重视，成本管理是企业内部管理的核心内容。同样，凡是从事物流工作、与物流相关的人或是企业，没有不关心物流成本的。据估算，现阶段的物流成本可以占到商品总价值的10%～50%，企业的市场竞争力就包含了对物流成本的重新确认和有效控制，降低物流成本也就成了物流管理最重要的目标之一。

物流话语

电子商务时代，实现了信息流、商流、资金流、物流的同步处理。

1.1.1 物流成本的概念

在物流过程中，为了提供有关服务，开展各项业务活动，必然要占用和消耗一定的活劳动和物化劳动，这些活劳动和物化劳动的货币表现，即为物流成本，也称为物流费用。因此，物流成本的定义可以表述为：物流成本是指物流活动中所消耗的物化劳动和活劳动的货币表现。具体包括货物在包装、运输、储存、装卸搬运、流通加工、物流信息、物流管理等过程中所耗费的人力、物力和财力的总和，以及与存货有关的资金占用成本、物品损耗成本、保险和税收成本。物流成本是物流的核心概念之一，整个物流技术和物流管理的发展过程就是不断追求物流成本降低的过程。因此，任何企业都需要把物流成本管理纳入企业生产经营过程进行战略性思考。

成本就其本身含义来说是用金额评价某种活动的结果。成本是可以计算的，但却不能从事管理等活动，能够成为管理对象的只能是具体的活动。因此，物流成本管理并不是管理物流成本，而是通过成本的计算来管理物流。这两者的区别在于，前者把计算成本本身当作目的，而后者则是把成本作为一种手段来管理物流，因此可以说，物流成本管理就是以成本为手段的物流管理。

利用物流成本来对物流进行管理是由物流成本本身具有的三个特性决定的。其一，成本能忠实地反映物流活动的实际情况。假如出现不合理现象，物流成本就会增大；相反，合理的活动，成本自然减少，这些都是实际情况的反映，如果管理人员能注意到成本的变化，就会及时发现问题，准确评估管理水平。其二，成本能成为评价所有活动的共同尺度。即通过金额评价各项活动，得出不同的结果，从成本上反映出来就是成本有差异，所有的活动都可以用成本这个统一的尺度来掌握，能够在统一场合进行比较分析。其三，物流成本与服务之间的二律背反关系，物流活动各要素成本间交替损益的状态，都使人们无法以某一环节活动的优劣和某一单项指标的高低去评价物流系统的合理性。而物流服务与成本之间的协调，物流各项活动成本之间的相互影响，最终都将体现在物流总成本上，因此，从本质上说，所有的物流活动最终都是能够变成成本加以掌握的。

1.1.2 物流成本的构成与分类

如前所述，物流成本是指货物在包装、运输、储存、装卸搬运、流通加工、物流信息、物流管理等物流过程中所耗费的人力、物力和财力的总和，其涉及范围广、构成内容复杂。因此，为了进行物流成本的计算，首先应确定计算口径，并对物流成本的构成进行分析。按不同的物流费用集合和考查问题的切入点不同，计算物流成本可分物流成本项目、物流范围和物流成本支付形态三种类型进行。现分述如下：

1. 按物流成本项目分类

按成本项目划分，物流成本由物流功能成本和存货相关成本构成。其中，物流功能成本包括物流活动过程中所发生的包装成本、运输成本、仓储成本、装卸搬运成本、流通加工成本、物流信息成本和物流管理成本；存货相关成本包括企业在物流活动过程中所发生的与存货有关的资金占用成本、物品损耗成本、保险和税收成本。按这种方法分类是为了考察物流成本由哪些项目构成。具体内容见“企业物流成本项目构成表”（表1-1）。

表1-1　　**企业物流成本项目构成表**

		成本项目	内容说明
物流功能成本	物流运作成本	运输成本	一定时期内，企业为完成货物运输业务而发生的全部费用，包括从事货物运输业务的人员费用、车辆（包括其他运输工具）的燃料费、折旧费、维修保养费、租赁费、养路费、过路费、年检费、事故损失费、相关税金等。
		仓储成本	一定时期内，企业为完成货物储存业务而发生的全部费用，包括仓储业务人员费用，仓储设施的折旧费、维修保养费、水电费、燃料与动力消耗等。
		包装成本	一定时期内，企业为完成货物包装业务而发生的全部费用，包括包装业务人员费用，包装材料消耗，包装设施折旧费、维修保养费，包装技术设计、实施费用以及包装标记的设计、印刷等辅助费用。
		装卸搬运成本	一定时期内，企业为完成装卸搬运业务而发生的全部费用，包括装卸搬运业务人员费用，装卸搬运设施折旧费、维修保养费、燃料与动力消耗等。
		流通加工成本	一定时期内，企业为完成货物流通加工业务而发生的全部费用，包括流通加工业务人员费用，流通加工材料消耗，加工设施折旧费、维修保养费，燃料与动力消耗费等。
	物流信息成本		一定时期内，企业为采集、传输、处理物流信息而发生的全部费用，指与订货处理、储存管理、客户服务有关的费用，具体包括物流信息人员费用，软硬件折旧费、维护保养费、通讯费等。
	物流管理成本		一定时期内，企业物流管理部门及物流作业现场所发生的管理费用，具体包括管理人员费用，差旅费、办公费、会议费等。
存货相关成本	资金占用成本		一定时期内，企业在物流活动过程中负债融资所发生的利息支出（显性成本）和占用内部资金所发生的机会成本（隐性成本）。
	物品损耗成本		一定时期内，企业在物流活动过程中所发生的物品跌价、损耗、毁损、盘亏等损失。
	保险和税收成本		一定时期内，企业支付的与存货相关的财产保险费以及因购进和销售物品应交纳的税金支出。

2. 按物流范围分类

按物流成本产生的范围划分，物流成本由供应物流成本、企业内物流成本、销售物流成本、回收物流成本以及废弃物流成本构成。这种方法强调物流的先后顺序，因而便于分析各个物流阶段中的物流成本情况，这种分类方法对专项物流部门、综合性物流部门具有较大的实用性。具体内容见“企业物流成本范围构成表”（表1-2）。

表 1－2　　　　企业物流成本范围构成表

成本范围	内 容 说 明
供应物流成本	指经过采购活动，将企业所需原材料（生产资料）从供给者的仓库运回企业仓库为止的物流过程中所发生的物流费用。
企业内物流成本	指从原材料进入企业仓库开始，经过出库、制造形成产品以及产品进入成品库，直到产品从成品库出库为止的物流过程中所发生的物流费用。
销售物流成本	指为了进行销售，产品从成品仓库运动开始，经过流通环节的加工制造，直到运输至中间商的仓库或消费者手中的物流活动过程中所发生的物流费用。
回收物流成本	指退货、返修物品和周转使用的包装容器等从需方返回供方的物流活动过程中所发生的物流费用。
废弃物流成本	指将经济活动中失去原有使用价值的物品，根据实际需要进行收集、分类、加工、包装、搬运、储存等，并分送到专门处理场所的物流活动过程中所发生的物流费用。

3. 按物流成本支付形式分类

按物流成本支付形态划分，企业物流总成本由内部物流成本和委托物流成本构成。其中内部物流成本按支付形态分为材料费、人工费、维护费、一般经费和特别经费。委托物流成本是指委托外部企业从事物流活动的所有开支；企业内部物流成本是指企业在供应、销售、退货等阶段，因运输、包装、搬运、整理等发生的由企业自行支付的物流成本。这种分类方法与财务会计统计分类方法一致。具体内容见“企业物流成本支付形态构成表”（表 1－3）。

表 1－3　　　　企业物流成本支付形态构成表

成本支付形态		内 容 说 明
企业内部物流成本	材料费	资材费、工具费、器具费等
	人工费	工资、福利、奖金、津贴、补贴、住房公积金等
	维护费	土地、建筑物及各类物流设施设备的折旧费、维护维修费、租赁费、保险费、税金、燃料与动力消耗费等
	一般经费	办公费、差旅费、会议费、通讯费、水电费、煤气费等
	特别经费	存货资金占用费、物品损耗费、存货保险费和税费
委托物流成本		企业向外部物流机构所支付的各项费用

上述三种分类方法是物流成本主要的分类方法。在实际的物流管理过程中，管理人员也可以根据本企业实际的物流情况和所要分析物流状况的不同角度或侧面，灵活采用多种不同的分类方法进行物流成本的计算和分析。

1.1.3 物流成本的重要特征

物流被称作“第三利润源泉”，在物流领域降低成本有很大的潜力，特别是在物流水平不高的国家，物流成本在企业销售成本中占了很大的比例，因此，加强对物流活动的管理，控制和降低企业各种物流费用有着非常重要的意义。要加强物流成本管理，应该首先认识物流成本的一般特征及在当今企业活动中的影响因素。

物流成本作为企业成本的组成部分，除了具备一般成本所有的特征（如消耗性、可量化、可比较等），更具有隐含性、效益背反性和成本削减的乘法效应等特点。

1. 物流成本的隐含性

首先，物流成本隐含性的主要现象之一是指物流成本大多数混入其他费用之中，很难看出其全貌。在通常的企业财务决算表中，物流成本核算的只是企业对外部运输业者所支付的运输费用或向仓库支付的商品保管费等传统的物流成本，而对于企业内与物流中心（物流部门）相关的人工费、设备折旧费、固定资产税等各种费用则与企业其他经营费用统一计算，因而，从现代物流管理的角度来看，企业难以完整、正确地把握实际的物流总成本。事实上，发达国家的经验表明，企业实际发生的物流成本往往要超过外部支付额的 5 倍以上。

其次，企业物流过程的复杂性也导致了物流成本计算的不完全性。企业物流过程包括原材料采购物流、工厂内部零部件物流、从工厂到仓库和配送中心的成品物流、从配送中心到商店的商品物流等，这导致物流成本的计算范围很广泛，极易忽略其中的某一部分。

再次，物流成本中有不少是不可预测而难以控制的，这也造成了物流成本的“隐含”。例如，额外存货费用，额外包装费用和包装不良引起的货损，仓储不当引起的货损风险费用，货物不合格返退供应商而引起的额外时间和支出，日益增加的信息、交通和人员费用支出，通货膨胀和汇率风险费用等。这些物流费用虽然发生了，却未能完整而清晰的“浮出水面”，从而增加了物流成本管理的难度。

正因为物流成本具有“隐含性”，物流成本的管理才显得如此重要。可以说，物流成本的管理工作，一个非常重大的任务是要把隐藏着的物流成本充分挖掘出来，尽可能地了解成本的全貌，然后再根据成本发生的实际情况采取相应的管理措施。

2. 物流成本的效益背反性

“效益背反”说是物流领域中经常出现的普遍现象，是这一领域中内部矛盾的反映和表现。效益背反指的是物流的若干功能要素之间存在着损益的矛盾，即某一个功能要素的优化和利益发生的同时，必然会存在另一个或另几个功能要素的利益损失，反之也如此。这是一种此涨彼消，此盈彼亏的现象，虽然在许多领域中这种现象都是存在着的，但在物流领域中，这个问题似乎尤其严重。这一理论的实证之一：如包装的问题，包装方面每少花一分钱，从表面上看这一分钱就必然转到收益上来，包装越省，利润则越高。但是，一旦商品进入流通之后，如果简省的包装降低了产品的防护效果，造成了大量损失，就会造成储存、装卸、运输等功能要素的工作劣化和效益大减。

3. 物流成本削减的乘法效应

物流成本的控制，对企业利润的增加具有显著作用，这可以从物流成本削减的乘法效应看出。假定销售额为 100 亿元，物流成本为 10 亿元，物流成本占销售金额的 10%，那么，如果物流成本下降 1 亿元，销售金额就将增加 10 亿元，这样，物流成本的下降对企业无疑会产生极大的经济效益。

综合上述特点可以看出，对企业而言，要实施现代化的物流管理，首要的是全面、正确地把握包括企业内外发生的所有物流成本在内的企业整体物流成本，也就是说，要削减物流成本必须以企业整体成本为对象。另外，物流成本管理还必须注意不能因为降低物流成本而影响对用户的物流服务质量。例如，为了符合顾客的要求，及时、迅速地配送发货，企业需要进行配送设施的投资，如果仅仅为了减少物流成本而放弃这种投资，就会影响企业对顾客的物流服务水平。

1.1.4 物流成本的主要理论

与其他成本比较，物流成本的显著特征突出地体现在几个有代表性的理论上，了解这些与物流成本密切相关的基础理论，对于正确理解和有效控制物流成本均有重要的意义。

1.“黑大陆”说

著名的管理学权威P·E·德鲁克曾经说过:“流通是经济领域里的黑暗大陆”，德鲁克泛指的是流通，但是，由于流通领域中物流活动的模糊性尤其突出，是流通领域中人们更认识不清的领域，所以，“黑大陆”说法现在转向主要针对物流而言。在现行的财务会计制度中，由于物流成本没有被单独列入，制造企业习惯将物流费用计入产品成本，流通企业则把物流费用与商品流通费用混在一起。因此，无论是制造企业还是流通企业，都难以按照物流成本的内涵完整地计算出物流成本，这样在企业的损益表中所能看的物流成本在整个销售额中只占极少的比重，物流的重要性也就不会被认识到，这就是物流被称为“黑暗大陆”的一个原因。同时“黑大陆”说也是对物流本身的正确评价，即喻指这个领域未知的东西还很多，理论与实践皆不成熟。

2.“冰山”说

物流冰山说是日本早稻田大学西泽修教授提出来的，他潜心研究物流成本时发现，现行的财务会计制度和会计核算方法都不可能掌握物流费用的实际情况，因为，在企业的全部物流费用中，由企业财务直接支付的运费、仓库保管费、装卸作业费、包装费等直接物流费用只是全部物流费用中的一部分，甚至是一小部分，不过是冰山的一角。而在企业内部占压倒多数的物流成本，却未被作为物流费用单独计算，而是混杂在制造成本、销售成本以及一般经费之中，难以明确掌握。比如，公司以单价300元的价格向外购买设备的配件，这一费用在财务上最终全部归入制造成本，而实际上这300元中包含了相当比例的物流费用。又比如，向运输公司、仓储业者或包装行业等支付的物流费用，并没有包括生产车间从事搬运、仓储、包装等作业的人员和设备所需的物流费用，所以它也不是完整意义上的物流成本。西泽修教授根据这些情况，提出了“物流冰山说”(图1-1)，他把全部物流费用形象地比喻为大海中浮着的一座冰山，其露出水面看得见的部分，只是冰山的一角，用以比喻企业可以计算和掌握的那一部分物流费用;而潜在水中的大部分喻指企业物流费用中难以明确掌握的那部分。

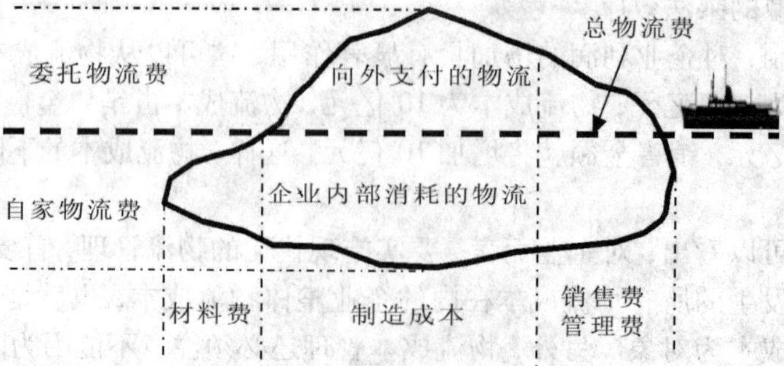

图1-1 物流冰山

3.“第三利润源”说

“第三个利润源”说法也主要出自日本。持这一理论者认为，从历史发展来看，人类历史上曾经有过两个大量提供利润的领域，第一个是资源领域，第二个是人力领域。资源领域起初是通过廉价原材料、燃料的掠夺或获得，其后则是依靠科技进步、节约消耗、综合利用、回收利用乃至大量人工合成资源而获取高额利润，这一领域被称之为“第一利润源”。人力领域最初是通过廉价劳动，其后则是依靠科技进步提高劳动生产率，降低人力消耗或采用机械化、自动化来降低劳动耗用从而降低成本，增加利润，这个领域习惯称为“第二利润源”。然而，这两个利润源的潜力越来越小，利润开拓越来越困难。这时物流领域的潜力被人们所重视，于是提出了第三利润源，这是对物流潜力及效益的描述。

4.“交替损益”说

“交替损益”一词源自英语“Trade - off”(最优均衡)，本来的含义是:“两种目的对于同一种资源会产生两种不同的结果时，为了更好地完成一种目的，而可能需要对另一目的的完成做出部分牺牲，这种目的间的关系，就是交替损益关系”，有时我们也称这种现象为“二律背反”或“效益背反”规律。

物流成本的交替损益是指改变物流系统中任一要素都会影响到其他要素，系统中任一要素的增益都可能对该系统其他要素产生减损作用。主要表现在:

(1)物流成本与服务水平的交替损益。物流服务的高水平必然带来企业业务量的增加，收入增加，同时却也带来企业物流成本的增加，使得企业效益下降，即高水平的物流服务必然伴随着高水平的物流成本。在没有很大技术进步的情况下，企业很难做到同时提高物流服务水平和降低物流成本。这种关系如图1－2所示。

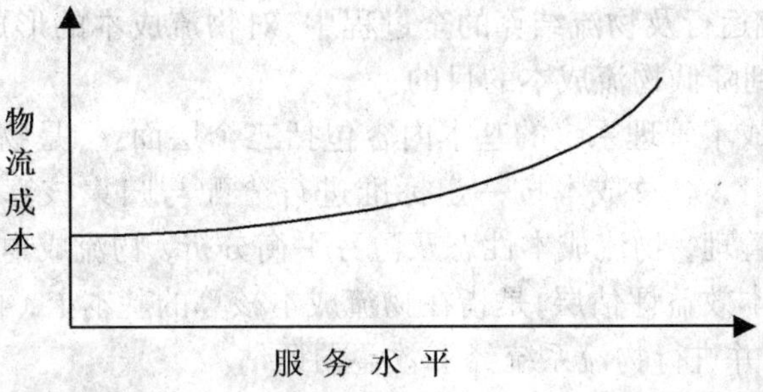

图1－2

(2)物流功能之间的交替损益。物流活动中包装、运输、储存、装卸搬运、流通加工、配送、信息处理等诸项活动要素相互联系、相互制约、相互结合，共同组成了一个有机的整体——物流系统。由于系统的相关性产生了物流成本交替损益的关系，各子系统的功能如果不均匀，一种功能成本的削减会使另一种功能成本增多，从而使物流系统的整体能力受到影响。如搬运装卸能力很强，但运输力量不足，会产生设备和人力的浪费;反之如装卸环节薄弱，车、船到达车站、港口后不能及时卸货，也会带来很大的经济损失。所以物流总成本虽然是由物流各项要素成本组成，但它与各项要素成本之间并不是简单的成正比或反比的关系，而是各项成本相互影响、相互作用的综合结果。

上述内容只是对物流成本的交替损益性做了一个说明，在实际工作中，可以发现物流各环节成本间普遍存在这样的特征。因此，对于物流成本，不能只关注个别成本的问题，要根据成本的交替损益性全面掌握成本的变化，力图使“交替损益”的结果能实现总成本的最低。

5. 成本中心说

成本中心说的含义是，物流在企业战略中，只对企业营销活动的成本发生影响，物流是企业成本的重要的产生点，因而，解决物流的问题，主要并不是要搞合理化、现代化，主要并不在于支持保障其他活动，而主要是通过物流管理和物流的一系列活动降低成本。所以，成本中心既是指主要成本的产生点，又是指降低成本的关注点，物流是“降低成本的宝库”等说法正是这种认识的形象表述。

6. 服务中心说

服务中心说代表了美国和欧洲等一些国家的学者对物流的认识。他们认为，物流活动最大的作用，并不在于为企业节约了消耗，降低了成本或增加了利润，而是在于提高企业对用户的服务水平进而提高了企业的竞争能力。因此，他们在使用描述物流的词汇上选择了后勤一词，特别强调其服务保障的职能。通过物流的服务保障，企业以其整体能力来压缩成本和增加利润。

1.2 物流成本管理概述

1.2.1 物流成本管理的意义

1. 物流成本管理内涵

依据国家标准《物流术语》的描述，物流成本管理是指“对物流相关费用进行的计划、协调与控制”。由此可见，物流成本管理是指有关物流成本方面的一切管理工作的总称，具体而言是从物流设计到物流运行及物流结算的全过程中、对物流成本的形成所进行的计划、组织、指挥、监督和调控，达到降低物流成本的目的。

从总体上看，物流成本管理系统的基本内容包括三个层面：一是物流成本管理层，包括进行物流成本的预测、决策，对总成本按一定标准进行分配与归集核算等；二是物流成本控制层，包括物流标准成本管理，物流成本性态及盈亏平衡分析，物流成本预算管理，物流责任成本管理等；三是物流成本效益评估层，是指在物流成本核算的基本上，再进行物流系统对企业收益贡献程度的评价，并进行物流系统经济效益的评估。

物流成本管理属于企业战略性管理的范畴，它提供了一系列追求以成本收益为最佳的导向工具。因此可以说，物流成本管理的实质是通过成本去管理物流，是把成本作为一种管理物流的手段，并把物流成本作为衡量和评价企业各项工作的标准、尺度，把性质不同的各种物流活动，如分拣、包装、运输、搬运、仓储等放到同一个场合进行比较、分析，发现企业物流活动中哪些环节存在问题，以便有目标地解决问题，实现控制成本、提升物流活动经济效益的目的。

物流话语

1979 年，我国第一次把日本“物流”这一名词介绍到中国。

2. 物流成本管理的目的

企业进行物流成本管理，首先要明确管理目的。物流成本管理的主要目的包括：

(1)通过掌握物流成本现状，正确揭示物流成本的大小，使管理者和员工深刻了解降低物流费用、管好物流活动的重要意义。

(2)通过物流成本核算准确判断物流管理活动中存在的问题或薄弱环节，为企业查找物流管理活动的瓶颈提供有效的依据。

(3)依据物流成本计算结果，制订物流规划、确立物流管理战略，实现物流活动的合理化。

(4)通过物流成本管理，发现降低物流成本的环节，以便采取切实有效的措施重点防范费用较高的活动，以降低物流的总成本。

3. 物流成本管理的意义

根据世界货币基金组织的研究，物流成本平均约占全球国内生产总值的12%左右；而就企业而言，物流成本占销售额的比重从4%到超过30%不等，物流成本的降低有着极大的空间。因此，实行物流成本管理，降低物流成本，提高物流活动的经济效益，对国家和企业都具有现实与长远的重要意义。

(1)加强物流成本管理可以改进企业的物流管理水平。主要体现在两个方面：一是通过对物流成本的设计，既可以了解物流成本的大小和它在生产成本中所占的地位，提高企业内部对物流重要性的认识，还可以从中发现物流活动中存在的问题。二是可以根据物流成本计算结果，制订物流计划，调整物流活动并评价物流活动效果，以便通过统一管理和系统优化降低物流费用，从而大大提高物流管理的效率。

(2)加强物流成本管理可以降低产品价格。物流成本是产品价格的组成部分之一，所以物流成本的大小对产品价格的高低具有重大影响。通过对物流成本进行管理，使得物流成本降至最低，企业便可在一个较大的幅度内降低其产品价格，从而增强企业的竞争能力。

(3)加强物流成本管理可以为社会节约大量资源。物流费用的降低，意味着在实物流动过程中劳动耗费的减少，由此，生产领域中的劳动就可以相应增加。同时，在物流过程中必然伴随着一定量的物质损耗，实施物流成本管理可以减少财产损失和商品损耗，这不但节约了物流费用，而且为社会节约了大量的物质财富。

总之，物流被看作是企业的“第三利润源”，因此，利用物流成本来强化对物流活动的管理，从微观角度上看，可以提高企业的物流管理水平，加强企业的经营管理，促进经济效益的提高；从宏观角度上看，控制物流消耗，降低物流成本对发展国民经济，提高人民生活水平都具有重要意义。

1.2.2 物流成本管理的原则及要求

物流成本管理既要从物流本身效率考虑，更要综合考虑提高顾客服务、削减商品库存以及与其他企业相比，能取得竞争优势等各种因素来分析，只有这样，才有可能取得较高的投资回报率，从而在真正意义上降低整体物流成本。

1. 物流成本管理的一般原则

(1)健全企业物流管理体制，建立企业物流成本构成模式

企业实施物流成本管理，首先要从健全物流管理体制入手，从企业组织上保证物流管理的有效进行，要有专司物流管理的部门，实现物流管理的专门化。树立现代物流理念，重新审视企业的物流系统和物流运作方式，吸收先进的物流管理方法，结合企业自身实际，寻找改善物流管理，降低物流成本的最佳途径。

管理物流成本，首先要明确物流成本的构成，全面、准确地把握包括企业内外发生的所有物流成本在内的企业整体物流成本，建立企业物流成本的构成模式，分析比较物流成本与

制造成本、物流费用与其他费用之间的关系，建立科学的物流成本管理制度，使物流成本管理与财务会计在系统上联结起来，切实掌握物流系统的总成本。

(2)实行物流全过程成本优化

对于一个企业来讲，控制物流成本不单单是本企业的事,即追求本企业物流的效率化。而应该考虑从产品制成到最终用户整个供应链过程的物流成本效率化，即从现代物流管理的观念来控制物流成本。具体来说，对物流成本的计算，除了通常理解的仓储、运输等物流费用外，还应囊括流通过程中的基础设施投资、商品在库维持等一系列费用。销货配售中心的建设、电子数据交换等信息系统的构筑、商品在库保有量等相关的费用都是现代物流管理中重要的物流成本。因此，物流成本的管理不仅要考虑物流本身效率，还要综合考虑提高客户服务、削减商品在库以及与其他企业相比能取得竞争优势等各种因素，从而在真正意义上降低整体物流成本。

(3)提高对顾客的物流服务降低物流成本

物流系统的产出是物流服务，产出的多少可以用服务水平的高低来衡量与评价。因此，从根本上说，提高对顾客的物流服务是企业确保利益的最重要手段，也是降低物流成本的有效方法之一。但是，根据成本管理与物流服务的“二律背反”原理，超过必要量的物流服务不仅不能带来物流成本的下降，反而有碍于物流效益的实现。例如，随着多频度、少量化经营的扩大，对配送的要求越来越高，而在这种状况下，如果企业不充分考虑用户的产业特性和运送商品的特性，一味地开展商品的配送或发货的小单位化，无疑将大大增加发货方的物流成本。

为了既保证提高对顾客的物流服务，又防止出现过剩的物流服务，企业应当在考虑用户产业特性和商品特性的基础上，与顾客方充分协调，探讨有关配送、降低成本等问题，在提高物流服务的前提下寻求降低物流成本的途径。

(4)实行供应链各环节成本协调

随着价格竞争的激化，新型供应链物流管理体制不断得到发展与普及。新型的物流管理体制使得用户除了对价格提出较高的要求外，更要求物流企业能有效地缩短商品周转时期，真正做到迅速、准确、高效地进行商品管理。要实现上述目标，仅仅靠本企业的物流体制具有效率化是不够的，它需要本企业协调与其他企业(如部件供应商等)以及客户、运输业者之间的关系，实现整个供应链活动的效率化。

也正因为如此，追求成本的效率化不仅仅是企业中物流部门或生产部门的事，同时也是经营部门以及采购部门的事，亦即将降低物流成本的目标贯彻到企业所有职能部门之中。

(5)运用现代信息技术管理物流成本

借助于现代信息系统的构筑，一方面使各种物流作业或业务处理能准确、迅速地进行;另一方面能由此建立起物流经营战略系统。通过将企业定购的意向、数量、价格以及质量要求等信息在网络上进行传输，从而使生产、流通全过程的企业或部门分享由此带来的利益，充分对应可能发生的各种需求与变化，进而调整不同企业间的经营行为和计划。这无疑从整体上控制了物流成本发生的可能性。也就是说，现代信息系统的构筑为全面提升物流管理的水平，真正实现物流成本的降低、而不是向其他企业或部门转嫁成本奠定了基础。

2. 物流成本管理的具体要求

结合我国目前的物流发展状况和管理实践，管理物流成本可考虑从以下四个方面入手:

(1)制定成本管理规范

管理企业必须有章法，在企业内推行物流成本管理，也必须先制定管理规范，以便有章可循。在国家尚未出台企业物流成本管理规定的情况下，企业可以先根据自己的实际情况和管理目标，制订一个试行的规则，利用这一规则对各部门开展物流活动发生的相关费用支出的管理与控制。

(2)认真执行财务制度，严格遵守费用开支范围

由于物流成本是特殊的成本体系，因此，物流管理开支必须按照财务制度的规定，不得随意扩大开支范围和提高开支标准。财务部门要严格审查一切费用开支，凡不符合规章制度的费用和超过标准的部分，应一律拒绝，以保证费用开支的真实性和合理性。

(3)在保证物流正常进行的前提下，厉行节约

尽量节约一切不必要的开支，努力降低费用水平。但是，节约应当以保证物流正常进行和提高物流服务水平为前提。只有这样，才能有利于以最少劳动消耗取得最好的经济效益。

(4)实现计划管理，坚持按计划开支

物流企业的经营活动是在国家宏观规划指导下有计划进行的。为此，应当正确编制流通费用计划，对企业的费用开支实行计划管理，而且应当坚持按照计划开支，保证完成计划规定的降低物流费用的任务。

1.2.3 物流成本管理的内容

物流成本管理是以把握物流成本、分析和控制物流成本为手段进行的物流管理，目标是将物资流转各环节的经营活动进行有机的整合，使物流成本最低化，从而提高物流活动的经济效益。因而，物流成本管理覆盖了物流活动的全过程，其管理的具体内容包括:物流成本预测、物流成本决策、物流成本计划、物流成本核算、物流成本控制和物流成本分析等。

1. 物流成本管理的具体内容

(1)物流成本预测

物流成本预测是根据有关成本数据和企业具体的发展情况，运用一定的技术方法，对成本指标、计划指标事先进行测算平衡，寻求降低物流成本的有关技术经济措施，以指导成本计划的制订，而物流成本计划是成本控制的主要依据。在物流成本管理的许多环节都存在成本预测问题。如仓储环节的库存预测;流通环节的加工预测;运输环节的货物周转量预测等。

(2)物流成本决策

物流成本决策是在成本预测的基础上，结合其他有关资料，运用一定的科学方法，从若干个方案中选择一个满意的方案的过程。从物流整个流程来说，有配送中心新建、改建、扩建的决策;装卸搬运设备、设施添置的决策;流通加工合理下料的决策等。进行成本决策，采取能以最少的耗费获得最大效果的最优方案，以指导今后的工作，为进入下一循环的物流管理奠定良好的基础。

(3)物流成本计划

物流成本计划是根据成本决策所确定的方案、计划期的生产任务、降低成本的要求以及有关资料，通过一定的程序，运用一定的方法，以货币形式规定计划期物流各环节耗费水平和成本水平，并提出保证成本计划顺利实现所采取的措施。通过成本计划管理，可以在降低物流各环节耗费方面给企业提出明确的目标，推动企业加强成本管理责任制，增强企业的成本

意识，控制物流环节费用，挖掘降低成本的潜力，保证企业降低物流成本目标的实现。

(4)物流成本核算

在物流计划执行后，要对物流各环节产生的物流耗费进行归纳，并以适当的方法加以计算。物流成本核算是根据企业确定的成本计算对象，采用相适应的成本计算方法，按照规定的成本项目，通过一系列的物流费用汇集与分配，从而计算出各物流环节成本计算对象的实际总成本和单位成本。物流成本核算是物流成本管理的基础，通过物流成本核算，可以揭示物流成本的大小，发现物流活动中存在的问题，对物流活动进行计划、控制和业绩评价。

(5)物流成本控制

控制是使用所有可能的方法手段调节系统以达到预期的目标。物流成本控制是根据计划目标，对成本发生和形成过程以及影响成本的各种因素和条件施加主动的影响，以保证实现物流成本计划的一种行为。从企业生产经营过程来看，成本控制包括成本的事前控制、事中控制和事后控制。成本事前控制是整个成本控制活动中最重要的环节，它直接影响以后各作业流程成本的高低。事前成本控制活动主要有物流配送环节的建设控制，物流设施、设备的配备控制，物流作业过程改进控制等。成本的事中控制是对物流作业过程实际劳动耗费的控制，包括设备耗费的控制、人工耗费的控制、劳动工具耗费和其他费用支出的控制等方面。成本的事后控制是通过定期对过去某一段时间成本控制的总结、反馈来控制成本。通过成本控制，可以及时发现存在的问题，采取纠正措施，保证成本目标的实现。

(6)物流成本分析

物流成本分析是在成本核算及其他有关资料的基础上，运用一定的方法，揭示物流成本水平的变动，进一步查明影响物流成本变动的各种因素。通过物流成本分析，可以提出积极的建议，采取有效的措施，合理地控制物流成本。

上述各项成本管理活动的内容是相互配合、相互依存的一个有机整体：成本核算为成本预测提供基础资料，成本预测是成本决策的前提，成本计划是成本决策所确定目标的具体化，成本控制是对成本计划的实施进行监督，以保证目标的实现；而成本核算与分析又是对目标是否实现的检验。

2. 物流成本管理的基础工作

实施物流成本管理，还需要做好以下几方面的工作：

(1)确定成本管理对象

物流成本与生产成本相比较具有不连续性、不确定性、难以分解等特点，这就为物流费用核算与管理增加了一定的难度。因此，物流成本管理的前提是确定成本管理对象，使得费用管理与核算有据可依。

每一企业可根据本企业的性质和管理的需要来确定物流费用管理对象。物流费用管理对象，就不要轻易改变，以保持前后各期的一致性和可比性。

(2)制定费用标准及实行预算管理

在确定物流费用管理对象以及对物流费用分类的基础上便可进行物流费用预算管理。

①制定费用标准。费用标准的制定有以下几种类型：

——按费用项目制定费用标准。企业内部每一物流费用项目，按其与物品流转额的关系，可分为相对固定费用和变动费用。对于固定费用项目(如折旧费、办公费等)，可以以本企业历年来费用水平或其他企业(能力及规模与本企业相当)的费用水平为依据，再结合本企业现在的状况和条件，确定合理的费用标准。而对于可变项目，则着重于考虑近期及长远条件和环境的变化(如运输能力、仓储能力、运输条件及国家的政策法令等)制定出费用标准。

——按物流功能制定费用标准。不论是运输、保管还是包装、装卸费用，其费用水平的高低均取决于物流技术条件、基础设施水平。因此，按物流功能制定物流费用标准时应结合企业的生产任务、流转数量及其他相关因素进行考虑。

——按物流过程制定费用标准。按物流过程制定费用标准，是一种综合性的技术，要求全面考虑物流的每个过程。既要以历史费用水平为依据，同时又要考虑企业内外部因素的变化。

②实行预算管理。费用标准确定后，企业应充分考虑其财力状况，制定出每一种费用的资金预算，以确保物流活动的正常进行。同时，按照费用的标准，进行定期不定期的检查、评价与对比，以求控制物流活动和费用水平。

(3)实行责任制度及明确权责关系

由于物流费用遍布生产经营的每一环节和过程，因此，要想管好物流费用，除了制定费用标准，还需在物流部门、生产部门和销售、管理部门实行责任制，实行全过程、全员费用管理,明确各自的权利和责任。

①分解落实物流费用指标。不同的物流部门担负着不同的物流费用。按费用发生的地点将费用分解到一定的部门，落实其降低物流费用的责任，并按费用的可控性检查该部门物流费用降低情况，以作为其评价成绩的依据。

②编制记录、计算和积累有关费用执行情况的报告。每一物流部门都应将其负担的物流费用进行记录、计算和积累，并定期编制出业绩报告，以形成企业内部完整的物流费用系统。对一些共同性的物流费用，则另行计算，最终由企业最高管理机构记入费用总额。

③建立费用反馈与评价系统。一定期间结束后，将每一部门发生的物流费用实际执行结果与预算(标准)进行对比，评价该部门在费用控制方面的成绩与不足，以确定奖励还是惩罚。

(4)经济与技术相结合，降低费用水平。先进的运输、包装、装卸技术必然能降低物流费用，但先进技术的运用也必然具有较高的费用。因此，通过经济与技术相结合来选定运输工具、包装材料及装卸工具，也是降低物流费用总水平的一个重要方面。

(5)推行物流活动系统化、机械化、合理化。物流所要解决的主要问题是物流实体的位移。因此建立物流活动的系统化、机械化，从而使其流向合理化，包装运输科学化,也是物流成本管理的一项重要工作。

1.2.4 物流成本管理的方法

有效地开展物流成本管理，还必须掌握好物流成本管理方法。一般认为，物流成本管理的综合方法由横向管理法、纵向管理法和计算机管理系统三部分组成。

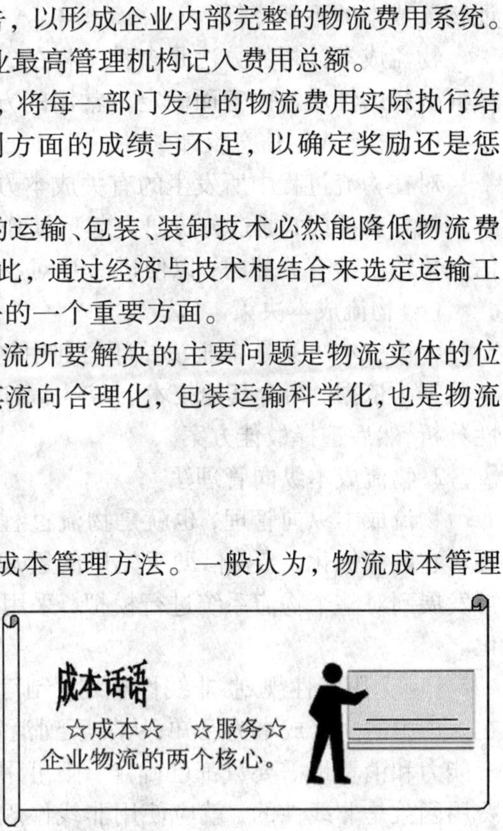

1. 物流成本横向管理法

(1)物流成本预测和计划

物流成本预测是在编制物流计划以前进行的。它是在对本年度物流成本进行分析，充分挖掘降低物流成本的潜力，寻求降低物流成本的有关技术经济措施，以保证物流成本计划的先进性和可靠性。

物流成本有月度计划、季度计划、年度计划和短期计划（半年或一年）、中期计划（三年）、长期计划（五年或十年）等计划体系。

（2）物流成本计算

物流成本计算是物流成本管理的第一步，是收集物流活动经济数据的主要渠道和途径，使物流过程透明化。这个透明度表现在：①通过物流成本计算程序为各个层次的经营管理者提供物流管理所需的成本资料，物流经济活动的透明化。②为后期物流预算编制和控制提供所需的基础数据，物流成本管理中计划的透明化。③提供了物流服务或相关产品价格计算的成本依据，是物流定价的透明化。

（3）物流成本控制

物流成本控制有狭义和广义两种理解。狭义的物流成本控制，就是在企业的物流活动中，对日常的物流成本支出，采取各种方法进行严格的控制和管理，使物流成本节减到最低限度，以达到预期的物流成本目标。广义的物流成本控制，则包括事前、事中和事后对物流成本进行预测、计划、计算、分析的全过程，也就是物流成本管理。实质上都是对物流成本的控制。

（4）物流成本分析

通过物流成本分析找差距、查原因、研究成本的真实情况，藉以揭露物流环节中的主要矛盾，挖掘企业的潜在力量，寻求克服薄弱环节的途径，提出降低物流成本的具体措施，以保证物流成本的不断降低。

物流成本分析的方法是多种多样的，具体采用哪种方法，要根据其目的、物流特点和所掌握资料的性质与内容而确定。常用的方法主要有：指标对比分析法和因素分析法等。

（5）物流成本信息反馈

对在物流过程中所发生的有关成本方面的各种资料和数据进行收集、整理、汇总，传输给有关领导和部门，通过分析研究起反馈作用，进行决策；再根据其决策，进行预测和计划，把信息传输出给有关部门，以便进一步对物流过程实行管理。

（6）物流成本决策

物流成本决策是企业领导部门利用物流成本信息反馈的结果。物流成本决策是以物流成本数据为依据，结合其他技术、经济因素进行研究、分析，决定采取的行动方针，并进行可行性分析，然后选择最佳方案。

2. 物流成本纵向管理法

物流成本纵向管理，也就是物流过程的优化管理。物流系统是一个庞大而复杂的系统，要对它进行优化，需要借助于先进的管理方法和管理手段。可先在其单项活动范围内进行，再发展到对整个物流系统进行模拟，采用最有效的数理分析方法来组织物流系统，使之合理化。

（1）运用线性规划、非线性规划，制订最优运输计划，实现物资运输优化。假定某种物品在工厂中的生产成本为已知；从某厂到消费地的单位运输费用和运输距离，以及各工厂的生产能力和消费地需要量都已确定，则可用线性规划来解决。如工厂的生产量发生变化，生产费用函数是非线性的，就应使用非线性规划来求解。属于线性规划类型的运输问题，常用的方法有单纯形算法和表上作业法。

(2)运用系统分析技术，选择货物的最佳配比及配送线路，实现物资配送优化。配送在物流系统中占有重要地位，配送线路是指各送货车辆向各个用户送货时所要经过的路线。配送线路的合理与否，对配送速度、合理利用车辆和配送费用都有直接影响。目前较成熟的确定优化配送线路的方法是节约法，也叫节约里程法。

(3)运用存储论，确定经济合理的库存量，实现物资储存优化。储存是物流系统的中心环节。某种物资从生产到用户之间需要经过几个阶段？在每个阶段库存量保持多少为合理？为了保证供给，需隔多长时间补充库存？一次进货多少才能达到费用最省的目的？这些问题都可以在存储论中找到解决的办法，其中比较著名的是经济订购批量公式。

(4)运用模拟技术，对整个物流系统进行研究，实现物流系统的最优化。

3. 计算机技术管理系统

计算机技术管理系统可将物流成本的横向、纵向连接起来，形成一个不断优化的物流系统的循环。通过一次次循环、计算、评价，整个物流系统在不断地优化，最终找出其总成本最低的最佳方案。

建立以计算机技术为基础的物流成本管理系统，是物流管理系统的重要组成部分。物流成本管理系统可以实现从其他物流管理子系统，如订货管理子系统、库存管理子系统、配送和运输管理子系统、采购管理子系统自动获取物流活动引起的相关数据，直接进行物流费用的计算。将数据处理的结果与物流总体计划子系统生成的物流成本预算计划或指标进行自动比较，判断物流费用控制是否正常，最终找出控制总成本最低的最佳方案。

企业在物流成本管理实践中，要根据本企业的经营活动特点，选择适合本企业的成本管理方法。也就是说，由于企业经营情况的复杂性，每个企业都有自己的经营特点，而且不同企业间存在着巨大差异，这就要求企业在确定成本管理方法时，要充分考虑本企业的特点，灵活选择适合企业的管理方法。

4. 物流成本管理新模式:作业成本法

在物流成本管理的各种方法中，目前最为人们所看重的是作业成本法。所谓作业成本法，是一种以作业(包括业务、附加价值等)为对象的成本核算与分析方法体系。物流作业成本法的“作业”是指在提供物流服务过程中不可缺少的物流活动、操作环节、运作流程等。作业成本法的基本思想是:根据“作业耗用资源,产品耗用作业”的指导思想，以作业为成本计算对象，首先依据资源动因将资源的成本追踪到作业,再依据作业动因将作业的成本追踪到产品,最终形成产品的成本。

物流企业应用作业成本法进行成本管理时，主要考虑物流成本的分摊方式和分析方法两部分内容：

(1)物流成本分摊方式

物流作业成本法的成本分摊不同于传统的成本分摊方式，其主要内容:①对物流运作过程(运输、仓储、配送等环节)中的作业进行成本分析。包括:员工工资、物流设备耗损、物品停滞时间、物品空间占用等费用的划分。②将物流成本分摊到各作业环节时，需要分析相关作业的必要性、能否为用户带来增值等，使物流作业直接与顾客的增值需要联系起来。然后，将物流作业成本分配到通过这些作业实施而完成的物流服务项目上。通过用作业成本法的成本分摊方式，使物流成本管理更具科学性和可操作性。

(2)作业成本分析方法

用作业成本法分析物流成本的基础是物流作业，应用作业成本法进行物流成本分析的要点包括：

①分析物流作业。其要点包括:物流活动的范围、性质、数量、比较和联系。

②挖掘物流作业成本动因。寻找导致冗余作业产生的原因，为物流作业成本降低提供实践依据。

③建立物流作业计量体系。物流作业分析和成本动因分析一般是定期进行的，为了确保物流各作业环节都利于物流服务质量的提高和企业内部成本控制的实效，需要建立物流作业计量体系。

作业成本法的具体运用详见第2章物流成本的核算。

1.3 物流成本的控制

据国际货币基金组织的研究统计，物流成本平均约占全球国内生产总值的12%左右，美国、日本物流成本占GDP的比例分别为10.5%、11.4%，中国物流成本占GDP的比例为16.9%。从社会经济的角度看，物流已成为新的经济增长点;从企业的角度看，加强物流成本管理，消除物流冰山，已成为其“第三利润源泉”。

1.3.1 影响企业物流成本的因素

在对企业物流成本实施有效管理之前，全面地了解其影响因素将会使管理活动的针对性强，达到事半功倍的效果。影响企业物流成本的因素很多，最主要的有三个:竞争性因素、产品因素和空间因素。

1. 竞争性因素

市场环境变幻莫测，充满了激烈的竞争，企业之间的竞争不仅包括产品价格的竞争，还包括顾客服务的竞争。而高效的物流系统是提高顾客服务的重要途径。如果企业能够及时而可靠地提供产品和服务，则可以有效地提高顾客服务水平，这都依赖于物流系统的合理化。而顾客的服务水平又直接决定了物流成本的多少,因此物流成本在很大程度上是由于日趋激烈的竞争而不断发生变化的。竞争性的因素主要体现在物流服务水平和物流运作方式两个方面：

(1)物流运作方式对物流成本的影响

企业的物流主要分自营物流和外包物流两种运作方式。随着市场竞争的加剧，企业的物流运作方式正在起着变化。从最初的所有物流业务全部自营，发展为部分物流业务的外包直至全部外包。当今，企业物流业务外包已经成为了越来越多致力于核心业务的企业的策略选择。究其原因是多方面的，但一个共同的原因在于希望通过外包寻求企业物流成本的降低。

(2)物流服务水平对物流成本的影响

物流服务是企业物流系统的产出，对企业而言的物流管理对客户而言就是顾客服务。顾客服务随着市场竞争的加剧，越来越成为企业创造持久竞争优势的有效手段。而企业管理者也发现加强企业物流管理对于顾客服务的满意度的重大意义所在。

企业的物流成本的降低受到物流服务水平的制约。顾客所期望的物流服务水平是企业做出任何一项降低物流成本决策时必须考虑的因素，物流管理者必须全面衡量客户服务需求，决不能为了降低成本而无视服务。如果连顾客可以接受的最低服务水平都达不到，服务付出的回报值是零，甚至会造成企业的声誉损失和机会丧失等负面影响。与此相反，物流服务水平的高低设定也必须重视其对物流成本水平的影响程度。如果改进服务能增加收入，则这样的成本调整（增加）通常可视为是合理的；但另一方面，也决不能为提供更令人“满意”的服务而导致物流成本的急剧增加。因此，需要在物流成本及企业的总利润之间做投入产出的效益对比分析。

正因为服务水平的提高对于企业的收入增加有着直接的影响，所以考虑物流服务与物流成本之间的权衡时，应更加重视从促进企业利润最大化而不是成本最小化的角度出发，应该首先对比不同的物流服务水平对于销售收入的影响，然后再根据被认为对销售收入贡献明显（即最优）的服务水平来计算出物流成本，而后再考虑这个物流成本的降低的方法（不从服务水平降低的角度进行考虑）。

总之，物流服务应该是物流成本的一项内涵。任何降低物流成本的策略考虑都要把物流服务的水平涵盖其中。

2. 产品因素

企业的产品（包括原材料、半成品和产成品）是企业的物流对象。企业产品在重量、体积、价值和物理、化学性质方面都有不同的特点，这些特点的不同组合，对企业的物流活动如仓储、运输、物料搬运的成本问题均会产生不同的影响。主要体现在：

（1）产品的密度

产品的密度是由它的重量和体积决定的。产品的运输成本、仓储成本一般以重量或以体积作为计量单位来计算，所以产品密度对物流成本有直接的影响。随着产品密度增加，即产品重量体积比增大，仓储和运输成本占销售价格的比重呈现降低趋势。

（2）产品的价值

产品的价值不同，需要的物流成本的支持也存在差异。虽然运输成本、仓储成本一般是按重量和体积计算的，但价值高的产品的物流成本都相对比一般产品高。如在国际物流中海运费率的一条重要原则是：高价值商品的运费率要高于低价值商品的运费率。因为运输成本和仓储成本都含有保险费，保险费是按照产品的价值比例来计算的，而存储成本包含的库存维持成本也是按产品价值的一定比例计算的，这些都增加了产品的物流成本；而且出于服务和保险的考虑，价值高的产品的运输的方式日益倾向于选择航空运输，这也使得运输成本呈增加的趋势。

（3）产品的可替代性

产品的可替代性是指在一定范围内，一种产品的使用价值可用另一种商品来替代。企业生产的产品可替代性强，意味着如果本企业的产品的价格相对高或处于暂时缺货的状态，客户会很容易选择其他品牌的产品。因此可替代性强的产品竞争除了品牌竞争之外，更要重视服务的竞争。企业物流管理此时的作用就在于在产品的分拨计划中，考虑通过运输服务的选择、仓储服务的选择或两者兼用来降低此类产品错失销售机会而产生的失销成本，保持住现有的客户群。

（4）产品的风险性

产品的风险性是指产品本身存在的易燃性、易损性、易腐性和易于被盗等方面的特性。产品的风险性会对物流活动有特定的限制，从而引起物流成本的上升。如精密度高的产品，对保管和养护条件的要求较高，这无疑对物流的各个环节如运输、搬运、仓储都提出很高的物质要求而引起物流成本的增加；再如新鲜的水果、鲜花需要冷藏储存和运输，通常需要使用费用高昂的航空运输。而产品价值高的产品在运输仓储时的防盗措施必不可少。

3. 空间因素

空间因素是指物流系统中的运输、储存、装卸、搬运、包装、流通加工、配送、物流信息处理等物流运作环节。其中最基本的环节是改变物料存在的时间和场所，即运输和储存活动，这两方面都是影响物流成本的重要因素。

从企业采购物流和生产物流来看，物流的环节是从企业的原材料、辅助材料、零件采购开始、到在生产过程中这些材料经过各个生产车间及各道操作工序的转换而形成的。有资料显示，在物料形成产品的总生产时间中，真正的加工时间只有10% -20%，80%以上的时间都消耗在物料运输、等待时间（如在库时间、设备调整准备时间），所以，针对企业的生产物流而言，要充分考虑工序的先后，科学布置车间的设施，设计好物流路线，尽量减少物流的迂回和倒流，同时使物料搬运量最小。而企业的销售物流，由于它不但有着经济寿命周期，同时还有自然寿命，所以流通的环节消耗的时间很重要，必须小于这两个时间，否则商品的价值就不能很好地实现，甚至可能因为使用价值的灭失而导致价值的灭失。

降低仓储费用首先要对仓储费用的组成要素进行分析，有针对性地找出对影响费用最大的因素并加以控制，以达到对症下药的目的。例如，国外发达国家的仓储费用中，人工费用占到50%以上，而我国目前仓储费用中的资产费用占据了相当大的一部分。控制仓储费用首先采取的措施是从快速见效的部分入手。

总之，物流环节的多少，经历时间的长短直接影响着物流成本的大小。一般而言，对于物流环节，原则是中间的环节尽可能减少，在中间环节停留的时间也要尽可能少，每段运输距离尽可能短，而运输速度尽可能提高。物流环节成本直接影响着商品成本，在实际工作中必须重视消除多余环节，加强关键环节的管理，挖掘物流环节中存在的成本降低空间。

当然，影响企业物流成本的因素除了以上的几个大的方面外，还有一些其他因素，比如核算方式的不同也构成了对物流成本的影响，各企业不同的会计记账需要导致了对于物流成本存在着很多不同的核算方式，从而导致了各企业的物流成本除了“量”的差异外，还存在着“质”的差异。又如企业信息化程度的因素也必然会导致成本的差异。只有对这些不同的方面有所掌握，才有可能抓住物流成本管理的主要方面，保证有效地开展物流成本管理工作。

1.3.2 降低物流成本的途径

物流被称之为企业的第三大利润源泉，如何在不降低服务水平的前提下，降低物流总成本也就理所当然的成为企业的一项重要经营目标。由于企业所属行业的不同，其对物流成本的管理也就有所不同。但总的说来，企业降低物流成本可通过以下几个基本途径：

1. 树立物流总成本观念，构筑一体化物流战略

现代物流的一个显著特征，是追求物流总成本的最小化，这一点对于企业构筑和优化物流系统，寻找降低物流成本的空间和途径具有特别重要的意义。在实践中，不少企业把降低物流成本的努力只是停留某一项功能活动上，而忽视了对物流活动的整合。其结果，一是由于忽视了物流功能要素之间存在着的效益背反关系，虽然在某一项物流活动上支付的费用降

低了，但总体物流成本并没有因此下降，甚至反而出现增加；二是将降低物流成本的努力变成只是利用市场的供求关系，向物流服务提供商提出降低某项服务收费标准的要求。如果物流服务供应商无法承受、而又可以拒绝的话，降低物流成本的努力便无功而返。

而且，在供应链物流管理体制下，任何一个企业只有与别的企业结成供应链才有可能取得竞争的主动权。在激烈的市场竞争中，企业应当对流通的全过程实现供应链管理，实现由生产企业、销售企业、消费者组成的供应链的整体化和系统化，构筑一体化物流战略，使整个供应链利益最大化，从而有效降低企业物流成本和供应链成本，提高市场竞争力。

2. 提高物流服务的质量

提高对顾客的物流服务是企业确保利益的最重要手段，从某种意义上来讲，提高对顾客服务水平是降低物流成本的有效方法之一，但是，超过必要量的物流服务不仅不能带来物流成本的下降，反而有碍于物流效益的实现。例如，随着多频度、少量化经营的扩大，对配送的要求越来越高，而在这种状况下，如果企业不充分考虑用户的产业特性和运送商品的特性，一味地开展商品的翌日配送或发货的小单位化，无疑将大大增加发货方的物流成本。所以，在正常情况下，为了既保证提高对顾客的物流服务，又防止出现过剩的物流服务，企业应当在考虑用户产业特性和商品特性的基础上，与顾客方充分协调、探讨有关配送、降低成本等问题，并协商由此而产生的利益分享和成本分担的问题，从而相互促进在提高物流服务的前提下，寻求降低物流成本的途径。

3. 加快物流速度，扩大物流量

物流成本一般可以分为可变成本和固定成本两部分。前者如运输费、包装费、保管费等，它们随着物流量的变化而变化，即物流量增加时，物流成本的绝对值也随之增加；反之，则减少。但它们的物流成本水平，即占物流成本数量的百分比相对比较固定。后者如工资、固定资产折旧费、管理费等，它们在物流量变动时，其绝对值通常保持不变或变化较小，即相对比较固定。但其费用水平随物流量的变化呈现反比例关系，即物流量增加时，费用水平下降。

根据这两种成本的特点，可以采取加快物流速度、扩大物流量的原理和方法，降低物流成本。当物流速度加快时，虽然可变成本也增加，但其幅度小于物流量增加幅度，而固定成本部分则与物流量成反比，即物流速度越快，物流量越大，其成本越小。从物流速度与流动资金需要量的关系来看，在其他条件不变的情况下，物流速度越快，则所需要的流动资金越少，从而减少资金占用，减少利息支出，使物流成本得到降低。

4. 物流外包给第三方物流公司

物流外包是指利用企业外部的分销公司、运输公司、仓库或第三方物流公司执行本企业的物流管理或产品分销职能的全部或部分。其范围可以是对传统运输或仓储服务的有限的简单购买，或者是广泛的，包括对整个供应链管理的复杂的合同。它可以是常规的，即将先前内部开展的工作外委；或者是创新的，有选择地补充物流管理手段，以提高物流效益。一个物流外委服务提供者可以使一个公司从规模经济、更多地门对门运输等方面实现运输费用的节约，并体现出利用这些专业人员与技术的优势。另外，一些突发事件、额外费用如空运和租车等问题的减少增加了工作的有序性和供应链的可预测性。实际上，外委的利益不仅局限于降低物流成本上，企业也能在服务的效率上得到许多其他改进，如增强战略行动的一致性、提高顾客反应能力、降低投资需求、带来创新的物流管理技术和有效的渠道管理信息系统等。

5. 借助现代化信息管理系统

如前所述，企业必须与其他交易企业之间形成一种效率化的交易关系才能有效的降低物流总成本，即借助于现代信息系统的构筑，一方面使各种物流作业或业务处理能准确、迅速地进行；另一方面，能由此建立起物流经营战略系统。具体地讲，通过将企业定购的意向、数量、价格等信息在网络上进行传输，从而使生产、流通全过程的企业或部门分享由此带来的利益，充分对应可能发生的各种需求，进而调整不同企业间的经营行为和计划，这无疑从整体上控制了物流成本发生的可能性。

物流话语

购物时扫描商品条码结账、车辆的GPS跟踪——都是物流信息采集。

6. 改善物流管理，加强经济核算

物流管理水平的高低是影响物流成本的最直接因素。虽然管理本身不直接产生效益，但它却能通过具体的物流执行部门对物流成本产生影响。因此，加强物流管理，实现物流管理的现代化，是降低物流成本的最直接有效的方法。在具体实施过程中，可采用岗位责任制方法，加强核算，对原材料消耗、资金、人员等物流各个环节的支出进行层层分解，实行目标管理。

值得说明的是，控制物流成本的目的是将物流成本降低到与所提供服务水平的最佳匹配点或匹配区间。如果在降低成本的同时，服务质量也随之降低，那么，由于成本降低所增加的利润就会被服务水平降低所带来的物流量减少所抵消，甚至成为负值。

1.3.3 物流成本的控制

物流成本控制含义：控制是调节系统能达到预期目标的一切手段。物流成本控制是采用特定的理论方法、制度等对物流各环节发生的费用进行有效的计划和管理。通过物流成本控制，可以以最小的消耗，实现最优的服务，达到最佳的经济效益，可以吸引更多对价格敏感的顾客；通过物流成本控制可以提高物流管理水平，在明确物流成本的大小和成本构成基础上，从物流成本的分析中发现物流活动中存在的问题，明确物流活动中不合理环节及其责任者；同时，物流成本控制能为社会节省大量的物质财富，减少物流活动过程中的损耗。

1. 物流成本控制的基本要求

物流成本控制要采取先进的管理方法和管理理念，采用合理的物流理论和先进的技术来进行成本控制。

(1) 建立高效的组织模式和规范的物流模式来控制物流成本。我国的物流企业很多是传统的国有企业发展起来的，运作和管理比较落后，应通过加强基础管理和规范化运作，对企业所有的物流活动进行一体化管理，提高企业反应敏捷度。在实际运作中，可以通过选择专业物流咨询公司对企业现状进行诊断，提出合理的解决方案，对企业的业务流程和作业程序进行流程再造，明确业务分工，规范服务标准，提高作业效率，降低物流成本。

(2) 建立物流成本的量化和测算体系来控制成本。通过对物流成本的界定、形成机制及其构成进行研究，把握物流成本的本质，应用ABC量化法，针对作业进行成本量化，分析出各种作业的经济性和价值，运用作业成本法的作业分析能挖掘物流成本动因，对物流活动的有效性和效率进行优化。同时，进行物流成本测算，成本测算的模型可以采用物流成本总量的测算模型、物流服务市场规模的测算模型、物流业成本水平的测算模型、物流成本节约效果的测算模型等。通过对成本进行科学量化和测算，进行无效作业分析与消除，选择最佳物流作业来控制成本。

(3)利用系统理论进行物流成本控制。物流系统是在现代信息技术基础上，整合运输、包装、装卸、搬运、发货、仓储、流通加工、配送、回收加工及物流信息处理等功能而形成的综合性物流活动模式，所以说物流成本控制应该在部分优化的基础上，进行总体优化。同时，物流系统不仅是一个企业的系统，而是很多产业和组织间相互联系的系统，所以物流企业应当注重企业间的横向和纵向联合，这样才能充分利用资源来降低物流成本，提高物流服务。在实践中，系统管理通常是通过建立完善的物流 MIS 系统来实现，通过它全面观察及控制整个物流系统的运行情况，实行动态管理，进而对物流过程中诸要素进行优化组合和合理配置，使其中的物流、资金和信息流处于最佳状态。

2. 物流成本控制的内容

在物流运作实务中，物流成本控制的主要内容具体包括：

(1)运输环节成本控制。运输费用是影响物流费用的重要因素。运输环节成本控制主要在于对运输车辆时间利用、速度利用、行程利用、载重量利用等指标的合理性控制;控制方式通常是加强运输的经济核算(燃料费、运输环节的各种规费、车辆设备维修保养费等)，降低运输环节的货损货差和交通事故率，保证运输的安全性、及时性、经济性、方便性等。

(2)装卸搬运环节成本控制。装卸搬运作业是物流各环节正常运作的衔接点，更是物流运作流程顺畅的关键。该环节成本控制的重点是物流工艺流程设计科学合理、减少装卸搬运过程中物品损耗率，并尽量压缩装卸搬运时间以及与物流其他环节衔接方式的优化等。通过合理选择装卸搬运设备以提高作业的机械化程度，强化机械设备和人力无效作业的预防措施，科学合理地规划装卸方式和装卸作业过程等，以实现对装卸搬运成本的有效控制。

(3)储存环节成本控制。储存环节成本控制着重在于简化出入库手续、提高仓库利用率和压缩物品存储时间等。主要通过强化仓储各种费用(水电费、人工费用、占用资金利息等)的核算和采用库存优化模型等控制方式来实现。

(4)包装及流通加工环节成本控制。包装和流通加工环节是保护物品、方便储运、促进商品销售的关键作业。在物流实际运作过程中，物流企业除制定包装尺寸标准和降低该环节材料耗费外，应着重加强成本核算以全面降低该环节的物流费用(包装材料费等)，努力实现包装作业的机械化、自动化，进一步提高流通加工作业效率。

(5)配送环节成本控制。配送是物流运作过程最后一个环节，该作业环节面对最终顾客，是顾客对整个物流系统运作绩效最直接的感知，顾客对物流服务要求的有关时间、地点等方面的质量指标也是由该环节来体现。物流企业在选址阶段要合理确定配送中心的位置、规模和数量等。在实际运作过程中，要加强培养配货员工的实际操作能力，积极开发具有实用价值的信息系统，努力实现货物分拣自动化，通过提高车辆实载率和行程利用率达到成本控制的目的。

(6)信息处理成本控制。物流信息平台涉及物流运作的各个环节实际作业信息，它是提升整个物流系统绩效的关键。在物流信息平台规划阶段要做好充分的调研，综合分析企业的经营管理状况和外部竞争环境，充分考虑与战略合作伙伴(企业级大客户)的信息系统接口问题，优化选择符合本企业实际运作并兼顾企业未来发展的软硬件设备。在信息采集和处理过程中，要杜绝浪费，确保数据的真实有效性，充分利用信息系统具有的功能，实现物流成本的精确控制和高效的经营管理。

3. 物流成本控制的基本工作程序

(1)制定成本标准

成本标准是成本控制的准绳。成本标准，首先包括成本计划中规定的各项指标，但成本计划中的一些指标都比较综合,还不能满足具体控制的要求，这就要求规定一系列具体的标准。确定这些标准的方法主要有计划指标分解法和定额法两种。计划指标分解法即是将大指标分解为小指标,分解时可按物流环节分解，亦可按物流项目分解。定额法就是确定定额和费用开支限额，并将这些定额和限额作为控制标准来具体执行的方法。

(2)监督成本的形成

监督成本的形成就是根据控制的标准，对成本形成的各个项目经常地进行检查、评比和监督，不仅要检查指标本身的执行情况，而且要检查和监督影响指标的各项条件。

(3)及时纠正偏差

通过成本形成的监督，可以揭示成本差异。成本控制的关键工作是针对成本差异发生的原因,判明责任者，分别情况，分别轻重缓急，提出改进措施，加以贯彻执行。对于重大差异项目的纠正，可以专门立项研究，制订切实可行的解决方案，并认真贯彻执行。在执行过程中也要及时加强监督检查。方案实施以后，还要检查方案产生的经济效益，衡量是否达到了预期目的。

4. 物流成本控制的方法

物流成本控制的目的在于通过降低成本来获取更大利润。所以，物流成本控制首先是要制定控制目标，即以企业的目标盈利为基准，层层分解目标成本，落实到各基本的物流活动环节。其次是核算成本控制绩效，监督、检查实际执行状况，分析偏差并制定控制决策。最后是实施控制措施，滚动修正控制目标。

(1)物流目标成本管理

目标成本管理的核心是在产品开发设计阶段就引入目标成本，在这一阶段就对成本进行规划与控制，为降低产品成本，实现企业战略目标奠定坚实的基础。在产品总成本确定的时候，也要对实现产品提供的相关物流成本进行核算，以这个目标值作为而后开展物流工作的一个方向，真正做到经济合理地组织支持产品生产或销售的物流活动。这是成本控制中的物流管理思想的具体运用。

目标成本管理在日本取得了巨大的发展，并得到广泛运用，为日本经济的高速发展做出了贡献，也为其他国家提供了有益的借鉴。其成功之处就在于将成本管理提前，从传统的成本挖潜提高到产品设计开发的前期来，将成本与利润、企业发展等因素结合起来，使成本控制得以强化，使成本管理的作用得以发挥，这是事前设计、事中控制、防止事后问题的全面控制思想的具体体现。

(2)物流标准成本制度

除了根据产品方案规定成本和物流目标成本外，物流标准成本制度也是制定物流成本目标的一种途径。它是以标准成本为依据，通过成本差异的分析与报告，提示成本差异产生的原因，以便及时控制成本的一种成本控制体系。制定标准成本的方法通常有技术计算法、统计分析法和经验估计法等不同的方法。

物流标准成本按其制定的技术和经营管理水平分为理想标准成本和正常标准成本。理想标准成本指在最优的物流运作条件下，利用现有的规格和设备能够达到的最低成本。制定理想标准成本的依据，是理论上的业绩标准、物流运作要素的理想价格和可能实现的最高经营能力利用水平。但是，这种标准是难成为现实的，它的主要作用是提供一个目标，提示实际成本可下降的潜力和空间，但不作为考核的依据。

正常标准成本指在效率良好的条件下，根据计划期一般应该发生的物流运作要素消耗量、预计价格和预计物流运作经营能力利用程度制定出来的标准成本。在制定这种标准成本时，把物流运作经营也计算在内，使之切合计划期的实际情况，成为切实可行的控制标准。从具体数量上看，它应大于理想标准成本，但又小于历史平均水平，是经过努力才能达到的一种标准。

在物流标准成本系统中，广泛使用的是正常物流标准成本。它是用科学方法根据客观实验和过去实践经充分分析制定出来的，具有客观性和科学性；它排除了各种偶然性和意外情况，又保留了目前条件下难以避免的损失，代表正常情况下的消耗水平，具有现实性；它是应该发生的成本，可以作为评价业绩的尺度，成为督促员工去努力争取的目标，具有激励性。

(3)物流责任成本制度

责任成本制度是指将日常生产经营过程中发生的成本，按照其发生的原因和责任归属，确定相应的责任部门或个人。如果企业无统一的物流部门，则可按企业的职能部门划分责任成本中心，所发生的成本按责任归属落实到各责任成本中心，构成各责任成本中心的责任成本。责任成本中心是按既定的职责范围确定成本责任，对成本发生负有管理职责的企业内部责任单位。建立物流责任成本制时，不是要另外建立一套管理体制，而是根据原有的责任中心和责任体制，将相关的物流成本构成内容归纳到各相关部门去。

责任成本管理的程序为：①划分责任成本中心。②确定各责任成本中心责任成本内容，除了原有的成本内容外，要注意正确确定相关的物流责任成本的归属。③编制责任成本预算，分解责任成本。④组织责任成本日常控制。⑤进行责任成本核算。⑥进行责任成本考核与激励。

责任成本控制与考核需要一套合理、实用的指标体系，这些指标是编制计划、实施责任成本控制与考核的依据。在设计指标时，责任成本控制和考核指标要符合企业降低成本的总目标，要与企业总体经营目标的要求一致。成本控制和考核指标要便于掌握，便于应用，便于进行考核，能够较为客观地评价责任成本中心的绩效，能够激励责任成本中心降低成本的积极性。

案例：海尔集团发展物流的成果分析

当国内的大部分企业对什么是物流还很陌生的时候，海尔集团早已因为大力发展物流而受益了。1999年，海尔集团的总销售额为260亿元人民币，而到2001年，海尔销售收入已经超过了600亿元。海尔取得的这些显著业绩是以其强大的科研开发和生产能力为后盾的，更是以她强大的供应链和物流管理为基础的。海尔对物流系统改造取得的效益和成果如下：

海尔物流整合了海尔采购系统，将集团的采购活动全部集中，在全球范围内采购质优价廉的零部件。海尔一年的采购费用约150多亿元，有1.5万种品种，供应商2000多家。2001年，海尔通过物流整合采购，加强采购管理，全球集合竞价，使供应商的数目减少到900多家，集团采购人员优化后减少1/3，成本每年降低4.5%以上。在采购整合后，海尔整合全球配送网络，将产品即时按要求配送到用户手中。现在海尔物流配送网络已从城市扩展到农村，从沿海扩展到内地，从国内扩展到国际，目前与300多家运输公司建立了紧密的合作关系。

海尔按用户的需求，按订单进行采购、制造等，采购的每一个零部件和生产线上的每一台产品都是有主的。目前，海尔集团每个月平均接到6000多个销售订单，这些订单定制的产品品种达7000多个，需要采购的物料品种达15万余种。在这种复杂的情况下，海尔物流自整合以来，呆滞物资量较以前降低了73.8%，仓库面积减少了50%，库存资金减少了67%。

1. 海尔物流提高了海尔运作速度

海尔内部实现了以订单为中心，各部门信息同步的模式，最大限度缩短了对订单的响应时间。物流速度的提高使海尔2001年的订单量比上年大幅度提高。海尔外部使用B2B采购平台，100%供应商的订单从网上获得，网上付款达80%以上，通过网上支付，每年为供应商节约上千万元的费用。

海尔国际物流中心，为了高速、高质量完成订单，采用高速运转、操作简单的巷道堆垛机，实现了对货物的自动存取；激光导引的无人运货车，自动完成装卸货物；充电行走、自动码垛的机器人，高精度进行着存货和取货。在这个投资近亿元，相当于平面仓库30万平方米的国际物流中心里，只有19名员工，其中叉车工仅9位，其效率之高让人叹服，海尔物流提高了海尔运作速度。

2. 海尔物流JIT的速度实现同步流程

由于物流技术和计算机信息管理的支持，海尔物流通过3个JIT，即JIT采购、JIT配送和JIT分拨物流来实现同步流程。目前通过海尔的BBP采购平台，所有的供应商均在网上接受订单，使下达订单的周期从原来的7天以上缩短为1小时内，而且准确率达100%。除下达订单外，供应商还能通过网上查询库存、配额、价格等信息，实现及时补货，实现JIT采购。

为实现“以时间消灭空间”的物流管理目的，海尔从最基本的物流容器单元化、集装化、标准化、通用化到物料搬运机械化开始实施，逐步深入到对车间工位的五定送料管理系统、日清管理系统进行全面改革，加快了库存资金的周转速度，库存资金周转天数由原来的30天以上减少到12天，实现JIT过站式物流管理。生产部门按照B2B、B2C订单的需求完成以后，可以通过海尔全球配送网络送达用户手中。海尔的配送网络已从城市扩展到农村，从沿海扩展到内地，从国内扩展到国际。全国可调配车辆达1.6万辆，目前可以做到物流中心城市6-8小时配送到位，区域配送24小时到位，全国主干线分拨配送平均4.5天，形成全国最大的分拨物流体系。

3. 海尔物流形成海尔集团新的核心竞争力

海尔物流运用已有的配送网络与资源，并借助信息系统，积极拓展社会化分拨物流业务，目前已经成为日本美宝集团、AFP集团、乐百氏的物流代理，与ABB公司、雀巢公司的业务也在顺利开展。同时海尔物流充分借力，与中国邮政开展强强联合，使配送网络更加健全，为新经济时代快速满足用户的需求提供了保障，实现了零距离服务。海尔物流通过积极开展第三方配送，使物流成为新经济时代下集团发展新的核心竞争力。

4. 海尔物流降低海尔制造成本

建立现代物流系统之前，海尔占用50多万平方米仓库，费用开支很大。为了配合强大的物流流程，海尔改变了传统仓库的功能，建立了2座中国规模最大、自动化水平最高的现代化、智能化立体仓库。海尔国际物流中心仓库面积只有 7200 平方米，但它的吞吐量却相当于一个 30 万平方米的仓库，利用效率提高了几十倍。以前海尔一年的采购费用大约是 200 亿，通过整合供应商，利用数量和品牌优势取得了国内同业的最优价格，成本每年环比降低 4.5% 以上。

5. 海尔物流加强库存周转，提高了资金利用率

海尔采用强大的物流系统后，库存资金和资金占用率有很大幅度的下降，到 2001 年末，海尔基本实现零库存。2000 年，集团的流动资金周转次数为 3.97 次，2001 年 1 ~9 月的流动资产周转次数上升到 5.1 次，而全国工业企业平均只有 1.2 次(1999 年)；而资本周转提高到一年 15 次(2000 年)，零部件在仓库的存放时间一般只有 3 天，最多不超过 7 天。仓库面积减少 50%，库存资金压缩 67%，呆滞物资降低 73.8%。海尔现在完成客户化定制订单只用 10 天时间，而一般企业至少需要 36 天。海尔的国外客户只要根据当地气候、电压、风俗习惯订购特需冰箱，海尔均能在一周内拿出样机，一月内组织批量生产，再通过配送系统，快速运往各地。

6. 海尔物流优化供应商，确保了产品质量

海尔在进行流程再造时，围绕建立强有力的全球供应链网络体系，采取了一系列重大举措。一是将供应商由原有的 2336 家优化到 978 家，减少了 1358 家，下降幅度达到 58.13%。二是扩大国际供应商的比重。目前国际供应商的比例已达 67.5%，较流程再造前提高了 20%，世界 500 强企业中已有 44 家成为海尔的供应商。三是就近发展供应商。海尔与已经进入和准备进入青岛海尔开发区工业园的 19 家国际供应商建立了供应链关系。四是请大型国际供应商以其高技术和新技术参与海尔产品的前端设计。供应商与海尔共同面对终端消费者，通过创造顾客价值使定单增值，形成了双赢的战略伙伴关系。海尔物流对外实施日付款制度，对供应商付款及时率 100%，杜绝了“三角债”的出现，良好的信誉与供应商实现“双赢”。

海尔通过物流和供应链管理，整合了各方面资源，降低了成本，提高了效率，从而向顾客提供高质量、个性化的产品和快捷、周到的服务，大大增强了其核心竞争力，从而为海尔的腾飞插翅添翼。

本章小结

本章首先介绍了物流成本的概念、物流成本的构成分类及有关“黑大陆说”“冰山说”等几个重要的物流理论。在物流过程中，为了提供有关的服务，要占用和耗费一定的活劳动和物化劳动，这些活劳动和物化劳动的货币表现，即为物流成本。具体来说，它是产品在实物运动过程中，例如包装、装卸、运输、存储和流通加工等各个活动中所支出的人力、财力和物力的总和，而物流成本管理则是对所有这些成本进行计划、分析、核算、控制与优化，以达到降低物流成本的目的。

第二部分主要阐述了物流成本管理的意义、原则、内容、方法。物流成本管理覆盖了物流活动的全过程，主要内容包括物流成本预测、物流成本决策、物流成本计划、物流成本核算、物流成本控制和物流成本分析；物流成本管理的综合方法由三部分组成：物流成本横向管理法、物流成本纵向管理法和计算机技术管理系统；在物流成本管理的新模式中，最为人们所看重的是作业成本法。

第三部分介绍了降低物流成本的策略及控制物流成本的主要方法。影响企业物流成本的因素很多，最主要的有三个:竞争性因素、产品因素和空间因素，只有对这些因素有所掌握，才有可能抓住物流成本管理的主要方面，保证有效地开展物流成本管理工作;物流成本控制的基本要求是采取先进的管理方法和管理理念，采用合理的物流理论和先进的技术来进行成本控制;控制的常用方法有:物流目标成本管理、物流标准成本制度、物流责任成本制度等。

本章最后分析了国内知名企业海尔集团发展物流的一些成果。

※ 习 题

一、选择题(前3题单选、后3题多选)

1. “第三利润源泉”是指(　　)

A. 降低资源消耗　　B. 提高劳动生产率

C. 降低物流成本　　D. 开发新产品新技术

2. 物流成本管理的中心环节是物流成本的(　　)

A. 核算　　B. 控制　　C. 预测　　D. 分析

3. 物流中二律背反的特性是指(　　)两方面的要求是相互矛盾的。

A. 物流服务与成本　　B. 物流数量与服务

C. 物流结构与成本　　D. 物流数量与结构

4. 下面对由于简化包装所造成的“效益背反”现象描述正确的是(　　)

A. 保管效率上升　　B. 包装强度下降

C. 包装费用下降　　D. 破损率增多　　E. 搬运效率上升

5. 目前，主要的物流学说有(　　)

A. 第三利润源泉说　　B. 物流冰山说

C. 商物分离说　　D. 物流战略说　　E. 黑大陆学说

6. 其他企业支付的物流费用是指(　　)。

A. 本企业向其他企业支付的物流费用

B. 其他企业向本企业支付的物流费用

C. 本企业销售商品的价格中扣减的由买方支付的物流费用

D. 本企业购进的商品价格中包含的由供货方支付的物流费用

二、判断正误题

1. 以最低的物流成本提供最好的服务，为顾客创造最好的价值，成为制造企业赢得竞争优势的惟一途径。

2. 物流成本的增加与服务的增长成正比。

3. 物流成本的降低不仅是企业获得利润的源泉，也是节约社会资源的有效途径。

4. 物流成本管理的思路有两个:一是在保证一定物流服务水准的前提下使物流成本最低;二是通过调整物流服务的标准降低物流成本。

5. 物流成本计算的原始数据主要来自财务部门提供的数据。

三、基本概念

物流成本　　交替损益　　物流成本管理　物流成本控制

四、思考题

1. 什么是物流成本？从不同角度说明物流成本的构成情况。

2. 物流成本的特征有哪些？

3. 简述物流成本管理的原则与方法。

4. 物流成本控制有哪些方法？

5. 简述作业成本法的基本原理。

五、计算题

派纳公司在中山路成立了一家水果批发公司，在正常情况下，该公司购销售毛利率为5%。最近公司内部审计发现，公司22%的运营成本与物流有关；如果提高效率可以把运营成本降低10%，那么能够增加多少利润？如果不改进物流的话，为了增加同样的利润，销售量必须提高多少？

◆——第2章　物流成本的核算

● 本章学习目标与要求

★引导案例

★章节内容

物流成本核算概述

物流成本核算方式

★资料

西方国家物流成本的核算

★案例

某流通企业会计与统计结合的物流成本核算

用作业成本法计算产品物流成本

★本章小结

★习题

★学习目标

1. 懂得物流成本核算的含义、意义，了解物流成本核算的过程，明确物流成本核算的目的、对象、特点、原则及费用划分界限。

2. 掌握物流成本核算的两种基本方式，弄清费用支付形态、物流成本项目、物流范围等分类计算的内容，会编制有关的物流成本核算表，熟悉物流作业成本法的有关概念、步骤，会计算简单的物流作业成本。

---

*

想知道“物流冰山”与“第三利润源”吗

1. 物流成本冰山说

这一理论是由日本早稻田大学的西泽修教授提出的。西泽修教授在潜心研究物流成本时发现，在企业的全部物流费用中，由企业财务直接支付的运费、仓库保管费、装卸作业费、包装费等费用列入成本，但这部分费用只是全部物流费用中的一部分。而物流基础设施建设费、企业利用自己的车辆运输、利用自己的仓库保管货物、用自己的工人进行包装、装卸等费用都未作为物流费用单独计算，而是混杂在制造成本、销售成本以及一般经费之中。西泽修教授把全部物流费用形象地比喻为大海中浮着的一座冰山，人们看得见的是露出水面部分，只是冰山的一角。

2. 物流成本的利润中心说

利润中心说认为：物流可以为企业提供大量直接和间接的利润，是形成企业经营利润的主要活动。非但如此，对国民经济而言，物流也是国民经济中创利的主要活动。物流的这一作用，被表述为"第三利润源"。"第三利润源"的说法主要出自日本。

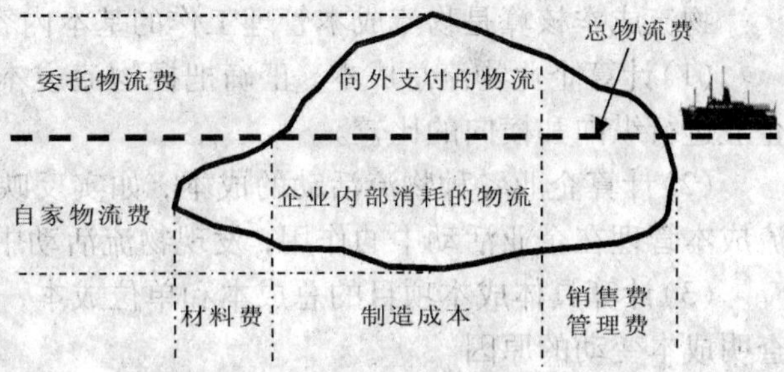

图 2－1　物流冰山

1962 年日本学者 P · 德拉卡在《好运》杂志上发表文章说，物流是"经营的黑暗大陆"，并把物流比喻为"降低成本的最后的处女地"。

1970 年早稻田大学的西泽修教授把他的著作《流通费》的副标题写作"不为人知的第三利润源泉"。从此，"第三利润源泉"的提法流传开来，人们取得"物流是降低成本的宝库"这一共识。

人们把把销售部门提高销售额得到的利润作为第一源泉，把生产部门降低成本所得利润作为第二源泉。在这两个利润源潜力越来越小，利润开拓越来越困难的情况下，物流领域的潜力被人们所重视，由物流部门降低成本而得到的利润就成为"第三利润源"。

你想知道"物流冰山"有多大吗？想开发物流这块"降低成本的最后的处女地"吗？想获取这一诱人的"第三利润源"吗？你首先要做的是测算"物流冰山"的体积，丈量"处女地"的面积，计算"第三利润"的大小。在这一章，让我们共同讨论物流成本的核算问题。

2.1 物流成本核算概述

2.1.1 企业物流成本核算的意义

1. 什么是企业物流成本核算

某工厂 5 月生产 A、B、C 三种产品，如何核算这三种产品的生产成本？

首先，审核有关生产费用的原始记录，如领料单、退料单、材料盘点表、产量记录、工时记录、考勤记录、能源消耗记录等直接材料消耗、直接人工消耗、燃料动力和间接费用记录。

其次，将上述与生产 A、B、C 三种产品有关生产费用归集到 5 月以前、5 月、5 月以后几段时间里。

然后，确定 A、B、C 三种产品的成品、半成品的数量和分配比例，将归集到 5 月的生产费用，用一定的方法分配给 A、B、C 产品，计算出 A、B、C 产品的总成本和单位成本。

上述就是产品生产成本的核算过程。

成本核算是指在生产和服务提供过程中对所发生的费用按核算对象和时间进行归集和分配，并根据规定的方法计算成本的过程。

企业的物流成本核算是根据企业确定的成本计算对象，采用相应的成本计算方法，按照规定的成本项目，对有关的各种物流费用进行分配和归集，从而计算出各个物流成本计算对象的总成本和单位成本。

2. 为什么要进行物流成本的核算

物流成本核算是物流成本管理工作的基本内容。物流成本核算的目的在于：

(1)计算企业物流总成本，正确把握物流成本的大小，看清物流成本发展的趋势，便于企业进行纵向和横向的比较。

(2)计算企业各种物流活动的成本，如实反映物流活动过程中各种耗费的水平，认识物流成本管理在企业活动中的作用，发现物流活动中存在的问题。

(3)计算具体成本项目的总成本和单位成本，确定本期物流成本与上年同期成本的差异，查明成本变动的原因。

(4)为物流成本的分析、预测、决策提供依据。

(5)计算、检查、监督和考核企业各个物流部门的物流成本计划的执行情况，正确评价企业物流部门的业绩。

(6)有利于发现物流活动中存在的问题，分析成本变动的原因，提出改进措施，加强物流管理。

因此，物流成本核算对促进企业加强物流管理，提高管理水平，创新物流技术，降低物流成本，提高物流效益有着重要的意义。

2.1.2 物流成本的核算对象

成本话语

物流成本核算是物流成本管理的基本工作。

物流成本核算对象是指在计算物流成本时，确定归集和分配物流成本费用的具体对象，即物流费用承担的客体。

物流成本核算对象是根据物流成本计算目的及企业物流活动的特点来确定的。

1. 以物流成本形态为对象

即是按照物流成本支付形态进行分类计算。通过对某一成本项目的核算，可以将企业的物流成本分解为企业自身物流成本、委托物流成本等项目。其中，企业自身物流成本是企业为组织物流活动而自身发生的成本，包括材料费、人工费、维护费、一般经费、特别经费等；委托物流费是企业为组织物流向外单位支付的成本，包括包装费、运输费、保管费、装卸搬运费等。

按物流成本支付形态进行分类，容易从现行会计账户中取得资料，是其他核算对象的基础。从中可以了解物流成本总额及其形态构成，掌握物流成本在企业整体费用中的构成，了解什么经费项目花费最多，有利于认识物流成本合理化的重要性，明确物流成本控制的重点。

2. 以物流功能为对象

即是以运输、保管、包装、装卸、信息等物流功能为对象进行计算。这种核算方式对于加强每个物流功能环节的管理，提高每个环节作业水平，具有重要的意义。

3. 以物流部门为对象

即是按物流部门来核算物流成本，例如以仓库、运输队、装配车间等部门为对象进行计算，可以反映各物流部门的物流成本状况，评价各物流部门的业绩。

4. 以服务客户为核算对象

通过对各个客户物流成本的分解核算，为制定物流服务收费水平和有效地管理客户提供决策依据。对于加强客户服务管理、制定有竞争力且有盈利性的收费价格是很有必要的。特别是对于物流服务企业来说，在为客户提供物流服务的同时，要分别核算对各个客户提供服务时所发生的实际成本。

5. 以某一产品为对象

以每种产品作为核算对象，计算该产品从组织生产到销售结束的整个过程所花费的物流成本。据此进一步了解各产品的物流费用开支情况，以便进行重点管理。

6. 以企业物流活动的过程为对象

通过对企业某一具体物流活动过程的成本核算，例如以供应、生产、销售、退货等某过程为对象进行计算，可以弄清物流活动中存在的问题，为物流运营决策提供依据。

7. 以某一地区为对象

计算企业在某一地区组织供应和销售产品所花费的物流成本，了解各地区的物流费用开支情况，以便考核各地区的物流成本，加强成本管理。

成本话语

根据成本计算目的和物流活动的特点来确定成本核算对象。

8. 以某一物流设备和工具为对象

通过对某一物流设备和工具的成本核算，可以计算物流设备和工具的单位物流成本，寻找提高设备效率、降低物流成本的途径。

9. 以企业全部物流活动为对象

通过对企业全部物流活动的成本进行计算，可以弄清企业全部物流成本的大小，从而提高企业内部对物流重要性的认识。

2.1.3 物流成本核算的特点

1. 物流成本的计算范围太大

由于物流领域广阔，使物流成本的计算范围太大。

物流是一个巨大的系统，不但包括生产者内部物流（原材料物流、半成品物流、成品物流等等），还包括生产者到使用者之间的运输、包装、保管、装卸搬运、流通加工、配送和信息传递这七大环节。物流按作用分为供应物流、生产物流、销售物流、回收物流、废弃物物流。这一系统还包括公路、铁路、机场、港口、码头、仓库、物流园区、配送中心等物流基础设施。从事物流活动的企业有生产企业和流通企业，流通企业又可分为批发、零售、运输、仓储企业等等。这么大的范围，涉及的单位非常多，牵涉的面也很广，实践跨度很大，在计算物流成本时很容易漏掉其中的某一部分，所以很难准确地计算出实际的物流成本。

2. 物流成本界定和归集的难度大

(1) 难以界定物流费用与非物流费用

企业对很多物流成本无法掌握并难以区分。例如，由于过量进货、过量生产、销售残留品等形成的在库维持费用混在保管费之中；紧急运输产生的运输费用也混入一般运费中；在销售中，过量服务所产生的物流成本与标准服务所产生的物流成本同样混杂在一起。这无疑增加了物流成本的计算与管理的难度。

(2)分解归集当期物流成本和非当期物流成本比较麻烦

对企业发生的各种跨期费用，需要正确划分成本的归属期间界限，有的应计入当期物流成本，有的则应计入以前或以后各期的物流成本。如果按费用支付时间归集，则会造成费用支付期间的物流成本偏大，其他期间的物流成本偏小。例如，企业为取得固定资产、无形资产等而发生的资本性支出，其受益期超过一年或一个核算期间，应首先计入相应的资产账户，然后在其使用期内，通过折旧、摊销等形式逐步分摊转作各期的费用；企业收益性支出的受益期不超过一年或一个核算期间，收益性支出则应全部列作当期费用。但是将这些跨期费用分解、归集为当期物流成本和非当期物流成本就比较麻烦。

3. 现行会计核算制度不能完全满足物流成本计算的需要

(1)现行企业会计核算制度中没有单独考虑到物流成本的问题

现行企业会计核算制度主要考虑工业企业和商业企业的会计核算，对于在近几年快速发展起来的物流企业的成本核算，还未能纳入会计核算制度之中。

(2)物流成本的各个项目分散在企业成本核算的不同会计账户中

现行的会计核算制度将成本、费用分散到“生产成本”、“制造费用”、“销售成本”、“材料采购”、“管理费用”、“销售费用”及“财务费用”等账户中，对物流成本没有设置单独的核算科目，未能对物流费用分列记账，很难从财务会计的数据中剥离出物流成本，无法直接从现行的会计账户中得到各个物流成本项目的金额。

(3)物流成本具有隐含性，使物流成本难以计算

物流成本犹如一座海里的冰山，露出水面的仅是冰山的一角。物流成本不仅包括仓储、运输及相关费用，还包括在整体物流成本中占大头、严重影响企业经济运行效率和质量的库存成本、企业组织成本和信息处理成本等。物流成本隐含于生产(经营)成本、销售费用、管理费用等有关会计科目中。在现行会计核算制度中，仅有运输、仓储及其相关费用等来反映物流成本的显性部分，难以反映潜藏在海平面下的物流成本的巨大部分。

4. 核算要素难以统一

由于现行会计核算制度还滞后于迅猛发展的物流活动，各企业只能根据自己的理解、认识和需要来核算物流成本，在物流成本核算的对象、内容和方法上还是各自一套，还没有形成统一的标准，在物流企业之间无法对物流成本进行比较分析，甚至同一物流企业的物流成本也无法进行纵向的对比分析。

成本话语

建立物流企业成本会计核算制度是物流成本管理的当务之急。

阅读资料2-1：西方国家物流成本的核算

国外一些发达国家物流成本的计算是按照统一标准进行的。

1. 日本物流成本的计算是依据1997年日本运输省制定的《物流成本计算统一标准》，该标准按以下三种不同的方式规定物流成本的计算标准。

(1)按物流范围将物流成本划分为：供应物流费用、企业内部物流费用、销售物流费用、退货

物流费用和废弃物物流费用五类。供应物流费用是指从原材料采购到供应给购入者这一物流过程中所需要的费用；企业内部物流费用是指从产成品运输、包装开始到最终确定向顾客销售这一物流过程中所需要的费用；销售物流费用是指从确定向顾客销售到向顾客交货这一物流过程中所需要的费用；退货物流费用是指由于售出产品的退货而发生的物流过程中所需要的费用；废弃物物流费是指由于产品、包装物或运输容器、材料等的废弃而发生的物流过程中所需要的费用。

(2)按支付形态将物流成本分为材料费、人工费、公益费、维护费、一般经费、特别经费和委托物流费用。材料费是指提供物流服务所耗用的一切材料、包装器材、修理用零件、低值易耗品摊销费用等；人工费是指工资、补贴、奖金、退休金、福利费等劳务费用；公益费是指向电力、煤气、自来水等提供公益服务的部门支付的费用；维护费是指使用和维护土地、建筑物、车辆、搬运工具等支出的维修费、材料消耗费、课税、租赁费、保险费等费用；一般经费是指差旅费、交通费、会议费、招待费、教育费以及各种杂费等一般支出；特别经费是指采用不同计算方法所计算出来的物流费用，包括折旧费和利息；委托物流费用是指向其他企业或个人支付的包装费、运输费、保管费、出入库装卸费、手续费等费用。

(3)按物流的功能将物流成本分为运输费、保管费、包装费、装卸费、信息费和物流管理费。

2. 美国的物流成本主要由三部分组成：库存费用、运输费用和管理费用。

(1)库存费用是指花费在保存货物上的费用，除了包括仓储、残损、人工费用及保险和税收费用外，还包括库存物资占用资金的利息。其中利息是当年美国商业银行利率乘以库存总额得到的。把库存占用的资金利息加入物流费用，这是现代物流与传统物流费用计算的最大区别。只有这样，降低物流成本和加速物资及资金的流转速度才从根本利益上统一起来。

(2)运输费用包括汽车运输与其他运输方式发生的费用。汽车运输费用包括城市内运送与区域间卡车运输发生的费用。其他运输费用包括：铁路运输、航空运输、船舶运输、管道运输发生的运输、搬运及装卸费用。

(3)管理费用是按照美国的历史情况由专家确定一个固定比例，乘以库存费用和运输费用的总和得出的。美国的物流管理费用在物流总成本中所占比例为4%左右。

2.1.4 物流成本核算的原则

要测算“物流冰山”的大小，就要把握物流成本核算的原则。

1. 物流成本核算的原则

(1)合法性原则

合法性原则是指计入成本的支出都必须符合国家法律、法令、制度等关于成本支出范围和标准的规定，不符合规定的支出不能计入成本。所谓成本费用开支范围，是指哪些支出可计入成本，哪些支出不可计入成本；所谓成本开支标准，是指可计入成本范围的支出的数据限制。

(2)重要性原则

重要性原则是指在物流成本核算过程中，按照管理要求将物流成本计算对象区分主次，将那些对物流成本有重大影响的项目应作为管理重点，力求精确；而对那些不太重要的内容、项目，则简化处理。

判断物流成本计算对象是否重要，既取决于该项业务的金额大小，还决定于业务的性质以及对信息使用者所产生的作用和影响的大小。成本核算遵循重要性原则的目的就是在满足管理要求的前提下，讲求成本核算工作本身的成本效益原则。

(3)分期核算原则

物流活动在不断发生、运行、结束，企业为了取得物流成本信息，必须将川流不息的物流活动划分为各个时期，分别计算各期的物流成本。

有两种分期方法：一是按日历分期，分为月、季、半年、一年；另一种是按物流活动起止时间分期，可跨越日历分期。第一种分期与会计分期一致，便于利用会计核算资料计算月、季、年企业总的物流成本，反映企业物流成本的全面情况。第二种分期便于计算企业单项物流活动的物流成本，反映单项物流成本的具体情况，制订物流成本标准。

企业物流成本核算应以日历分期为主，以物流起止时间分期为辅。

(4)权责发生制原则

物流成本核算应以权责发生制原则为基础。权责发生制原则是指在收入和费用实际发生时进行确认，不必等到实际收到现金或支付现金时才确认。对于应由本期成本负担的费用，不论其是否在本期已经支付，应计入本期物流成本；不应由本期物流成本负担的费用(即已经计入以前各期的成本，或应由以后各期成本负担的费用)，即使是在本期支付，也不应计入本期物流成本。

(5)按实际成本计价原则

企业在物流活动中所发生的各项费用，应当按实际数量和实际单价计算实际金额计入成本、费用。在物流成本发生的确认、分配、归集和结转的全过程中都应遵循按实际成本计价的原则，以保证物流成本信息的真实性。

(6)一致性原则

企业应当根据本企业的物流活动的特点和管理要求，确定适合本企业的物流成本核算对象、物流成本项目和物流成本计算方法。物流成本核算对象、物流成本项目和物流成本计算方法一经确定，不得随意变更。成本核算对象、成本项目和成本计算方法保持前后各期一致，使各期的成本资料有统一的核算口径，前后连贯，互相可比，以提高成本信息的利用程度。

(7)可靠性原则

物流成本核算信息要求是真实的，与客观的经济事项相一致，不应掺假，或人为地提高、降低成本；还要求是可核实的，即对同一成本核算资料由不同的会计人员加以核算，都能得到相同的结果。

2. 物流成本核算的界限

为了正确地计算物流成本，除必须遵循成本核算的基本原则以外，还必须正确划清以下四项费用支出的界限：

(1)正确划分应计入物流成本和不应计入物流成本的费用界限

首先，非生产经营活动的耗费不能计入物流成本，只有生产经营活动的成本才可能计入物流成本。许多人误以为凡是耗费都可以计入生产经营成本，这种认识是不对的。按照我国现行会计制度规定，下列与生产经营活动无关的耗费不能计入产品成本：对外投资的支出、耗费和损失；对内长期资产投资的支出、耗费和损失；捐赠支出；各种筹资费用，包括应计利息、贴现费用、证券发行费用等。

其次，生产经营活动的成本分为正常的成本和非正常的成本，只有正常的生产经营活动成本才可以计入物流成本，非正常的经营活动成本不可计入物流成本。非正常的经营活动成本包括灾害损失、盗窃损失等非正常损失和固定资产盘亏、处置固定资产净损失、处置无形资产净损失、债务重组损失、计提的无形资产减值准备、计提的固定资产减值准备、计提的在建工程减值准备、罚款支出等。

(2)正确划分资本性支出与收益性支出的费用界限

资本性支出是指那些受益期超过一年或一个营业周期的支出，如企业为取得固定资产、无形资产等而发生的支出。资本性支出应先计入相应的资产账户，然后在其使用期内，通过折旧、摊销等形式逐步分摊转作费用；收益性支出是指那些受益期不超过一年或一个营业周期的支出，如企业的工资支出、机器设备日常维护保养支出等。收益性支出全部列作当期的成本、费用，与当期的营业收入相配比。划分资本性支出与收益性支出的界限，其目的是为了正确划分各期成本的界限。

(3)正确划分本期物流成本和以前或以后各期物流成本的界限

企业发生的各项支出，有的应计入当期物流成本，有的则应计入以前或以后各期的物流成本。如预付一年的保险费，根据权责发生制的原则，应在 12 个月内分期计入成本、费用；而对于那些本期尚未支付，而应由本期负担的费用，则应以预提方式计入本期物流成本。

(4)正确划分不同成本对象的费用界限

如果企业生产经营的成本对象不止一种，那么为了正确地计算各种成本对象的成本，正确地分析和考核各种成本对象的成本计划或定额成本的执行情况，必须将应计入当期物流成本的费用在各种成本对象之间正确地进行划分。凡属于某种成本对象单独发生，能够直接计入该种成本对象的物流费用，均应直接计入该种成本对象的成本；凡属于几种成本对象共同发生，不能直接计入某种成本对象的物流费用，则应采用适当的分配方法，分配计入这几种成本对象的成本。

成本话语

遵循基本核算原则，划清四大费用界限。

企业为生产经营而发生的直接材料、直接工资等直接生产费用，一般应当直接计入各种成本对象；为生产经营而发生的间接费用，一般应选择合理的分配法分配计入各成本对象。

以上四方面费用界限的划分，总的来说就是要贯彻受益原则，即何者受益，何者负担费用；何时受益，何时负担费用；负担多少，按受益程度比例分担。

2.1.5 物流成本核算程序

1. 确定物流成本计算对象及其范围

在运输、保管、配送、包装、装卸、信息管理等众多的物流功能中，确定某种物流功能作为计算对象，确定计算对象的范围。

例如，以仓储为成本核算对象，要确定哪些物流费用属于仓储项内，哪些物流费用不属于仓储项内。

2. 收集和审核原始记录

①按核算对象全面系统地收集有关费用的原始记录。

②审核原始记录完整性、准确性、及时性。审核原始记录是否齐全，有无遗漏、重复，其

内容是否填写齐全，数字计算是否正确，签章是否齐全，是否属于计算分期。

3. 确定成本项目

为了正确反映成本的构成，必须合理地规定成本项目。成本项目要根据具体情况与需要设置，既要有利于加强成本管理，又要便于正确核算物流成本。例如，对保管成本可以分为保管费、仓库管理人员的工资和福利费、折旧费、修理费、装卸搬运费、仓储管理费用、仓储损失等几个成本项目。

4. 对成本费用进行归集

物流成本的归集，是指对企业生产经营过程中所发生的各种物流费用，按一定的对象，如各种产品、作业、各个车间或部门所进行的成本数据的收集或汇总。收集某类成本的聚集环节，称为成本归集点。

按权责发生制原则确定应计入本期的成本费用。对本期发生的应由本期负担的费用，则直接计入本期的成本费用；对本期发生的应由各期负担的跨期费用，则按期分摊。

5. 对成本费用进行分配

如果只有一个物流成本计算对象，则不存在成本费用分配的问题。

在有多个物流成本计算对象时，对于能直接计入成本计算对象的直接费用，则直接计入物流成本计算对象；对不能直接计入成本计算对象的间接费用，则按一定分配标准，将间接费用分配给相应的成本计算对象。

2.2 物流成本核算方式

2.2.1 物流成本核算的基本方式

根据目前我国成本核算的现状，物流成本核算分为现行会计扩充核算、会计与统计结合核算两类基本核算方式。

1. 现行会计扩充核算方式

即在现行的财务会计账户体系中，按物流成本核算的要求增设有关“物流成本”的二级科目、三级科目或辅助账户。分为两种情况：

(1)物流成本可以直接从现行会计科目中分离。

①按物流成本项目设置运输成本、仓储成本、包装成本、装卸搬运成本、流通加工成本、物流信息成本、物流管理成本、资金占用成本、物品损耗成本、保险和税收成本等二级账户，并按物流范围设置供应物流、企业内物流、销售物流、回收物流和废弃物流等三级账户，对于内部物流成本，还应按费用支付形态设置材料费、人工费、维护费、一般经费、特别经费费用专栏。

②对企业会计核算的全部成本费用科目包括管理费用、营业费用、财务费用、生产成本、制造费用、其他业务支出、营业外支出、材料采购、应交税金等科目及明细项目逐一进行分析，确认物流成本的内容。

③对于应计入物流成本的内容，登记物流成本辅助账户及相应的二级、三级账户和费用专栏。在期末根据上述账户资料编制物流成本计算表。

(2)物流成本不能直接从现行会计科目中分离。

存货占用自有资金所产生的机会成本应计入物流成本，但是现行会计科目中没有反映。

应在期末对存货按在途和在库两种形态分别统计出账面余额，按照存货资金占用成本＝存货账面价值×企业内部收益率(或一年期银行贷款利率)的公式计算出存货占用自有资金所产生的机会成本，根据计算结果编制物流成本计算表。

这种方式是对现行会计核算体系的扩充和完善，有较好的可行性。

2. 会计与统计结合的核算方式

指在当前财务会计核算体系之外，另行按物流成本核算对象设置统计台账，财会人员编制记账凭证登记有关账户后，再将有关物流业务的原始凭证和单据进行解剖分析，按不同的物流成本核算对象进行归类、分配、汇总，登记统计台账。

会计与统计结合的物流成本核算体系是在会计核算的基础上同时为物流成本核算提供统计核算数据。它不会影响会计核算，仅增加些数据登统的工作量。但是，容易与会计核算脱节，难以连续、完整地取得相关的凭证、数据。

2.2.2 物流成本的分类计算

要计算企业的物流成本，首先要对物流成本按计算的需要进行分类，然后再编制各种不同分类的物流成本计算表。

一般按费用支付形态、物流成本项目、物流范围等分类计算。

(一)按物流费用的形态别计算

首先，明确物流费用形态的内容。企业的物流费用按形态一般分为企业自身物流费和委托物流费。

1. 企业自身物流费

(1)材料费:由物流活动而产生的材料消耗费用。如包装材料、燃料动力、消耗性工具、低值易耗品、其他物质消耗。

(2)人工费:是在物流活动中消耗的劳务费用。如工资、奖金、福利费、劳动保护费、医药费、退休金、职工教育培训费。

(3)维护费:是指使用和维护土地、建筑物、车辆、搬运工具等支出的折旧费、维护维修费、租赁费、保险费、税金、燃料与动力消耗费等。

(4)一般经费:指在物流活动中产生的一般的经营管理费用。如办公费、差旅费、交通费、会议费、通讯费、书报资料费、文具费、水电费、煤气费、城市建设税、其他杂费等。

(5)特别经费:是指存货资金占用费、物品损耗费、存货保险费和税费等特殊支出费用。

2. 委托物流费

是指企业委托外部物流机构完成物流活动而对外支付各项费用。例如，对外支付的包装费、运输费、保管费、装卸费、手续费等物流业务费用。

然后，按物流费用的形态别编制物流成本计算表。

根据现行会计扩充核算方式中的有关“物流成本”的二级科目、三级科目、辅助账户资料，或者根据会计与统计结合的核算方式中的统计台账资料，编制形态别物流成本计算表，从各个形态别的总费用中，划分其中的物流费，计算物流费所占比重。

表2－1　　某公司按形态别计算的物流成本计算表　　金额单位:元

	费用形态	总费用	其中:物流费	比率%	备注
①	材料费				
②	人工费				
③	维护费				
④	一般经费				
⑤	特别经费				
⑥	自身物流费小计				
⑦	委托物流费				
	合计				

(二)按物流成本项目计算

首先，明确物流成本项目包括的内容:

1. 物流功能成本

(1)物流运作成本

①运输成本:在一定时期内，企业为完成货物运输业务而发生的全部费用，包括从事货物运输业务的人员费用、车辆(包括其他运输工具)的燃料费、折旧费、维修保养费、租赁费、养路费、过路费、年检费、事故损失费、相关税金等。

②仓储成本:在一定时期内，企业为完成货物储存业务而发生的全部费用，包括仓储业务人员费用，仓储设施的折旧费、维修保养费、水电费、燃料与动力消耗等。

③包装成本:在一定时期内，企业为完成货物包装业务而发生的全部费用，包括包装业务人员费用，包装材料消耗，包装设施折旧费、维修保养费，包装技术设计、实施费用以及包装标记的设计、印刷等辅助费用。

④装卸搬运成本:在一定时期内，企业为完成装卸搬运业务而发生的全部费用，包括装卸搬运业务人员费用，装卸搬运设施折旧费、维修保养费、燃料与动力消耗等。

⑤流通加工成本:在一定时期内，企业为完成货物流通加工业务而发生的全部费用，包括流通加工业务人员费用，流通加工材料消耗，加工设施折旧费、维修保养费，燃料与动力消耗费等。

(2)物流信息成本:在一定时期内，企业为采集、传输、处理物流信息而发生的全部费用，指与订货处理、储存管理、客户服务有关的费用，具体包括物流信息人员费用，软硬件折旧费、维护保养费、通讯费等。

(3)物流管理成本:在一定时期内，企业物流管理部门及物流作业现场所发生的管理费用，具体包括管理人员费用，差旅费、办公费、会议费等。

2. 存货相关成本

(1)资金占用成本:在一定时期内，企业在物流活动过程中负债融资所发生的利息支出(显性成本)和占用内部资金所发生的机会成本(隐性成本)。

(2)物品损耗成本:在一定时期内，企业在物流活动过程中所发生的物品跌价、损耗、毁损、盘亏等损失。

(3)保险和税收成本：在一定时期内，企业支付的与存货相关的财产保险费以及因购进和销售物品应交纳的税金支出。

然后，按物流成本项目编制物流成本计算表。

根据会计科目资料或统计台账资料，将表2－1中形态别计算出的物流成本，分别分解到物流功能成本和存货相关成本的各个成本项目中，编制物流成本项目计算表。

这种核算方法可以掌握各成本项目所承担的物流费用，可以计算出单位物流作业的标准物流成本和单位重量、单位物流设施的物流成本，为物流作业的成本管理制定合理目标。

表2－2　　某公司按物流成本项目计算的物流成本计算表　　单位：元

费用形态	物流成本	物流功能成本							存货相关成本		
		运输	仓储	包装	装卸搬运	流通加工	物流信息	物流管理	资金占用	物品损耗	保险税收
材料费											
人工费											
维护费											
一般经费											
特别经费											
自身物流小计											
委托物流											
合计											
自身与委托物流比率%											

(三)按物流成本的适用范围别计算

即是按适用对象计算物流成本。分析物流成本适用于什么对象，以此作为计算物流成本的依据。可以分别按物流成本的产生别(供应物流成本、企业内物流成本、销售物流成本、回收物流成本、废弃物流成本)、商品别、空间别(地域别、营业单位别)、顾客别、负责人别作为适用对象来进行计算。

表2－3　　某公司按物流部门划分的物流成本计算表　　金额单位：元

费用形态	物流费	物流部门费用					计算基准
		A部门	B部门	C部门	D部门	E部门	
材料费							
人工费							
维护费							
一般经费							
特别经费							
自身物流费小计							
委托物流费							
合计							
构成比率%							
自身物流与委托物流比率%							

想一想：

按不同的适用范围别计算物流成本对物流管理有什么重要的意义？

1. 按分公司或营业地点计算物流成本，可对各分公司或营业点进行物流费用与销售额、总利润的构成进行分析，从而正确掌握各分支机构的物流成本中存在的问题，以加强管理。

2. 按顾客别计算物流成本，有利于全面分析不同顾客的需求，及时改善物流服务水准，调整物流经营战略，为选定顾客、确定物流服务水平，制订顾客战略提供依据。

3. 按商品别计算物流成本，可掌握不同商品类别的物流成本状况和盈亏情况，便于加强商品的营销管理。

案例2-1：某流通企业会计与统计结合的物流成本核算

第一步：建立物流成本统计台账

按物流成本的形态别、功能别、范围别、部门别、商品别设置物流成本台账，分解有关的会计科目相应成本项目中的物流费用。

表2-4　　某公司形态别物流成本统计台账　　单位：元

日期	会计科目	内容	费用总额	材料费	人工费	维护费	一般经费	特别经费	委托物流费
	合计								

表2-5　　某公司物流成本项目统计台账　　单位：元

日期	会计科目	内容	费用总额	物流功能成本							存货相关成本		
				运输	仓储	包装	装卸搬运	流通加工	物流信息	物流管理	资金占用	物品损耗	保险税收
	合计												

表2-6　　某公司部门别物流成本统计台账　　单位:元

日期	会计科目	内容	费用总额	部门物流成本				
				A部门	B部门	C部门	D部门	E部门
合计								

如果统计台账的宽度够宽，也可以将上述三个表合为一个大表。

表2-7　　某公司部门别物流成本综合统计台账　　单位:元

日期	会计科目	内容	费用总额	形态别物流成本			项目别物流成本				部门别成本		
				材料	……	小计	运输	……	保险税收	小计	A部门	……	小计
合计													

还可以用Excel设计上述内容的统计台账和下面内容的物流费用计算表，在有关单元格中录入相应的公式，并将台账与各物流费用计算表中的相应单元格建立链接。每次登记统计台账时，就可以自动得到各物流费用计算表具体数据。

第二步:根据会计资料登记物流成本统计台账

在管理费用、经营费用、财务费用、生产成本、制造费用、其他业务支出、营业外支出、材料采购、应交税金、材料物资、包装物、低值易耗品、加工商品、待摊费用、固定资产等科目中，一般含有物流费用，不易被发现。我们应该对有关会计科目中的每笔记录内容逐一分析，能直接区分的则直接归集，不能直接区分的则按相关的比例分配后再归集。按照不重复、不遗漏的原则，将物流费用同时登记形态别物流成本、功能别物流成本、部门别物流成本等统计台账。(上述表中的具体数据从略)

第三步:按类别计算物流成本

1. 根据形态别物流成本统计台账编制物流费用计算表

表 2-8　　某公司某月物流费用计算表　　单位:元

	费用形态	管理等费用	其中:物流费	比率%	备注
①	材料费	67351	67351	100	全额
②	人工费	846498	275112	32.5	按人数分配
③	维护费	815913	339420	41.6	直接区分
④	一般经费	135597	52476	38.7	直接区分
⑤	特别经费	82323	31859	38.7	直接区分
⑥	自身物流小计	1947682	766218	39.3	
⑦	委托物流费	218362	218362	100	全额
合计		2166044	984580	45.5	

表中数据关系:

(1)表中物流费是该项总费用的其中数,比率是物流费占该项总费用的比重。

(2)表中①~⑤之和等于⑥,合计=⑥+⑦

2. 根据物流成本项目统计台账和物流费用计算表编制项目别物流费用计算表

表 2-9　　某公司按物流成本项目计算的物流成本计算表　　单位:元

费用形态	成本总额	物流功能成本							存货相关成本		
		运输	仓储	包装	装卸搬运	流通加工	物流信息	物流管理	资金占用	物品损耗	保险税收
材料费	67351		8374	46021		7593		5363			
人工费	275112	61023	56479	27510	54836	27510	9940	37814			
维护费	339420	135768	162921	6788	16972	10183		6788			
一般经费	52476						10496	41980			
特别经费	31859					1596			25487	3186	1590
自身物流小计	766218	196791	227774	80319	71808	46882	20436	91945	25487	3186	1590
委托物流费	218362	87345	131017								
合计	984580	284136	358791	80319	71808	46882	20436	91945	25487	3186	1590

3. 根据部门别物流成本台账和物流费用计算表编制部门别物流费用计算表

表 2－10　　某公司按不同部门划分的物流成本计算表　　金额单位:元

费用形态	成本总额	部门物流成本				计算基准
		A 部门	B 部门	C 部门	D 部门	
材料费	67351	19532	21546	13475	12798	实际耗费
人工费	275112	88036	74280	60525	52271	人数比率
维护费	339420	101826	84855	84855	67884	面积比率
一般经费	52476	18367	15743	10495	7871	存货比率
特别经费	31859	11150	9558	6372	4779	存货比率
自身物流小计	766218	238911	205982	175722	145603	
委托物流费	218362	87140	65708	43672	21842	实际耗费
物流费合计	984580	326051	271690	219394	167445	
构成%	100.0	33.1	27.6	22.3	17.0	

人数比率:A 部门 32%、B 部门 27%、C 部门 22%、D 部门 19%

面积比率:A 部门 30%、B 部门 25%、C 部门 25%、D 部门 20%

存货比率:A 部门 35%、B 部门 30%、C 部门 20%、D 部门 15%

2.2.2 作业成本法及应用案例

成本计算的方法有很多，在会计核算中，成本计算方法主要有品种法、分批法、分类法、分步法、变动成本法等以“数量为基础”的传统方法。下面仅简要介绍“以作业为基础”的作业成本法。

成本话语

作业成本法的指导思想是：活动产生作业，作业消耗资源，按作业归集成本。

(一)什么叫成本作业法

1. 活动、作业、成本的关系

①企业生产经营管理活动由作业组成，活动就是作业。例如，生产某一产品，由材料采购、物料处理、起动准备、装配、质量控制、产品包装等作业组成；商品入库作业由入库验收作业、商品堆码作业组成；入库验收作业又由验收准备、核对凭证、实物检验、填写验收单据、登卡记账等作业组成。

②作业要消耗人、财、物资源，作业导致成本的发生。

③把活动的每项作业成本汇总，就是活动的成本。

2. 作业成本法就是以作业为核心，确认和计量耗用企业资源的所有作业，将耗用的资源成本准确地计入作业，然后选择成本动因，将所有作业成本分配给成本计算对象的一种成本计算方法。即是以作业为基础的成本计算方法(Activity Based Costing)，简称 ABC 法。

注意，此处 ABC 法是作业成本法，不是库存管理的 ABC 分类法。

(二)认识作业成本法的有关概念

1. 作业(Activity)：作业是工作的组成单位，即是企业为提供产品或劳务所进行的、以资源为重要特征的各项活动。作业的组合可以形成企业生产经营管理活动的流程。

作业按成本层次分为:

①单位水平作业:是生产经营单位产品时所从事的作业,例如直接材料和直接人工成本等,这种作业的成本与业务量成比例变动,如果业务量增加一倍时,则直接人工成本也会增加一倍。

②批水平作业:是生产经营每批产品而从事的作业,例如对每批产品的机器准备、订单处理、原料处理、检验及生产规划等。这种作业的成本与产品批数成比例变动,是该批产品所有单位产品的固定(或共同)成本。

③维持水平作业:是为维持企业生产经营活动而从事的作业,例如工厂管理、暖气及照明及厂房折旧等。这种作业的成本,为全部产品的共同成本。

作业按其与成本动因的关系分为:

①专属作业:指为某种特定产品或劳务提供专门服务的作业。专属作业资源耗费价值应直接由该特定的产品或服务负担。

②共同消耗作业:指同时为多种产品或劳务提供服务的作业。共同消耗作业又可按具体作业动因不同分为数量动因作业、批次动因作业、工时动因作业、价值管理作业。

数量动因作业:即使每种产品或劳务的每个单位数量均衡受益的作业。如包装作业等等,每件产品都均衡受益。

批次动因作业:即服务于每批产品或劳务并使每一批产品或劳务都均衡受益的作业。如分批获取定单的定单作业、分批运送产品作业,由于获取每一批产品或劳务定单的作业耗费大体相当,一般被认为是批次动因作业。

工时动因作业:即资源耗费与工时基本成正比例变动的作业。如各种类型的机加工作业一般被认为工时动因作业。

价值管理作业:指那些负责综合管理工作的部门的作业。如企业的行政管理部门的工作一般被确认为价值管理作业。企业行政管理部门所从事的工作从功能上看是一种价值管理工作,其工作一般被确认为价值管理作业。价值管理作业的资源耗费价值一般应按一定的价值比例分配给成本对象。

2. 资源(Resources):资源是成本的源泉,是企业在特定的时期内所消耗的所有成本费用。

3. 动因(Drivers):顾名思义动因是驱使一种活动或一组活动的原因,在作业成本法中,动因是指成本分配过程中的一些原因、依据和比例。

①资源动因:是指资源被各作业消耗的原因和方式。作业量的多少决定着资源的耗用量,资源耗用量的高低与最终的产品量没有直接关系。我们将这种资源消耗量与作业量间的关系称作资源动因。资源动因是分配作业所耗资源的依据。

②作业动因:是分配作业成本到产品或劳务的标准。反映了产品对作业消耗的逻辑关系。例如,当“检验外购材料”作为一个作业时,则“检验小时”或“检验次数”就可成为一个作业动因。

例如,搬运是一项作业,这项作业耗费的人工成本是与搬运工人的多少有关,工人越多支付的工资就越多。在这里搬运工人的数量就是资源动因。产品对搬运的消耗是与产品的数量或搬运一产品所耗的工时有关的,产品越多需要的搬运量就越大。在这里,产品的数量或搬运此产品所耗的工时就是作业动因。

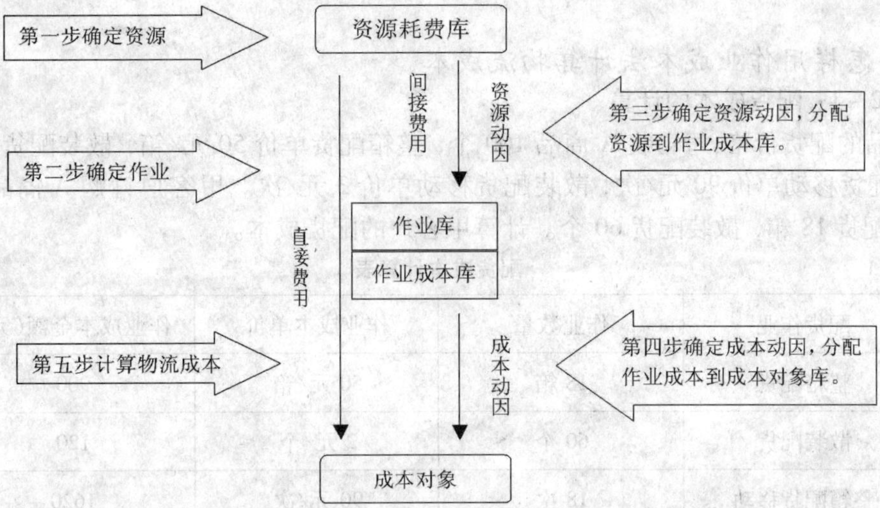

图 2－2　物流作业成本计算步骤

（三）作业成本法的步骤

第一步：分析和确定资源。

资源是成本的源泉。分析资源与物流作业的关系，在财务资料中确定资源，并将其归集到资源库中。

第二步：分析和确定作业。

分析物流活动过程，运用业务职能活动分解法、活动过程定位法、作业流程图分析法，考虑作业与成本管理的重要性、作业与成本动因的相关性，对物流作业进行筛选和整合，建立用于计算成本的作业库。

第三步：确定资源动因，分配资源耗费到作业成本库。

作业决定着资源的耗用量。根据资源对作业是“专属耗费”，还是“共同耗费”的关系，确定资源动因。对直接费用，则直接分配到成本对象中；对间接费用，则根据资源动因归集到不同物流作业中，形成作业成本。

第四步：确定成本动因，分配作业成本到成本对象。

作业成本动因是各项作业被成本对象消耗的方式和原因，是如何将作业成本库中的成本分配到成本对象的标准。确定成本动因时，要考虑成本动因与实际作业消耗之间的相关性、成本动因计量的容易性、对加强成本管理的有利性。根据成本动因，将作业成本分配作业成本到成本对象中。

第五步：计算物流作业成本。

总的说，就是将归集到作业成本库中的间费用，按各成本对象消耗的作业动因量的比例分配到成本对象，计算出成本对象的物流成本。具体地说，首先计算有关作业成本动因的分配率，然后按成本动因的分配率计算成本对象所耗

成本话语

简单地说，作业成本法就是将资源分给作业，再将作业成本分给核算对象。

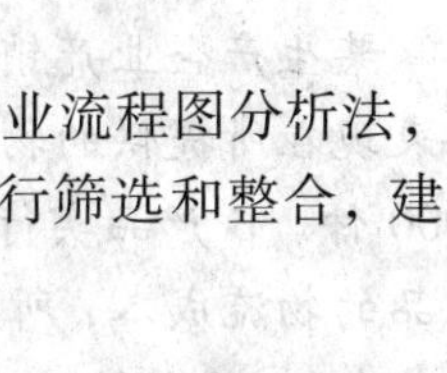

费的资源价值，再计算出成本对象的各项作业成本，最后汇总计算出成本对象的总成本和单位成本。

（四）怎样用作业成本法计算物流成本

案例2－1：配货成本的计算

A商品的配货价格：每箱装A商品100个，整箱配货单价50元/箱，散装配货单价2元/个，整箱配货移动单价90元/次，散装配货移动单价3元/次。甲客户订购A商品1860个，其中整箱配货18箱，散装配货60个。计算甲客户的配货成本。

表2－11 **配货成本计算表**

配货作业	作业数量	作业成本单价	作业成本金额（元）
整箱配货	18箱	50元/箱	900
散装配货	60个	2元/个	120
整箱配货移动	18次	90元/次	1620
散装配货移动	60次	3元/次	180
合计	–	–	2820

案例2－2：用作业成本法计算产品物流成本

某生产企业产销A、B两种产品。这两种产品的生产工艺过程基本相同，两者的区别主要表现在所提供的物流服务上：A产品实行的是大批量低频率的物流配送服务，每批数量为4000件。B产品实行多频率小额配送服务，每批数量为10件。该企业采用作业成本法计算产品的物流成本，所涉及的作业主要有七项：①订单处理；②挑选包装；③包装设备调整；④运输装卸；⑤质量检验；⑥传票管理；⑦一般管理。

其他有关资料具体如下：

①本月该企业共销售A产品5批，共计20000件；B产品140批，共计1400件。

②订单处理作业全月有能力处理1008份订单。本月实际处理定单800份，其中A产品订单500份，B产品定单300份。

③包装机共4台，全月总共可利用640机器小时，但不能全部用于包装，因为机器调整会消耗一定时间。包装机每包装一批新产品时，则需要调整一次。在连续包装同一批产品件数达到1000件时也需要进行一次调整。每台包装机调整一次需要24分钟。包装机如果用于包装A产品，每件需1.5分钟，如果用于包装B产品，每件则需2分钟。

④运输装卸作业全月总共能够提供840工作小时的生产能力，其中用于A产品运输装卸，每批需120小时，B产品运输装卸，每批则需0.4小时。

⑤质量检验：A、B两种产品的检验过程完全相同。该企业全月有能力检验800件产品。对于A产品，每批需要随机抽样10件进行检验。对于B产品，每批需要随机抽样3件进行检验。

⑥该企业进行传票管理作业是采用计算机辅助设计系统来完成的。该系统全月总共能提供840个机时。本月用于A产品传票管理的机时数为168，用于B产品传票管理的机时数为

420。

⑦一般管理:本月人员及设施等利用程度为 75%。

⑧A 产品每件消耗直接材料 1.5 元, B 产品每件消耗直接材料 1.8 元。

采用作业成本计算法计算上述两种产品物流成本的基本步骤如下:

第一步:确认和计量企业本月所提供的各类资源价值, 将资源耗费价值归集到各资源库中。本月该厂所提供的各类资源价值情况如表 2－12 所示。

表 2－12　**企业所提供的各类资源价值**　单位:元

资源项目	工资	电力	折旧	办公费	合计
资源价值	23400	4800	24400	8500	61100

第二步:确认各种主要作业, 建立作业成本库。主要作业有:定单处理、挑选包装、包装设备调整、运输装卸、质量检验、传票管理、一般管理共七项作业。为每项作业分别设立作业成本库, 用于归集各项作业实际消耗的资源。对于包装设备调整作业和挑选包装作业, 首先将两者合并一起计算各项资源耗用量, 然后再按机器调整所耗用的机器小时数与可用于包装产品的机器小时数之间的比例进行分配。

第三步:确认各项资源动因, 将各资源库中所汇集的资源价值分配到各作业成本库中。

(1)工资费用的分配。工资费用消耗的动因在于各项作业"运用职工", 因此, 应根据完成各项作业的职工人数和工资标准对工资费用进行分配。分配结果如表 2－13 所示。

表 2－13　**工资资源的分配**

	订单处理	包装及设备调整	运输装卸	质量检验	传票管理	一般管理	合计
职工人数	2	4	5	4	4	3	22
每人月工资额(元)	800	1200	1000	1250	1000	1000	
各项作业月工资(元)	1600	4800	5000	5000	4000	3000	23400

(2)电力资源价值的分配。电力资源消耗的原因在于"用电", 其数量多少可以由用电度数来衡量。已知每度电的价格为 0.5 元。具体分配结果如表 2－14 所示。

表 2－14　**电力资源的分配**

	订单处理	包装及设备调整	运输装卸	质量检验	传票管理	一般管理	合计
用电度数	400	3200	2500	800	360	340	9600
金额(元)	200	1600	1250	1400	180	170	4800

(3)折旧费与办公费的分配。折旧费用发生的原因在于各项作业运用了有关的固定资产。因此, 可根据各项作业固定资产运用情况来分配折旧费用。这种运用通常具有"专属性", 即特定固定资产由特定作业所运用。各项办公费也具有"专属性", 其分配方法与折旧费的分配大体相同。有关分配结果见表 2－15。

表 2 – 15　　固定资产折旧费及办公费的分配　　单位:元

	订单处理	包装及设备调整	运输装卸	质量检验	传票管理	一般管理	合计
折旧	2500	5600	4000	7700	2400	2200	24400
办公费	1200	1400	600	1900	1600	1800	8500
合计	3700	7000	4600	9600	4000	4000	32900

为了将包装机调整与包装两项作业所耗用资源价值分开，需要计算包装机调整所消耗的机器小时数。包装机调整次数:A 产品需要 20 次，B 产品需要 140 次，总调整次数为 160 次，需要消耗机器小时数共计 160 × 24/60 = 64(小时)，占包装机总机器小时数的 10%。包装机可用于包装的机器小时数为 640 – 64 = 576(小时)，占包装机总机器小时数的 90%。将上述“包装及设备调整”栏目中的数字乘以 10% 即得包装设备调整所消耗的资源价值量，其余 90% 即为包装作业所消耗的资源价值量。将上述有关结果汇总，即得表 2 – 16。

表 2 – 16　　资源向各作业间的分配　　单位:元

	订单处理	包装设备调整	包装	运输装卸	质量检验	传票管理	一般管理	合计
工资	1600	480	4320	5000	5000	4000	3000	23400
电力	200	160	1440	1250	1400	180	170	4800
折旧	2500	560	5040	4000	7700	2400	2200	24400
办公费	1200	140	1260	600	1900	1600	1800	8500
合计	5500	1340	12060	10850	16000	8180	7170	61100

第四步:确定各项作业的成本动因。有关结果如表 2 – 17 所示。

表 2 – 17　　各项作业成本动因

作 业	作业成本动因
订单处理	订单处理份数
包装设备调整	包装调整次数
包装	开动机器小时数
运输装卸	工作小时数
质量检验	检验件数
传票管理	计算机时数

对于“一般管理”这项作业，其成本动因比较复杂，因此在计算 A、B 两种产品消耗该项资源成本时，予以另行处理。

第五步:计算有关作业成本动因分配率。计算结果如表 2 – 18 所示。

表 2－18　　作业成本动因分配率的计算过程

作业	定单处理	包装调整	包装	运输装卸	质量检验	传票管理
作业成本	5500	1340	12060	10850	16000	8180
提供的作业量	1008	160	576	840	800	840
作业动因分配率	5.456	8.375	20.9375	12.917	20.00	9.738

注：作业动因分配率＝作业成本÷提供的作业量

第六步：计算 A、B 两种产品实际消耗的资源价值。

本月运输装卸作业实际消耗工作小时为 656

其中：运输装卸 A 产品消耗 5×120＝600（工作小时）

　　运输装卸 B 产品消耗 140×0.4＝56（工作小时）

本月包装机实际消耗机器小时数为 546.67

其中：包装 A 产品消耗 20000×1.5/60＝500（机器小时）

　　包装 B 产品消耗 1400×2/60＝46.67（机器小时）

本月检验产品总数 470 件

其中：对 A 产品抽样 5×10＝50（件）

　　对 B 产品抽样 140×3＝420（件）。

根据上述有关结果即可求出 A、B 两种产品实际消耗的资源价值。计算结果如表 2－19 所示。

表 2－19　　A、B 两种产品实际消耗的资源价值

作业	作业分配率	实际耗用作业成本动因数			实际耗用资源（元）	
		A 产品	B 产品	合计	A 产品	B 产品
	①	②	③	④	⑤＝②×①	⑥＝③×①
订单处理	5.456	500	300	800	2728	1637
包装调整	8.375	20	140	160	168	1173
包装	20.9375	500	47	547	10469	984
运输装卸	12.917	600	56	656	7750	723
质量检验	20.00	50	420	470	1000	8400
传票管理	9.738	168	420	588	1636	4090
一般管理	0.1319	23756	17009	40765	3133	2243
合计	–	–	–	–	26884	19250

注 1：该表中数字的小数部分（除分配率外）均作了四舍五入数处理。

注 2：一般管理作业的数据参见下面的计算过程。

A、B 两种产品所消耗的“一般管理”作业成本的计算过程如下：

(1)A、B 两种产品实际消耗的“一般管理”作业成本之和

＝“一般管理”资源额×人员及设施等利用程度

$=7170\times75\%=5377.5$(元)

“一般管理”资源额 70170 元，来自表 2－16。

人员及设施等利用程度 75% 来自“其他有关资料”。

(2)“一般管理”作业成本动因分配率 $=\dfrac{\text{AB 产品耗费资源之和}}{\text{AB 产品耗费成本动因之和}}$

$=\dfrac{5377.5}{23756+17009}$

$=0.1319$ (23756、17009 两数来自表 2－17)

(3)A 产品实际消耗的一般管理作业资源成本 $=23756\times0.1319\approx3133$(元)

B 产品实际消耗的一般管理作业资源成本 $=17009\times0.1319\approx2243$(元)

第七步：计算 A、B 两种产品的物流总成本及单位成本。

A 产品直接材料 $=20000\times1.5=30000$(元)

B 产品直接材料 $=1400\times1.8=2520$(元)

A 产品物流总成本 $=30000+26884=56884$(元)

B 产品物流总成本 $=2520+19250=21770$(元)

第八步：计算未耗用资源。计算过程及有关结果如表 2－20 所示。

表 2－20 **未耗用资源**

作业	分配率	未耗用作业动因数	未消耗资源成本
	①	②	③＝②×①
订单处理	5.456	1008－800＝208	1135
包装调整	8.375	0	0
包装	20.9375	576－547＝29	607
运输装卸	12.917	840－656＝1842376	
质量检验	20.00	800－470＝3306600	
传票管理	9.738	840－588＝2522454	
一般管理	25%	71701793	
合计		14965	

注 1：该表中数字的小数部分(除分配率外)均作了四舍五入处理。

注 2：一般管理作业成本的 25%，即：$7170\times25\%=1793$(元)为未消耗资源成本。

第九步：将上述有关结果汇总，即得表 2－21。

表 2－21　　A、B 两种产品物流成本计算单　　单位:元

	耗用资源价值	A 产品		B 产品		未耗用资源成本
		单位成本	总成本	单位成本	总成本	
直接材料	32520	1.50	30000	1.80	2520	0
订单处理	5500	0.1364	2728	1.1693	1637	1135
包装设备调整	1340	0.084	168	0.8379	1173	0
包装	12060	0.5235	10469	0.7029	984	607
运输装卸	10850	0.3875	7750	0.5164	723	2376
质量检验	16000	0.05	1000	6.00	8400	6600
传票管理	8180	0.0818	1636	2.9214	4090	2454
一般管理	7170	0.1567	3133	1.6021	2243	1793
合计	93620	2.8442	56884	15.55	21770	14965

注:A 产品总成本(56884 元)、B 产品总成本(21770 元)、未耗用资源成本(14965 元),三栏数字之和为 93619 元,与耗用资源价值(93620 元)一栏数字误差 1 元,是因四舍五入所造成。

资料来源于傅桂林主编的《物流成本管理》,略有修改。

本章小结

企业的物流成本核算是将物流费用向成本核算对象进行分配和归集的过程,它是物流成本管理工作的基本内容。物流成本核算对象是根据物流成本计算目的及企业物流活动的特点来确定的,可根据需要分别以物流功能、物流部门、服务客户、产品、生产经营过程、物流设备等为成本核算对象。

进行物流成本核算,应遵循分期核算、权责发生制、按实际成本计价、一致性等几个主要原则。

物流成本核算的一般过程包括确定成本计算对象、收集和审核原始记录、确定成本项目、对成本费用进行归集和分配等内容。

由于物流成本的计算范围太大、界定和归集的难度大、核算要素难以统一,现行会计核算制度还不能完全满足物流成本计算的需要。根据目前我国成本核算的现状,物流成本核算可采用现行会计扩充核算体系、会计与统计结合的核算体系。

会计与统计结合的核算过程,先是按物流成本的形态别、功能别、范围别、部门别、商品别设置物流成本台账,分解有关的会计科目相应成本项目中的物流费用,其次是根据会计有关科目的费用资料登记物流成本统计台账,然后根据形态别物流成本统计台账编制物流费用计算表,再分别按需要编制功能别物流费用计算表、部门别物流费用计算表。

作业成本法是以作业为基础的一种成本计算方法,它以“活动产生作业,作业消耗资源,按作业归集成本”为指导思想,将企业的物流活动分解为若干个作业,将资源耗费按资源动因分配到各作业,得到作业成本,再将各作业成本按作业动因分配给成本核算对象,得到成本核算对象的总成本和单位成本。

※ 习题

一、复习思考

1. 物流成本核算的目的是什么?
2. 物流成本的核算对象有哪些?
3. 物流成本支付形态包括哪些内容?为什么要以物流成本支付形态为对象?
4. 为什么物流成本比较难计算?
5. 在进行物流成本核算时应遵循哪些原则?
6. 计算物流成本必须正确划清哪些费用支出的界限?
7. 如何在现行会计核算体系中核算物流成本?
8. 在会计与统计结合的核算体系中,是如何将会计与统计结合起来的?
9. 物流成本项目包括哪些内容?
10. 如何按物流成本项目编制物流成本计算表?
11. 物流成本的适用范围别包括哪些类别?
12. 简述用作业成本法计算物流成本的步骤。

二、重要概念

物流成本核算　成本费用归集　成本费用分配　合法性原则　权责发生制原则

委托物流费　物流运作成本　作业成本法　专属作业　共同消耗作业　资源动因　作业动因

◆——第3章 物流成本的分析 预测与决策

●本章学习目标与要求

★引导案例

★章节内容

物流成本分析

物流成本预测

物流成本决策

★资料

2004年上半年物流行业统计数据

我国物流发展现状与趋势

★案例

CC集团两种配送物流成本分析

遥控器是自制还是外购的决策

★本章小结

★习题

★学习目标

1. 知道什么是物流成本分析，了解物流成本分析的步骤和内容，掌握物流成本分析的几种基本方法，会对物流总成本的计划完成情况、构成情况和因素变动进行分析，能区分固定成本和变动成本，会运用高低点法分解混合成本，能计算物流成本效益分析指标和物流效率分析指标。

2. 懂得物流成本预测意义，了解定性分析预测法和定量分析预测法，知道成本预测的程序，会运用比率预测法、高低点法、直线趋势预测法、一元线性回归预测法、季节变动预测法、本量利预测法、费利时预测法进行预测。

3. 懂得什么是物流成本决策，知道物流成本决策的内容，会运用经济批量法、边际贡献分析法、成本平衡点法进行成本决策。

---

*

物流成本分析：探寻冰山下的秘密

我国物流业从20世纪90年代开始逐渐形成产业组织形式以来，发展很快，一些企业率先接受了供应链管理和物流外包的做法，于是很多配送中心和第三方物流供应商成长起来。但是，一些国有企业在计划经济“大而全、小而全”的思想指导下，迟迟不接受社会化的物流服务。其中一个重要原因就是对物流成本支出分析不够。他们比较注重运输费、仓储费、配送费、搬运费等显性成本，即对物流成本，只看到露出水面的冰山一角。他们对资金利息、原料积压、跌价损失、设施投入、设备折旧、人员培训这些隐形成本在物流环节的消耗，特别是物流不当所导致的风险，甚至包括由于效率低下而增加的时间成本，还缺乏足够的认识，未能看到物流冰山下面的巨大部分。

福建的一家生产家电的G公司，在湖北省分布有7个仓库，产品从福建分别运到湖北省7个仓库，由仓库供应当地客户需求。由于物流信息不畅，公司对客户需求的响应周期长，为了防止缺货，各仓库都加大了的安全库存。较高的库存使总公司不能准确地预测市场需求，当市场需求发生变化，原来畅销的品种逐渐变成滞销甚至是过时品种时，公司却不能了解这种需求的变化，仍然大量生产该已过时的“畅销”品种，而新的畅销品种却没有生产。当公司发现后，滞销产品已经在各个仓库中堆积如山了，公司又不得不采取各种促销手段降价销售，产生巨大的跌价损失和促销费用。

G公司考虑到分散仓储方式的诸多弊端，决定实施集中配送方式，把在湖北省的7个仓库全部撤消，只设立一个配送中心，产品从福建运到湖北配送中心，由配送中心供应全省客户需求。

G公司对分散仓储方式和集中配送方式进行物流成本对比分析。

分散仓储与集中配送物流成本分析 金额单位:元

项目	分散仓储	集中配送	集中配送与分散仓储比较	
			增减绝对值	增减%
销售量(台)	5730	6300	570	9.95
库存资金成本	58581	19477	-39104	-66.75
仓储成本	20721	24545	3824	18.45
管理成本	12660	3120	-9540	-75.36
库存总成本	91962	47142	-44820	-48.74
长途运输成本	45840	45500	-340	-0.74
送货成本	1719	13000	11281	656.25
运输总成本	47559	58500	10941	23.01
物流总成本	139521	105642	-33879	-24.28

上述库存成本尚未考虑库存的积压、跌价损失。

从上表可以看出:实施集中配送后，在湖北地区的库存总成本有了大幅度的降低，与分散仓储相比降低48.74%。其中:库存资金成本降低66.75%;管理成本降低75.36%;仓储成本有所升高，涨幅为18.45%，仓储成本的增加主要原因是产品出入库数量大幅度增加。实施集中配送，减少了仓库管理人员，较大地降低了库存管理费用。由于入库产品能迅速出库，及时配送到客户，从而使库存量始终保持在一个较低的水平，库存资金成本因此大幅度降低。

实行集中配送，减少了产品从福建到湖北配送中心的长途运费，但大幅度地增加了从配送中心到客户的送货成本11281元，增幅656.25%。

总之，库存成本下降48.74%，运输成本增加23.01%，使物流总成本减少24.28%。

在此案例中，G公司是如何对物流成本进行分析的？在分析中发现了什么？G公司又是如何做出集中配送的决策的？在本章中，我们将学习物流成本分析方法、物流成本预测方法和物流成本决策方法。

3.1 物流成本分析

3.1.1 物流成本分析概述

1. 什么是物流成本分析

分析是人们认识客观事物本质特征及其发展规律的一种逻辑思维方法。物流成本分析就是根据物流成本核算资料和其他有关资料，运用一定的方法，对物流成本的规模、水平、构成、变动、影响因素进行计算、评价的一项管理活动。

物流成本预测、物流成本决策、物流成本控制、物流成本核算、物流成本分析是物流成本管理的基本工作。物流成本分析是成本预算、成本决策、成本控制的基础。通过物流成本分析，可以分析物流成本水平与构成变动的情况，研究影响物流成本升降的各种因素及其变动原因，寻找降低物流成本的途径。

例如，企业根据某月物流成本资料和其他有关资料，计算当月物流总成本各部分所占比例，并计算与上月物流总成本增减额和构成增减百分点，从而反映当月物流成本的规模及其构成的变化，还可以运用因素分析法进一步计算出各因素影响的大小。

又如，企业根据某月物流成本实际完成和计划资料，计算物流成本计划完成相对指标，反映物流成本计划执行进度和计划完成情况。

再如，企业根据物流作业成本与销售额、利润等资料，计算物流作业利润率、物流作业成本利润率，反映物流作业成本的获得能力。

物流成本分析一般要经过以下几步：

①确定课题；②收集资料；③计算对比；④揭示规律、发现问题、查找原因、分析影响、提出措施；⑤写分析报告。

为节约篇幅，本书物流成本分析例题采用“计算＋文字说明”形式。计算部分主要是计算分析表，以及有关指标的计算。文字说明部分主要是对计算结果作简要的分析说明。

2. 物流成本分析包括的内容

①按物流成本的范围分：物流成本全面分析、单项物流成本分析。

②按物流环节（功能）分：运输成本分析、保管成本分析、装卸搬运成本分析、包装成本分析、流通加工成本分析、配送成本分析。

③按分析内容分：物流成本计划完成情况分析、物流成本结构变动分析、物流成本变动因素分析、物流成本性态分析、物流成本效益分析、物流效率分析。

资料 3－1　　　2004 年上半年物流行业统计数据

指标	1－6 月	去年同期	同比增长(%)
一、社会物流总额(亿元)	181474	137341	32.10
其中:工业品物流总额(亿元)	155199	117824	31.70
农产品物流总额(亿元)	4085	3909	4.50
进口物流总额(亿元)	21926	15376	42.60
再生资源物流总额(亿元)	165	139	18.50
邮政物流总额(亿元)	100	94	6.80
二、货运总量(亿吨)	78	68	13.90
其中:铁路货运总量(亿吨)	11	9	13.90
公路货运总量(亿吨)	58	52	12.20
水运货运总量(亿吨)	8	7	27.40
民航货运总量(万吨)	129	93	37.60
三、周转量	31337	23254	34.80
其中:铁路周转量(亿吨公里)	8852	7496	18.10
公路周转量(亿吨公里)	3671	3190	15.10
水运周转量(亿吨公里)	18780	12546	49.70
民航周转量(亿吨公里)	34	23	45.90
四、社会物流总成本(亿元)	13075	10641	22.90
其中:运输成本(亿元)	7541	5563	35.50
保管成本(亿元)	3818	3422	11.60
管理成本(亿元)	1716	1656	3.60

资料来源:http://www.jctrans.com

3.1.2 物流成本分析的基本方法

1. 比较分析法

(1)静态比较分析:实际数与参照数(计划、定额)比较

①绝对比较:实际数－参照数(计划、定额)

②相对比较:实际数÷参照数(计划、定额)

一般计算实际数与计划数的差额和计划执行进度、计划完成程度指标。

(2)动态比较分析:报告期水平与基期水平(或历史最好水平)比较

①绝对比较:本期水平－基期水平

②相对比较:本期水平÷基期水平

对物流成本的报告期水平与基期水平进行绝对比较，就是计算物流成本的增长量;进行相对比较，就是计算物流成本的发展速度、增长速度。

(3)本企业与同行业先进企业比较:即计算比较相对数、比例相对数

例如，进行物流成本计划完成情况分析，要将实际完成数与计划数对比，计算计划执行进度、计划完成程度指标。常用的分析表格式如下：

表 3－1　物流成本计划执行进度分析表

部门或指标	本月			去年同期	比去年同期±%	年计划	本年累计	累计完成%	去年同期累计	比去年同期±%
	计划	实际	完成%							
合计										

表 3－2　物流成本计划完成程度分析表

部门或指标	计划	实际	计划完成%	实际与计划离差	对总计划的影响%	上期实际	本期为上期%
合计							

2. 结构分析法

根据分析的需要，将物流总成本按不同的物流别进行分解，计算各构成部分占总成本的比重，用来反映物流总成本构成状况及构成变化。常用的分析表格式如下：

表 3－3　物流成本构成分析表

按某物流别分组	报告期		基期		报告期－基期	
	绝对额	比重%	绝对额	比重%	绝对额	比重%
合计						

3. 比率分析法

这里的比率分析法，是将物流成本指标与相关的其他指标进行对比，计算强度相对指标，常用于物流成本效益分析和物流效率分析。

4. 因素分析法

我们知道影响运输费大小的两个因素是运输量和运费率，假如本期的运输费比上期增加了2万元，那么怎样知道运输量和运费率各影响了多少元？这就需要运用因素分析法来解决。

因素分析法是利用某一总指标与其因素指标的数量关系，计算各因素指标变化对总指标变化的影响方向和程度的一种分析方法。

> **成本话语**
> 因素分析的关键是确定因素替换顺序，顺序不同，计算结果就不同。

(1)连环替代法①确定总指标及其因素指标的数量关系；

②确定因素指标的替代顺序：

一般原则：先基本指标，后引伸指标。

具体原则：先数量指标，后质量指标；先时期指标，后时点指标；先实物量指标，后价值量指标；先子项可约指标，后母项可约指标。

例如，运输费 = 运输量 × 运费率，其中运输量是数量指标，运费率是质量指标，先替换运输量，再替换运费率。

又如，材料消耗总额 = 产量 × 单位产品消耗量 × 单位材料价格

用计量单位表示 $元 = 件 \times \frac{公斤}{件} \times \frac{件}{公斤}$

可看出，产量(件)分子与单位产品消耗量$\frac{公斤}{件}$分母可约，单位产品消耗量 $\frac{公斤}{件}$分子与单位材料价格$\frac{元}{公斤}$分母可约，因此替换的先后顺序是产量、单位产品消耗量、单位材料价格。

③按顺序替代各因素指标，计算其差额。

④分析各因素指标变化对总指标的影响。

总指标及其因素指标的数量关系分为以下几种情况：

①两因素相乘：$R = A \times B$

$A_0 \times B_0 = R_0$

$A_1 \times B_0 = R_n \begin{cases} R_n - R_0 \text{ 说明 A 的变化对 R 的影响} \\ R_1 - R_n \text{ 说明 B 的变化对 R 的影响} \end{cases}$

$A_1 \times B_1 = R_1$

②多因素相乘 $R = A \times B \times C$ 例如，货物运费 = 货运量 × 运输里程 × 单位运价

③两因素相除

情况一：$R = A \div B$

$A_0 \div B_0 = R_0$

$A_1 \div B_0 = R_n \begin{cases} R_n - R_0 \text{ 说明 A 的变化对 R 的影响} \\ R_1 - R_n \text{ 说明 B 的变化对 R 的影响} \end{cases}$

$A_1 \div B_1 = R_1$

情况二：$R = B \div A$

$B_0 \div A_0 = R_0$

$$B_0 \div A_1 = R_n \begin{cases} R_n - R_0 \text{ 说明 A 的变化对 R 的影响} \\ R_1 - R_n \text{ 说明 B 的变化对 R 的影响} \end{cases}$$

$B_1 \div A_1 = R_1$

2. 差额计算法：

①因素相乘：$R = A \times B$

A 变化对 R 的影响：$(A_1 - A_0)\ B_0$　　B 变化对 R 的影响：$A_1(B_1 - B_0)$

②两因素相除

情况一：$R = A \div B$

A 变化对 R 的影响：$(A_1 - A_0) \div B_0$　　B 变化对 R 的影响：$A_0(\frac{1}{B_1} - \frac{1}{B_0})$

情况二：$R = B \div A$

A 变化对 R 的影响：$B_0(\frac{1}{A_1} - \frac{1}{A_0})$　　B 变化对 R 的影响：$(B_1 - B_0) \div A_1$

③多因素相乘 $R = A \times B \times C$

A 变化对 R 的影响：$(A_1 - A_0)B_0C_0$

B 变化对 R 的影响：$A_1(B_1 - B_0)C_0$

C 变化对 R 的影响：$A_1B_1(C_1 - C_0)$

因素分析法的特点：计算条件是假定的，因素替代是人为的、连环的。

3.1.3 物流总成本分析

企业进行物流总成本分析，主要是对报告期整个企业物流成本计划完成情况、构成情况、变动情况及影响因素进行计算和分析，从而评价企业物流成本管理工作的好坏，寻找降低物流成本的途径。企业物流总成本分析主要有物流总成本计划完成情况分析、物流总成本构成变动分析、物流总成本变动因素分析。

1. 物流总成本计划完成情况分析

(1) 物流总成本计划执行进度分析

①分析目的：在计划执行过程中对成本管理工作进程进行检查，以便及时掌握成本计划的执行进度，分析总成本各构成部分执行计划是否均衡，从中总结经验，发现问题，保证成本计划的顺利实现。

②分析方法：静态比较分析法、动态比较分析法

在分析表中，可以分别按物流成本的功能别、形态别、商品别、部门别、商品别等进行分组，收集各组物流成本的计划数、完成数、累计完成数资料，计算各组物流成本的计划执行进度和同比增长速度。

例3－1　　某公司物流总成本计划执行进度分析表

2006年9月30日　　金额单位:万元

部门别	今年计划		今年完成		去年同期累计完成	今年计划完成%		今年累计完成为去年同期的%
	全年	本月	本月	累计		今年	累计	
	①	②	③	④	⑤	⑥＝③/②	⑦＝④/①	⑧＝④/⑤
甲	38	3.4	3.8	31	26.5	111.8	81.6	117.0
乙	26.5	2.4	2.5	16.4	19	104.2	61.9	86.3
丙	28	2.5	2.6	21	16.7	104.0	75.0	125.7
丁	11.5	1.0	1.2	9.6	8.6	120.0	83.5	111.6
合计	104	9.3	10.1	78	70.8	108.6	75.0	110.2

请对上表数据进行简单的文字分析说明。

要点提示:公司9月进度、完成%，比去年增长情况，总体评价;较突出的部门9月进度、完成%，比去年增长情况。

(2)计划执行结果分析(计划完成程度分析)

①分析目的:在计划期结束后，检查物流成本计划的执行结果，对计划完成情况做出总结性的全面评价，提出改进物流成本管理工作的建议。

②分析方法:静态比较分析法、动态比较分析法

在分析表中，可以分别按物流成本的类别分组，收集各组物流成本的计划数、完成数资料，计算各组物流成本的计划完成程度、各组计划完成对总计划的影响、增长速度等指标。

例3－2　　2006年某公司物流成本计划完成情况分析表　　金额单位:万元

部门别	计划	实际	计划完成%	实际与计划的离差	对总计划的影响%	上年实际	今年为上年%
①	②	③＝②/①	④＝②－①	⑤＝④/∑①	⑥	⑦＝②/⑥	
甲	38	43.6	114.74	5.6	5.39	36.6	119.13
乙	26.5	22.5	84.91	－4	－3.85	25.7	87.55
丙	28	28.8	102.86	8	0.77	26.9	107.06
丁	11.5	13	113.04	1.5	1.44	10.8	120.37
合计	104	107.9	103.75	3.9	3.75	100.0	107.90

2.物流总成本构成变动分析

①分析目的:分析物流成本的构成状况及其变化的方向和程度。

②分析方法:结构分析法

在分析表中，根据分析的需要按物流成本的构成类别分组，收集各组报告期与基期的物流成本额，计算各组物流成本的比重、金额变动、比重变动及金额增长速度等指标。

例 3-3　　2006 年 11 月某公司物流成本构成情况分析表　　金额单位:万元

物流部门	10 月		11 月		11 月比 10 月		
	金额	比重%	金额	比重%	±金额	比重±%	增长%
	①	②=①/∑①	③	④=③/∑③	⑤=③-①	⑥=④-②	⑦=⑤/①
A	475	25.8	526	28.9	51	3.1	10.7
B	436	23.7	331	18.2	-105	-5.5	-24.1
C	305	16.6	358	19.7	53	3.1	17.4
D	624	33.9	603	33.2	-21	-0.7	-3.4
合计	1840	100.0	1818	100.0	-22	0	-1.2

文字说明要点:物流总成本金额变动及增长情况;较突出部门的物流成本金额变动情况、增长情况及比重增减百分点。

3. 物流总成本变动因素分析

例 3-4　　2006 年某公司物流成本变动因素分析表

指标	上年	本年	增长量	增长%
	①	②	③=②-①	④=③/①
销售额(万元)	240	270	30	12.5
物流总成本(万元)	66	70.2	4.2	6.36
物流成本率(%)	27.5	26	-1.5	-5.45

总变动指标与因素变动指标的数量关系:

物流成本率=物流总成本÷销售额 → 物流总成本=销售额×物流成本率

因素替换顺序:

物流总成本为总变动指标，销售额和物流成本率为因素变动指标。因素指标的替代顺序是先销售额，后物流成本率。

(1)用连环替代法

计划物流总成本=240×27.5%=66 万元

假定物流总成本=270×27.5%=74.25 万元

实际物流总成本=270×26%=70.2 万元

销售额超额完成对物流总成本的影响=74.25-66=8.25 万元

物流成本率降低对物流总成本的影响=70.2-74.25=-4.05 万元

销售额和物流成本率共同对物流总成本的影响=8.25-4.05=4.2 万元

(2)用差额计算法

销售额超额完成对物流总成本的影响=(270-240)×27.5%=8.25 万元

物流成本率降低对物流总成本的影响=270×(26%-27.5%)=-4.05 万元

销售额和物流成本率共同对物流总成本的影响=8.25-4.05=4.2 万元

例 3-5:2006 年某公司物流成本率变动因素分析表(仍用例 3-4 资料)

总变动指标与因素变动指标的数量关系:

物流成本率 = 物流总成本 ÷ 销售额

因素替换顺序：

在此，物流总成本为基本指标，销售额为引伸指标。因素指标的替代顺序是先物流总成本，后销售额。

(1)用连环替代法

计划物流成本率 = 66 ÷ 240 = 27.5%

假定物流成本率 = 70.2 ÷ 240 = 29.25%

实际物流成本率 = 70.2 ÷ 270 = 26%

物流总成本变动对物流成本率的影响 = 29.25% − 27.5% = 1.75%

销售额变动对物流成本率的影响 = 26% − 29.25% = −3.25%

物流总成本和销售额共同对物流成本率的影响 = 1.75% − 3.25% = −1.5%

(2)用差额计算法

物流总成本变动对物流成本率的影响 = (70.2 − 66) ÷ 240 = 1.75%

销售额变动对物流成本率的影响 $= 70.2 \times \left(\frac{1}{270} - \frac{1}{240}\right) = -3.25\%$

物流总成本和销售额共同对物流成本率的影响 = 1.75% − 3.25% = −1.5%

3.1.4 物流成本习性分析

1. 物流成本按成本习性分类

成本习性是指成本总额与业务总量的关系。物流成本按成本习性可分为物流固定成本和物流变动成本。

(1)物流固定成本是在一定范围内与业务量大小无关的物流成本。例如，管理人员工资、一般经费、平均法计算的物流设施设备固定资产折旧。

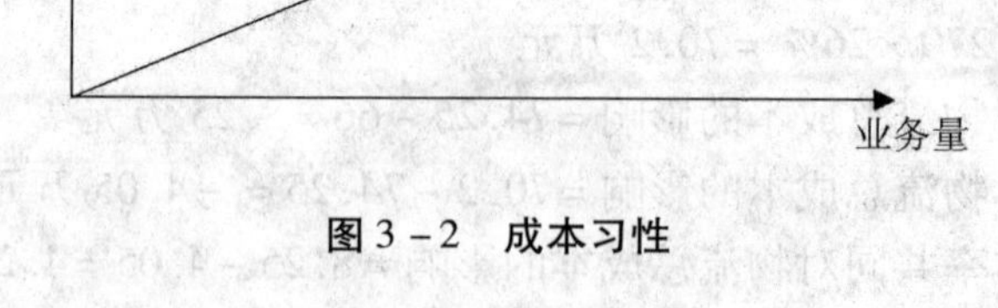

图 3－2　成本习性

物流固定成本的特点：

①在相关范围内，物流成本总额固定不变，在坐轴标上是一条与业务量轴有固定距离的平行线。

②在相关范围内，单位业务量的固定成本与业务量成反比例，在坐标轴上是反比例曲线。

(2)物流变动成本是一定范围内与业务量大小有关的物流成本。例如，直接材料、直接人工运费、装卸搬运费、包装材料费、保管费等。

物流变动成本的特点：

(1)在相关范围内，物流成本总额与业务量成正比例，在坐轴标上是经过原点的一条斜线。

(2)在相关范围内，单位业务量的物流变动成本固定不变，在坐标轴上是一条与业务量轴有固定距离的平行线。

2. 物流混合成本的分解

还有一些物流成本，其中的一部分是固定成本，另一部分是变动成本，无法直接将固定成本和变动成本分离出来，这样的成本称为混合成本或半变动成本。我们需要将混合物流成本分解，分别归入物流固定成本和物流变动成本中。

混合成本的分解方法有：

(1)经验估算法：根据长期的物流成本支出资料和成本的具体性质，确定某一时期的变动成本和固定成本的比例，用这一比例分解本期混合成本中的固定成本与变动成本。

(2)项目细分法：根据混合成本的具体项目，直接按成本习性认定，将其归属于变动成本与固定成本。

(3)高低点法

高低点法分解混合成本的步骤：

①确定最高点和最低点：物流成本最大的时间为最高点，物流成本最小的时间为最低点。最高点对应的业务量叫高点业务量，最低点对应的业务量叫低点业务量。

②计算物流混合成本中的固定成本 a 和变动成本 y - a

$$b=\frac{\text{高点总成本}-\text{低点总成本}}{\text{高点业务量}-\text{低点业务量}}$$

a = 高点总成本 - b × 高点业务量

或者 a = 低点总成本 + b × 低点业务量

例 3 - 6　　某企业近 5 个月甲产品的运输量及物流混合成本资料

月份	1	2	3	4	5
运输量(件)	1540	1480	1580	1660	1740
混合成本(元)	97800	94000	99600	101600	107000
固定成本(元)	20000	20000	20000	20000	20000
变动成本(元)y - a	77800	74000	79600	81600	87000

最高点：最大物流成本 107000 元对应的 5 月

最低点：最小物流成本 94000 元对应的 2 月

高点业务量为 1740 件、低点业务量为 1480 件。

$$b=\frac{107000-94000}{1740-1480}=50\text{ 元/件}\quad a=107000-50\times1740=20000\text{ 元}$$

各月物流混合成本分解后的固定成本与变动成本见表 3 - 6。

从表中的计算结果可以看出，高点混合成本和低点混合成本的分解完全符合公式 y = 20000 + 50x，例如 5 月混合成本 y = 20000 + 50 × 1740 = 107000 元；其他点的混合成本的分解则有误差，例如 4 月混合成本 y = 20000 + 50 × 1660 = 103000 元，比 101600 多 1400 元。就是说用高低点法分解混合成本，对高低点的混合成本的分解是准确的，而对其他点的混合成本的分解则是近似的。

3.1.5 物流成本效益分析

进行物流成本效益分析，首先要运用比率法计算物流成本效益分析指标。

物流成本效益分析指标，是指将反映投入的物流成本指标与反映产出的生产经营成果指标进行对比的结果，用来分析和评价企业投入的劳动成本所产生的经济效益。物流成本效益分析指标主要有：

1. 物流销售成本率

$$公式:物流销售成本率=\frac{物流成本}{销售额}\times 100\%$$

作用:该指标是物流成本占销售额的比率，用百分数表示，说明每百元销售额需要支出多少元的物流成本。可将该指标进行动态比较(企业报告期水平与企业历史水平比较)，也可以进行横向比较(企业报告期水平与同行业水平比较)，进一步了解企业的物流成本水平。注意:该比率受价格变动和交易条件变化的影响较大，一般用全年物流成本总额与全年销售额相比。

2. 物流产值成本率

$$公式:物流产值成本率=\frac{物流成本}{企业总产值}\times 100\%$$

作用:该指标是生产一定数量产品过程中物流成本与总产值的比率，反映生产企业每生产100元产值所需耗费的物流成本。企业的产值越大、物流成本耗费越低，则物流产值成本率就越低，企业的投入产出率就越高。

3. 物流成本率

$$公式:物流成本率=\frac{物流成本}{企业总成本}\times 100\%$$

作用:该指标是企业物流总成本占企业总成本的比率，用百分数表示。该指标越大，说明物流成本在企业总支出的比重越大。

4. 单位营业费用物流成本率

$$公式:单位营业费用物流成本率(元/百元)=\frac{物流成本}{销售费用+一般管理费用}\times 100\%$$

销售费用指企业销售过程中发生的全部费用支出，一般管理费指企业日常经营过程中发生的费用支出。

作用:该指标用来分析企业物流成本占营业费用的比重。由于营业费用不包括进货成本，因此这个比率不受进货成本变动的影响，得出的数值比较稳定，适合于作为企业物流过程物流合理化的评价指标。

5. 物流职能成本率

$$公式:物流职能成本率=\frac{物流职能成本}{物流总成本}\times 100\%$$

作用:该指标是包装费、运输费、保管费、装卸费、流通加工费、信息流通费、物流管理费等各物流职能成本分别占物流总成本的比率，说明企业物流总成本的职能构成情况，为企业物流成本控制提供依据。

6. 物流成本利润率

公式:物流成本利润(利税)率 = $\frac{\text{利润(利税)额}}{\text{物流成本}} \times 100\%$

作用:物流成本利润(利税)率是一定时期企业生产经营活动所发生的物流总成本与获得的利润(利税)总额的比率，说明企业物流耗费的获利能力。

注意:

①企业的利润(利税)总额受到众多复杂因素的影响，当然也受到物流成本总额的影响。物流成本的变动，不仅影响该指标的分母，同时也影响该指标的分子，且影响的性质相反，因而该指标对于企业物流成本水平的变化反应是十分敏感的。

②对于生产企业，物流成本的大小与生产和销售密切联系，而利润(利税)额主要靠销售来实现。由于生产与销售在时间口径上不一致，使物流总成本与利润(利税)额的口径也不一致，因此报告期企业利润(利税)额不一定完全是本期物流成本耗费所产生的经济效益。

7. 物流效用增长率

公式:物流效用增长率 = $\frac{\text{物流成本本年比上年增长率}}{\text{销售额本年比上年增长率}}$

作用:该指标说明企业物流成本变化随销售额变化的关系。物流效用增长率大于1，说明物流成本变化率大于销售额变化率，弹性大;物流效用增长率小于1，说明物流成本变化率小于销售额变化率，弹性小。合理的比率应该小于1，如果比率大于1，说明物流成本增加的速度超过销售额的增加速度，应引起企业的重视。

想一想:

从上述物流成本效益分析指标，你看出比率指标的命名特点了吗?

在多数情况下，比率指标名称的前部分是指标的分母，后部分是指标的分子。例如，物流产值成本率的分母是产值、分子是成本，物流成本利润率的分母是成本、分子是利润。

例3-7　**2006年某运输公司物流成本利润率因素分析表**

指标	计划	实际	增长量	增长%
	①	②	③=②-①	④=③/①
利润额(万元)	540	604.8	64.8	12
物流成本(万元)	135	142.4	7.4	5.49
物流成本利润率(%)	400	424.72	24.72	6.18

因素构成:物流成本利润率 = 利润额 ÷ 物流成本

因素指标的替代顺序:先物流成本，后利润额。

物流成本变动对物流成本利润率的影响 $=540\times(\frac{1}{142.4}-\frac{1}{135})=-20.79\%$

利润额变动对物流成本利润率的影响 $=(604.8-540)\div142.4=45.51\%$

物流成本和利润额共同对物流成本利润率的影响 $=-20.79\%+45.51\%=24.72\%$

3.1.6 物流效率分析

效率反映资源(人力、物力、时间)的利用及与其利用成果之间的关系，以下列出仓容、仓库工作、装卸搬运、配送作业、订单作业和企业整体的效率分析指标的计算公式。

1. 仓容效率指标

①储位容积使用率 = 平均库存总体积 ÷ 储位总容积

②储位面积使用率 = 储位使用面积 ÷ 储位总面积

③单位面积保管量

= 平均库存量 ÷ 可保管面积

④单位面积周转量 = 进出库量 ÷ 可保管面积

⑤库存利用程度 = 实际库存量 ÷ 设计库存量

成本话语

物流成本管理应做到：
高效北、低成本、高交益。

2. 仓库工作效率指标

①月工时进出货量 = 月进出货量 ÷ 月工时数

其中，月工时数 = 月平均进出货人数 × 每日工作小时数 × 月工作天数

②进出货时间利用率 = 月进出货小时数 ÷ 月制度工作小时数

③人均进出货量 = 月进出货量 ÷ 月平均进出货人数

④工时盘点量 = 盘点量 ÷ 工时数

⑤进出货比率 = 出货量 ÷ 进货量

⑥仓库流量与存量比率 = 仓库进出货量 ÷ 平均库存量

⑦库存管理费率 = 库存管理费用 ÷ 平均库存量

3. 装卸搬运效率指标

①进出货设备月台时装卸货量 = 月装卸货量 ÷ 月台时数

其中，月台时数 = 装卸设备台数 × 每日工作小时数 × 月工作天数

②进出货设备时间利用率 = 月实际工作时数 ÷ 月制度工作小时数

③进出货设备月平均装卸货量 = 月装卸货量 ÷ 月平均工作台数

4. 配送作业效率指标

①人均配送量 = 月配送量（吨公里）÷ 月平均配送人数

②月配送量 = Σ（配送吨重 × 配送公里）

③人均配送车次 = 月配送总车次 ÷ 月平均配送人数

④车均配送量 = 月配送量（吨公里）÷（自车数量 + 外车数量）

⑤车辆装载率 = 月车辆实际装载总吨数 ÷ 月车辆设计装载总吨数

其中：月车辆实际装载总吨数 = Σ（出车数 × 实际装载吨数）

月车辆设计装载总吨数 = Σ（出车数 × 设计装载吨数）

5. 订单作业效率

①平均日来单数 = 月订单数量 ÷ 月工作天数

②平均客户定单数 = 月订单数量 ÷ 月订货客户数

③平均每订单包含货品个数 = 订单品种数 ÷ 订单数

④平均客户定单价值 = 定单金额 ÷ 订单数量

6. 物流企业整体效率指标

①固定资产周转次数 = 年营业额 ÷ 年平均固定资产总额

②流动资产周转次数 = 月营业额 ÷ 流动资产平均占用额

③总资产周转次数 = 年营业额 ÷ 全部资产年平均占用额

④存货周转率

月存货周转次数 = 月销货成本额 ÷ 存货月平均占用额

存货周转天数 = 存货平均占用额 ÷ 日均销货成本额

⑤全员劳动效率 = 营业额 ÷ 企业平均人数

⑥物流人员劳动效率 = 营业额 ÷ 企业物流人员平均人数

例 3 - 8　　2006 年某公司劳动效率因素分析表

指标	上月	本月	差异
销售额(万元)	320	360	40
全部员工平均人数	80	80	0
物流人员平均人数	70	72	2
物流人员所占比重%	87.5	90	2.5
全员劳动效率(万元/人)	4	4.5	0.5
物流人员劳动效率(万元/人)	4.571	5	0.429

因素构成:全员劳动效率 = 物流人员所占比重 × 物流人员劳动效率

用计量单位表示:$\frac{万元}{人} = \frac{人}{人} \times \frac{万元}{人}$

因素替换顺序:因为物流人员所占比重的子项与物流人员劳动效率的母项可约，所以因素指标的替代顺序是先物流人员所占比重，后物流人员劳动效率。

物流人员所占比重变化对全员劳动效率的影响

$= (90\% - 87.5\%) \times 4.571 \approx 0.114$ 万元/人

物流人员劳动效率变化对全员劳动效率的影响

$= 90\% \times (87.5 - 4.571) \approx 0.386$ 万元/人

两者共同影响 $= 0.114 + 0.386 = 0.5$ 万元/人

案例 3 - 1:CC 集团两种配送物流成本分析

采用第三方物流(TPL)代理配送策略给企业带来诸多利益同时，是否会导致企业物流成本的增加？所以，本文力图回答以下两个问题:(1)采用 TPL 代理配送模式在有效缩短配送响应周期的同时，是否可以降低物流成本？(2)配送模式发生变化前后受到影响的物流成本项目及其变换趋势是什么？下面的案例是 CC 集团运用第三方物流前后的物流成本对比分析，通过对此的分析，我们可以看出两种模式下物流成本的差异，并能比较明确的回答上述两个问题。

一、企业背景介绍

CC 集团是一家家电企业，2001 年下半年以前，其产品配送一直采用自营模式，该模式将商流与物流相结合，把商品配送活动作为企业的一种商业促销手段而与商品交易活动紧紧联系在一起。因此，各地销售部门均要建立并管理属于自己的仓库，从而导致 CC 在 JX 省内租用了 7 个中小型仓库，分布在省内 7 个不同的城市，最小仓库面积为 200 平方米，最大的为 1000 平方米。从 2001 年下半年开始，CC 集团对其下游物流配送体系进行了改革，将原有配送模式从自营模式转变到第三方物流代理配送模式，在华中地区由 TPLC 企业代理其在 JX 省境内开展某品牌家电产品及其配件的整体物流业务，同时，对仓库布局重新进行了规划：在 NC 市设立区域中心仓库(RDC)，覆盖 JX 省中南部和东部地区的配送；在 JX 省北部的 JJ

市设立一个调节仓库(DC)，覆盖JX省西北部地区的配送。

二、CC集团两种物流模式下物流成本比较及分析

1.物流成本构成

配送过程中的物流总成本一般由三个部分组成:运输成本、库存成本和管理成本。同时，根据被调研供应链的运输形式，将运输过程分为干线运输和区域配送两个阶段。产品从生产基地(核心企业)到区域配送中心为干线运输;从区域配送中心到终端客户为区域配送，故运输成本又包括干线运输费用和区域配送费用。

库存成本要考虑三个方面的因素:存货的资金成本、仓库的使用费用和库存作业费用。存货的资金成本则根据银行利率和库存占用资金计算得到。仓库使用费用在自营配送模式下为每个月固定的租金，CC集团每半年与仓库所有者签订一次租赁合同，费用比较稳定。而在TPL代理配送模式下，则与每个月CC产品的库存数量相关。库存作业费用在两种模式下均与产品出入库数量有关。

物流管理费用包括三个方面:库存管理成本、管理信息费用和单据处理费用。由于在两种配送模式下，企业都是租用第三方仓库，故库存管理成本主要是仓库管理人员的工资。同时，通过调研分析，发现管理信息费用和单据处理费用均与库存管理成本相关，故管理信息费用和单据处理费用可按比例由库存管理成本计算得到。

2.两种模式下物流成本比较及分析

(1)物流总成本比较

根据CC集团2001年1月到2002年4月间的物流成本数据，对两种配送模式下的物流成本进行了比较。两种配送模式下的物流成本数据见表a。

表a　两种配送模式下物流成本数据　单位:元

项目	自营配送	TPL代理配送	节约费用	节约百分比(%)
运输成本	156566.68	154603.82	1962.86	1.3
干线运输	147556.18	109308.16	38248.02	25.9
区域配送	9010.50	45295.66	-36285.16	-402.7
库存成本	79302.86	44002.39	35300.47	44.5
资本成本	58581.86	19457.29	39124.57	66.8
仓库租金	17875.00	15328.50	2546.50	14.2
库存作业	2846.00	9216.60	-6370.60	-223.8
管理成本	12660.00	3120.00	9540.00	75.4
仓库管理	12000.00	3000.00	9000.00	75.0
管理信息	600.00	60.00	540.00	90.0
单据处理	60.00	60.00	0.00	0.0
合计	248529.54	201726.21	46803.33	18.8

从表中可以看到，在采用TPL代理配送模式后，物流总成本降低了18.8%，物流总成本的三个构成部分均有不同程度的下降，其中运输成本降低1 3%，库存成本降低44.5%，管理成本降低75.4%。降低幅度最大的项目是物流管理成本，其中管理信息费用的降低主要依赖于

TPLC 拥有完善的管理信息系统，该系统构建立在基于 Internet 的电子商务平台上，可以让客户在网上进行远程指令下达、货物状态查询、异常作业处理等，提高了配送过程中信息传递的速度和准确性。而仓库管理费用的降低则主要是 CC 有效地利用了 TPLC 专业化的物流管理，减少了本身不必要的人员设置。虽然物流管理成本在总的成本构成中所占比例不大，但是却说明采用 TPL 代理配送模式有利于企业提高管理水平，集中主要精力于自己的核心业务。

(2)两种模式下单位物流成本比较

表 a 给出的是 CC 集团在 JX 省配送业务的总成本，表中数据并没有直接体现出配送模式变化前后，单位产品物流成本的变化情况。事实上，由于物流与商流分离，在实施 TPL 代理配送策略后，CC 集团的销售部门就只从事商品的交易活动，集中精力于其核心业务，使 JX 地区的销售量有了明显的提高，该品牌产品的月销售量增加了约 45.4%。考虑到仓库管理成本是固定投入，不随产品销售量的变化而改变，同时，管理信息费用和单据处理费用在物流总成本中所占比例很小，分摊到单位产品上的金额可以忽略不计。表 b 给出了两种配送模式下单位产品物流成本的对比情况。

表 b　　两种配送模式下单位产品物流成本的比较　　单位:元

项目	自营配送	TPL 代理配送	节约费用	节约百分比(%)
运输成本	83.85	57.03	26.82	32.0
干线运输	79.12	40.32	38.80	49.0
区域配送	4.83	16.71	-11.88	-246.0
库存成本	42.52	16.32	26.20	61.6
资本成本	31.41	7.18	24.23	77.1
仓库租金	9.58	5.65	3.93	41.0
库存作业	1.53	3.40	-1.87	-122.2
合计	126.47	73.35	53.12	42.0

可以看到，考虑了销售业绩的变化后，单位产品的物流成本节约了 42%，其中费用降低最多的库存资金成本，达到了 77.1%。这表明实施 TPL 代理配送策略后，能够有效地提高仓库利用效率，缩短库存周转周期，从而可以有效地缩短整个供应链的多阶响应周期。事实上，JX 地区的成品库存周转周期由自营配送模式下的 95 天，缩短到 TPL 代理配送模式下的 20 天，仅为前者的 21.1%，库存资金成本也随之下降。区域配送成本的增加是企业为缩短配送周期，提高客户服务水平而付出的代价：在自营配送模式下，单件、小批量的订货由于运输成本问题一般不会单独进行配送，而是将几次订货积累在一起，然后成批进行配送，导致配送周期被人为地延长；而在 TPL 代理配送模式下，对于这种情况一般采用零担运输（LTL）的方式，将单件、小批量的订货与其他货物一起配送，充分发挥了运输的规模优势，并保证了区

域配送的及时性，有效地缩短了配送周期。在本案例中，CC 品牌产品在 JX 省内任何一个地方的配送周期均小于 48 小时，NC 市及周边县市的配送周期则更是不超过 6 小时。库存作业成本的增加则是企业为保证产品在运输过程中的完好性、物流信息的准确性而付出的代价。

通过对该案例的分析，我们清楚地看到，企业运用第三方物流可以有效地缩短供应链周期，对市场快速做出反应，使企业能集中精力于自身核心业务上，这样有助于企业培养核心竞争力。而且，在缩短供应链周期的同时，企业的物流成本也得到了控制，不论是物流总成本，还是构成物流总成本的几个部分，都有不同程度的下降。

3. 管理启示

运输和库存在供应链管理中占有重要地位，这两个相互关联的活动不但构成了配送体系中成本的绝大部分，同时也对客户服务水平有着重要影响。企业在采用 TPL 代理配送模式的情况下，针对区域配送和库存作业成本有所增加这一现象，应采取一些相应的措施，以达到进一步降低成本的目的：一是科学地评估 TPL 代理提出的网络规划方案，优化设计配送系统的网络结构，这是降低区域配送成本的大前提；二是加强对 TPL 代理配送业务的监督与指导，促使 TPL 代理强化车辆调度、运输线路选择及货物配载优化等方面的管理，切实提高配送作业的效率，有效降低区域配送物流成本；三是利用仓储管理信息系统强化库存管理，制定合理的库存策略和仓储方案，采用先进的设备和技术（如液压拖车、电动叉车、条码技术等），降低搬运、盘点、拣货等库存作业费用。

3.2 物流成本预测

3.2.1 物流成本预测概述

成本话语

物流成本预测是物流成本决策的基础。

1. 物流成本预测的意义

物流成本预测是指运用一定的科学方法，对未来物流成本水平及其变化趋势做出科学的估计。通过成本预测，掌握未来的成本水平及其变动趋势，有助于减少决策的盲目性，使经营管理者易于选择最优方案，做出正确决策。

2. 物流成本预测的方法

（1）定性分析预测法

定义：预测者主要依靠经验、学识、能力，对预测对象的未来发展趋势、发生的可能性及其影响因素做出性质上和程度上的推断和估计的一类预测方法。

适用情况：定性预测适合预测那些缺少资料、难以计量、无法计量的社会经济现象。

特点：定性预测方法简便，易于掌握，而且时间快，费用省。特别是进行多因素综合分析时，采用定性预测方法，效果更加显著。

局限：缺乏数量分析，主观因素的作用较大，预测的准确度难免受到影响。

主要定性预测方法有：经验判断法、集体意见法、比率分析法、历史类推法。

（2）定量分析预测法

定义：是根据数据资料的特征，采用相应的统计方法和数学模型来预测事物未来的发展变化的一类预测方法。

应用要求：

①要有充分的历史资料；

②影响预测对象发展变化的因素相对稳定；

③能在预测对象的数据中找出规律性，并能以此建立数学模型。

特点：

①以高质量的数据作为预测的基本前提；

②对数据进行分析，建立相应的数学模型进行预测，逻辑性强、预测结果较客观。

局限性：

①由于社会经济现象错综复杂，不可能把所有变动因素都纳入数学模型；

②有些数据难以取得或取得数据成本过高。

定量预测方法：高低点法、直线趋势法、回归直线法、本量利测法、费利时分析预测法

实际工作中，常常将定性预测与定量预测结合运用，扬长避短，相互评价和修正预测结果。

3. 物流成本预测的程序

(1)确定预测目标

明确预测的具体目标，是为了抓住重点，避免盲目性，提高预测工作的效率。

(2)搜集相关资料

广泛收集影响预测对象的一切资料，注意资料的真实性和可靠性，剔除偶然性因素造成的不正常情况，是确定预测模型的基础条件。

(3)选择方法，进行预测

市场预测方法很多，但并不是每个预测方法都适合所有被预测的对象。预测方法选用是否得当，将直接影响预测的精确性和可靠性。根据预测的目的、费用、时间、设备和人员等条件选择合适的方法，是预测成功的关键。对同一个预测目标，一般应同时采用两种以上的预测方法，比较和鉴别预测结果的可信度。

(4)分析预测误差

预测会存在误差。产生误差的原因主要有：市场预测资料的限制、市场现象影响因素的复杂性、预测方法不适合，以及工作中的处理方法失当、工作人员的偏好影响等。因此，每次预测实施后，要利用数学模型计算的理论预测值，与过去同期实际观察值相比较，计算出预测误差，估计其可信度。同时，还要分析各种数学模型所产生误差的大小，以便对各种预测模型做出改进或取舍。

(5)编写预测报告

报告的内容，除了应列出预测结果外，一般还应包括资料的搜集与处理过程、选用的预测模型及对预测模型的检验、对预测结果的评价(包括修正预测结果的理由和修正的方法)，以及其他需要说明的问题等。预测报告的表述，应尽可能利用统计图表及数据，做到形象直观、准确可靠。

3.2.2 比率预测法

简单推算物流成本通常可用比率预测法。此方法是利用有关费用中物流成本所占比率来推算物流成本，适用于比率较稳定的情况。

例 3－9　　**某公司各支付形态的物流费用测算表**　　**金额单位:元**

费用支付形态	物流费占销售、管理费比率	销售、管理等费用	物流费预测值
	①	②	③＝②×①
车辆租赁费	100%	105000	105000
包装材料费	100%	30000	30000
工资津贴	人数比率 28.3%	654000	185082
水道光热费	面积比率 52.7%	12000	6324
保险费	面积比率 52.7%	12000	6324
修缮费	面积比率 52.7%	17000	8959
减价偿还费	面积比率 52.7%	21000	11067
捐税及公用费	面积比率 52.7%	40000	21080
通信费	物流费比率 42.1%	19000	7999
消耗品费	物流费比率 42.1%	17000	7157
CP 软件租赁费	物流费比率 42.1%	1000	421
支付利息	物流费比率 42.1%	22000	9262
杂费	物流费比率 42.1%	26000	10946
广告宣传费	0	32000	0
交际接待费	0	22000	0
旅费交通费	0	20000	0
合计	39.0%	1050000	409621

全部物流费所占比率＝409621 ÷ 1050000＝39.0%

3.2.3 高低点法

预测物流混合成本通常可用高低点预测法。此方法的思路是:将物流成本分解为固定成本和变动成本，变动成本与业务量的大小有关，用预计的业务量乘以变动成本率，加上固定成本，就是预测的成本。这个方法简便易行，在物流成本变动趋势比较稳定的情况下，较为适宜。

高低点预测法的步骤:

1. 确定最高点和最低点
2. 建立直线方程 $y = a + bx$

$$b=\frac{\text{高点总成本}-\text{低点总成本}}{\text{高点业务量}-\text{低点业务量}}$$

a = 高点总成本 - b × 高点业务量 或者 a = 低点总成本 + b × 低点业务量

式中

y:一定期间的物流混合成本

a:物流混合成本中的固定成本

bx:物流混合成本中的变动成本

b:变动成本率(表示物流变动成本随业务量变动的比例)

x:业务量

3. 用直线方程 $y=a+bx$ 计算在预计业务量下的物流成本

例 3 - 10　　某企业近 5 个月甲产品的年运输量及物流成本资料

月份	1	2	3	4	5
年运输量(件)	1540	1480	1580	1660	1740
物流成本(元)	97800	94000	99600	101600	107000

6 月预计运输 1800 件，试用高低点法预测 6 月甲产品的物流成本。

最高点:最大物流成本 107000 元对应的 5 月

最低点:最小物流成本 94000 元对应的 2 月

最高业务量为 1740 件、最低业务量为 1480 件

$$b=\frac{107000-94000}{1740-1480}=50\text{ 元/件}$$

$a=107000-50\times1740=20000$ 元

于是得到物流成本预测方程:$y=20000+50x$

6 月甲产品的物流成本 $y=20000+50\times1800=110000$ 元

3.2.4 直线趋势法

要想预测较长时间内的物流成本，可用直线趋势预测法。

1. 利用离差平方和最小的原理，建立直线方程 $y=a+bx$

①计算 a、b 的一般方法:$b=\frac{n\sum xy-\sum x\sum y}{n\sum x^2-(\sum x)^2}$　　$a=\bar{y}-b\bar{x}$

②计算 a、b 的简捷方法:$a=\bar{y}$　　$b=\frac{\sum xy}{\sum x^2}$

令时间序号 $\sum x=0$ 且间隔相等，即

当 n 为奇数时，x = …… -3、-2、-1、0、1、2、3……

当 n 为偶数时，x = …… -7、-5、-3、-1、1、3、5、7……

2. 利用直线方程 进行预测

注意:简捷方法的关键在于设置正确的时间序号。在利用直线方程 $y=a+bx$ 进行预测时，要按时间序号的变化规律来给 x 取值。

例 3 - 11　　某企业物流总成本预测表

年份	时间序号 X	物流总成本(万元)Y	X^2	XY
2001	-5	51	25	-255
2002	-3	59	9	-177
2003	-1	67	1	-67
2004	1	76	1	76
2005	3	84	9	252
2006	5	93	25	465
合计	0	430	70	294

建立直线趋势方程，预测 2007 年企业物流总成本。

$a = 430/6 = 71.67$ 万元　　$b = 294/70 = 4.2$

$Y = 71.67 + 4.2x$　　$Y_{2007} = 71.67 + 4.2 \times 7 = 101.07$ 万元

3.2.5 一元线性回归法

如何根据相关资料来预测物流成本？可用一元线性回归预测法。其步骤是：

1. 收集资料，分析相关因素

2. 计算相关系数，判断相关程度(略)

3. 建立回归方程：$y_c = a + bx$

$$b = \frac{n\Sigma xy - \Sigma x\Sigma y}{n\Sigma x^2 - (\Sigma x)^2} \qquad a = \bar{y} - b\bar{x} = \frac{\Sigma x^2\Sigma\Sigma y - \Sigma x\Sigma xy}{n\Sigma x^2 - (\Sigma x)^2}$$

b 为回归系数，表明 x 增加一个单位时 y 所平均增加的数量。$b > 0$ 说明 y 随 x 正向变化；$b = 0$ 说明 y 与 x 无关；$b < 0$ 说明 y 随 x 反向变化。

4. 对回归方程进行显著性检验(略)

5. 利用回归方程进行预测：将 x 值代入回归直线方程 $y_c = a + bx$

例 3 - 12：　　某企业历年物流成本与销售额资料　　单位：万元

年度	N	销售额 x	物流成本 y	x^2	xy
1999	1	18	3	324	54
2000	2	25	5	625	125
2001	3	30	6	900	180
2002	4	39	7	1521	273
2003	5	41	8	1681	328
2004	6	42	8	1764	336
2005	7	49	9	2401	441
2006	8	52	10	2704	520
合计	36	296	56	11920	2257

$$b=\frac{8\times2257-296\times56}{8\times11920-296^2}=1480\div7744=0.1911=0.19$$

$$a=\frac{56}{8}-0.19\times\frac{296}{8}=-0.03 \qquad y=-0.03+0.19x$$

当销售额 $x=60$ 时，物流成本 $y=-0.03+0.19\times60=11.37$ 万元

3.2.6 季节变动法

由于受生产和消费的影响，物流活动在一年的各个时间里发生的频率往往不同，从而使物流成本的大小在一年中呈现出季节性的规律变化。我们可对多年物流成本数据进行分析，发现其季节变动规律，利用其季节变动规律来进行预测，这就是季节变动预测法。

季节变动测定的具体方法有季节指数法、季节变差法和季节比重法。下面我们仅介绍季节指数法的预测步骤。

1. 收集3－5年各月(季)实际值；
2. 计算各年同月(季)平均值；
3. 计算全部月(季)总平均值；
4. 计算各月(季)季节指数＝同月(季)平均值/月(季)总平均值；
5. 根据季节指数分析季节变动规律：季节指数>100%为旺季，季节指数<100%为淡季；
6. 利用季节指数进行预测：

①用某月(季)实际值预测

$$某月(季)预测值=\frac{上月(季)实际值}{上月(季)季节指数}\times预测月(季)季节指数$$

②用某年预测值预测

$$某月(季)预测值=\frac{全年预测值}{12(或4)}\times预测月(季)季节指数$$

例3－13　　　　某企业各年物流成本资料　　　　金额单位:万元

年份	第一季	第二季	第三季	第四季	合计
2004	435	627	856	594	2512
2005	488	680	896	606	2670
2006	667	706	927	636	2936
合计	1590	2013	2679	1836	8118
平均	530	671	893	612	676.5
季节指数%	78.34	99.19	132.00	90.47	400

要求：

①说明物流成本变动规律；

②2007年一季实际物流成本680万元，预测第二季度物流成本；

③2007年物流成本预计3000万元，预测各季物流成本。

首先计算表中的平均栏、季节指数栏。

①第三季是旺季，第二季是平季，第一、四季是淡季，其中第一季最淡。

②2007 年二季预计销售 $=680\div0.7834\times0.9919\approx860$ 万元

③2007 年季平均物流成本 $=3000\div4=750$ 万元

2007 年一季预计销售 $=750\times0.7834\approx588$ 万元

2007 年二季预计销售 $=750\times0.9917\approx744$ 万元

2007 年三季预计销售 $=750\times1.32\approx990$ 万元

2007 年四季预计销售 $=750\times0.9047\approx679$ 万元

3.2.7 本量利分析法

在物流活动中，通常应事先知道当业务量达到多少时，才不亏不盈？这就需要进行本量利分析。本量利分析预测法就是以变动成本为基础，通过成本、业务量和利润之间的关系来进行分析预测的一种方法。

1. 本量利关系

(1)对工业企业

利润 = 销售收入 − 总成本

= 销售收入 −(固定成本 + 变动成本)

= 销售价 × 销售量 − 固定成本 − 单位变动成本 × 销售量

=(销售价 − 单位变动成本)× 销售量 − 固定成本

用符号表示：$PT=pQ-a-bQ=(p-b)\times Q-a$

(2)对商业企业

利润 = 销售收入 − 总成本 = 销售额 − 购进额 − 费用

= 进销差额 − 变动费用 − 固定费用

= 销售量 × 进销差价 − 销售量 × 单位变动费用 − 固定费用

=(售价 − 进价)× 销售量 − 单位变动费用 × 销售量 − 固定费用

利润 = 销售额 × 进销差率 − 销售额 × 变动费用率 − 固定费用

2. 本量利关系的应用

(1)工业企业的保本、保利预测。

①只想保本时，即利润 PT = 0

$$\text{保本销售量}=\frac{\text{固定成本}}{\text{售价}-\text{单位变动成本}}=\frac{a}{p-b}$$

$$\text{保本销售额}=\text{保本销售量}\times\text{售价}$$

$$\text{或}=\frac{\text{固定成本 }a}{1-\text{变动成本率 }b/p}$$

②想要实现目标利润 PT 时

$$\text{保利销售量}=\frac{\text{固定成本}+\text{目标利润}}{\text{售价}-\text{单位变动成本}}=\frac{a+PT}{p-b}$$

$$\text{保利销售额}=\frac{\text{固定成本}+\text{目标利润}}{1-\text{变动成本率}}=\frac{a+PT}{1-b/p}$$

保本业务量(额)又叫保本点，保利业务量(额)又叫保利点。

例 3－14：某企业生产 A 产品，固定成本总额 600000 元，每件直接材料 30 元、直接人工 10 元、可变费用 10 元，售价 125 元。计算：(1)保本销售量和保本销售额；(2)销售 20000 件的销售额和利润。

①单位变动成本＝30＋10＋10＝50 元

保本销售量＝600000÷(125－50)＝12000 件

保本销售额＝125×12000＝1500000 元

②销售额＝20000×125＝2500000 元

利润＝(20000－12000)×50 元＝400000 元

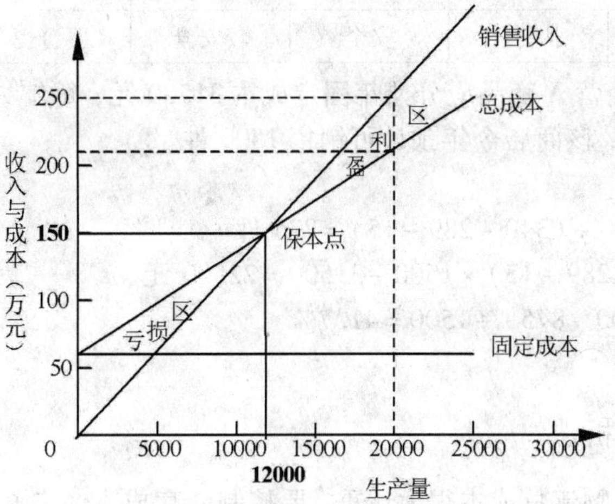

图 3－2

(2)商业企业的保本、保利预测。

考虑固定费用和变动费用

①保本预测

$$\text{保本销售量}=\frac{\text{固定费用}}{\text{销价}-\text{进价}-\text{单位变动费用}}=\frac{\text{固定费用}}{\text{单位进销差价}-\text{单位变动费用}}$$

$$\text{保本销售额}=\text{保本销售量}\times\text{售价}$$

$$\text{或者}\ \text{保本销售额}=\frac{\text{固定费用}}{\text{进销差率}-\text{变动费用差率}}$$

②保利预测

$$\text{保利销售量}=\frac{\text{固定费用}+\text{目标利润}}{\text{单位进销差价}-\text{单位变动费用}}$$

$$\text{保利销售额}=\frac{\text{固定费用}+\text{目标费用}}{\text{进销差率}-\text{变动费用率}}$$

考虑费用和毛利

利润＝销售额－购进额－费用额＝进销差额－费用额

＝销售额×毛利率－费用额

①保本预测：保本销售额＝费用额/毛利率

②保利预测:保利销售额 =(费用额 + 目标利润)÷毛利率

(3)计算预期利润、评价企业的经营安全程度。

预期利润 = 销售价 × 业务量 -(固定成本 + 单位变动成本 × 业务量)

预期利润 =(销售价 - 单位变动成本)× 业务量 - 固定成本

单位变动成本 = 进价 + 单位变动费用

安全边际量(额)= 预计(实际)销售量(额)- 保本销售量(额)

安全边际率 = 安全边际量(额)÷ 预计(实际)销售量(额)

西方企业评价经营安全程度的一般标准

安全边际率	40% 以上	30% ~40%	20% ~30%	10% ~20%	10% 以下
经营安全程度	很安全	安全	较安全	要警惕	危险

例 3 - 15:某商店经营 A 商品应分摊年固定成本 31500 元,每件 A 商品进价 289 元、售价 340 元、可变费用 15 元,该商店今年预计可销售 1500 件。

则有:

保本销售量 = 31500 ÷ (340 - 289 - 15) = 875 件

预计利润 = (340 - 289 - 15) × 1500 - 31500 = 22500 元

安全边际率 = (1500 - 875) ÷ 1500 = 41.7%

很安全。

3.2.8 利费时分析法

储存成本一般要占物流总成本很大比重,要控制储存成本,应了解货物储存时间为多少天时,才不亏不盈?本量利分析法考虑的是成本、业务量和利润之间关系,可以计算保本业务量和保利业务量。在本量利分析的基础上,如果我们对商品的储存期、储存费用、利润之间的关系进行分析,计算出保本储存期和保利储存期,这种方法就是利费时分析法。

利费时分析预测法是以可变动储存费用为基础,通过储存期、储存费用和利润之间的关系来进行分析预测的一种方法。

基本公式:利润 = 销售额 - 进价成本 - 可变费用 - 不变费用

不变费用:指不随商品储存时间长短变化而相对不变的购进、销售费用。如运杂费、包装费、手续费、订货费等与储存期长短无关的一次性费用和税金(又叫一次性费用)。

可变储存费用:指随商品储存时间长短变化而增减变化的储存费用。如库存商品资金利息、商品保管费(含仓库折旧费、保管员工资等)。

注意区别本量利分析中的固定费用、变动费用与利费时分析中的不变费用、可变储存费用。

①保本时

销售额 - 进价成本 - 日可变储存费用 × 储存天数 - 不变费用 = 0

$$保本储存天数 = \frac{销售额 - 进价成本 - 不变费用}{日可变储存费用} = \frac{毛利额 - 不变费用}{日可变储存费用}$$

$$保本储存天数 = \frac{毛利率 - 不变费用率}{日可变储存费用率}$$

②保利时

销售额 - 进价成本 - 日可变储存费用 × 储存天数 - 不变费用 = 目标利润

$$保利储存天数=\frac{销售额-进价成本-不变费用-目标利润}{日可变储存费用}$$

$$=\frac{毛利额-不变费用-目标利润}{日可变储存费用}$$

$$=\frac{毛利率-不变费用率-目标利润率}{日可变储存费用率}$$

例 3-15：某商店购进洗衣机 60 台，每台进价 420 元，售价 480 元，共支付一次性费用 450 元，应交税金 1700 元，平均每天总储存费用 8.53 元。

①计算这批洗衣机的保本储存天数；

②如果 70 天销完，则获利多少？

③如果想获利 1100 元，则保利储存天数是多少？

保本储存天数 = [(480-420)×60-450-1700]÷8.53 = 1450÷8.53 = 170 天

70 天销完的获利 = (170-70)×8.53 = 853 元

获利 1100 元的储存天数 = (1450-1100)÷8.53 = 41 天

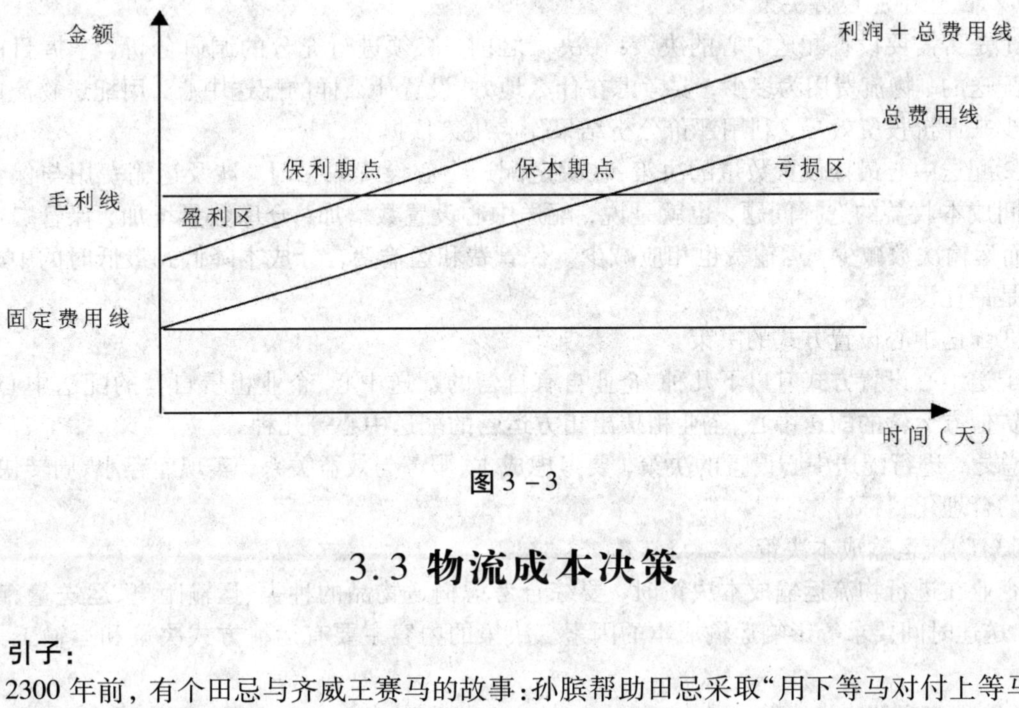

图 3-3

3.3 物流成本决策

引子：

2300 年前，有个田忌与齐威王赛马的故事：孙膑帮助田忌采取“用下等马对付上等马、用上等马对付中等马、用中等马对付下等马”的决策，结果田忌的马以二比一的比分战胜齐威王的马。

西蒙说：“决策是管理的心脏，管理是由一系列决策组成的；管理就是决策。”“决策是一个过程”。

3.3.1 物流成本决策概述

1. 什么是物流成本决策

决策是为实现一个目标，在两个以上的被选方案中，运用一定方法选择一个方案的分析判断过程。简单地说，决策就是选择方案的过程。广义的决策包括确定目标、制定方案、选择方案、实施方案等过程。

物流成本决策是为实现总成本最小的目标，运用一定方法对各种备选方案进行分析比较，从中选出最好方案的过程。

物流成本决策是物流成本管理中的一项重要工作，它对于正确地制定物流成本计划，促使企业降低物流成本，提高经济效益都具有十分重要的意义。

2. 物流成本决策的内容

(1)物流采购成本决策

①不同采购模式的决策：企业的采购模式表现为不同采购数量和间隔时间，总需求量一定的条件下，如采购间隔长，则每次采购量大；如采购间隔短，则每次采购量小。企业要对不同采购数量和间隔时间做出选择。确定采购模式的判断标准是总成本的大小。

②价格和采购量的决策：企业大批量采购往往可以获得价格优惠，还有在价格处于低点时大量采购也能降低进价成本。但是，大量采购会增加储存成本。企业要以利润最大为标准对价格和采购量做出决策。

(2)配送中心设置决策

①是否需要设置配送中心的决策：在决策之前，必须进行充分的调研分析，掌握目前是怎样配送的，物流费用为多少，要考虑在什么地方、设置什么样的配送中心，用配送物流成本的减少来评价投资效果，利用评价分析结果作为决策依据。

②配送中心最佳设置数量的决策：在决定配送中心设置数量时，涉及运输费用与保管费用之间成本收益的选择问题，也就是说，配送中心设置数增加，仓库数量增加，保管费也增加，而运输次数减少，运输费也相应减少。保管费和运输费合计成本降低到最低时的中心设置数是最佳设置数。

③配送中心设置方式的决策

配送中心设置方式有以下几种：企业自有自营的配送中心、企业租赁自营的配送中心、企业租赁他方运营的配送中心、企业租赁出租方运营的配送中心等几种。

总之，进行配送中心设置的决策，要考虑成本、服务与效益关系，实现库存小、周转快、保供应的合理化目标。

(3)物流运输成本决策

企业在进行物流运输成本决策时，要综合考虑输送物品的种类、运输距离、运送量、产品密度、送达时间要求等影响运输成本的因素。决策的内容主要有运输方式决策和运输工具决策。

(4)物流仓储成本决策

包括仓储数量决策和仓储方式决策。仓储数量决策就是选择最佳的进货次数、进货时点和每次进货量。仓储方式决策就是对自建仓库、租赁公共仓库、采用合同制仓储三种仓储方式做出选择，自建仓库又有不同自动化程度的决策。图 3－4 是不同仓储方式下的成本，A、B、C 是四个决策方案的成本平衡分界点，当年吞吐量在①的区间时，选择公共仓库方案；当年吞吐量在②的区间时，选择租赁仓库方案；当年吞吐量在③的区间时，选择托盘搬运自有仓库方案；当年吞吐量在④的区间时，选择自动搬运自有仓库方案。

对上述每项具体的物流活动，不但只考虑其成本的大小进行单项成本决策，还要综合考虑多种因素进行物流总成本的综合决策。例如，在顾客服务水平单项决策时会选择保险库存量大的方案，使缺货发生的情况越少，从而减少缺货成本，但是增加了库存持有成本；在采购量单项决策时会选择库存少的方案，以减少库存持有成本，但是会增加缺货损失成本，甚至会导致失去客户、影响公司商誉。因此，对上述两个单项成本决策，应该考虑物流成本效益背反规律，对顾客服务水平和商品采购进行综合成本决策。

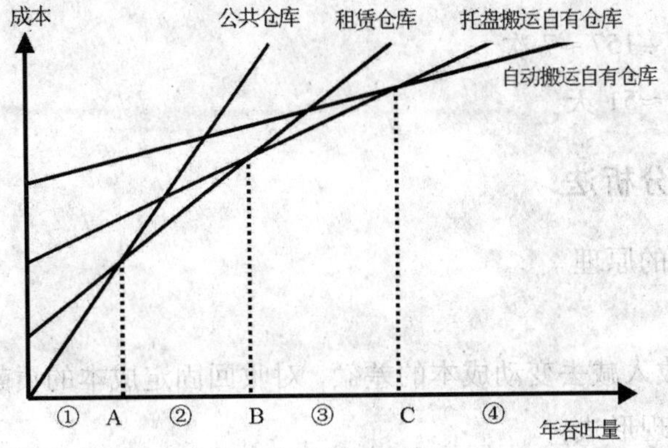

图3－4

下面分别介绍经济批量法、边际贡献分析法、成本平衡点法等几种物流成本决策方法。

3.3.2 经济批量法

每次进货多少才能使进货成本与储存成本之和最少？

在一年进货总量稳定的情况下，每次进货量大，则年进货费用小、年储存费用大，每次进货量小，则年储存费用大、年进货费用大。这是物流成本效益背反规律的又一表现，需用经济批量法来解决这个进多难、进少也难的两难问题。

经济批量决策法用于以下两个方面：①确定经济进货批量，即每次购进多少商品，使进货费用和储存费用最低。②确定经济生产批量，即每批生产多少产品，使生产准备费用和储存费用最低。

经济进货批量就是进货总费用最低的每次进货量。

经济批量原理：

总费用＝生产准备费用＋储存费用

$$= \frac{年产量}{每批新量} \times 每批生产准备费用 + \frac{每批产量}{2} \times 单位产品年储存费用$$

用符号表示为：$C = \frac{Q}{q \times C_1} + \frac{q}{2} \times C_2$

当C关于q的导数等于零时，C最小。→ $q = \sqrt{\frac{2QC_1}{C_2}}$

$$经济进货批量 = \sqrt{\frac{2 \times 年进销量 \times 每年进货费用}{每件商品的年储存费用}}$$

年进货次数＝年进货量÷经济进货批量

进货周期(进货间隔天数)=360÷年进货次数

例 3-16:某企业年销售某商品 1100 吨,每次进货费用 1900 元,每吨产品年储存费用 170 元,求经济进货批量和年进货次数。

经济进货批量 $=\sqrt{\dfrac{2\times1100\times1900}{170}}=157$ 吨

年进货次数 $=1100\div157\approx7$ 次

进货周期 $=360\div7\approx51$ 天

3.3.3 边际贡献分析法

1. 边际贡献分析法的原理

(1)概念

边际贡献:是销售收入减去变动成本的差额,对收回固定成本的贡献,也叫贡献毛益。

边际贡献有两种表现形式:

①单位边际贡献,即每种产品的销售单价减去单位变动成本;

②边际贡献总额,即产品的销售收入总额减去变动成本总额。

贡献分析法:通过计算与比较边际贡献的大小来选择决策方案是否可以接受的一种分析方法。

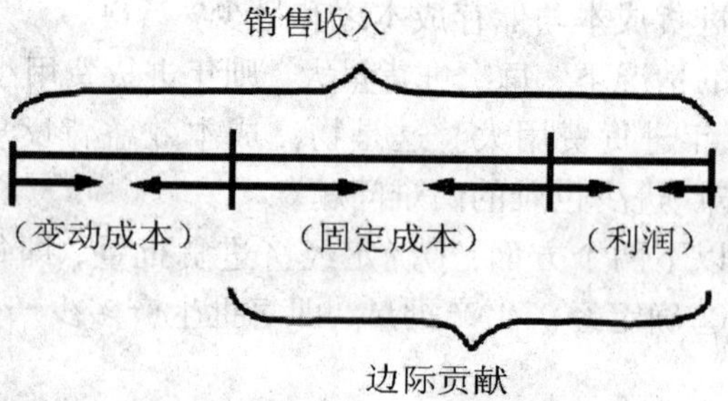

(2)公式

边际贡献总额=利润+固定成本总额=收入-变动成本

利润=边际贡献总额-固定成本总额

利润=单位边际贡献×销售量-固定成本总额

单位边际贡献=边际贡献总额÷销售量=销售价-单位变动成本

边际贡献率=边际贡献总额÷销售额

(3)边际贡献决策的标准

可行方案:边际贡献>0 的方案

最优方案:在多个方案中,边际贡献最大的方案。

2. 边际贡献决策法的应用

(1)生产什么产品的决策

计算各方案的边际贡献，选择边际贡献最大的方案。

例 3－17：某公司使用同一台机器可生产 A 产品，也可生产 B 产品。若该机器的最大生产能量为 10000 机器小时，生产两种产品所需各种资料如下表所示。

摘 要	A 产品	B 产品
每件机器小时	20 机器小时	25 机器小时
销售单价	16 元	28 元
单位成本： 直接材料 直接人工 变动制造费用	 6 元 4 元 3 元	 9 元 7 元 8 元
固定制造费用总额	14000 元	14000 元

根据表中的资料，为该公司做出生产哪种产品较为有利的决策。

①按机器的最大生产能量计算出两种产品的最大产量

A 产品的最大产量＝10000÷20＝500 件

B 产品的最大产量＝10000÷25＝400 件

②计算 A 产品与 B 产品单位变动成本

A 产品的单位变动成本＝6＋4＋3＝13 元

B 产品的单位变动成本＝9＋7＋8＝24 元

③比较边际贡献

A 产品边际贡献＝500×（16－13）＝1500 元

B 产品边际贡献＝400×（28－24）＝1600 元

决策结果：生产 B 产品。

除了运用边际贡献决策法外，还可以运用差量分析法。差量分析法是通过计算两个方案的差量收入和差量成本，根据差量利润来选择决策方案。

差量收入＝甲方案收入－乙方案收入

差量成本＝甲方案成本－乙方案成本

差量利润＝差量收入－差量成本

如果差量利润＞0，则选择甲方案；

如果差量利润＜0，则选择乙方案。

本例也可用差量分析法：

A 产品比 B 产品的差量收入＝16×500－28×400＝－3200 元

差量成本＝500×13－400×24＝－3100 元

差量利润＝－3200－（－3100）＝－100 元＜0

选择生产 B 产品方案。

例 3－18：某公司原有生产能力为 100000 机器小时，但实际开工率只有原生产能力的 70%。

现欲将剩余生产能力用来开发新产品甲或乙。老产品 A 和新产品甲、乙相关资料如下表所示。

摘 要	老产品 A	新产品甲	新产品乙
每件定额机器小时	80	60	40
单位售价(元)	84	60	58
单位变动成本(元)	78	50	51
固定成本总额(元)	25000		

根据上述资料做出开发哪种新产品较为有利的决策。

该公司是利用原有剩余生产能力开发新产品，不管是否开发新产品，固定成本总额总要发生，与开发新产品的决策无关，可不考虑。

剩余能力生产甲产品 =100000×(1-70%)÷60 =500 件

剩余能力生产乙产品 =100000×(1-70%)÷40 =750 件

生产甲产品边际贡献 =500×(60-50)=5000 元

生产乙产品边际贡献 =750×(58-51)=5250 元

决策结果:生产乙产品。

(2)接受特殊订货的决策。

在有生产能力并且无法转移的条件下，当特殊订货的单位边际贡献(销售价-单位变动成本)大于零时，可接受特殊订货。

例 3-19:某公司专门生产 A 产品，固定成本总额 78000 元，今年已订货 6500 件，销售单价为 70 元，每件产品实际生产成本的资料如下:

单位产品直接材料	20 元
单位产品直接人工	16 元
单位产品变动制造费用	8 元
单位产品固定成本	12 元(=78000÷6500)
单位产品成本	56 元

该公司尚有 3500 件的剩余生产能力未被利用。现有某客户在贸易洽谈会上要求该公司为他们制造 A 产品 3000 件，每件 48 元，低于单位产品成本 56 元。

根据上述资料，该公司做出是否接受该项订货?

A 产品单位变动成本 =20+16+8=44 元

单位边际贡献 =48-44=4 元

决策结果:可以接受订货

验证:接受订货时的利润 =6500×(70-56)+3000×(48-44)=103000 元

不接受订货时的利润 =6500×(70-56)=91000 元

(3)亏损产品是否停产、转产的决策

- 亏损产品停产后生产能力不能转移
  - 亏损产品边际贡献 >0 时,不应停产
  - 亏损产品边际贡献 <0 时,应停产
- 亏损产品停产后成产能力应转移
  - 亏损产品边际贡献 > 转产边际贡献,不停产
  - 亏损产品边际贡献 < 转产边际贡献,应停产

例 3-20:某公司生产 A、B 两种产品，已知 A 产品销售收入 100000 元，其变动成本

55000 元，固定成本 40000 元；B 产品销售收入 40000 元，其变动成本 22000 元，固定成本 20000 元。

	A 产品	B 产品	合计
销售收入总额	100000	40000	140000
变动成本总额	55000	22000	77000
固定成本总额	40000	20000	60000
利润	5000	-2000	3000
边际贡献总额	45000	18000	63000

B 产品停产后其生产能力无法转移，其边际贡献总额 = 18000 > 0

决策结果：不应停产。

如果 B 产品停产，则公司的获利情况如下：

利润 = 100000 - 55000 - 60000 = -15000 元

(4) 零部件是自制还是外购的决策

物流企业生产产品所需的零部件既可以自制，也可以外购。零部件是自制还是外购的决策，除了要考虑企业的生产能力、工艺水平、资源限制、产品质量、市场供应等因素之外，还要考虑一个重要的因素——零部件自制或外购的成本大小。

自制 { 有剩余能力，不增加专属成本 → 考虑变动成本 → 情况 a
　　　 有剩余能力，需增加专属能力 → 考虑变动成本，专属成本 → 情况 b

外购 { 有剩余能力无法转移或无剩余能力 → 考虑外购成本 → 情况 c
　　　 剩余能力可以转作他用 → 考虑外购成本，机会成本 → 情况 d

专属成本（又称特定成本）是指可以明确归属于某种（类或批）产品的成本。例如，将剩余生产能力用来生产某种产品而需增加的专门设备的折旧费，专用工、模、夹具费等都属于专属成本。

机会成本是指在决策分析过程中，从备选方案中选取某一方案而放弃另一方案所放弃的潜在利益或牺牲的机会。例如，某企业只能经营 A、B 类商品中的一种。若经营 A 类商品，年获利 10000 元，若经营 B 类商品，年获利 12000 元，则 10000 元是经营 B 类商品的机会成本，12000 元是经营 A 类商品机会成本。

例 3-21：某企业需某种零件 300 件，自制的单位变动成本 900 元，不需增加专属成本。该零件外购单价 1300 元，外购后企业用于生产该零件的生产能力无法转作他用。该企业选择自制还是外购方案？

①该例自制零件属于情况 a，外购零件属于情况 c。

自制变动成本 = 900 × 300 = 270000 元

外购成本 = 1300 × 300 = 390000 元

决策结果：选择自制零件方案。

②如果自制零件，则每件产品需要增加专属成本 600 元，此时自制零件属于情况 b。则有

自制成本 = (900 + 600) × 300 = 450000 元

外购成本 = 1300 × 300 = 390000 元

决策结果:选择外购零件方案。

③如果外购零件后,企业用于生产该零件的生产能力可以转作生产另一种零件,能创造利润8万元,则此时外购零件属于情况d。自制仍按情况b,应选择什么方案?则有

自制成本 =(900 + 600)×300 = 450000 元

外购成本 = 1300 ×300 + 80000 = 470000 元

决策结果:选择自制零件方案。

案例3-2:遥控器是自制还是外购的决策

F公司生产彩色电视机需要配套遥控器,原来遥控器全部为自制件,每件成本费30元,每月的用量在10万只以上。为了降低成本,电视机事业部在公司外寻找到一家厂商,同意出售遥控器为企业的彩色电视机配套,每只售价为20元,比自制成本每只少10元。为了确定下一步的战略,公司领导立即组织各方面人员分析研究遥控器的成本差异,自找差距挖掘潜力,经过努力,使自制件的成本降到每只20.5元,但还比外购件高0.5元/只。

这时公司针对降低成本后的情况进行决策,如果采用外购件,遥控器每月实际成本应为208万元(200万元的采购成本加上8万元待岗职工工资),而采用降低成本后的自制件,遥控器实际成本为205万元(20.5×10)。显然,外购件成本要大于自制件成本,因此公司决定仍采用自制件,直到这批工人另有任务后,遥控器再改为外购,又可使公司成本进一步降低。

3.3.4 成本平衡点法

在仓储方式决策中,会遇到是建托盘搬运仓库还是建自动搬运仓库的决策问题。两者相比,建托盘搬运仓库的固定成本较低、单位变动成本较高;建自动搬运仓库则固定成本较高、单位变动成本则较低。

企业生产产品往往有多种不同的工艺技术方案可供选择。自动化程度较高的工艺方案固定成本较高,但是其单位变动成本一般较低,适用于大批量的生产;而自动化程度较低的工艺方案,固定成本一般较低,但其单位变动成本一般较高,适用于小批量的生产。

如何对这类问题进行决策,一般运用成本平衡点法。

(1)原理:总成本 = 固定成本 + 变动成本 = 固定成本 + 单位变动成本 × 产量

(2)方法:①列出各方案的总成本方程;②令各方案的总成本相等,求出方程的解(成本平衡点);③根据成本平衡点做出决策。

例3-22:自动化生产条件下,A产品的单位变动成本为10元,年固定成本为26000元。机械化生产条件下,A产品的单位变动成本为12元,年固定成本为20000元。A产品生产应采用哪种方案?

设A产品的年计划产量为

自动化生产条件下A产品的年总成本 $y_1 = 10x + 26000$

机械化生产条件下A产品的年总成本 $y_2 = 12x + 20000$

令 $y_1 = y_2$,即 $10x + 26000 = 12x + 20000$

解得成本重合点 $x = 3000$(件)

决策结果:

当A产品的年产量小于3000件时,应选择机械化生产方案。

当A产品的年产量大于3000件时,应选择自动化生产方案。

例3－23　　某企业生产甲产品可用A、B、C三种设备加工

	单位变动成本(元/件)	固定成本总额(元)
A设备	50	2500
B设备	25	5000
C设备	5	15000

$y_A = 2500 + 50$　　$y_B = 5000 + 25$　　$y_C = 15000 + 5$

A与B设备成本重合点:$2500 + 50x = 5000 + 25x \rightarrow x = 100$ 件

B与C设备成本重合点:$5000 + 25x = 15000 + 5x \rightarrow x = 500$ 件

决策结果:

$x < 100$ 件时,使用A设备;

$100 < x < 500$ 件时,使用B设备;

$x > 500$ 件时,使用C设备。

资料3－2:我国物流发展现状与趋势

1.物流需求快速上升,增幅明显高于经济增长

国内外物流发展的经验表明,物流发展与一个国家的经济总量成正比,与一个国家的经济发展水平成正比。20世纪90年代以来,我国经济持续快速发展,GDP年均增长约10%,2002年增长8%,经济总量首次超过10万亿元人民币。2003年GDP增幅将达到8.5%,从而构成了强大的物流需求。统计测算表明,自1991年至2002年,反映物流需求规模的全社会物流总值从3万亿元上升到23.3万亿元,增长了6.7倍,年均以20.4%的速度递增,大大高于同期GDP15.4%(按现价计算)的年均增速。预计2003年社会物流总值将超过29万亿元,同比增长25%左右。

2.物流需求弹性逐年增高,经济增长越来越依赖于物流的发展

从经济发展与物流需求的关系上看,1991年－2002年每亿元GDP带动的物流需求平均为1.73亿元。"八五"期间平均为1.57亿元;"九五"期间上升到1.71亿元;2001年、2002年进一步上升到2.03亿元、2.27亿元,2003年预计升至2.6亿元。物流需求弹性系数12年间的平均值为1.4,"八五"时期平均为1.26,"九五"时期平均为1.35,当前约在2左右,这说明我国国民经济每增长1个百分点,将拉动物流总值增长2个百分点。这些数据均呈上升趋势,反映出我国的物流需求伴随经济增长是同步发展的。也说明经济发展对物流的依赖程度越来越高。

3.工业品物流总值比重最大,增幅最高

2003年,工业品物流总值达到25万亿元,占社会物流总值的84.6%。1991年至2002年,工业品物流总值平均增长22%,2003年增长27.2%,是物流需求增长最快的行业。这与我国处在工业化发展中期、工业化加速发展是相适应的。这也说明工业加工制造业物流仍将是今后我国物流发展的主体。

4.物流成本增长逐年趋缓

1991年至2002年,我国全社会物流总成本从5182亿元扩张到2.2万亿元,增长了3.2倍,年均递增14%,高于经济年均增速4个百分点左右。预计2003年将达2.4万亿元,同比增长10.5%。但这种增长势头趋于减缓,尤其是1994年以后增势明显放慢。

5. 物流成本占 GDP 比重逐渐下降，但总体水平依然偏高

从与 GDP 的相关性来看，全社会物流成本与 GDP 呈高度正相关性，相关系数几乎等于 1，二者之间可以建立线性回归模型，用 Y 代表 GDP，用 X 代表全社会物流成本，则有 $Y = 4.945X - 856.4$。该方程的经济意义表明，经济发展水平越高，物流支出也越多，对物流的需求越大。方程中的负截距具有特定的经济含义，表明如果物流支出达不到一定的水平（$X > 173.19$），则不可能有 GDP 产出，由此可见物流在国民经济中的地位和作用。

从 1991 年至 2002 年，物流成本占 GDP 的比例缓慢下降，从 24% 下降到 21.5%，今年预计在 21.4% 左右。特别是占社会物流总值的比例下降趋势明显，目前已经由 1991 年的 17.1% 下降到 2002 年的 9.5%，平均每年下降约 0.7 个百分点。其中，运输成本占全社会物流总值的比例下降尤为明显，从 9.5% 下降到 4.6%；其次是保管成本，所占比例从 5.3% 下降到 3.1%。这反映出我国物流业效率正在逐步提高，但物流成本总体水平仍然偏高，与美国、日本、欧盟国家相比要高出 8～10 个百分点。

6. 运输、保管成本比重较高，管理成本增长最快

7. 物流增加值的增幅高于国民经济增长水平

从统计测算的结果看，自 1991 年至 2002 年，我国物流产业增加值从 2257 亿元上升到 7133 亿元，增长了 2 倍多，年均递增 11%，高于同期 GDP 年均增速 1 个百分点左右。2003 年由于受“非典”影响，增速略有放慢，但仍高于 GDP 增速。预计 2004 年物流产业增加值为 7900 亿元左右，同比增长 8.7%。其中发展最快的是配送、加工、包装物流，12 年间平均增长速度为 17.6%，其次是仓储物流平均增速为 16%，批发物流为 13.4%，邮政业物流为 12.7%，交通运输物流为 8.6%。

物流增加值的增幅高于国民经济增长水平，说明我国物流社会化程度在不断提高，专业化物流（第三方物流）正在加快发展。物流业在我国国民经济中的地位和作用不断提高，被经济学界和政府管理部门视为国民经济发展的动脉和基础产业，是一种新的生产力，是新的经济增长点。它直接创造了时间价值和空间价值，创造了国民收入，扩大了经济总量。我们的测算数据也支持了这种观点。“八五”时期以来，物流产业对 GDP 总量的平均贡献为 8.1%；拉动 GDP 年均增长率约 0.8 个百分点。

8. 物流业发展对我国第三产业的发展具有举足轻重的地位

物流业的发展提升了第三产业的比重，促进了经济结构的调整。统计数据表明，自 1991 年至 2002 年，物流增加值占第三产业增加值的比重平均为 24.8%。从近几年的情况来看，这一比例较为稳定，目前基本维持在 20% 以上水平，说明物流是拉动第三产业发展的稳定因素。从对第三产业增长贡献来看，“八五”时期以来，第三产业年均增长约 9 个百分点，9 个百分点中物流产业的贡献为 2.2 个百分点。由此可见，物流产业对第三产业的拉动作用较为显著。

9. 物流领域固定资产投资快速增长

改革开放以来，国家对物流基础设施作了大量投入。统计数据表明，自 1991 年至 2002 年，国有物流行业固定资产投资额从 325.8 亿元上升到 3568.3 亿元，增长了 10 倍，年均递增速度达到 24.3%，快于全社会固定资产投资增速 4 个百分点。

从新增投资情况来看，自 1991 年至 2002 年，国有物流行业新增固定资产投资从 197.7 亿元上升到 2731.4 亿元，增长了 12.8 倍，年均递增 27%。

10. 物流基础设施建设和装备发展初具规模

经过多年发展，目前我国已经在交通运输、仓储设施、信息通讯、货物包装与搬运等基础设施建设方面取得了长足的发展，为物流产业的发展奠定了必要的物质基础。

据统计，从 1991 年至 2002 年，铁路营业里程从 5.78 万公里上升到 7.19 万公里，增长了 24.4%，年均增长 2%；公路里程从 104.1 万公里上升到 176.5 万公里，增长了 69.5%，年均增长约 5%；内河航道从 10.97 万公里上升到 12.16 万公里，增长了 10.8%，年均增长约 1%；民用航空线从 55.91 万公里上升到 163.77 万公里，增长了近 2 倍，年均增长 10.3%；输油(气)管道里程从 1.62 万公里上升到 2.98 万公里，增长了 84%，年均增长 5.7%；民用货用汽车拥有量从 398.62 万辆上升到 812.22 万辆，增长了 1 倍多，年均增长 6.7%；铁路货车拥有量从 370054 辆上升到 459017 辆，增长了 24%，年均增长 2%。

在包装与搬运设施方面，现代包装技术和机械化、自动化货物搬运技术在我国已有比较广泛的应用，在一定程度上改善了我国物流活动中货物运输的散乱状况和人背肩扛的手工搬运方式。目前，我国自主开发和研制的各种包装设备和搬运机械设备分别多达数百种，估计仅搬运机械设备制造业的年产值就有 400 ~ 500 亿元。

资料来源：锦程物流网 http://www.jctrans.com

本章小结

物流成本分析是运用一定的方法，对物流成本的规模、水平、构成、变动、影响因素进行计算、评价的一项管理活动。

物流成本分析的基本方法主要有比较分析法、结构分析法、比率分析法和因素分析法。比较分析法通过实际与计划比较、报告期与基期比较，分析物流成本计划完成情况。因素分析法可以分析物流成本总变动指标受各个因素变动指标影响的方向和程度。结构分析法通过计算物流总成本各个部分所占的比重，说明其构成状况及变动情况。比率分析法主要用来计算物流成本效益指标和物流效率指标，并结合因素分析法，分析物流成本效益和物流效率的因素影响情况。

物流成本习性表现为固定成本和变动成本。运用高低点法等方法，将物流成本分解为固定成本和变动成本，为本量利预测法、边际分析法打好基础。

物流成本效益指标和物流效率指标都是用比率法计算出来的。物流成本效益指标反映物流成本与所产生的经济效果之间的比例关系，物流效率指标则反映反映资源(人力、物力、时间)的利用及与其利用成果之间的关系。

物流成本预测是指运用一定的科学方法，对未来物流成本水平及其变化趋势做出科学的估计。物流成本预测的方法分为定性分析预测法和定量分析预测法两大类，两类预测方法各有优缺点，在实际预测中，应根据掌握的资料、预测对象的性质，综合运用定性和定量预测法，以期收到更好的预测效果。

比率预测法是一种较为简单、快捷的方法，适用于比率较稳定的情况。当物流成本呈直线变化时，可用直线趋势预测法，建立预测方程 预测未来时间的物流成本。一元线性回归预测法是在分析某一现象数量与物流成本数量的相关关系的基础上，建立回归方程，来预测相关现象一定数量下的物流成本的大小。本量利预测法是在掌握变动成本和固定成本的基础上，利用成本、业务量和利润之间关系的来预测保本、保利业务量(额)的一种方法。利费时分析预测法是以可变动储存费用为基础，利用储存期、储存费用和利润之间关系的来预测存货保本期、保利期的一种方法。

物流成本决策就是运用一定方法，从各种备选方案中选择总成本最小的方案。

经济批量法是考虑生产准备费用与储存费用之和最小时，每次最佳进货批量和年进货次数。边际贡献分析法把销售收分解为变动成本和边际贡献两部分，以边际贡献的大小作为决策的标准。边际贡献决策法常常用于生产经营短期决策。在生产什么产品的决策中，选择边际贡献最大的方案；在是否接受特殊订货的决策中，当特殊订货的单位边际贡献大于零时则可以接受；在亏损产品是否停产、转产的决策中，以边际贡献是否大于零为标准；在零部件是自制还是外购的决策中，比较变动成本和专属成本的大小来做出决策。成本平衡点法是求出每两个方案总成本之间的成本平衡点，根据不同的业务量做出不同的决策。

※ 习题

一、重要概念

固定成本　变动成本　不变费用　可变储存费用高低点法　物流销售成本率　物流成本率　物流成本利润率　全员劳动效率　定性分析预测法　定量分析预测法　回归系数　保本点　保利点　安全边际率　本量利分析法　费利时分析法　经济进货批量　边际贡献　专属成本　机会成本

二、复习思考

1. 物流成本分析一般要经过哪些步骤？
2. 物流成本分析包括哪些内容？
3. 比较分析法是怎样进行比较的？
4. 什么是因素分析法？怎样确定因素的替换顺序？
5. 在物流总成本计划执行进度分析中，应计算哪些指标？
6. 在物流总成本构成变动分析中，应收集哪些资料？计算哪些指标？
7. 固定成本与变动成本有何特点？
8. 用哪些指标来反映物流企业的整体效率？
9. 怎样用简捷法建立直线趋势方程？
10. 怎样计算保本点、保利点、保本期、保利期？
11. 怎样计算经济进货批量和年进货次数？
12. 边际贡献法的决策标准是什么？它在生产经营短期决策中有何应用？
13. 怎样确定成本平衡点？

三、练习巩固

1. 某公司物流总成本计划执行进度分析表

2006 年 9 月 30 日　　　　　　　　　　　　　　　　　　金额单位:万元

部门别	今年计划		今年完成		去年同期累计完成	今年计划完成%		年累计完成为去年同期的%
	全年	本月	本月	累计		本月	累计	
甲	120	13	14	95	90			
乙	260	25	23	189	178			
丙	200	20	21	157	152			
合计								

要求:①在表中空栏填上数字;

②对表中数据进行简单的文字分析说明。

2. 某年某公司物流成本计划完成情况分析表

金额单位:万元

部门别	计划	实际	计划完成%	实际与计划的离差	对总计划的影响%	上年实际	今年为上年%
甲	120	135				112	
乙	260	256				241	
丙	200	212				186	
合计							

要求:①在表中空栏填上数字;

②对表中数据进行简单的文字分析说明。

3. 某公司利润和物流成本资料

指标	上年	本年	增长量	增长率%
利润额(万元)	315	347		
物流总成本(万元)	1106	1146		
物流成本利润率(%)				

要求:①在表中空栏填上数字;

②对物流成本利润率的变动进行因素分析。

4. 某企业 B 产品的采购量及采购混合成本资料

采购量(件)	250	280	210	260	320	185
混合成本(元)	640	710	550	660	800	490

要求:①用高低点法分解采购混合成本;

②当采购量为 300 件时,采购混合成本是多少?

5. 某物流企业物流成本资料:

年份	时间序号 x	物流成本(万元) y	x^2	xy
2001		457		
2002		479		
2003		503		
2004		518		
2005		537		
2006		568		
合计				

要求:①在表中空栏填上数字;

②用直线趋势法预测 2007 年的物流成本。

6. 某企业近年来物流成本资料

单位:万元

季度	2004	2005	2006	合计	同季平均	季节指数%
1	147	160	155			
2	99	105	105			
3	148	157	175			
4	210	219	225			
合计						
平均						

要求:①在表中填上数字, 分析该企业近三年物流成本的变动规律;

②如果 2007 年第一季度实际物流成本 164 万元, 预测第二季度物流成本;

③2007 年物流成本预计比上年增长 5%, 预测 2007 年各季度的物流成本。

7. 某公司销售额和员工人数资料

指标	上月	本月	差异
销售额(万元)	652	704	
全部员工平均人数	75	78	
物流人员平均人数	60	62	
物流人员所占比重%			
全员劳动效率(万元/人)			
物流人员劳动效率(万元/人)			

要求:①在表中空栏填上数字;②对公司全员劳动效率进行因素分析。

8. 某企业生产 A 产品, 固定成本总额 80000 元, 每件直接材料 50 元、直接人工 20 元、可变费用 15 元, 售价 160 元。

计算:①保本销售量和保本销售额;②如果只能销售 150000 元, 是否生产?

9. 某仓储商店销售甲商品 300 件, 每件进价 180 元、售价 240 元, 每件应分摊的经营费用、财务费用等变动费用 20 元, 应分摊的固定费用总额 6800 元。

计算:①销售量为多少时才保本? ②要想实现 5000 元利润, 则销售多少? ③销售 220 件时利润是多少? 经营安全程度如何?

10. 某仓库购进A商品一批，进价8万元、售价9.5万元，运杂费2000元、销售费用1500元、日均保管费30元，贷款年利率6%、增值税率17%、城维税率0.5%、目标利润8000元。计算：①保本储存天数；②保利储存天数。

11. 某企业生产A、B、C三种产品有关资料　　单位：元

产品项目	A	B	C	合计
销售收入	500000	300000	200000	1000000
变动成本	300000	210000	190000	700000
固定成本	50000	30000	20000	100000
利润	150000	60000	-10000	200000

要求：

①若亏损产品停产后，闲置的能力不能用于其他方面，C产品应否停产？

②若亏损产品停产后，闲置的能力可以用于承揽零星加工业务，预计获贡献边际15000元，C产品应否停产？

12. 某企业需用甲零件。外购甲零件单价：5000件以内8元、5000件以上7元。自制甲零件：单位变动成本5.5元、固定成本1万元。是对外购还是自制甲零件？请做出决策。

13. 自动化生产条件下，A产品的单位变动成本为10元，年固定成本为26000元。机械化生产条件下，A产品的单位变动成本为12元，年固定成本为20000元。对A产品生产应采用哪种方案进行决策？

四、案例分析

1. 运输方案决策

甲公司要从位于S市的工厂直接装运500台电视机送往位于T市的一个批发中心。这单货物价值为150万元。T市的批发中心确定这批货物的标准运输时间为2.5天，如果超出标准时间，每台电视机的每天的机会成本是30元。甲公司的物流经理设计了下述三个物流方案，请从成本角度评价这些运输方案的优劣。

①A公司是一家长途货物运输企业，可以按照优惠费率每公里0.05元/台来运送这批电视机，装卸费为每台0.10元。已知S市到T市的公路运输里程为1100公里，估计需要3天的时间才可以运到(因为货物装卸也需要时间)。

②B公司是一家水运企业，可以提供水陆联运服务，即先用汽车从甲公司的仓库将货物运至S市的码头(20公里)，再用船运至T市的码头(1200公里)，然后再用汽车从码头运至批发中心(17公里)。由于中转的过程中需要多次装卸，因此整个运输时间大约为5天。询问价格后得知，陆运运费为每公里0.06元/台，装卸费为每台0.10元，水运运费为每百台0.6元。

③C公司是一家物流企业，可以提供全方位的物流服务，报价为22800元。它承诺在标准时间内运到，但是准点的百分率为80%。

问：甲公司应该选择哪一种运输方案？

2. 集装箱运输决策

某公司首次承揽到三个集装箱运输业务，时间较紧，从上海到大连铁路1200公里，公路1500公里，水路1000公里。该公司自有10辆10吨普通卡车和一个自动化立体仓库，经联

系附近一家联运公司虽无集装箱卡车，但却有专业人才和货代经验，只是要价比较高，至于零星集装箱安排落实车皮和船舱，实在心中无底，你认为采取什么措施比较妥当？

①自己购买若干辆集装箱卡车然后组织运输。

②想法请铁路部门安排运输但心中无底。

③水路最短路程，请航运公司来解决运输。

④联运公司虽无集卡，但可叫其租车完成此项运输。

⑤没有合适运输工具，辞掉该项业务。

◆——第 4 章　物流成本控制

●本章学习目标与要求

★引导案例

★章节内容

物流成本控制的含义

标准成本法

目标成本法

物流成本综合控制

★本章小结

★习题

★学习目标

通过本章的学习，了解物流成本控制的概念、内容、原则和基本程序，掌握物流标准成本控制、物流目标成本控制和物流综合成本控制的特点、基本思想和方法。要求学生通过本章的学习，能够运用所学的成本控制思想全面规划物流作业过程，正确分析运行过程中存在的问题，并通过某种切合实际的物流成本控制方法，帮助企业寻找存在问题的解决途径，从而有效控制各项物流成本支出，不断提高企业经济效益。

---

*

沃尔玛的供应链制胜：比对手更好地控制成本

在沃尔玛的超市里，“天天低价”是其最醒目的标签，但只是沃尔玛的表象。

虽然薄利多销是沃尔玛恒久的原则。就像沃尔玛的创始人山姆·沃尔顿的名言：“一件商品，成本 8 毛，如果标价 1 元，可是销量却是 1.2 元时的 3 倍，我在一件商品上所赚不多，但卖多了，我就有利可图”。但沃尔玛从来都以合理的利润率决定价格，而非刻意低价。中国国内某些企业也一度把“低价策略”奉为圭臬，却成了价格战的牺牲品。沃尔玛“天天平价”的背后有一整套完善的物流管理系统。因为它的成本永远控制在最低，才得以保持“天天平价”。高效的物流配送体系是沃尔玛保持最大销售量和低成本的存货周转的核心竞争力。

山姆·沃尔顿有句话说:“供应链制胜的关键是——永远都要比对手更好地控制成本”。

沃尔玛起步之初，其商店就一直远离中心城市，大都选址在小城镇和郊区，以避免残酷的商业竞争。但随之而来的难题就是配送问题。供货商大都在中心城市，郊区的配送更为迟缓，从商店发出订单到收到货物，耗时往往要长达30天之久。这迫使沃尔玛不得不创新配送理念。最终，沃尔玛放弃了通行的直接送货到商店的方式，创建了集中管理的配送中心。沃尔玛的供应商根据各分店的订单将货品送至沃尔玛的配送中心，配送中心则负责完成对商品的筛选、包装和分拣工作。配送中心高度现代化，85%的商品都采用机械处理，大大减少了人工处理商品的费用。如今，从任何一个配送中心出发，汽车只需一天就能抵达它所服务的商店。当沃尔玛的商店用计算机发出订单，到它的商品补充完毕，这个过程平均只需2天。比以往大大缩短了时日。

沃尔玛中国市场总监曾这样描述沃尔玛的配送中心:“一个面积为110000平方英尺的建筑，相当于23个足球场那么大。你再把自己能够想像到的各种各样的商品都放进去，从牙膏到电视机，从卫生纸到玩具，应有尽有。”“在配送中心里，每件货品都贴有条形码，当一件商品储存进来或者运出去时，有一台计算机专门追踪它所处的方位和变动情况。配送中心有600名~800名员工，提供24小时不间断的服务。这些商品通过长约13.7公里的激光控制的传送带在库房里进进出出。激光识别出物品上的条形码，然后把它引向正待当晚完成某家商店定购任务的卡车。任务繁重的时候，这些传送带一天处理约200000件商品。”

这应验了山姆的那句话:“比对手更好地控制成本”。沃尔玛把货品送到商店的成本低于3，而其竞争对手做同样的事情一般要付出4.5到5。也就是说，当沃尔玛以同样的价格零售同样的商品时，他们比竞争对手多得1.5~2.5的利润。

沃尔玛一直没有请第三方的运输公司帮助自己运送货物，而组建了自己的高效的运输车队。至今沃尔玛的机动运输车队是其供货系统的另一无可比拟的优势。沃尔玛已拥有40多个配送中心，4000多辆运货卡车，保证进货从仓库到任何一家商店的时间不超过48小时，相对于其他同业商店平均两周补货一次，沃尔玛可保证分店货架平均一周补两次。沃尔玛可以在全美范围内快速地送货，使沃尔玛各分店即使只维持极少存货也能保持正常销售，从而大大节省了存贮空间和费用。由于这套快捷运输系统的有效运作，沃尔玛85%的商品通过自己的配送中心运输，而竞争对手凯马特只有5%。结果是沃尔玛的销售成本因此低于同行业平均销售成本2%~3%，成为沃尔玛全年低价策略的坚实基石。

沃尔玛的卫星通讯系统也是完善的物流管理系统的重要一环。沃尔玛投资4亿美元由休斯公司发射了一颗商用卫星，实现了全球联网，在全球4000多家店面通过全球网络可在1小时之内对每种商品的库存、上架、销售量全部盘点一遍，并把销售情况传送给上千家供应商。并通知货车司机最新的路况信息，调整车辆送货的最佳线路。这样沃尔玛通过自己的卫星通讯系统，把配送中心、供应商和每家分店更紧密的连成一体。既提高了工作效率，也降低了成本，把营业的高效和准确提升到极致。也使得沃尔玛超市所售货物在价格上占有绝对优势。

谈到沃尔玛的成功，供人参考的还是美国的经验。在中国，沃尔玛却没有成为美国沃尔玛的翻版。

1996年沃尔玛进入中国，相比家乐福等对手，沃尔玛的开店速度要慢得多。至今，沃尔玛在中国不过26家店，以广东、福建等南部沿海城市为据点，难以深入北方京津腹地。全球物流和采购体系就像沃尔玛的两条腿，在中国，物流和采购体系不完善，滞缓了沃尔玛的前进。同时，因为中国政策环境、商业环境与美国的差异，沃尔玛许多在美国的经典策略没法在中国完全施展。

每扩张一个区域，会以二十英里左右为间隔，让沃尔玛的分店遍地开花，使该地区的零售市场趋于饱和。这样做，既可以充分发挥配送中心的效率，降低配货成本，也避免了竞争对手的进入，和自己争夺该地区的市场和顾客。

2004 年之前，沃尔玛在中国市场的发展几乎就是一个磨合期。根据中国加入世贸组织的承诺，2003 年将是国内商业领域开放即将告别试点的阶段，在结束试点后，零售业将转入正常开放，在外资商业企业的数量、布局上进一步放开限制。沃尔玛遍地开花的开店速度首先要受限于政策壁垒。没有足够的店面支撑，配送中心降低成本的作用失去了意义。

在美国，沃尔玛投资建设一个物流配送中心大约要 8 千万 ~1 亿美元，配送中心辐射的范围大约 100 家店。只有店面达到了一定的数量，配送中心才起作用。

目前，沃尔玛只在深圳蛇口有一家配送中心。其规模、效果和投入还难以与美国本土的配送中心相媲美。而且在中国沃尔玛只有 26 家分店，规模效果显现不出来。建立的物流配送中心不但起不到降低成本的作用，近 10 亿元人民币的建设费用反而会使成本上升。

除了市场准入条件尚不明朗，究竟采取何种形式实现本土化经营，沃尔玛也在摸索。摸索的过程中，美国沃尔玛的一些策略在中国发生了“变通”。

国内的众多零售连锁商，大多通过压榨供货商的利益来赢利。如向供应商收取上架费、服务费等，也使供货商叫苦不迭。沃尔玛一直秉承着传统的“供应琏制胜”的理念。不向供应商收取上架费。

因为沃尔玛绕开中间环节直接从供货商进货，就更加注意保护供应商的利益——以最短时间和供应商结账，帮助供应商改进工艺、提高质量、降低劳动力成本、分享沃尔玛的信息系统等，由此博得了供应商的信赖。但有业内人士对记者表示，在中国，沃尔玛对供应商的付款结算周期也在延长。在深圳，店面最初的铺货某些费用也要由供应商负责。

此外，沃尔玛的惯常原则是避开中间环节从制造商处直接进货。而 2002 年 9 月，沃尔玛中国公司的高级总监艾文纳在厦门也和 400 多家中小型进出口贸易商洽谈合作事宜。沃尔玛把贸易商当成合作伙伴，依靠贸易商和制造商的亲密关系，以解决沃尔玛的采购问题。虽然，直购是沃尔玛的原则，但降低成本才是根本。如果沃尔玛单个搜寻制造商，采购成本会更高。

2002 年，沃尔玛的全球采购办从香港迁到了深圳，10 月在上海成立了采购分部。也有意在武汉和天津建立北方区物流配送中心，满足沃尔玛在中国北区各店的配货需求。随着中国零售业、进出口贸易权、物流业的进一步开放，也会有助于沃尔玛中国脚步的提速。

（消息来源：一诺钢铁物流网）

4.1 物流成本控制的含义

4.1.1 物流成本控制的概念及内容

物流成本控制就是在成本的形成过程中，对物流作业过程进行规划、指导、限制和监督，使之符合有关成本的各项法规、政策、目标、计划和定额，及时发现偏差，采取措施纠正偏差，使各项费用消耗控制在预定的范围内。事后进行分析评价，并总结推广先进经验和实施改进措施，在此基础上修订并建立新的成本目标，促进企业不断降低物流成本，达到以较少的劳动消耗取得较大的经济效益的目的。

物流成本控制的内容包括事前控制、事中控制和事后控制三个阶段，即成本控制循环中的设计阶段、执行阶段和考核阶段。

事前控制是指经过成本预测和决策，确定目标成本，将目标成本分解，结合经济责任制，层层落实。物流成本事前控制主要涉及物流系统的设计，如物流配送中心的建设，物流设施、设备的配备，物流作业过程改进控制、物流信息系统投资控制等。据估计，物流成本有60% - 80%在物流系统设计阶段就已经确定了，因此物流成本事前控制是极为重要的环节，它直接影响以后各物流作业流程成本的高低。

物流成本的事中控制就是对物流活动过程中发生的各项费用按预定的成本标准(如设备耗费、人工耗费、劳动工具耗费和其他费用支出等)进行严格审核和监督，并计算差异，进行信息反馈，及时纠正差异。

物流成本的事后控制是对目标成本的实际发生情况进行分析评价，揭示问题，查明原因，为以后进行成本控制和制定新的目标成本提供依据。

物流成本控制是加强物流成本管理的一项重要手段，经过一系列的成本控制可以有效地降低物流成本，促使企业不断提高物流管理水平，提高经济效益。

20 世纪以来，随着成本会计、管理会计、责任会计的发展，现代物流成本控制方法繁多，一般有预算控制法、相对成本控制法、标准成本控制法、目标成本控制法、责任成本控制法等。本书结合物流活动的特点，主要介绍标准成本控制法、目标成本控制法和综合控制法。

4.1.2 物流成本控制的原则

我国传统的物流成本控制方法，如班组经济核算、成本归口分级管理制度、成本定额法等在成本管理中发挥重要作用。但这些方法偏重于事后控制，只对生产过程进行控制，没有深入到物流成本形成过程的设计、工艺、流程等各个活动领域。

为了充分发挥物流成本控制的作用，成本控制应遵循以下原则：

1. 全过程控制原则

物流成本控制要考虑成本形成的全过程各阶段的不同性质和特点，采取有效的成本控制方法，消除阻碍物流有效运作的因素，创造出最适宜的运行结构，从而降低整个物流系统的成本。

2. 全员控制原则

物流成本涉及到企业所有部门及全体员工的工作业绩，为了达到成本控制的目的，必须上下结合，充分发挥各部门和员工控制成本、降低成本的积极性。建立成本信息反馈与评价体系，根据物流活动的特点和成本管理要求，确定成本责任层次和责任单位，责权利相结合，制定合理有效的奖惩制度，全员参与进行物流成本的控制。对于各项成本标准和降低成本的措施，要广泛调动员工参与的积极性，使其成为员工工作中的奋斗目标。

3. 经济效益原则

物流成本控制是考核各项成本支出是否符合以尽可能少的劳动消耗取得尽可能大的经济

效果，从而达到降低成本的最终目的。若成本目标不能体现上述原则，则实际成本支出虽然不超过成本标准，或者成本支出的控制带来的是一种负面效益，也不能认为实现了成本控制的目的。相反，有时候我们为最大限度地满足客户需要，甚至不惜加大成本支出。所以，成本控制不能只是消极地将实际成本支出限制在成本标准范围内，它还负有对成本标准进行重新审定和修正的任务，以使成本标准始终保持积极先进的水平。

4. 前瞻性原则

物流成本控制要有助于未来的工作改进和成本降低，而不是单纯地为了确定实际成本支出的超支和节约。它评定以往工作的业绩，其目的在于更好地总结过去的经验和教训，进而采取更加有效的措施，迅速纠正工作中的缺点，以降低成本，取得更大的经济效益。

5. 例外管理原则

也叫重点控制原则。每个企业日常出现的成本差异是繁多的，为了提高成本控制的工作效率，管理人员要把精力集中在例外差异上。例外差异是指差异率或差异额较大，差异持续时间较长，差异对企业长期盈利能力有重要影响的部分。对于这些差异要重点剖析，并及时反馈给有关责任单位，迅速采取有效措施，这样才能有效地进行成本控制，挖掘降低成本的潜力。

4.1.3 物流成本控制的基本程序

物流成本控制应贯穿于企业生产经营的全过程。一般来说，物流成本控制应包括以下几项基本程序：

1. 制定成本标准

物流成本标准是物流成本控制的准绳，是对各项物流费用开支和资源耗费所规定的数量限度，是检查、衡量、评价实际物流成本水平的依据。物流成本标准应包括物流成本计划中规定的各项指标，但物流成本计划中的一些指标通常都比较综合，不能满足具体控制的要求，这就必须规定一系列具体的标准，确定这些标准可以采用计划指标分解法、预算法、定额法等等。在采用这些方法确定物流成本控制标准时，一定要进行充分的调查研究和科学计算，同时还要正确处理物流成本指标与其他技术经济指标的关系（如和质量、生产效率等关系），从完成企业的总体目标出发，进行综合平衡，防止片面性，必要时还应进行多种方案的择优选用。

2. 监督物流成本的形成

这就是根据控制标准，对物流成本形成的各个项目，经常地进行检查、评比和监督。不仅要检查指标本身的执行情况，而且要检查和监督影响指标的各项条件，如物流设施、设备、工具及工人技术水平和工作环境等。所以，物流成本日常控制要与企业整体作业控制等结合起来进行。物流成本日常控制的主要方面有：物流相关直接费用的日常控制、物流相关工资费用的日常控制和物流相关间接费用的日常控制。上述各种与物流相关联的费用的日常控制，不仅要有专人负责和监督，而且要使费用发生的执行者实行自我控制，还应当在责任制中加以规定。这样才能调动全体职工的积极性，使成本的日常控制有群众基础。

3. 及时揭示并纠正不利偏差

揭示物流成本差异即核算确定实际物流成本脱离标准的差异，分析差异的成因，明确责任的归属。针对物流成本差异发生的原因，分别情况，分清轻重缓急，提出改进措施，加以贯彻执行。对于重大差异项目的纠正，一般采用下列程序：

(1)提出降低物流成本的课题。从各种物流成本超支的原因中，提出降低物流成本的课题。这些课题首先应当是那些成本降低潜力大、各方关心、可能实行的项目。提出课题的要求，包括课题的目的、内容、理由、根据和预期达到的经济效益等。

(2)讨论和决策。课题选定以后，应发动有关部门和人员进行广泛的研究和讨论。对重大课题，要提出多种解决方案，然后进行各种方案的对比分析，从中选出最优方案。

(3)确定方案实施的方法、步骤及负责执行的部门和人员。

(4)贯彻执行确定的方案。在执行过程中也要及时加以监督检查还要检查方案实现后的经济效益，衡量是否达到了预期的目标。

4. 评价和激励

评价物流成本目标的执行结果，根据物流成本控制的业绩实施奖惩。

4.1.4 现代物流成本控制意识

现代物流成本控制必须要突破传统的成本控制意识。过去，人们一提到成本控制，马上就会想到要降低成本，认为成本越小，企业利润就会越大。实际上，这种认识是片面的。现代成本控制应包括以下基本思想：

1. 物流成本控制思想革新化

传统的算账、报账型成本管理模式主要采用手工操作，不怎么考虑先进的控制手段；只依靠企业财务部门，不注意发挥广大员工的积极性。这就需要在物流成本控制的观念上革新，要树立竞争观念、效益观念、经营观念、法制观念和开拓观念等新的观念。

2. 物流成本控制组织合理化

这是管理现代化的保证，没有组织上的保证，企业就很难把现有的人力、物力和财力组织好，就不可能发挥最大的总体效益。物流成本控制组织合理化就是要求实行统一领导、分级控制的原则，要建立物流成本控制责任制度，保证目标物流成本的顺利实现。

3. 物流成本控制方法科学化

要总结我国物流成本控制的好经验，学习国外现代化的成本控制方法，相互融合，发展提高。目前采用的主要有目标成本法、责任成本法、标准成本法等。

4. 物流成本控制手段电子化

在物流成本控制中应用电子计算机，不但可替代人完成一些重复性强、工作量大的事务性劳动，而且可以加速信息处理，便于建立物流成本管理信息系统，使管理人员及时做出正确决策。同时，还应推广应用先进的检测手段和显示监控装置，加强对物质消耗和流向的控制，为物流成本控制和计算创造条件。

5. 物流成本控制人才专业化

要培养一支能够适应物流成本控制现代化需要的专业人员队伍，只有这样，才能推动物流成本控制工作不断前进，保证物流成本控制现代化早日实现。

总之，管理思想是灵魂，管理人才是关键，管理组织是保证，管理方法和管理手段是条件。这五个方面的内容应该配套，同步进行，才能共同推动物流成本管理的现代化。

4.2 标准成本法

4.2.1 标准成本法概述

标准成本法是在泰勒的生产过程标准化思想影响下，于20世纪20年代在美国产生的，是泰勒科学思想在成本管理中的具体体现。刚开始时它只是一种比较简单的统计分析方法，经过不断发展和完善，成为在理论上较为完善，在实际中行之有效的成本控制方法之一，现在已经相当普遍地为企业所采用。

标准成本法与产品成本计算的其他方法不同。其他成本计算方法计算出的产品成本是产品的实际成本，即生产过程中实际耗费的各种费用，而标准成本法下的产品成本，不是产品的实际成本，而是产品的标准成本。因此，标准成本法更重要的是被用来进行成本控制，在本质上它是一种成本管理方法，这是标准成本法与其他成本计算方法的本质区别。

采用标准成本系统具有以下优点：第一，能对成本数据进行有效地分析。通过对比，可以确定成本脱离标准的差异，并使管理人员的注意力集中于成本差异。第二，使用标准成本，可以减少簿记登记工作量。第三，标准成本中已剔除了各种不合理因素，从而使材料在在产品和产成品的计价时更为科学。

标准成本法并不单纯是一种成本计算方法，而是一种将成本计算和成本控制相结合，包括制定标准成本、计算和分析成本差异、处理成本差异三个环节所组成的完整系统。它以标准成本为基础，把成本的实际发生额区分为标准成本和成本差异两部分，并以成本差异为线索，进行分析研究，具体掌握差异的成因和责任，并及时采取有效措施消除不利的差异，实现对成本的有效控制。标准成本系统虽然在期末可以通过一定的方法将标准成本和成本差异重新组合成实际成本，但标准成本法更重要的是被用来加强成本控制，被作为一种成本管理方广泛使用。

标准成本是通过精确的调查、分析与技术测定而制定的，用来评价实际成本、衡量工作效率的一种预计成本。在标准成本中，基本上排除了不应该发生的“浪费”，因此被认为是一种“应该成本”。标准成本要体现企业的目标和要求，主要用于衡量物流企业经营过程的工作效率和控制成本。

“标准成本”有两种含义：

一种是指单位物流服务的标准成本，它是根据单位物流服务的标准消耗量和标准单价计算出来的，准确地说来应该称为“成本标准”。

成本标准：单位物流服务标准成本 = 单位物流服务标准消耗量 × 标准单价

另一种指实际产量的标准成本，是根据实际产品产量和单位物流服务成本标准计算出来的。

标准成本 = 实际产量 × 单位物流服务标准成本

实施标准成本系统一般有以下几个步骤：①制定单位物流服务的标准成本。②根据实际产量和成本标准计算物流服务的标准成本。③汇总计算实际成本。④计算标准成本与实际成本的差异。⑤分析成本差异的发生原因。如果标准成本纳入账簿体系的，还要进行标准成本及其成本差异调整的账务处理。⑥向成本负责人提供控制报告。⑦评价成本目标的执行结果，根据成本业绩实施奖惩。

4.2.2 标准成本的分类

1. 理想标准成本和正常标准成本

标准成本按其制定所根据的生产技术和经营管理水平分为理想标准成本和正常标准成本。

理想标准成本是以现有生产经营条件处于最优状态为基础确定的最低水平的成本。它通常是根据理论上的生产要素耗用量，最理想的生产要素价格和可能实现的最高生产经营能力利用程度来制定的。采用这种标准成本不允许有任何的失误、浪费和损失存在。由于这种标准成本不考虑客观存在的实际情况，提出的要求过高，很难实现，故实际工作中很少采用，它的主要用途是提供一个完美的工作目标，揭示实际成本下降的潜力。

正常标准成本是根据正常的耗用水平、正常的价格和正常的生产经营能力利用程度制定的标准成本。在制定这种标准成本时，把生产经营活动中一般难以避免的损耗和低效率等情况也计算在内，使之切合下期的实际情况，成为切实可行的控制成本。这种标准成本的实现既非易事，也非高不可攀，而是经过努力可以达到的。

在标准成本法中，广泛使用正常标准成本，它具有以下特点：它是用科学方法根据客观实际和过去实践经充分研究后制定出来的，具有客观性和科学性；它排除了各种偶然性和意外情况，又保留了目前条件下难以避免的损失，代表正常情况下的消耗水平，具有现实性；它是应该发生的成本，可以作为评价业绩的尺度，成为督促职工去努力争取的目标，具有激励性；它可以在工艺技术水平和管理有效性水平变化不大时持续使用，不需要经常修订，具有稳定性。

2. 现行标准成本和基本标准成本

标准成本按其适用期，分为现行标准成本和基本标准成本。

现行标准成本指根据某一适用期应该发生的价格、效率和生产经营能力利用程度等预计的标准成本。现行标准成本是在现有生产技术条件下进行有效经营的基础上，根据下一期最可能发生的生产要素的消耗量、预计价格和预计生产经营能力利用程度制定出来的标准成本。这种标准成本可以包括管理当局认为短期还不能完全避免的某些不应有的低效、失误和超额消耗。因其切实可行，这种标准成本最适用于在经济形式变化多端的情况下使用。

基本标准成本是指一经制定，只要生产的基本条件无重大变化，就不予变动的一种标准成本。这种标准成本一经制定，长期保持不变，它可以便各个时期的实际成本以同一标准进行比较，以反映成本的变化。但由于基本标准成本不按各期实际修订，不宜用来直接评价工作效率和成本控制的有效性，因此，在实际工作中，基本标准成本很少被人们采用。可以作为制定现行标准成本的参考。

4.2.3 标准成本的制定

标准成本由物流服务的直接材料、直接人工和间接费用三部分组成，通常以直接材料、直接人工和间接费用三大项目按其性态划分为变动成本与固定成本作为制定标准的基础。尽管这三大项目的具体性质各有不同，但在制定标准成本时，无论哪一个成本项目，都需要分别确定其用量标准和价格标准，两者相乘后得出成本标准。

用量标准包括单位物流服务材料消耗量、单位物流服务直接人工工时等，主要由生产技术部门主持制定，吸收执行标准的部门和职工参加。

价格标准包括原材料单价、小时工资率、小时间接费用分配率等，由会计部门和有关其他部门共同研究确定。采购部门是材料价格的责任部门，劳资部门和生产部门对小时工资率负有责任，各生产车间或部门对小时间接费用率承担责任，在制定有关价格标准时成本管理部门要与有关部门进行协商研究确定。

大多数企业都以正常标准成本为基础，即根据正常的工作效率、正常的经营管理水平和正常的价格规定标准成本。制定标准成本时既要考虑过去较长时期的实际平均水平，又要消除企业经营活动中的异常情况，并估计到未来的生产发展趋势。

1. 直接材料的标准成本

在单位物流服务的标准成本中，直接材料标准成本是生产单位产品所需各种直接材料的标准用量同这些材料在正常情况下的价格的乘积之和。

直接材料的标准用量，指在现有物流运作条件和经营管理水平下，提供单位物流服务所需的材料数量。其中包括必不可少的消耗，以及各种难以避免的损失等。直接材料的标准用量是用统计方法、工业工程法或其他技术分析方法确定的。

价格标准指事先确定的购买材料、燃料和动力应付的标准价格、运费、检验和正常损耗等成本，是取得材料的完全成本。

直接材料标准成本 = 直接材料数量标准 × 直接材料价格标准

例 4－1　宏达公司某物流服务耗用 A、B、C 三种直接材料，其直接材料标准成本计算如下表：

某物流服务直接材料标准成本

标准	A 材料	B 材料	C 材料
数量标准① 价格标准② 标准成本①×②	60 千克 500 30000 元	30 千克 300 9000 元	80 千克 100 8000 元
直接材料标准成本	47000 元		

2. 直接人工的标准成本

直接人工的标准成本是单位物流服务所需消耗的各种人工的标准工时数同其相应的标准小时工资率的乘积之和。其中的标准工时数指在现有物流运作条件和经营管理水平下，提供单位物流服务所需要的工作时间，包括进行物流作业的直接加工所费工时、必要的间歇和停工时间所费的工时等。

工资率标准，也就是每一标准工时应分配的工资。需要注意的是，工资率标准应按现行工资制度所定的工资水平计算确定。如果采用计件工资制，标准工资率是预定的每件产品支付的工资除以标准工时；如果采用月工资制，需要根据月工资总额和可用工时总量来计算标准工资率。

例 4-2　上例物流服务的直接人工标准成本计算如下表：

项 目	标 准
月标准总工时① 月标准工资总额② 工资率标准③=②÷① 单位产品工时标准④	2280 小时 18240 元 8 元/小时 5 小时
直接人工标准成本⑤=④×③	40 元

3. 间接费用的标准成本

间接费用标准成本是单位物流服务标准工时数与事先确定的标准分配率的乘积。制定间接费用的标准成本时，标准工时数指在现有物流运作条件和经营管理水平下提供单位物流作业所需的直接人工小时（或机器小时）。

间接费用分配率标准取决于两个因素：①产量标准，即企业充分利用现有生产能力所可能达到的最高作业量。由于许多企业物流服务种类繁多，作业量无法以实物单位汇总，因此，产量标准通常用直接人工小时或机器小时表示。②间接费用预算，它所确定的费用发生额（区分变动费用和固定费用）与产量标准之比，就是间接费用的分配率标准。

间接费用标准成本分为变动间接费用标准成本和固定间接费用标准成本两部分。如果企业采用变动成本法进行成本计算，固定间接费用不计入物流成本，因此标准成本中不包括固定间接费用。在这种情况下，不需要制定固定间接费用的标准成本，固定间接费用的控制则通过预算管理来进行。如果采用完全成本法计算成本，固定间接费用要计入物流成本，还需要确定其标准成本。

例 4-3　宏达公司某月物流服务的制造费用标准成本计算如下表

项 目	标 准
月标准总工时① 变动制造费用预算总额② 变动制造费用标准分配率③=②÷① 工时标准④ 变动制造费用标准成本⑤=④×③ 固定制造费用预算总额⑥ 固定制造费用标准分配率⑦=⑥÷① 固定制造费用标准成本⑧=④×⑦	2280 小时 3420 元 1.5 元/小时 5 小时 7.5 元 11970 元 5.25 小时 26.25 元
制造费用标准成本⑨=⑤+⑧	33.75 元

将直接材料、直接人工和变动间接费用的标准成本相加，即得按变动成本法计算的单位物流服务标准成本，再加上固定间接费用的标准成本，即可得按完全成本法计算的单位物流服务标准成本。在实际工作中，标准成本制定可采用单位物流作业标准成本卡的形式进行。

4.2.4 标准成本差异的内容

标准成本差异是指产品的实际成本与标准成本之间的差额。如果该差额为正，是逆差，为不利差异，说明企业实际成本大于标准成本；如果该差额为负，是顺差，为有利差异，说明企业实际成本小于标准成本。

标准成本差异的原因很多，主要是数量差异和价格差异，按成本项目可划分为八大差异或九大差异。标准成本差异的分类如图 4－1：

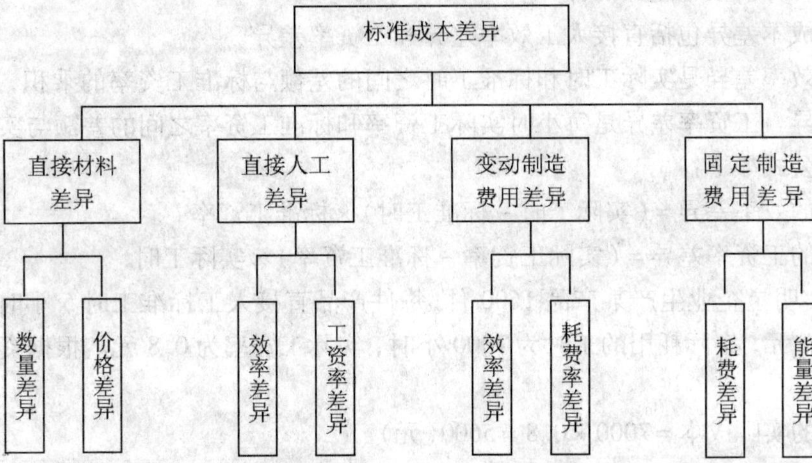

图 4－1

按成本项目可将成本差异分解为直接材料差异、直接人工差异和间接费用差异。其中，间接费用差异又可分为变动制造费用差异和固定制造费用差异。计算分析成本差异的主要目的在于查明差异形成的原因，以便及时采取措施消除不利差异，并为成本控制、考核和奖惩提供依据。

4.2.5 标准成本差异的计算及分析

1. 直接材料标准成本差异的计算

直接材料成本差异是指直接材料实际成本与其标准成本的差异，包括材料数量差异和材料价格差异两部分。计算公式如下：

材料数量差异 =（实际用量－标准用量）× 标准价格

材料价格差异 =（实际价格－标准价格）× 实际用量

如果计算结果为正，表示超支，为不利差异，说明企业直接材料实际成本大于直接材料标准成本；如果该计算结果为负，是顺差，为有利差异，说明企业直接材料实际成本小于直接材料标准成本。

例 4－4　明星企业某物流服务耗用 A 材料，本月实际产量为 400 件。A 材料消耗定额为 20 千克，每千克标准价格为 10 元，实际耗用材料 9000 千克，实际单价为 11 元。其直接材料标准成本差异计算以下：

直接 A 材料的实际成本 = 9000 × 11 = 99000（元）

直接 A 材料的标准成本 = 400 × 20 × 10 = 80000（元）

直接材料的成本差异 = 99000 - 80000 = 19000(元)

其中:

材料数量差异 = (9000 - 400 × 20) × 10 = 10000(元)

材料价格差异 = (11 - 10) × 9000 = 9000(元)

上述计算表明，明星企业材料数量差异超支10000元，材料价格差异超支9000元，两者都是逆差，应分别寻找原因，落实责任并提出改进意见。

2. 直接人工标准成本差异的计算

直接人工成本差异包括直接人工效率差异和工资率差异。

直接人工效率差异是实际工时和标准工时之间的差额与标准工资率的乘积，等同于直接材料的数量差异。工资率差异是每小时实际工资率和标准工资率之间的差额与实际工时之间的乘积。计算公式如下:

直接人工的效率差异 = (实际工时 - 标准工时) × 标准工资率

直接人工的工资率差异 = (实际工资率 - 标准工资率) × 实际工时

例4-5 明星企业生产某产品1600件,每件产品直接人工标准工时5小时，每小时标准工资率为0.7元，实际耗用的工时为7000小时，实际工资率为0.8元。根据资料计算成本差异如下:

直接人工的实际成本 = 7000 × 0.8 = 5600(元)

直接人工的标准成本 = 1600 × 5 × 0.7 = 5600(元)

标准人工成本差异 = 0

其中:

直接人工效率差异 = (7000 - 1600 × 5) × 0.7 = -700(元)

直接人工工资率差异 = (0.8 - 0.7) × 7000 = 700(元)

3. 变动制造费用标准成本差异的计算

变动制造费用标准成本差异包括变动制造费用效率差异和变动制造费用耗费差异。变动制造费用效率差异是实际耗用工时脱离标准工时而导致的成本差异，相当于直接材料的数量差异。变动制造费用耗费差异是变动制造费用实际耗费脱离标准而导致的成本差异，相当于直接材料的价格差额。计算公式如下:

变动制造费用效率差异 = (实际工时 - 标准工时) × 标准费用分配率

变动制造费用耗费差异 = (实际费用分配率 - 标准费用分配率) × 实际工时

变动制造费用差异 = 变动制造费用效率差异 + 变动制造费用耗费差异

例4-6 接例4-5明星企业实际发生的变动制造费用为42000元，标准制造费用分配率为每小时4.5元。根据资料计算成本差异如下:

变动制造费用标准成本差异 = 42000 - 1600 × 5 × 4.5 = 6000(元)

其中:

变动制造费用效率差异 = (7000 - 1600 × 5) × 4.5 = -4500(元)

变动制造费用耗费差异 = (42000 ÷ 7000 - 4.5) × 7000 = 10500(元)

4. 固定制造费用标准成本差异的计算

固定制造费用成本差异包括固定制造费用耗费差异和固定制造费用能量差异。

固定制造费用耗费差异是指实际固定制造费用与预算固定制造费用的差异。固定制造费用能量差异是指固定制造费用预算不变的情况下，实际产量和计划产量的差异。

固定制造费用差异 = 固定制造费用实际数 - 固定制造费用标准数

固定制造费用耗费差异 = 固定制造费用实际数 - 固定制造费用预算数

固定制造费用能量差异 = 固定制造费用预算数 -（固定制造费用标准数）

例4-7　明星企业某物流服务计划产量为1700单位，实际产量1600单位，实际发生的固定制造费用为56000元，标准工时5小时，标准制造费用分配率为6元。根据资料计算成本差异如下：

固定制造费用差异 = 56000 - 1600 × 5 × 6 = 8000（元）

其中：

固定制造费用耗费差异 = 56000 - 1700 × 5 × 6 = 5000（元）

固定制造费用预算差异 = 1700 × 5 × 6 - 1600 × 5 × 6 = 3000（元）

5. 成本差异的形成原因分析和责任归属

计算确定了成本差异后，就应进一步分析差异产生的原因及其责任归属，采取有效措施，消除不利差异，继承有利差异，以实现有效的成本控制。产品或某项服务实际成本脱离标准成本的因素纷繁复杂，既有客观因素，也有主观因素；有可控因素，也有不可控因素。在明确成本差异责任时，应以成本能否为各职能部门或个人所控制为基础。例如：材料价格差异应由采购部门负责。因为材料购买价格和采购费用的高低，采购部门大体上是可以控制的。但是，决定材料价格的因素是多方面的，有些引起材料价格变动的因素，会超出采购部门的控制范围。例如，因市场供求关系变化所引起的价格变动，就是采购部门所不能控制的。又如，因临时性需要进行紧急采购时，由于改变运输方式（如由陆运改为空运）而引起的价格差异，也不应由采购部门负责，而应由造成这种情况的有关部门负责。再比如，人工效率差异可能是工作安排不当，造成人员效率低下，应该由生产车间负责；也可能是分配机制或奖惩机制不完善造成员工工作积极性不高，消极怠工，则应该由人事劳资部门负责；也可能是机器运转不正常，则可能要由维修部门负责等等。

4.3 目标成本法

4.3.1 目标成本法的概述

目标成本法是战略成本管理所用的新工具之一。所谓目标成本（Garret Cost），是指根据市场调查，预计可实现的物流营业收入，为了实现目标利润而必须达成的成本目标值。换句话说，即生命周期成本下的最大成本容许值。

目标成本法从本质上看，就是一种对企业的未来利润进行战略性管理的技术。目标成本法使得"成本"成为产品开发过程中的积极因素，而不是事后消极结果。企业只要将待开发产品的预计售价扣除期望的边际利润，即可得到目标成本，然后的关键便是设计能在目标成本水平上满足客户需求并可投产制造的产品。

与传统的成本管理思想相比，目标成本规划所体现的成本管理思想主要反映在如下几个方面：

1. 传统成本管理的范围将注意力集中于生产制造过程的控制，目标成本法的实施意味着成本管理的范围得以向产品的整个生命周期扩张。国外有学者将产品成本的管理范围由制造过程转向涵盖产品的整个生命周期的做法称之为“从摇篮到坟墓”式的管理。这种成本控制方法至少有以下三个优点：①它强调与每一产品相关的收入和成本，克服了传统成本只重视制造成本，而忽视上游领域（如研究与开发）和下游领域（如客户服务）的成本。②它突出了产品生命周期中成本发生比率的差异，有利于明确成本管理的重点。③它突破了传统成本管理的时间跨度只能以日历年度为极限（与会计报表的编制相对应）的主观做法，将其延长至产品的整个生命周期，从而与经济实质更相吻合。

2. 目标成本法中所确定的各个层次的目标成本都直接或间接地来源于激烈竞争的市场，按照这种目标成本进行成本控制和业绩评价，明显有助于增强企业的竞争地位。而传统的成本管理的手段则是根据企业自身的状况从内部确定各种成本标准，揭示各种差异，从而达到成本控制和业绩评价的目的。这种做法虽然有助于提高企业的生产效率，但在市场瞬息万变的情况下，对企业竞争地位的提高不会产生很大的帮助。

3. 整个目标成本法的枢纽部分是确定产品层次的目标成本。从国外的经验来看，该目标成本是由产品的联合开发设计小组根据市场信息、内部潜力和供应商潜力的挖掘而确定的。这意味着成本管理的重点将由传统观念下的生产制造过程转移到产品的开发设计过程。之所以如此，是因为人们逐渐认识到，产品的制造成本在一定程度上是由产品的设计阶段所确定的。比如，产品的功能设计得越复杂，制造成本也要相应增大。特别是随着信息技术的发展和消费者日益追求个性化产品，迫使企业要不断加大产品的创新力度，尽可能地根据顾客的需要提高产品的功能和质量，从而使得产品的制造成本与产品的功能和质量的设计之间的关系越来越密切。

4. 目标成本法改变了为降低成本而降低成本的传统观念，取而代之为战略性成本管理的观念。战略性成本管理所追求的是在不损害企业竞争地位前提下降低成本的途径。如果成本降低的同时削弱了企业的竞争地位，这种成本降低的策略就是不可取的。另一方面，如果成本的增加有助于增强企业的竞争实力，则这种成本增加就是值得鼓励的。比如，市场调查表明顾客需要某种产品增加一种功能，这种做法会导致产品制造成本的上升，但如果不增加这种成本，企业的竞争地位会受到削弱，产品的设计者就必须为产品增设这种功能：成本管理中的这种辩证思维在传统的成本管理观念中是很难找到影子的。原因很简单，传统的成本管理只注重事中和事后管理，完全忽视了事前管理。而目标成本管理旨在确定各个层次的目标成本，表明该方法或技术的落脚点完全是事前管理。

目标成本法是以实现目标利润为目的，以目标成本为依据，对企业的经营活动发生的各种支出进行全面的管理。它与传统的成本管理相比，主要有以下区别：

（1）指导思想不同。传统的成本管理是以基期的成本水平为依据，考虑到计划期有关因素变动对成本的影响来确定计划期的成本水平，并以此为依据进行成本管理。目标成本法是以市场为导向，围绕企业的经营管理目标所进行的成本管理，取决于企业的目标利润水平。

（2）管理的范围不同。传统成本管理的范围只局限于事中、事后的成本管理。目标成本法的范围是将企业的全部经营活动作为一个系统，从事前的成本预测到成本的形成及事后的成本分析实行全面的、全过程的管理，将全部经营活动中的一切耗费都置于成本控制之下。

(3)管理的侧重点不同。传统的成本管理侧重于事后算账，虽然也进行成本分析，提出改进意见，但改进措施的实施要等到下一个成本管理期间。目标成本法则把工作重点放在事前控制和事中控制，及时分析差异，采取措施消除不利因素，加强了成本的控制地位。

(4)管理责任的区分不同，传统成本管理以成本的形成作为成本管理的出发点和归宿点。目标成本法强调成本指标的分解归口管理，在各自责任范围内有效地控制成本，强调严格划分各责任单位的经济责任。

4.3.2 目标成本的确定

传统产品设计和售价决定方法与目标成本法有所不同，传统法是先作市场调查后设计新产品，再计算出产品成本，然后再估计产品是否有销路，再加上所需利润计算出产品的售价。

目标成本法在产品企划与设计阶段就先做市场调查制定出目标售价（最可能被消费者接受的售价），其次根据企划中长期计划制定出目标利润，最后以目标售价减去目标利润即为产品的目标成本。

其计算公式：目标成本 = 目标售价 - 目标利润

目标成本的确定过程如图 4 - 2 所示：

目标成本的确定一般包括制定目标售价、确定目标利润和确定目标成本三个步骤。

1. 制定目标售价

目标售价的制定通常可运用下列两种方法：

(1)消费者需求研究方法

新产品推出前要先作市场研究，以回答一些问题，例如市场目前和将来需要的是什么样的产品，消费者需要这些产品具有哪些功能与特色，这些产品的需用量如何，客户能付多少价格？

成本话语

物流既是企业的“服务中心”、“成本中心”，更是“利润中心”。

市场主要对以下问题进行调查研究：

①对经济、政治、人口、产业等宏观或总体性资料进行收集与预测；

②对过去、目前和将来的顾客作系统的消费者需求调查；

③选取特定消费者样本群体对他们的需求作深入研究。

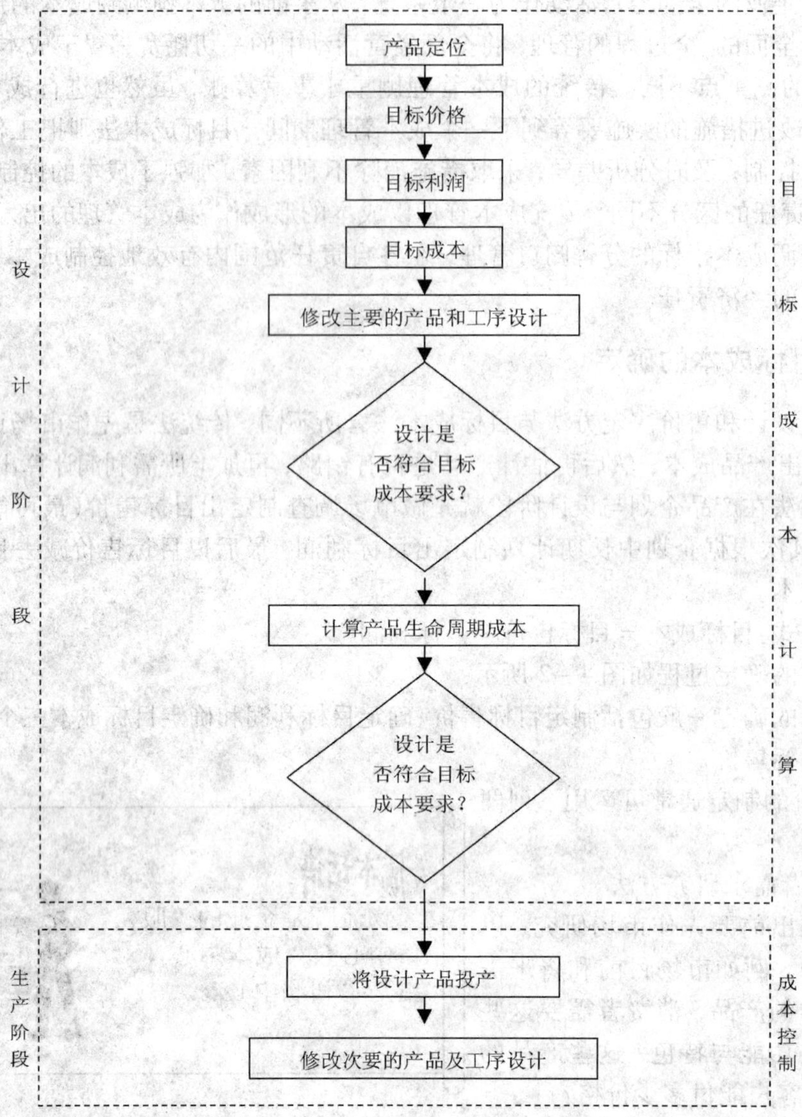

图4－2　目标成本的确定过程

(2)竞争者分析方法

收集竞争对手及其产品的资料与将来计划，竞争对手现有哪些产品，将来可能有哪些产品，竞争对手产品有哪些功能及特性，价格水准如何？这些资料及分析可回答一些问题，例如竞争对手产品品质、服务水准如何。可以将主要竞争对手产品的资料收集在品质功能矩阵表里，然后将本企业的产品资料与竞争对手的资料进行比较。

在确定目标售价时应时刻牢记，销售价格能否提高主要取决于顾客对产品追加价值的看法，这些追加价值或来自于产品的功能或性能的提高，或来自于产品质量的提高。企业开发设计的新产品只有在功能或质量上不但超过了旧产品，而且超过了竞争者的同类产品时，才可以提高售价。另外，考虑到目标定价在整个目标成本规划中的重要性，企业也应十分谨慎地制定尽可能切实可行的目标售价。

2. 确定目标利润

每种产品可能因不同市场需求、售价政策不同，其利润目标也会有所不同。

确定目标利润可采用目标利润率法：

目标利润 = 预计服务收入 × 同类企业平均营业利润率

或 目标利润 = 本企业净资产 × 同类企业平均净资产利润率

或 目标利润 = 本企业总资产 × 同类企业平均资产利润率

例 4－8 运输企业的平均营业利润率为 15%，运输作业的市场价格为 1 元/人·公里，运输企业预计运输作业的作业量为 500 万吨·公里，则：

目标利润 = 预计营业收入 × 同类企业平均营业利润率

= (500 × 1 × 15%) 万元 = 75 万元

目标总成本 = 营业收入 － 目标利润

= (500 － 75) 万元 = 425 万元

目标单位成本 = 目标总成本 ÷ 作业量

= 425 万元 ÷ 500 万吨·公里 = 0.85 元/吨·公里

3. 制定目标成本

目标成本为目标售价减去目标利润，按上述方法计算出的目标成本，只是初步的设想，提供了一个分析问题的合乎需要的起点。它不一定完全符合实际，还需要对其可行性进行分析。

目标成本的可行性分析，是指对初步测算得出的目标成本是否切实可行做出分析和判断。分析时，主要是根据本企业实际成本的变化趋势和同类企业的成本水平，充分考虑本企业成本节约的潜力，对某一时期的成本总水平做出预计，看其与目标成本的水平是否大体一致。经过测算，如果预计目标成本是可行的，则将其分解，下达到有关部门和单位。如果经反复测算、挖潜，仍不能达到目标成本，就要考虑放弃该产品并设法安排剩余的生产能力，如果从全局看不宜停产该产品，也要限定产量，并确定亏损限额。

一种产品的总目标成本确定后，可按成本要素如直接材料成本、直接人工成本、其他直接成本和间接成本等细分制定每一成本要素的目标成本，也可按产品的各部分功能分别制定各部分功能的目标成本。

4.3.3 目标成本的分解

目标成本的分解是指将企业总体的目标成本值进行分解，将其落实到企业内部各单位、各部门的过程，目的在于明确责任，确定未来各单位、各部门的奋斗目标。分解目标成本时应结合企业的实际情况进行。通常可以先将总体目标成本分解到各种产品，然后再将各产品的目标成本分解到各车间或工序。

如果某企业属于多品种作业的企业，应先将企业总体目标成本分解为各作业的目标成本，分解方法在确定每种作业目标销售利润率的基础上，倒推每种作业的目标成本，最终将各作业目标成本的合计值与企业总体目标成本进行比较并综合平衡，进而确定每种作业的目标成本。这种方法从每种作业的自身盈利状况出发，直接与企业总体目标成本进行比较，无论是企业的总体目标成本还是各作业的目标成本均可采用"倒扣法"予以确定，计算公式如下：

总体目标成本或每种作业的目标成本＝预计营业收入－应缴税金－目标利润

其中：目标利润＝预计营业收入×目标销售利润率

例4－9 假设某企业有甲、乙两种产品。预计甲产品的作业量为5000单位，单价为600元/单位，预计应缴的流转税（包括消费税、城建税和教育费附加）为165000元；乙产品的预计作业量为5000单位，单价为400元/单位，应缴的流转税（包括城建税和教育费附加）为110000元。该企业以同行业先进的营业利润率为标准确定目标利润，假定同行业先进的营业利润率为20%。要求：预测该企业的总体目标成本，并说明如果该企业结合实际确定的甲产品的目标营业利润率为23%，乙产品的目标营业利润率为18%，在这种情况下，该企业规定的总体目标成本是否合理？

依题意，则：

企业总体的目标成本：$(5000\times600+5000\times400)-(165000+110000)$

$-(5000\times600+5000\times400)\times20\%=3725000$ 元

甲产品目标成本＝$(5000\times600-165000-5\,000\times600\times23\%)=2145000$ 元

乙产品目标成本＝$(5000\times400-110000-5\,000\times400\times18\%)=1530000$ 元

总体目标成本＝$2145000+1530000=3675000$ 元 <3725000 元

说明：虽然各产品自身的销售利润率与同行业先进的营业利润率不一致，但以此测算的总体目标成本为367.5万元，低于企业规定的总体目标成本372.5万元，因此该企业规定的总体目标成本合理，应将各产品目标成本的预计值纳入计划。

一种产品的目标成本确定以后，应将其自上而下按照企业的组织结构逐级分解，落实到有关的责任中心。具体的分解方法有以下几种：

（1）按管理层次分解。将目标成本按总公司、分公司、部门、班组分解。这是一种自上而下的过程。分解的内容包括料、工、费三项。

（2）按管理职能分解。将成本在同一管理层次按职能部门分解。例如，推广部门负责推广费用，配送部门负责配送费用，运输部门负责运输费用，劳资部门负责工资成本，后勤部门负责燃料和动力费用，行政部门负责办公费等。

（3）按服务结构分解。把服务成本分成各种材料消耗和人工成本等，分派给各责任中心。

（4）按服务形成过程分解。按服务设计、服务材料采购、服务的提供、服务的推广过程分解成本，形成每一过程的目标成本。

（5）按成本的经济内容分解。把服务成本分成固定成本和变动成本；再把固定成本进一步分解为折旧费、日常费、办公费、差旅费、修理费等项目，把年度目标成本分为季度或月份成本目标，甚至分解成旬或日的成本目标；把变动成本分解为直接材料、直接人工、各项变动费用。

上述方法，要根据物流企业组织结构和成本形成过程的具体状况选择使用，也可以将多种方法结合进行分解。

4.3.4 供应链目标成本管理

1. 目标成本——供应链物流成本管理的原理

合作竞争时代的到来，竞争无国界与企业相互渗透的趋势越来越明显，市场竞争实质上

已不是单个企业之间的较量，而是供应链与供应链之间的竞争，这对传统企业管理思想产生了巨大的冲击。面对变化反复无常、竞争日趋激烈的市场环境以及客户需要多样化与个性化，消费水平不断提高的市场需求，一方面，企业越来越注重利用自身的有限资源形成自己的核心能力，发挥核心优势；另一方面，充分利用信息网络寻找互补的外部优势，与其供应商、分销商、客户等上下游企业构建供应链网链组织，通过供应链管理，共同形成合作竞争的整体优势。

为了更有效地实现供应链管理的目标，使客户需求得到最大程度的满足，成本管理应从战略的高度分析，与战略目标相结合，使成本管理与企业经营管理全过程的资源消耗和资源配置协调起来，因而产生了适应供应链管理的目标成本法。

供应链管理的目标是通过成员企业的共同努力，创造供应链的整体竞争优势。而传统成本管理方法的目标是达到要求企业及单个部门的成本最低和客户满意的最大化，从而损害供应链的整体绩效。为了适应供应链管理模式，企业必须剔除传统成本法，实施目标成本法，以有效提高客户满意程度，增强整个供应链的竞争力。目标成本——供应链物流成本管理方法追求供应链总成本的合理化，而不是单个企业功能成本的最小化。

目标成本——供应链物流成本管理是一种全过程、全方位、全人员的成本管理方法。全过程是指供应链产品从生产到售后服务的一切活动，包括供应商、制造商、分销商在内的各个环节；全方位是指从生产过程管理到后勤保障、质量控制、企业战略、员工培训、财务监督等企业内部各职能部门各方面的工作以及企业竞争环境的评估、内外部价值链、供应链管理、知识管理等；全人员是指从高层经理人员到中层管理人员、基层服务人员、一线生产员工。

2. 目标成本——供应链物流成本的确定

供应链成员企业间的合作关系不同，所选择的目标成本法也不一样。一般说来，目标成本法主要有三种形式，即基于价格的目标成本法；基于价值的目标成本法；基于作业成本管理的目标成本法。

(1) 基于价格的目标成本法

这种方法最适用于契约型供应链关系，而且供应链客户的需求相对稳定。在这种情况下，供应链企业所提供的产品或服务变化较少，也就很少引入新产品。目标成本法的主要任务就是在获取准确的市场信息的基础上，明确产品的市场接受价格和所能得到的利润，并且为供应链成员的利益分配提供较为合理的方案。

在基于价格的目标成本法的实施过程中，供应链成员企业之间达成利益水平和分配时间的一致是最具成效和最关键的步骤：应该使所有的供应链成员都获得利益，但利益总和不得超过最大许可的产品成本，而且，达成的价格应能充分保障供应链成员企业的长期利益和可持续发展。

(2) 基于价值的目标成本法

通常，市场需求变化较快，需要供应链有相当的柔性和灵活性，特别是在交易型供应链关系的情况下，往往采用这种方法。为了满足客户的需要，要求供应链企业向市场提供具有差异性的高价值的产品，这些产品的生命周期多半不长，这就增大了供应链运作的风险。因此，必须重构供应链，以使其供应链成员企业的核心能力与客户的现实需求完全匹配。有效地实施基于价值的目标成本法，通过对客户需求的快速反应，能够实质性地增强供应链的整体竞争能力。然而，为了实现供应链成员企业冲突的最小化以及减少参与供应链合作的阻力，链上成员企业必须始终保持公平的合作关系。

基于价值的目标成本法以所能实现的价值为导向，进行目标成本管理，即按照供应链上各种作业活动创造价值的比例分摊目标成本。这种按比例分摊的成本成为支付给供应链成员企业的价格。一旦确定了供应链作业活动的价格或成本，就可以运用这种目标成本法来识别能够在许可成本水平完成供应链作业活动的成员企业，并由最有能力完成作业活动的成员企业构建供应链，共同运作，直到客户需求发生进一步的变化需要重构供应链为止。

许多供应链成员企业发现它们始终处于客户需求不断变化的环境中，变换供应链成员的成本非常高。要使供应链存续与发展，成员企业必须找到满足总在变化的客户需求的方法。在这样的环境条件下，基于价值的目标成本法仍可按照价值比例分摊法在供应链作业活动间分配成本。但是，供应链成员企业必须共同参与重构活动，以保证每个成员的价值贡献正好与许可的目标成本相一致。

(3)基于作业成本管理的目标成本法

这种方法适用于紧密型或一体化型供应链关系，要求供应链客户的需求是一致的、稳定的和已知的，通过协同安排实现供应链关系的长期稳定。为有效运用这种方法，要求供应链能够控制和减少总成本，并使得成员企业都能由此而获益。因此，供应链成员企业必须尽最大的努力以建立跨企业的供应链作业成本模型，并通过对整体供应链的作业分析，找出其中不增值部分，进而从供应链作业成本模型中扣除不增值作业，以设计联合改善成本管理的作业方案，实现供应链总成本的合理化。

目标成本法的作用在于激发和整合成员企业的努力，以连续提升供应链的成本竞争力。因此，基于作业成本管理的目标成本法实质上是以成本加成定价法的方式运作，供应链成员企业之间的价格由去除浪费后的完成供应链作业活动的成本加市场利润构成。这种定价方法促使供应链成员企业剔除基于自身利益的无效作业活动。诚然，供应链成员企业通过“利益共享”获得的利益必须足以使它们致力于供应链关系的完善与发展，而不为优化局部成本的力量所左右。

4.4 物流成本综合控制

物流成本控制的目的是提升企业物流竞争力的重要因素之一。目前中国物流市场的潜力是巨大的，但企业物流成本的控制则不尽如人意。站在综合物流成本控制的角度来研究物流成本的控制，对提高我国企业整体效益将会发挥更大的作用。

为控制物流成本，传统企业物流要注重经营模式的转变，现代企业物流要注意投资战略和有效性。规模化经营有利于物流效益的实现，也有利于控制物流成本。实现规模化经营的最有效的方式是对现有资源进行整合。激烈的市场竞争实际上为有战略发展眼光的规模型企业提供了难得的爆炸式发展的契机。白热化的市场竞争可以加速经营不良企业的衰退和破产过程，从而为健康的企业进行兼并和资源整合创造了条件，形成强者更强的良性循环，最终孕育出中国物流的航母。企业间通过整合，实现规模经营效益战略发展思路，符合中国国情，是既适合于发达地区，也适合于落后地区的多、快、好、省的发展战略。

4.4.1 构建高效率的物流系统

物流的目的是按照顾客订货的内容及约束条件把商品及时送到顾客手中。约束条件是指商品的种类、数量、交货期、地点等等。这些要求中即使只有一项出差错，企业的信誉也会被打上问号。当然，更重要的是企业必须在满足顾客要求的前提下，尽量控制成本支出。为实现以上目标而建立的组织就是物流系统。也就是说，这一系统包括商品补充、仓储、保管、库存管理、物流物业，出货、信息管理等物流有关的一切活动。物流系统是提高营销效率、减少浪费、减少损耗的经营组织。

构筑物流系统的程序有:建立物流网点，建立作业系统、建立运输、配送系统三个基本过程。这里所说的物流网点是指物流中心。例如，对于厂家来说，顾客订货后，如果从工厂附近的仓库中送货就能满足顾客要求的话，则物流中心就没有必要建立。但顾客对时间及订货量有要求，并要求不要从各个工厂分别送货而要一次送货的时候，物流中心的设置就成为必要。

物流中心的设置以提高物流网点的效率为目标，在考虑“有效率的作业程序”的前提下，构筑作业系统。接下来，确立运输、配送系统。“使用怎样的运输手段”、“以怎样的路线来运输”，成为考虑的重要因素。最后，考虑建立支持这些工作的信息收集系统。

物流系统建立后，并不是一成不变的，为了不断提高系统的效率，必须时常重新评价、改善系统。也就是说，计划立案、实施、实绩检查。从“系统能否很好地发挥功能”、“作业的效率能否更加提高”的视点出发，通过各种各样的评价基准进行分析和改善。通过这些重新评价进一步建立更好的系统。另外，市场动向的变化带来了顾客需求的变化，交通基础设施建设等环境的变化也会影响物流系统，因此物流系统必须适时地进行再构建。

4.4.2 建立专门的企业物流子公司

1. 设立企业物流子公司的原因

所谓物流子公司，就是生产企业把物流部门剥离，让其成立独立的公司，主要承担母公司和其他企业的物流业务。

设立物流子公司，有以下的背景:

(1) 物流部门的工作时间是无规律的，不同的工作时间不利于企业内的统一管理。

(2) 由于物流的复杂性，用通常的会计方法不能正确地计算出物流成本。

(3) 即使是相同的商品，由于销售形式等的不同，物流渠道也不同，物流变得复杂了。因此，要求有专门的物流技术。将物流部门剥离的最大的目的，就是要使目前难以计算的物流成本明确化，并控制物流成本。

2. 设立物流子公司的目的

物流子公司的使命是降低母公司的物流成本。通过设立物流子公司，可以明确物流成本、引入专业化的物流技术，合理的安排物流过程。这样，必然会有利于控制物流成本。物流子公司不仅可以处理母公司的货物，还要把业务扩展到其他的企业，以提高企业效益。

4.4.3 发展信息技术

物流过程的控制和管理，需要一个可以支持有效的信息反馈的指令下达的神经中枢网络。实现这个神经中枢网络功能的系统就是管理信息系统。发展信息化系统，可以以相对较小的资金投入，实现物流管理的优化，获得第三利润源泉的回报。供应商的作业管理信息系统以支持供应商透明化管理全部物流结点上的商品库存的购销情况，并及时准确地下达原材料采购、生产、销售和不同仓库间的商品调拨的指令，运输企业的作业管理信息系统可以支持调度人员对司机快速、有效的调动，安排货物的联合运输并进行全过程的追踪管理。仓储管理信息系统可以对商品库存数量、存放位置、搬运过程、捡货、包装、出库、入库等进行管理支持。供应链管理和决策支持信息系统通常包含有采集和整理商业交易中的上、下游合作伙伴的商业活动信息，并进行分析整理，帮助企业制定积极的市场开发策略和开展与客户的良性互动关系。

物流管理信息系统实际上是管理理念的凝结和物流作业流程的固化。企业物流的信息，必须有明确的功能定位和具体的流程说明。企业物流对信息系统的选用和开发，必须坚持以实用为原则。目前中国的物流软件市场存在着一些问题。首先是机械地照搬国外的产品，使系统的设置管理过于复杂，流程管理和数据采集过于苛刻，难以适应中国的具体生产实际。在系统设计的指导思想上，国外的系统通常注重在高强度作业情况下如何减少人力成本上。而在中国，人力成本低廉，作业强度通常不高。所以许多国外先进的管理信息系统在中国不一定适用。在学习和引进国外的信息系统的时候，应该注重学习凝结在信息系统中的物流理念，但是对其管理流程必须与中国企业的生产实际相结合，使其本土化。其次是部分国内的纯计算机软件公司搞物流，缺少实践经验的积累和现代物流理念的超前意识。结果设计出的产品过于理想化，无法处理企业日常活动中的各种特征、复杂情况，造成企业资金的浪费。

要建立整合性信息系统，开发物流信息资源，并运用从外部的 POS、EDI、EOS、VAN 到内部作业的 RF、HT、AS/RS、CAPS 等新技术手段，降低物流成本。因此，物流信息化的关键，是要解决好物流信息资源的采集问题。这不仅要搜集包括订货单、存货单、应付账、交易条款、用户情况等大量内部数据资料和信息，还要收集外部的供应链上各参与方的信息。此外，还要求在包括、采购、维修、服务、交易、存储、运输等各个环节，采用最新的信息技术，缩短运作的时间，减小运作成本。

另一方面要建立数据仓库平台，支撑物流信息系统和决策系统。数据仓库应以面向主题的、集成的、稳定的、不同时间的数据集合为主，要能有效地提供集成化和历史的数据，支撑各种决策分析，以提高企业物流对市场的反映能力。此外，企业物流要加强机构的网络化建设，通过客户和供应商的信息共享，增加供应链的信息覆盖率，实时掌握供应链信息。

4.4.4 创新物流管理

1. 树立新的物流管理理念，实现“双赢”目标

树立新的管理理念，就是要树立客户需求至上的物流理念。这就要求制造商改变以前以规模效益为获得经济效益的主要途径的思想，建立适合于需求多样化的新的制造模式——大量定制化生产，在大量定制化生产的环境下，小批量生产甚至单件生产不仅可行，而且很经济。树立客户需求至上的理念，关键是要处理好企业物流与客户的关系，这需要从以下几方面着手：要协调好企业物流与用户之间的关系，可通过利润分享、市场开拓和信息传递等手段，使两者形成战略协作伙伴关系。要合理布局企业物流的地理位置，为用户提供方便优质的服务。要构建企业物流与用户的信息网络设施。达到点与面的合理结合，提高供应链之间

网络化性能，保证企业物流与用户之间信息畅通，加快对市场的反应速度。要增加企业物流基础设施的合作投入，合理分摊费用，进而降低各自的物流成本。

2. 物流成本管理制度的创新

⑴拓宽物流成本的包含范围，反映物流实际成本

物流成本的概念必须拓展，因为库存支出不仅仅是仓储的保管费用，更重要的是要考虑它所占有的库存资金成本，即库存占压资金的利息。理论上还应该考虑因库存期过长造成的商品贬值、报废等代价，尤其像电子、电器等产品周期短、竞争激烈的行业，商品的生命周期短，容易贬值。此外，物流成本中还应包含资金周转速度的内涵，才能真正反映物流实际成本。目前中国现行的财务制度还很不适应这样的要求，正在逐步向国际接轨。

⑵以成本会计为基础，完善物流成本的分类

物流成本的分类方式，有按物流领域、支付形态、物流功能、归属标的、成本性质及营运管理等标准划分。在合理利用现行成本会计工作成果的基础上，拓宽了一种典型的物流成本分类方法，归类为直接成本、间接成本和日常费用等三大项。直接成本是为完成物流工作而引起的费用，运输、仓储、原料管理、订货处理以及库存的某些方面的直接费用，是能从传统的成本会计中提取出来的。间接成本，是难分割的，是作为一种物流运作的资源分配的结果，一般是在固定的基础分摊的。间接成本和日常费用的归属方式是加入了会计师的猜测和估计。

⑶建立以作业为基础的成本分配制度，恰当分配物流成本

虽然以成本核算中心为基础的传统会计方法仍是首选的核算技术，但其对物流成本的计算是不完全的,进而影响了物流合理化发展。因此应该导入作业基础成本制，将所有与完成物流功能有关的成本纳入以活动为基础的成本分类中，将间接成本和日常费用等资源成本正确地分摊到各类作业上，进而计算出物流服务的成本，作为成本控制的标准。有效的成本确定，首先要求对包括在一项分析框架中的特定费用做出确认；其次是要特别指出相对成本的时间维；最后，成本必须分配或分派给与评价相应行动相关的特定因素。

总之，应当注意，一项特殊的成本，除非它是置于物流组织管理控制下的，不应该分配给物流因素。此外，还应该注意到由于成本分配的主观性，使同行业的企业所报告的物流费用差异较大，这种差异也许并不同物流运作的实际效率直接相关。

3. 创新物流运作模式

⑴采用新的物流管理方法

即就是依靠运作驱动的方法，包括物流运作、资金运作及市场运作。这要求在物流的每个环节中，通过完善销售、采购网络，依靠先进的预测方法进行预测，尽量减小库存或实现零库存，提高物流运作速度，缩短从原材料采购到最终产品进入消费者手中的时间，加速资金运作，从而大大减小资金占用成本。从物流作业角度来看，要做好以下工作，要根据物流对象的物理特征、运输难易建立企业的物流活动一览表；要根据物流活动一览表制作企业的物流现状网，并分析物流现状；评价并确定合理的物流方案。

⑵标准化物流作业

在物流标准化改造中，应按国际惯例和国家通行标准制定物流设施标准，规范物流设施和有关技术设备，对每个环节都实行统一的技术标准和技术管理标准，并规范物流用语。物流标准化包括商品包装的规格化，系列化，物流信息的条形码化，装卸作业的集装单元化，

托盘、集装箱、卡车车厢尺寸的标准化等。此外，还要注意环境对物流标准化的制约以及物流标准化对环境的影响。

(3)进行产业重组，整合物流供应链资源

这主要有三个途径：通过改造途径，优化运送模式。这要通过改组、改造传统批发企业、储运企业，建立单体物流中心或综合物流中心；利用联合途径，合理化物流通路。由企业之间联合建立物流中心，如中小零售企业联合投资兴建，实行配送共同化。也可以是系统或地区规划建没，达到本系统或本地区内企业的共同配送；或多个企业系统、地区联合共建，形成辐射全社会的配送网络。借助联合重组，优化物流资源，联合重组目前无规模、无效率的物流中心，使其向规模化的方向发展，从而获得规模效益。

4. 政府政策导向创新

在宏观方面实现全社会物流的合理化。这主要应做好以下几方面的工作：一是改革物流体制，提高物流中心的社会化与专业化水平；二是合理规划与配置物流中心布局，协调物流各环节的相互关系；三是增加物流基础设施的投入，改善物流手段。

(1)政府机构职能的创新，减少外部协调成本

在发展物流产业过程中，政府的责任在于统筹规划、协调发展、标准制定和数据调研。从国外的一些经验来看，建议设立一个综合的协调机构，比如包括水陆空各运输部门、邮政、相关行业协会，建立一个办公对话机制，统筹调整国内物流的产业发展政策。改善交通运输环境，降低运输成本；政府要完善通讯及网路设施，开放通讯设备，降低信息处理成本。政府及企业应共同推动物流 EDI 的建立，加强数据交换的协调功能；加快物流标准化革新进程，减少物流协调成本。物流作业过程中，相关的容器、栈板和货车的规格，亦严重影响物流成本与相关作业的进行，应将已建立的参考标准推广并鼓励使用标准化的容器、栈板和货车。

(2)制定物流标准体系，提高物流效率

加强物流标准化工作，需要政府有关部门和机构的大力支持，因而要充分发挥政府部门的组织和引导作用。政府部门要构建物流标准体系，首先要对物流业已有的国内外物流标准状况进行调查，掌握最全面的第一手资料，参考国际物流及相关标准，分析与描述现代物流系统典型工作流程，研究采购、运输、存储、装卸、搬运、包装、流通加工、配送、信息处理标准需求，再对搜集到的资料进行分析和分类，进而形成中国现代物流标准的体系结构及标准体系表，作为现代物流标准研究和制定的总体规划和纲要，为物流标准规范体系的形成及企业物流的市场运作提供指导。建立标准体系表，最重要的是对系统的标准进行明确的恰当的层次结构划分，既可以站在物流大系统的角度从上而下进行考虑，还可以参考《物流术语》等已有标准的分类方法，同时结合收集到的标准进行总结归纳，从下而上进行。

总之，我国物流标准体系应该包括技术标准、管理标准和工作标准。中国现代物流标准体系框架可以分为三个层次：物流通用基础标准、分系统标准和单项标准。

综上所述，可以归纳出：

1. 统计数据表明，运输成本是各国物流成本中比重最高的项目，仓储成本和存货成本次之，管理费用最小，因此，建议对物流成本的管理应重点控制运输成本，注意仓储作业和存货成本，也不可忽视管理成本。

2. 现代企业的竞争优势在于创新，企业自身的状况，发展阶段不同，所采用的创新模式也不相同。

3. 树立客户需求至上的物流理念，处理好企业物流和客户的关系，达成“双赢”的战略协作伙伴关系。

4. 应该改革物流成本管理制度。物流成本不仅包括库存支出，还要包含库存占用资金的利息，以及因库存期长造成的商品贬值、报废等损失成本，建议导入作业基础成本制，将所有与完成物流功能有关的成本正确地分摊到各类作业上。

5. 政府政策的正确导向对降低企业的物流成本有着至关重要的作用。

案例分析（资料见“引导案例”）

沃尔玛供应链制胜的关键就在于很好地控制了物流成本。根据上述“引导案例”资料，我们可以看出，沃尔玛主要采取了以下措施控制成本：

合理利润率基础上的低价格；

创建集中管理的配送中心；

组建自己高效的运输车队；

先进的卫星通讯系统。

讨论：沃尔玛的上述做法体现了哪些现代物流成本管理理念和方法？从成本综合管理的角度分析，为什么沃尔玛在中国不能像在美国哪样取得骄人的销售业绩？

本章小结

物流成本控制是加强物流成本管理的重要手段，经过一系列的成本控制和通过对影响企业物流成本的各要素进行分析，可以有效地探寻出降低物流成本的途径，促使企业不断提高物流管理水平，提高经济效益。

本章共包括四部分内容。首先介绍了物流成本控制的相关要素，包括控制的内容、控制原则和控制程序等；在此基础上进一步介绍常用的控制方法，即第二部分的标准成本法和第三部分的目标成本法；第四部分是有关物流成本综合控制的有关内容。最后还提供了案例分析，通过案例介绍，使读者对物流成本控制的内容和方法有了更深入的了解。

※习 题

一、填空题

1. 物流成本控制的内容包括________、________、________。

2. 标准成本法是在_______的生产过程标准化思想影响下，于______世纪20年代在________产生的，是________科学思想在成本管理中的具体体现。

3. 标准成本法是一种将成本计算和成本控制相结合，包括_________、_________和_________三个环节所组成的完整系统。

4. 标准成本按其制定所根据的生产技术和经营管理水平分为________和________。

5. 标准成本按其适用期，分为________和________。

6. 标准成本由物流服务的________、________和________三部分组成。

7. 直接材料差异可分解为________差异和_______差异。

8. 直接人工差异可分解为________差异和________差异。

9. 变动制造费用差异可分解为________差异和________差异。

10. 固定制造费用差异可分解为________差异和________差异。

11. 目标成本 = ________ - ________。

12. 目标售价的制定通常可运用________方法和________方法。

13. 目标利润 = 预计服务收入 × ________。

14. 目标成本的分解方法有________、________、________、________和________。

15. 目标成本——供应链物流成本管理是一种________、________、________的成本管理方法。

二、单项选择题

1. 物流成本控制的目的是(　　)

A. 最大限度地降低成本

B. 最大限度地获取利润

C. 最大限度地满足客户需要

D. 以尽可能少的劳动消耗取得尽可能大的经济效果

2. 例外差异是指(　　)

A. 差异额较大，差异持续时间较长，对企业长期盈利能力有重要影响差异

B. 差异额较大，差异持续时间较小，对企业长期盈利能力有重要影响差异

C. 差异额较小，差异持续时间较长，对企业长期盈利能力有重要影响差异

D. 差异额较小，差异持续时间较小，对企业长期盈利能力有重要影响差异

3. 标准成本法本质上是一种(　　)

A. 成本核算方法　　B. 成本分析方法

C. 成本控制方法　　D. 成本决策方法

4. (　　)是以现有生产经营条件处于最优状态为基础确定的最低水平的成本。

A．理想标准成本　　B．正常标准成本

C．现行标准成本　　D．基本标准成本

5. 基于价格的目标成本法最适用于(　　)

A. 交易型供应链关系　　B. 契约型供应链关系

C. 紧密型供应链关系　　D. 一体化型供应链关系

三、思考题

1. 什么是物流成本控制？物流成本控制包括哪些内容？

2. 物流成本控制应该遵循哪些基本原则？

3. 简述物流成本控制的基本程序。

4. 现代物流成本控制应树立哪些意识？

5. 采用标准成本系统有哪些优点？

6. 实施标准成本系统一般有哪些步骤？

7. 目标成本法与传统成本管理方法相比有哪些不同？

8. 目标成本的分解方法有哪几种？

9. 物流成本的综合控制应该从哪些方面着手进行？

四、练习巩固题

1. 宏远公司某项物流服务其标准成本卡资料

成本项目		用量标准	标准价格	单位标准成本
直接材料	A	4千克	50元	200元
	B	5千克	12元	60元
	C	8千克	20元	160元
	小计	—	—	420元
直接人工		1.5小时	10.5元	15.75元
变动制造费用		1.5小时	2.6元	3.9元
固定制造费用		1.5小时	10元	15元
单位标准成本				454.65元

假定宏远公司本月计划提供该项服务6000单位，领用A种材料32000公斤，其实际价格主为每公斤40元；实际用工10000小时，实际应付直接工人工资110000元；实际发生变动制造费用40000元；计划服务量为10400单位，实际固定制造费用190000元。请分别计算：

该项服务A材料的成本差异；

该项服务直接人工成本差异；

该项服务变动制造费用差异；

该项服务固定制造费用差异。

2. 某物流服务项目预计单位服务售价为2000元，单位服务目标利润为300元，该项服务流转税(包括营业税、城建税和教育费附加)税率为10%，试用倒扣测算法计算该项服务目标成本。

◆——第5章　企业物流成本管理

●本章学习目标与要求

★引导案例

★章节内容

企业物流成本管理概述

工业企业物流成本管理

商业企业物流成本管理

★阅读资料

海尔集团物流信息系统

美国企业利用第三方采购得到的好处

大幅度降低采购成本的绝佳途径

★案例

联盟:中小物流企业又一生存之道

惠普供应商协同解决方案，电子化采购

雅芳如何压缩成本

★本章小结

★学习目标

1. 了解企业物流成本管理概述。
2. 懂得企业成本管理的基本思路及要点。
3. 掌握企业采购成本、生产控制的方法。
4. 掌握物料流转成本管理和企业物流成本管理的方法。

---

*

科龙:实施物流变革,降低物流费用

从2003年开始,通过一年的努力,科龙集团的物流变革取得了丰硕的成果,为集团的扭亏为盈做出了重要贡献。科龙的物流变革充分考虑了自己产品系列多(涉及空调、冰箱、冷柜、小家电等多种系列)、生产基地分布广(遍及顺德、成都、营口、南昌、扬州、杭州、吉林等地区)、销售网络遍布全国各地所造成的物流管理难度大的特点,主要进行了以下一些变革:

与中远集团、小天鹅集团共同投资成立第三方物流企业——安泰达公司、通过集成三家企业的物流规模,降低物流费用。

由集团统一规划空调、冰箱、冷柜、小家电等产品系列的仓储、运输业务、实行集中仓储、集中发送。集中发运后,以前40%靠零担高价运输的冷柜产品,通过与空调、冰箱等联合实施整车发送,零担运输的比例下降到10%,单台价格在原来的基础上降低了70% -80%。

改进运输及配送工作。强调门对门运输,加大从工厂到用户的直送比例,一次配送到位,减少不合理的周转。

在传统物流费用管理的基础上,推进综合费用管理,除了运输、仓储、装卸、保险等费用管理外,还引入了存货保有费用、反向物流费用、质量成本控制。

对于运输、仓储费用,由公司财务部进行招标,在能力和服务满足要求的基础上,价格低者中标,使得运输、仓储费用控制在适宜的目标值上。

强化库存管理,通过区分 ABC 类产品平衡产销关系,使库存数量及结构得到明显改善。同时,对产品的库龄进行统计汇总,确保先进先出原则的实现。

完善信息系统,对客户订货实施从订单下达到发运调度、在途运输、到货确认、回单返回、质量信息等的全程跟踪。

5.1 企业物流成本管理概述

5.1.1 物流企业

什么样的企业才是物流企业?国家标准《物流企业分类与评估指标》指出,物流企业是“至少从事运输(含运输代理、货物快递)或仓储一种经营业务,并能够按照客户物流需求对运输、储存、装卸、包装、流通加工、配送等基本功能进行组织和管理,具有与自身业务相适应的信息管理系统,实行独立核算、独立承担民事责任的经济组织。”将物流企业划分为:运输型物流企业、仓储型物流企业、综合服务型物流企业。

1. 运输型物流企业

运输型物流企业应同时符合以下要求:

①以从事货物运输业务为主,包括货物快递服务或运输代理服务,具备一定规模;

②可以提供门到门运输、门到站运输、站到门运输、站到站运输服务和其他物流服务;

③企业自有一定数量的运输设备;

④具备网络化信息服务功能,应用信息系统可对运输货场进行状态查询、监控。

2. 仓储型物流企业

仓储型物流企业应同时符合以下要求:

①以从事仓储业务为主,为客户提供货物储存、保管、中转等仓储服务,具备一定规模;

②企业能为客户提供配送服务以及商品经销、流通加工等其他服务;

③企业自有一定规模的仓储设施、设备,自有或租用必要的货运车辆;

④具备网络化信息服务功能,应用信息系统可对货物进行状态查询、监控。

3. 综合服务型物流企业

综合服务型物流企业应同时符合以下要求：

①从事多种物流服务业务，可以为客户提供运输、货运代理、仓储、配送等多种物流服务，具备一定规模；

②根据客户的需求，为客户制定整合物流资源的运作方案，为客户提供契约性的综合物流服务；

③按照业务要求，企业自有或租用必要的运输设备、仓储设施及设备；

④企业具有一定运营范围的货物集散、分拨网络；

⑤企业配置专门的机构和人员，建立完备的客户服务体系，能及时、有效地提供客户服务；

⑥具备网络化信息服务功能，应用信息系统可对物流服务全过程进行状态查询和监控。

5.1.2 工商企业的物流活动

1. 物流活动

物流活动包括运输、储存、装卸、搬运、包装、流通加工、配送、信息处理等基本活动以及将它们根据实际需要进行有机结合的活动。工业企业以产品生产为主要活动，商业企业以商品交易为主要活动，按照国家标准《物流企业分类与评估指标》，工商企业不属于物流企业，但是工商企业在生产经营中，从事了大量的物流活动。

2. 工业企业的物流活动

工业企业物流活动分为供应物流、生产物流、销售物流及废弃物流。

①供应物流：指原材料和零部件的采购、进货运输、仓储、库存管理、用料管理和供应管理。

②生产物流：指原材料、零部件、半成品等物料在工厂内部供应库与车间、车间与车间、工序与工序、车间与成品库之间的空间移动和流动存储的整个过程。

③销售物流：指成品的销售过程中的物流活动。具体指成品从下生产线开始，经过包装、装卸搬运、储存、流通加工、运输、配送，一直到最后送到用户手中的整个过程。

④回收物流：指对生产、储存、销售中产生的还有再利用价值的边角料、残废品、排放物等，进行分拣、加工、分解、净化，使其成为有用物品或转化为能量。

⑤废弃物流：指对生产、储存、销售中产生的无利用价值的物品，进行焚毁、化学处理、运到指定地点堆放、掩埋。

3. 商业企业的物流活动

商业企业物流活动具体包括商品采购物流、企业内部物流、企业销售物流和退货物流。

①采购物流：指商品从生产者或供应商转移到购买商的过程，包括进货运输、入库验收。

②商业企业内部物流：指商品从

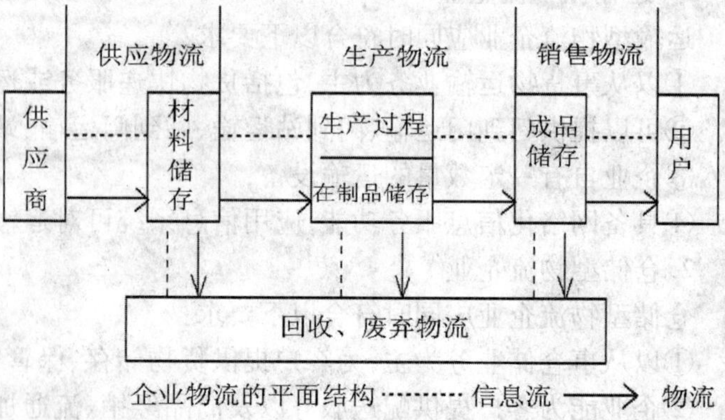

图 5－1

进入到离开企业的整个物流过程。

商业批发企业的内部物流主要有储存保管、加工包装、编配、内部调拨运输、物流情报等;零售企业的内部物流主要是检验、暂时保管、分类、上柜等;商业配送中心的内部物流包括分类、包装、保管、流通加工、信息处理、配货、送货等内容。

③商业企业的销售物流

商业企业的销售物流活动包括通过零售、批发以及配送将商品发送到消费者或购货单位手中。

成本话语

区分物流企业和从事物流活动的企业。

④商业企业的退货物流

商业企业的退货物流包括在采购商品入库验收时发现商品不合格,以及在商品销售后客户发现所购商品有质量问题时所发生的退货。

案例5-1:联盟:中小物流企业又一生存之道

"2006年对深圳物流行业来说是至关重要的一年。物流业在这一年既面临前所未有的挑战,也面临着史无前例的机遇。面对挑战和机遇,不少大型国有跨国物流企业集团已经形成了集团内部的供应链管理系统。广大中小物流企业要通过建立联盟,才能使物流企业实施供应链管理,实现以较小的投入获得较大的产出,提高企业的市场竞争力,才能同国外巨鳄共同'分食'中国市场的这块'蛋糕'"。中国物流专家、北京大学教授汝宜纪提出了如此建议。

在我国小型物流企业数量多且增长速度快。有数字显示,2001年我国各种物流企业1000多家,而2003年我国物流企业数量已达到上万家,到2005年底,我国在册物流企业数已达到了73万家。其中,中小物流企业约占物流企业总数的90%。虽说中小物流企业拥有顺应市场和企业转型速度快的优势,但它们与大型物流企业相比仍存在不小差距。首先,中小物流企业势单力薄,为争夺市场,很多中小物流企业只能靠单纯降价的手段维持生存,陷入恶性循环。其次,资金匮乏一直是制约中小物流企业发展的"瓶颈"。中小物流企业的银行贷款常常因企业信用等级企业资质等问题而得不到银行的及时支持。再次,许多中小物流企业普遍缺乏明确的发展战略,即使有一定的战略规划,也没有执行或者执行效果不佳。第四,信息化水平偏低,技术设施落后直接制约着中小物流企业的发展。

而随着"禁令"的取消,荷兰天地(TNT)买下了华宇,联邦快递买下了大田,美国物流巨头普洛斯也看准了中国这个被世界认为潜能最大的市场,"外患"成为中小物流企业的一块"心病"。

目前,一些中小物流企业也在纷纷调整策略,市场上已经出现中小物流企业的企业联盟来暂时化解危机,建设中小物流企业联盟,可以整合若干中小企业的物流服务优势资源,以联盟整体名义进行市场竞争,提高各中小物流企业的市场竞争能力。

从资金筹措方面,企业可以以联盟整体名义向银行贷款,不但使各中小物流企业相应提高企业资质等级,也使银行减低了贷款风险,从根本上解决中小物流企业发展的资金问题。

一般来说,中小物流企业需要通过改善物流技术设施,提高物流服务水平,但常因新设施的投入产生问题而搁浅。通过联盟,企业可使少数企业购置的先进物流技术设施发挥规模效应,实现联盟整体的特色服务跨区域服务。

从经营管理方面来说，联盟可发挥联盟的各企业的优势，规避一定的经营风险，提供让消费者更安心、更安全的物流服务，可通过联盟的规模经营，实现效率化服务，降低单位物流服务成本。

5.1.3 物流一体化

1. 物流一体化

所谓物流一体化，就是以物流系统为核心的由生产企业，经由物流企业、销售企业直至消费者供应链的整体化和系统化，它是指物流业发展的高级和成熟阶段。物流业高度发达，物流系统完善，物流业成为社会生产链系的领导者和协调者，能够为社会提供全方位的物流服务。其目标是应用系统科学的方法充分考虑整个物流过程和影响此过程的各种环境因素，对商品的实物活动过程进行整体规划和控制，实现整个系统的最优化。

物流一体化，从生产和流通的全过程出发，企业物流并不局限于单一企业，而是包括跨越整个供应链的全部物流。

物流一体化发展可进一步分为三个层次：物流自身一体化、微观物流一体化和宏观物流一体化。(1)物流自身一体化是指物流系统的观念逐渐确立，运输、仓储和其他物流要素趋向完备，子系统协调运作，系统化发展。(2)微观物流一体化是指市场主体企业将物流提高到企业战略的地位，并且出现了以物流战略作为纽带的企业联盟。(3)宏观物流一体化是指物流业占到国民总产值的一定比例，处于社会经济生活的主导地位，它使跨国公司从内部只能专业化和国际分工程度的提高中获得规模经济效益。

2. 供应链管理与纵向一体化

供应链管理(Supply Chain Management SCM)是从系统合作的观点出发，对供应链中的物流，信息流和资金流进行设计，规划和控制，以最大限度地减少供应链中各成员的内耗和浪费，通过整体最优来提高全体成员的竞争力，实现全体成员共赢。供应链管理是强调企业之间以合作关系代替对抗，通过在企业之间重新进行资金整合，协调运作，以提高所有协作企业的整体竞争力。供应链管理本质上是一种纵向限制，上下游企业之间通过签订具有约束力的协议，以确保其交易关系的稳定，降低交易费用，供应链上的节点企业在产权上处于独立的地位，不涉及企业之间的产权交易。

5.1.4 企业物流成本管理的基本思路

企业物流管理就是企业的物流管理职能，物流管理就是对原材料、半成品、成品以及相关信息从产地到消费地高效率、低成本流动和储存而进行的规划、组织、协调与控制过程的管理。企业物流管理的核心内容主要包括采购、库存管理(包括仓储、库存控制和仓库管理)、配送和物流战略管理等等。

1. 流通领域物流成本降低

物流成本的降低关系到整个流通领域资源的配置是否合理，要使物流成本降低，就要有合理的物流管理相结合，而物流管理是指为了满足消费者需要，而进行的对原材料，在制品，制成品等材料在企业内外流动的全过程所进行的计划、组织、协调与控制等工作。

物流全过程包括包装、装卸、运输、仓储、配送、流通加工和物流信息处理等环节过程，物流成本的降低需要做到：恰当的产品、恰当的数量、恰当的条件、恰当的地点、恰当的时间、恰当的顾客和恰当的成本,这7个恰当便是物流管理的方向。

一般来说,通过对各种要素管理可以使成本降低:

⑴对物流活动各种关系管理,包括对物料包装、运输、储存、装卸环节管理。

⑵对物流系统各种要素的管理,包括对涉及的人、财、物、信息、技术等管理。

⑶对物流活动具体职能的管理,主要包括对物流战略、物流计划、物流组织及物流管理过程中的质量管理、信息管理、技术管理、财务管理、运营管理、作业管理。

2. 通过建立供应链降低物流成本

现代企业的竞争,不仅仅是产品和服务的竞争,它已扩展到企业的整个供应链之间的较量。企业供应链中的有关各方如信息情报中介商,供应商,制造工厂,分销商,客户等各环节的资源能够合理安排和有效利用,该供应链就具有较强的竞争能力。处于供应链上的各节点企业的成本也会随着供应链成本优化而降低。

目前许多国际先进的商业组织正采取更严格的行为来控制整个需求链,要求仓库和物流调配系统能带给他们"更多的"和"更少的"。

"更多的"是指增强了客户服务,企业在充分利用了有更多用户化设置的更精确的订单的基础上,加快了企业对市场的反应灵敏度。

"更少的"当然是指成本,它的降低可以通过减少不必要的库存和流转时间,提高生产能力和数量以及优化分配流程方面来实现。

从表面上看,"更多的"和"更少的"是一对矛盾。但事实上,做的许多工作能为客户提供更好的服务并且同时降低了把产品从生产地运送到最终客户手中的成本。

戴尔电脑的成功在很大程度上就归功于优化需求链管理。据介绍,戴尔电脑的订单处理是将采购、生产、物流紧密结合在一起,充分利用第三方物流;把供应物流,生产物流与销售物流融合为一体,因此,在戴尔公司的生产厂,总库存只相当于11天的销售量。

3. 通过建立信息系统降低物流成本

现代物流趋向于商流和信息流一体化的趋势,通过构建现代物流中心或信息处理中心,这一全新的现代物流体系,使商流、物流和信息流在物流信息系统的支持下实现互动,从而能提供准确和及时的物流服务。物流信息系统的引进和完善有效地为物流企业解决了单点管理和网络化业务之间的矛盾,成本和客户服务质量之间的矛盾,在有限的静态资源和动态市场之间的矛盾,现在和未来预测之间的矛盾。它通过直接切入物流企业的业务流程来实现对物流企业各生产要素进行合理组合与高效利用,降低经营成本,直接产生明显的经营效益。

资料5-1:海尔集团物流信息系统

海尔集团每个月平均接到6000多个销售定单,产品品种约7000多种,需要采购的物件品种有15万多种。经过海尔物流信息系统的整合,在如此复杂的情况下将呆滞物资降低了73.8%,仓库面积减少50%,库存资金减少67%。

在物流信息系统的支持下,海尔物流通过三个准时生产制(JIT:Just in Time,即JIT采购,JIT配送和JIT分拨物流)实现同步流程,海尔集团100%的采购订单从网上下达,使采购周期由原来的平均10天降为3天。

4. 通过优化配送降低物流成本

配送是按用户的订货要求,在物流据点进行分货,配货工作,并将配好之货送交收货人的活动。它是流通加工、整理、拣选、分类、配货、装配、运送等一系列活动的集合。通过配送,才能最终使物流活动得以实现，而且，配送活动增加了产品价值，还有助于提高企业的竞争力，但完成配送活动是需要付出代价的，即需配送成本。对配送的管理就是在配送的目标即满足一定的顾客服务水平与配送成本之间寻求平衡：在一定的配送成本下，尽量提高顾客服务水平，或在一定的顾客服务水平下使配送成本最小。

5.1.5 企业物流成本管理的要点

> **成本话语**
>
> 工作有侧重，物流成本管理要抓住要点。

企业在进行物流成本管理时，首先要明确管理目的，有的放矢。一般情况下，企业物流成本管理的要点有以下几个方面：

(1)通过掌握物流成本现状，发现企业物流中存在的主要问题。

(2)对于各个物流相关部门进行比较和评价。

(3)依据物流成本计算结果，制订物流规划，确立物流管理战略。

(4)通过物流成本管理，发现降低物流成本环节，强化总体物流管理。

(5)关注总成本。把企业作为一个系统，物流只是一个子系统，成本管理必须选择总成本的优化，而不能单独追求物流成本的降低。

(6)放弃管理全部物流成本，重点控制物流领域的成本发生源。

(7)按照管理权限的归属，设立物流管理部门的企业，对部门的业务活动范畴进行成本管理。

5.2 工业企业物流成本管理

5.2.1 采购成本控制

一般认为，采购费用约占销售收入的40% -60%，采购成本企业整个成本构成当中占有很大比重，降低采购成本，成为企业物流成本管理的关键点之一。

采购成本，通过规范企业的采购行为，实施科学决策和有效控制，以质量、价格、技术和服务为依据，在需要的时候，按需要的数量采购需要的物资，杜绝采购中的高价格和一切浪费。

1. 采购成本的控制定性分析

(1)优化产品设计和用料

①对产品构成的进行价值分析，在保证质量的前提下，简化产品设计，使用替代性材料和相应的生产程序。

②为便利采购而设计，使用标准化零件。既降低采购成本，同时也降低生产成本。

③进口部件国产化。很多企业需要从国外进口部分部件，成本很高。我国目前生产资料的价格较低，品种也丰富，在国内采购这些部件，可降低部件价格，节省运费、关税等费用。

(2)选择合适自己公司发展的供应商

①加强与供应商的关系，从一般的供应商，到伙伴供应商，进而结为联盟供应商。

②第三方采购是企业将产品或服务采购外包给第三方公司。很多事实表明，与企业自己

进行采购相比,第三方采购往往可以提供更多的价值和购买经验,可以帮助企业更专注核心竞争力,企业选择第三方物流企业可以降低物流采购费用,提高物流服务水平。

(3)采用适当的采购方式

①集中采购使采购规模优势更大

由于通货膨胀,考虑如何控制采购成本,很容易想到的解决之道是采取集中采购,集中采购的优点在由于采购产品种类减少,批量大,数量多可以实现“大订单,大客户,大市场,大资源”,海尔集团通过对钢板、化工物料、电子零部件等大宗原材料实行集中采购,就为公司节省达到了20% -30%。为了做到集中采购,采购部门和产品设计部门通力合作,对空调、洗衣机、电冰箱等产品所用到的电缆进行统一重新设计,能够标准化,能采用通用部件的尽量采用通用部件,仅此一项改进,就使得海尔集团在电缆采购上节约了20%的成本。

②需求量较少的中小企业联合采购

由于集中采购,基本上是大企业把采购上的规模优势更大化的手段,因此对于中小企业来说,在采购价格问题上小企业处于很被动的地位,但这并不意味着众多中小企业在控制采购成本上无路可走。在有些情况下,中小企业其可以考虑组织或加入采购联盟。中小企业在原材料采购上联合起来,就可以增加防范风险的能力。多家企业联合采购,集中小订单成大订单,增强集体的谈判实力,获取采购规模优势。联合采购的对象是原材料生产企业,这样就可以摆脱代理商的转手成本,通过直接与制造商交易,减少中间层次,大大降低流通成本和保障产品质量。

③招标竞价,就是组织供应商进行招标,以期获得较低的采购价格。

④电子采购。在因特网技术,合作的需要和企业竞争日益激烈的情况下,电子采购出现在目前物流流行业中,电子采购通过EDI(电子数据交换),POS(Point of Sale)系统,条形码技术等物流信息系统的建立而使操作过程减化而使采购成本降低。

成本话语

工作有侧重,物流成本管理要抓住要点。

(4)采购谈判

采购谈判是买卖双方为了各自目标,达成彼此认同的协议过程。与供应商谈成合理的交易条件,如价格折扣、付款期优惠、交货地点时间方便等,以降低采购材料成本和运杂费用。

(5)在采购前进行价格分析,比较分析各供应商报价、比较目录或市场价格、比较过去的采购价格记录、比较类似产品采购的价格。

(6)加强采购员队伍的管理,建立采购人员的绩效评估奖惩制度,杜绝采购漏洞。

资料5－2：美国企业利用第三方采购得到的好处

表5－1

好处	1995年	1996年
降低物流费用	38	57
集中致力于核心业务	7	50
物流效率化	11	48
专门技术的改善，市场认识提高	5	39
取得数据	24	37
提高顾客服务水平	9	15
其他	－	15

案例5－2：惠普供应商协同解决方案，电子化采购

2007年惠普的情况是500强排第9名，每年的营业额接近800亿美元，每个季度有多于10亿美元的现金流，研发费用大概有40亿美元。2001年的时候惠普在中国的采购量已经达到30亿美元，惠普在中国赚的钱还没有在中国买东西的钱多。所以，作为这样一个大型的跨国公司，有这么大采购容量的公司，惠普是怎么样来处理惠普的采购问题和采购战略的呢？

在物料采购成本、库存成本方面，这部分成本的降低能够直接反映到企业的利润率上去。

这个系统由以下四个主要的方面组成，当然这四个是从高层的层面来看，里面都有很多复杂的内容：第一个是订单和预测协同，从惠普电子化采购这方面就开始强调预测和协同，利用Internet的功能，来做网上的订单处理和预测的处理；第二个是库存协同；第三个是拍卖，就是用电子采购、电子拍卖、电子买、电子卖，这是惠普自有的电子化交易市场；第四个是物料资源的寻找、获取、选择、决定的系统。

在2002年当年，就节省了采购和物料成本大概是1亿多美元，怎么能节省这些钱呢？主要是来自于这几个方面，一个是物料的获取方面，平均节省10%，最多能到40%，这是从物料获取；另外就是剩余库存的收回方面，剩余库存对协作很重要的一方面，剩余库存对效益提高了三倍，没有这个系统大家随便处理，每个部门都有不同的处理办法，有这个系统大家可以统一的来处理。那么再一个就是非标准化，那么在运营效率方面大概增加了30%～40%，物料采购周期减少了一半，这个时间就是金钱，节省了5天。然后是加速库存的周转，从原来每年平均的周转11次提高到24次。

2. 采购成本控制定量分析

订货数量确定——经济批量模型

由于采购数量过大会使库存成本上升，而采购数量小又会增加采购次数，增加费用；在这种情况下，通过平衡采购进货成本与保管仓储成本，确定一个最优订购数量以寻找最低总库存成本的方法。

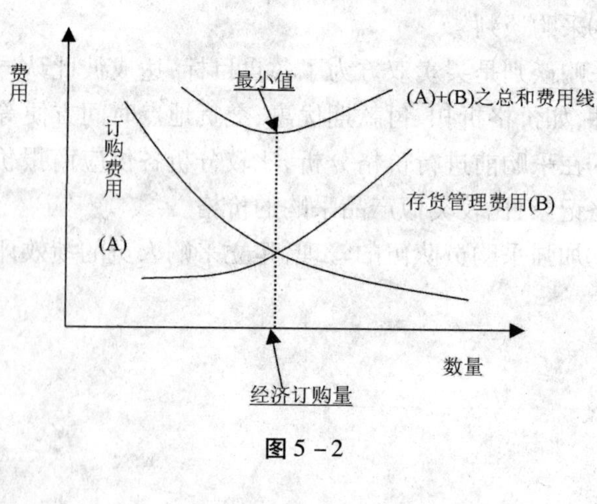

图5－2

如果用Ct示总的费用,Q表示采购总量,q表示每次采购的数量,C1表示单位物品的仓储费用,C2为每次采购所发生的差旅及其他相关费用。

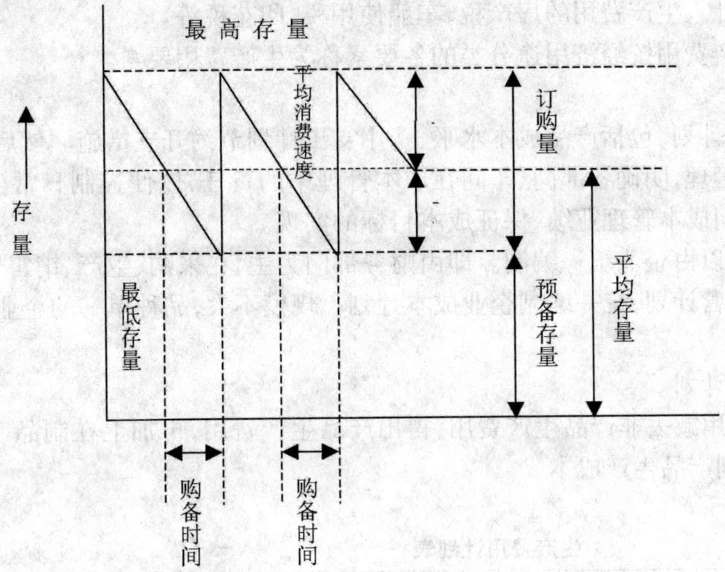

定量采购法

图5-3

则仓储费用为 $q/2 \times C_1$,采购费用为 $C_2 \times Q/q$

根据导数原理使 C_T 为最小的q为 $dc_T/d_q = 0$

即 $C_1/2 - C_2 \times Q/q^2 = 0$

$$\rightarrow q = \sqrt{\frac{2 \times C_2 \times Q}{C_1}}$$

$$所以,经济订购批量 = \sqrt{\frac{2 \times 年采购量 \times 每次采购费用}{单位商品的年仓储费用}}$$

5.2.2 生产过程成本控制

生产费用指企业在一定时期内发生的全部耗费的总和。生产费用绝大部分是用于产品生产的,计入产品成本费用中还有一部分不用于产品生产的,不计入产品成本。

1.生产费用分类

生产费用按经济内容分类首先可以分为劳动对象方面的费用,劳动手段方面的费用和活劳动方面的费用。前两者为物质消耗,后者为非物质消耗。

①外购材料:企业为进行生产而耗用的一切由外部购入的原材料及主要材料半成品,辅助材料,包装物等。

②外购燃料:企业为进行生产而耗用的一切外部购入的各种燃料。

③外购动力:企业为进行生产而耗用的一切由外部购入的各种动力。

④工资:企业应计入生产费用的职工工资。

⑤提取的职工福利费、工会经费、教育费附加等。

⑥折旧费：企业根据规定的固定资产折旧率计提的折旧费用。

⑦利息支出：企业为筹集生产经营资金而发生的利息支出。

⑧税金：应计入生产费用的房产税、车船使用税、印花税等。

⑨其他：生产费用按经济用途分类的各要素称为生产费用要素。

2. 成本计划

编制的成本计划，包括产品成本水平、费用支出计划节约开支措施。然后将计划指标进行分解，分级归口管理，明确各部门、车间在成本管理中的责任，以便控制日常生产耗费，并据此考核各部门、车间成本管理业绩，保证成本目标的实现。

成本计划可以由企业统一编制。即由财务部门为主，在采购、生产、销售等各部门配合下，根据企业生产经营计划，统一编制企业成本计划。规模不大，品种单一的企业可以统一编制成本计划。

(1)生产费用计划

全部生产费用减去非产品生产费用，得出产品生产费用，再加上在制品、自制半成品期末期初余额，即得到产品生产成本。

表 5－2　　生产费用计划表　　××年度

生产费用要素	计划数（万元）
外购材料	30.50
外购燃料	50.00
外购动力	40.00
工资	50.20
提取的职工福利费	40.30
折旧费	7.00
税金	13.50
其他支出	7.00
生产费用合计	208.50
减：非产品生产费用	68.5
产品生产费用	110.00
加：在产品、自制半成品期初余额	15.30
减：在产品、自制半成品期末余额	16.40
产品生产成本	168.9

产品生产费用＝全部生产费用－非产品生产费用

产品生产成本＝

产品生产费用＋期初在产品、自制半成品－期末在产品、自制半成品

$$单位产品生产成本=\frac{产品生产成本}{产品生产产量}$$

3. 成本控制与考核

成本控制的主要内容是进行成本分级归口管理。成本分级归口管理是指企业各级单位、各个部门分别进行相关成本控制，明确成本管理中责任制度的一种管理方法。成本分级管理要求明确企业总部、车间、班组各级成本控制责任范围，正确处理上下关系，成本归口管理要求明确财务部门与各职能科室成本控制责任范围，正确处理左右关系。

在生产企业当中，按照成本预测，制订成本计划，并据此进行成本控制，试图使成本达到预定目标。但由于种种原因，实际成本往往会与目标不符，因而需要成本分析和考核，即通过实际成本与标准成本或预算之间的差异分析考核各级单位、部门成本管理业绩。

成本差异又可以分为数量差异和价格差异两个因素，其关系如下：

成本差异 = 实际成本 - 标准成本

= 实际数量 × 实际价格 - 标准数量 × 标准价格

= 实际数量 × 实际价格 - 实际数量 × 标准价格 + 实际数量 × 标准价格 - 标准数量 × 标准价格

= 实际数量 ×（实际价格 - 标准价格）+（实际数量 - 标准数量）× 标准价格

= 价格差异 + 数量差异

(1)材料成本控制与考核

这里的材料成本是指构成产品成本的直接材料部分。直接材料又分为价格和数量两个影响因素：

①首先要分品种制订材料标准成本

材料标准成本 = 材料标准消耗量 × 标准价格

②材料成本差异

材料成本差异

= 材料实际消耗量 × 材料实际价格 - 材料标准消耗量 × 材料标准价格

= 实际用量 ×（实际价格 - 标准价格）+（实际用量 - 标准用量）× 标准价格

= 材料价格差异 + 材料用量差异

③差异原因

材料价格差异可能是由于材料市场价格变动、运输安排不当、丧失折扣、未按经济订货量办理或由于计划不周紧急进货造成价格上升等原因造成的，应在分析具体原因的基础上，加以改进和控制，保证目标的实现。

材料用量差异可能是由于材料质量差造成废品过多或由于工人技术不过关，操作不熟练造成超标准用料，也可能是由于技术进步节约原材料等原因造成的，应在分析具体原因的基础上，克服不利影响，尽可能降低材料用量。

(2)人工成本控制与考核

这里的人工成本是指构成产品成本的直接人工。也分成价格和数量两个因素。价格指小时工资率，即每小时支付的工资额；数量指人工工时或称人工效率。

①制订人工标准成本

人工标准成本 = 工时标准 × 工资率标准

②人工成本差异

人工成本差异

=实际工时×实际工资率-标准工时×标准工资率

=实际工时×(实际工资率-标准工资率)+(实际工时-标准工时)×标准工资率

=工资率差异+效率差异

③差异原因

工资率差异可能产生于紧急性生产增发工资,工资水平提高原标准未修改,或因生产调度不当,工人水平与工作水平不相配等原因造成的;

效率差异可能产生于工人技术不熟练,材料质量差,技术落后,生产安排不当等原因。

因此应具体分析差异产生原因,并对人工成本加以控制,保证目标成本的实现。

5.2.3 物料流转成本管理

1. 物料需求管理

物料的定义:为了产品销售,所有需要列入计划、控制库存、控制成本的一切物的统称 它的范围包括原材料、配方成分、配套件、标准件、毛坯、副产品、在制品产成品、或某些能源。

物料需求计划(Material Requirement Planning,简称 MRP)是一种以计算机为基础的生产计划与库存系统,它是解决相关需求库存问题的一个有力工具。具体来讲,它是依据市场需求预测和顾客订单制定产品生产计划,并基于产品生产进度计划,组成产品的材料结构表和库存状况,通过计算机算出所需物料的需求量和需求时间,从而确定物料的加工进度和订货日程的一种实用技术。物料需求计划的目的是在合理利用,组织资源,保持生产流通畅通的前提下维持最低的库存水平。

MRP 系统以计划产量为基础,着眼于适应计划的生产需求,其订货量可变,检查期固定或可变,适用于生产最终产品的材料和零部件等物品。MRP 系统管理的相关物品需求被最终产品耗用,故它们的库存量取决于最终产品的需求量。

2. 物料的管理特性

①物料的相关性。任何物料总是由于有某种需求而存在;没有需求的物料就没有存在的必要。

②物料的流动性。既然有需求,物料总是不断从供应方向需求方流动;物料的相关性决定了物料的流动性。

成本话语

物料管理是企业物流成本管理中不可忽视的内容。

③物料是有价值的。一方面它占用资金,为了加速资金周转,就要加快物料流动;另一方面,在物料形态变化和流动的过程中,要用创新竞争(不仅是削价竞争),提高物料的技术含量和附加值,用最小的成本、最短的周期、最优的服务,向客户提供最满意的价值并为企业自身带来相应的利润。这也是增值链含义之所在。

5.3 商业企业物流成本管理

5.3.1 采购成本管理

采购成本管理是基于对物资的采购,把采购成本的控制融合到绩效目标,衡量指针,目标值和行动计划中去,减少采购环节的成本。

对企业成本管理而言,有利于企业降低成本的几个关键因素是:供货商品质量,交货及时率、下单到交货的周期、成交价格、批量折扣、能满足需求的服务,以及其他反映供货商表现的方面。这些信息用来制定供货商评估的标准,制定这种标准,既可以更好地满足客户需求,又将涉及到采购人员评估价标准的制定。

具体的措施是:

①核价:对采购的任何物料,在采购前了解其价格构成。

②选择合适自己公司发展的供应商。

③批量采购的重要性,批量愈大,所摊销的费用愈低。

④建立企业采购信誉。

⑤建立供应商评分制度。

⑥建立采购人员的绩效评估制度。

⑦有效的控制采购库存。

资料5-3:大幅度降低采购成本的绝佳途径

美国密歇根州立大学一项全球范围内的采购与供应链研究结果表明:在所有的降低采购成本的方式当中,供应商参与产品开发最具潜力,成本的降低可达42%,利用供应商的技术与工艺则可降低成本40%,利用供应商开展即时生产可降低成本20%,供应商改进质量可降低成本14%,而通过改进采购过程以及价格谈判等仅可达到11%。

欧洲某专业机构的另一项调查也得出类似结果:在采购过程中通过价格谈判降低成本的幅度一般在3%~5%,通过采购市场调研比较、优化供应商平均可降低成本3%~10%,通过发展伙伴型供应商并对供应商进行综合改进可降低成本10%~25%,而供应商早期参与产品开发成本降低可达10%~50%。由此可见,降低采购成本的最高境界是“上游”采购,亦即在产品开发过程中充分有效地利用供应商。

5.3.2 库存成本管理

1. 库存成本管理

库存成本管理的内容是根据市场的需求和企业的经营战略及目标,决定企业各类物品的库存数量、采购时间和采购数量,使库存成本合理化。

库存成本包括存货成本、取得成本、储存成本和缺货成本等。

①存货成本

指从订购、入库、存储到出库整个过程中所发生的费用总和,另外还包括因缺货而造成的经济损失。研究存货成本的构成,寻找达到最低存货成本的采购数量和控制方法,是库存控制的中心研究内容。

②取得成本

包括采购成本和购入成本。采购成本指采购货物过程中所发生的费用,包括订购手续费、差旅费、跟踪摧货费(如跟踪、催促采购货物的通讯费)、验收入库费、人员工资等。每次采购的费用称为订购费率,与订购数量基本无关。购入成本指获得货物的所有权或者使用权而发生的支付,指货物本身的成本,又称为购置成本或货物成本,包括进价、装卸运输费和途中损耗等。

③储存成本

指货物从入库到出库期间发生的成本。包括存货占用资金应支付的利息,保险费、保管费、存货损耗费。其中保管费包括仓储设备运行费、设备折旧费、维修费、人员工资、其他日常管理费用。损耗费包括有形损耗费和无形损耗费。

④缺货成本

指因存货供应中断而使生产销售上不能满足需求所造成的经济上的损失。其中原材料短缺造成的损失包括停工待料费、调整生产的损失费、弥补产品供应短缺所发生的加班加点费等。成品供应短缺造成的损失有产品脱销损失的利润、延误交货期支付的罚金及因此而产生的名誉损失等。

2. 库存管理中的"零库存"问题

企业库存过多会造成资金占用过多,降低资金的周转速度,增大企业财务成本,而且库存需要人手和地方,会占用更多的人力和物质资源。库存物品过多,还会导致更换新材料变的困难。由于自然方面的不利因素,某些库存物品本身会出现腐败、变质、损耗等许多问题。但是,存货过少又会带来另外一些问题。比如,断货会影响生产和销售,使企业失去商机。而且,存货量过少,势必增大订货频率,增加采购费用。因此,要保持合适的存货量绝非易事。

零库存的一种典型方式是同期化方式。这种方式是配合生产的需要,将各种零件及外购件及时送到,而不设立仓库,没有仓储过程。要实施这种制度,供应货物的企业一定要有品质保证制度,对所交货物不需要进行检验,而且,在交货方面要 定日定时,不得有误。如果一个企业保持能做到库存的为零而不影响正常的生产和销售,那时再好不过的事情。但是,零库存的难度也不言而喻。

一般来说,零库存方法适合于进行大量生产的汽车企业、家电企业、机械制造企业等,这些适用对象的特点是产品大量和重复生产。对于商业企业,由于其经营商品的种类、品种繁多,需求的时间差异长、地域差异广、规格差异大,需要较大的保险库存,难以像生产企业那样实行零库存,但可以实现低库存。

5.3.3 销售成本管理

销售是实现企业市场价值最大化的有效途径。在市场竞争日益激烈的环境下,如何扩大企业的产品销售,提高企业的销售力,对销售人员来说是十分重要的,它直接决定着企业在市场竞争中的命运。

销售成本是指企业由产品最初所有者到最终所有者的营销过程中花费的代价,是企业利润的必要投入。包括信息成本、设计成本、谈判成本、契约成本、运营成本、物流成本、税收成本、协作成本等。一般而言,企业发生的耗费是为了获得收益,销售工作对企业流动资金运营效率的影响主要体现在存货流转,应收款的回笼方面。另外,因营销业务而产生的应付账款的合理支付也对流动资本运营效率有一定的影响。这些影响最后都集中反映到对企业的成本和利润的影响上,而且以财务费用或利息、坏账、仓储费用、存货报废以及仓库管理费用等形式表现。

存货流转速度越快,存货的占用水平越低,存货转换为现金或应收账款的速度越快。存货的流转速度依赖于企业的销售能力。而应收账款的管理是目前大多企业感到比较困难的,有些企业没有有效管理措施,致使应收账款大量沉积下来,给企业经营背上了沉重的包袱。因此,销售管理者要重视并加强企业应收账款的管理。为此可以从以下几个方面采取措施:

将应收账款纳入考核体系,建立健全企业内部监控制度。针对应收账款在赊销业务中的每一环节,健全应收账款的内部控制制度,努力形成一整套规范化的对应收账款的事前控制、事中控制、事后控制程序。

改进内部核算办法。针对不同的销售业务,如公司与购货经销商直接的销售业务,办事处及销售网点的销售业务等,分别采用不同的核算方法与程序,以示区别并采取相应的管理对策。

加强客户资信评估,建立客户资信管理系统。包括对客户的商业信誉及与公司业务往来历史,客户的资本实力、资金运转情况尤其是流动资金周转情况等方面的评估。主要选择重点客户、长期往来客户作为内部评估对象,通过各种渠道了解和确定客户的信用等级,然后决定是否向客户提供商业信用及赊销限额。

企业销售工作是通过销售量增量或产品价格变动、产品获利能力的增强、销售经常性费用的降低和流动资产的运营效率的提高,来增加对企业利润的贡献。销售收入、销售成本和销售费用是企业利润实现的直接驱动因素。销售管理者应重视从销售增量、产品获利能力、销售经常性费用以及流动资产运营等方面进行科学分析,通过表象发掘销售工作的深层问题,明确销售业务中对企业利润的关键影响因素,并加强管理与监控,以管理好企业的销售财务收益。

案例5-3:雅芳如何压缩成本

在雅芳选择的2-3家第三方物流商中,最能符合要求的就是"古老的"中国邮政。雅芳发现:中邮这个在全国拥有57136处邮政营业局所和34540处储蓄网点的巨型物流公司可以帮自己做到很多事情。这其中包括网上支付:中国邮政有一个可提供资金结算的绿卡网,可提供交易双方网上资金安全划转,也可以遵照交易双方选择,提供电子汇款服务;利用投递网络,提供送货上门时代收货款服务,同时解决企业投送商品与收款的难题。

目前,雅芳的营运成本占销售总额比例从8%降低到了6%,这是个非常惊人的转变。那么这些"节省"都省在哪里?

物流成本包括:运输成本、仓库成本、库存存置成本以及提货报关服务成本。其中运输成本一般占3%-5%,存货成本占30%,而仓库成本最大——至少60%,因此仓库成本(包括人事费用和仓库租金)也是可以下降最大的一部分。

雅芳八个区域服务中心的分拨库(五个为租用中邮物流的库),其仓库管理都是第三方物流商负责执行。这样,以前雅芳75个分公司共有600个员工负责收费、仓库、管理、打单等营运工作,现在员工数量锐减至192个人。这些员工工资一年最少一万/人(工资、资金、福利及保险支出),则现在节省至少408万。

不仅如此,雅芳还保证了更大的客户满意度,因此使近期的客户流失率大大降低,这节省的运营费用更是不计其数。

讨论问题

①雅芳通过什么途径降低物流成本？

②雅芳这样做的好处是什么？

本章小结

本章从物流企业物流成本管理，物流企业的构成进行介绍，讨论了物流企业成本管理的基本思路、要点，以及物流企业采购成本的定性分析、定量分析，介绍了物流的成本控制、物料流转成本管理。指出物流成本管理无论对于企业还是整个国家而言都具有重要的作用，分析了物流管理的具体措施。

※ 习题

一、填空题：

1. 采购成本，通过规范企业的采购行为，实施_________，以质量、价格、技术和服务为依据，在需要的时候，按需要的数量采购需要的物资，杜绝采购中的高价格和一切浪费。

2. 所谓物流子公司是指让________独立出来，成为由企业控股或参股的独立子公司。物流子公司不仅可以为本集团企业承担物流服务，也可以为_________承担物流服务。

3. ________指企业在一定时期内发生的全部耗费的总和。________绝大部分是用于产品生产的，计入产品成本费用中还有一部分不用于产品生产的，不计入产品成本。

4. ________由于采购数量过大会使库存成本上升，而采购数量小会增加采购次数，会增加费用；在这种情况下，通过平衡采购进货成本与保管仓储成本，确定一个最优订购数量以寻找最低总库存成本的方法。

5. ________的内容是根据市场的需求和企业的经营战略及目标。决定企业各类物品的库存数量、采购时间和采购数量，使库存成本合理化。库存成本包括存货成本、取得成本、储存成本和缺货成本等。

二、选择题：

1. 第三方物流的实质是(　　)

A. 从属物流　　　B. 合同物流

C. 独立物流　　　D. 复杂物流

2. 物流一体化的第三层是(　　)

A. 第三方物流　　　B. 物流联盟

C. 宏观物流　　　D. 微观物流

3. 物流成本降低的途径没有(　　)

A. 物流管理通过对各种要素管理

B. 通过建立信息系统降低物流成本

C. 通过载体降低物流成本

D. 通过建立供应链降低物流成本

4. 企业物流成本管理控制的途径没有(　　)

A. 采购成本控制　　B. 生产过程的成本控制

C. 库存成本控制　　D. 流通储存控制

5. MRP 是(　　)

A. 物料需求计划　　B. 主生产进度计划

C. 企业需求计划　　D. 供应链管理

三、基本概念

物流企业　　物流活动　　物流一体化　　成本差异

四、思考题

1. 什么是物流企业？物流企业分为哪几类？

2. 工业与商业企业的物流活动包括哪些内容？

3. 企业进行物流成本管理应把握好哪些要点？

4. 怎样控制采购成本？

5. 怎样计算材料成本差异和人工成本差异？

6. 如何加强销售成本管理？

◆——第6章　运输成本管理

●本章学习目标与要求

★引导案例

★章节内容

物流运输概述

运输成本概述

运输成本管理

运输成本控制与分析

★阅读资料

1978～1990年上海铁路分局运输成本与运输支出情况表

★案例

百胜物流——降低连锁餐饮企业运输成本之道

★本章小结

★习题

★学习目标

1. 了解物流运输的一般知识
2. 认识运输成本的重要性，正确对待运输成本
3. 掌握运输成本管理的原则、方法
4. 掌握运输成本控制与分析的方法

---

*

沃尔玛公司是世界上最大的商业零售企业，在物流运营过程中，尽可能地降低成本是其经营的哲学。

沃尔玛有时采用空运，有时采用船运，还有一些货物采用卡车公路运输。在中国，沃尔玛百分之百地采用公路运输，所以如何降低卡车运输成本，是沃尔玛物流管理面临的一个重要问题。为此他们主要采取了以下措施：

1. 沃尔玛使用一种尽可能大的卡车,大约有16米加长的货柜,比集装箱运输卡车更长或更高。沃尔玛把卡车装得非常满,产品从车厢的底部一直装到最高,这样非常有助于节约成本。

2. 沃尔玛的车辆都是自有的,司机也是他的员工。沃尔玛的车队大约有5000名非司机员工,还有3700多名司机,车队每周每一次运输可以达7000－8000公里。

沃尔玛知道,卡车运输是比较危险的,有可能会出交通事故,因此,对于运输车队来说,保证安全是节约成本最重要的环节。沃尔玛的口号是"安全第一,礼貌第一",而不是"速度第一"。在运输过程中,卡车司机们都非常遵守交通规则。沃尔玛定期在公路上对运输车队进行调查,卡车上面都带有公司的号码,如果看到司机违章驾驶,调查人员就可以根据车上的号码报告,以便于进行惩处。沃尔玛认为,卡车不出事故,就是节省公司的费用,就是最大限度地降低物流成本,由于狠抓了安全驾驶,运输车队已经创造了300万公里无事故的纪录。

3. 沃尔玛采用全球定位系统对车辆进行定位,因此在任何时候,调度中心都可以知道这些车辆在什么地方,离商店有多远,还需要多长时间才能运到商店,这种估算可以精确到小时。沃尔玛知道卡车在哪里,产品在哪里,就可以提高整个物流系统的效率,有助于降低成本。

4. 沃尔玛的连锁商场的物流部门,24小时进行工作,无论白天或晚上,都能为卡车及时卸货。另外,沃尔玛的运输车队利用夜间进行从出发地到目的地的运输,从而做到了当日下午进行集货,夜间进行异地运输,翌日上午即可送货上门,保证在15－18个小时内完成整个运输过程,这是沃尔玛在速度上取得优势的重要措施。

5. 沃尔玛的卡车把产品运到商场后,商场可以把它整个地卸下来,而不用对每个产品逐个检查,这样就可以节省很多时间和精力,加快了沃尔玛物流的循环过程,从而降低了成本。这里有一个非常重要的先决条件,就是沃尔玛的物流系统能够确保商场所得到的产品是与发货单完全一致的产品。

6. 沃尔玛的运输成本比供货厂商自己运输产品要低,所以厂商也使用沃尔玛的卡车来运输货物,从而做到了把产品从工厂直接运送到商场,大大节省了产品流通过程中的仓储成本和转运成本。

沃尔玛的集中配送中心把上述措施有机地组合在一起,做出了一个最经济合理的安排,从而使沃尔玛的运输车队能以最低的成本高效率地运行,由此可见沃尔玛的成功与运输成本的精打细算是密不可分的。

6.1 物流运输概述

6.1.1 运输的概念与特点

运输是指借助各种运力实现商品空间位置上的转移。在物流过程中,运用多种设备和工具,将物品从不同地域范围间进行运送的活动,以改变"物"的空间位置,内容包括集货、分配、搬运、中转、装入、卸下、分散等一系列操作。

人类的生存发展与运输息息相关。在人类创造世界和改造世界的生产过程中,劳动者、劳动工具、劳动对象必然要发生位移,也就是运输。根据运输对象的不同,运输可分为客运和货运。从运量上看,世界上绝大部分的运输是货运。例如,人类早期通过人挑肩扛将劳动产品从野外运回部落,现代人使用轮船将生产原料或产成品从一个大洲运到另一个大洲。根据距离的远近,又可以将运输区分为运输和发送。前者是指较长距离的输送,后者是指在市内或某一地区内向消费者运送商品的短距离运输。根据运输区域的不同,还可将运输分为国内运输和国际运输。

随着社会生产力的不断发展以及社会分工的不断深化,运输工具也在不断发展进步,运输逐步地形成了一个独立的物质生产部门。在现代市场中,运输具有扩大市场、稳定价格、促进社会分工、扩大流通范围等社会经济功能。

运输具有如下特点:

1. 运输是生产的一部分

运输本身承担着两大任务,一是实现具体生产过程内部生产资料的位置移动,二是实现产品从生产领域进入消费领域,后者具有强烈的社会化特征。也就是说,一方面运输业不断为企业生产提供原料、材料、燃料和半成品,保证企业不间断的生产;另一方面又将企业生产产品输出,满足社会消费,实现企业生产的目的。因此在产品的售价里就包含了商品的运价,而且占有较大的比重。一般来说,约占10%,在有的商品中,要占到30%~40%。

2. 运输产品特殊计量

运输产量是以运输量和运输距离进行复合计量的,运输产量的大小直接决定着运输能力和运输费用的消耗。

3. 运输费用在物流成本中占有较大的比例

在整个物流费用中,运输费用与其他环节的支出相比是比较高的,一般约占总物流费用的三分之一以上。运输路程越远,运量越大,运输费用也就越高,在整个物流费用中所占的比例也就越大。

6.1.2 运输与物流的关系

运输是任何全球物流的一个重要组成部分,针对运输所作的决策必须纳入整个物流系统之中,必须适应这一系统。

1. 运输在物流中的地位

运输工作是整个物流过程中具有举足轻重的地位。过去人们研究物流时,片面地认为解决了运输问题就是解决了物流问题,例如以“物流”一词来看,实际上应该说就是描述一种物的移动,即运输状态。虽然这个看法不全面,现在我们知道运输只是物流工作中的一个环节,但也反映了运输在物流中的重要地位,运输是物流工作中十分重要的一个环节。在现代生产中,由于生产的专门化、集中化,生产与消费的被分割状态越来越突出,被分割的距离也就越来越大。这就使得运输越来越不可或缺,因此运输的地位也就越来越高。

运输在物流中的重要地位具体体现在以下几点:

(1)运输服务是物流的关键

在物资的实物转移中,运输是实现的关键。任何产品的生产与消费严格说来都必然存在空间位置差异,物资为完成生产的目的,满足消费者的愿望,都必然要借助不同的运输工具和运输手段来解决,而物流管理者对各种运输工具和运输手段进行优选、优化匹配运输方式有利于物流运输合理化,有利于做好物流系统决策。设计出合理的物流系统,精确地维持运输成本和服务质量之间的平衡,做好运输管理工作是保证高质量物流服务的主要环节。因此便利和可靠的运输被视为有效组织输入和输出物流的关键是无可厚非的。

(2)运输成本在物流成本中比例很大

以美国和加拿大公司2001年物流成本的构成情况为例(见表6-1),可以看出运输成本超过了总的物流成本的1/3,是支出比例最大的部分。发达国家尚且如此高的比例,发展中国家因为交通条件的落后这个比例就更高了。因此组织合理运输,降低运输成本,是降低物流成本和提高经济效益的重要途径。

表6-1　美国、加拿大公司2001年物流成本构成情况

成本内容	美国公司(%)	加拿大公司(%)
客户服务/订单清关	8	8
仓储	25	25
运输	37	36
管理	9	8
库存搬运	21	23

资料来源:《中国航务》周刊总第427期,第6页

2. 运输在物流中的作用

运输在物流系统中发挥的重要作用主要表现在以下几个方面:

(1)运输是社会物质生产的必要条件之一。它是生产过程在流通领域内的继续,生产与生产,市场与市场,生产与消费都需要运输来维系,使得社会生产得以延续,是加速社会再生产和促进社会再生产连续不断进行的前提条件。

(2)运输是物流的动脉系统。企业的物流过程:投入——转换——检验——储存——销售,都需要运输来联接。

(3)运输是创造物流空间效用的环节。利用运输可以把物资运送到空间的效应最高的地区,从而可得到最大的利益。在宏观上也起到了资源配置的作用,能实现资源的优化配置。

(4)合理运输能降低物流费用,提高物流速度,是发挥物流系统整体功能的中心环节。

(5)合理运输能加快资金周转速度,降低资金占用时间,是提高物流经济效益和社会效益的重点所在。

所以,如何搞好运输工作,开展合理运输,不仅关系到物流时间占用的多少,而且还会影响到物流成本的高低。不断降低物流运输成本,对于提高物流的经济效益和社会效益,都有着重要作用。而且,对于物流管理者来说,今天商品运输的竞争特性,意味着将有更多的机会从运输提供者那里获得更好的服务项目或更低的成本。

6.1.3 物流运输的基本内容

运输方式的选择是物流系统决策中的一个重要环节,是物流合理化的重要内容。选择运输手段的判断标准包括:货物的性质、运输时间、交货时间的适用性、运输成本,批量的适应性,运输的机动性和便利性,运输的安全性和准确性。对货主来说,运输的安全性和准确性,运输成本的低廉性以及缩短运输总时间等因素非常重要。从行业来说,制造业重视运输成本的低

廉性，批发、零售业重视运输的安全性和准确性以及运输总时间的缩短等运输服务的质量。具体来说，在选择运输方式时，第一考虑是运输物品的种类，第二考虑运输量，第三考虑运输距离，第四考虑运输时间，第五考虑运输成本。

1. 运输方式种类

运输有五种基本方式。它们的经济和服务特征比较如下：

（1）水路运输

水运主要包括轮船运输及沿海驳船和内陆水路驳船运输，通常表现为四种形式：沿海运输、近海运输、远洋运输及内河运输。

水运主要优点有：

①运能大，能够运输数量巨大的货物；

②通用性较强，客货两宜；

③越洋运输大宗货品，连接被海洋所隔阻的大陆，远洋运输是发展国际贸易的强大支柱；

④运输成本低，能以最低的单位运输成本提供最大的货运量，尤其在运输大宗货物或散装货物时，采用专用的船舶运输，可以取得更好的技术经济效果；

⑤劳动生产率高；

⑥平均运距长。

其缺点有：

①受自然气象条件因素影响大。由于季节、气候、水位等的影响，水运受制的程度大，因而一年中中断运输的时间较长；

②营运范围受到限制；

③航行风险大，安全性略差；

④运送速度慢，准时性差，在途中的货物多，会增加货主的流动资金占有量，经营风险增加；

⑤搬运成本与装卸费用高，这是因为运能最大，所以导致了装卸作业量最大。

所以水运主要承担以下作业任务：①承担大批量的货物运输，特别是集装箱运输。②承担原料半成品等体积大、价值低、不易腐烂的散货运输，如沙、煤、粮食、石油和金属矿等。③承担国际贸易运输，即远距离，运量大，不要求快速抵达目的地的客货运输。

（2）铁路运输

铁路能提供长距离范围内的大宗商品的低成本，低能源运输，其运输的经济里程一般在200公里以上。铁路运输的收费标准比较复杂，一般来说，整车运输收费标准最低，而零担货运收费则较高。因此，生产商可将发往相同目的地的货物合并配载运输，较多的运输至少一整车皮的批量货物，以利用整车费用低的优势。

铁路运输的优点有：

①运行速度快，时速可达80－120公里；

②运输能力较大，可满足大量货物一次性高效率运输；

③运输连续性强，由于运输过程受自然条件限制较小，所以可提供全天候的运行；

④轨道运输的安全性能高，运行较平稳；

⑤通用性能好，可以运送各类不同的货物；

⑥运输成本（特别是可交成本）较低；

⑦能耗低。

其缺点是：

①设备和站台等限制使得铁路运输的固定成本高，建设周期较长，占地也多；

②由于设计能力是一定的，当市场运量在某一阶段急增时难以及时得到运输机会；

③铁路运输的固定成本很高，但变动成本相对较低，使得近距离的运费较高；

④长距离运输情况下，由于需要进行货车配车，其中途停留时间较长；

⑤铁路运输由于装卸次数较多，货物错损或丢失事故通常也比其他运输方式多。

综上所述，它主要适用于以下作业：

①大宗低值、散装、罐装货物的中、长距离运输，如长途运输煤、沙、矿物和农林产品等。②适于大量货物一次高效率运输。③对于运费负担能力小，货物批量大，运输距离长的货物来说，运费比较便宜。④轨道运输，安全系数大。

(3)公路运输

公路运输在运输业中所占的比重一直在稳步上升。与城市间的运输不同，公路运输在市内运输中所占比重最大，因为公路运输能提供更为灵活性和更为多样的服务。公路运输在运输路线的时间安排上有很大的灵活性，它们可以挨家挨户上门送货，这样发货人节约了时间，也避免货物被偷盗或损坏的风险。公路运输多用于价高量小的货物的门对门服务，其经济半数一般在200公里以内。

公路运输的优点有：

①运输速度快；

②可靠性高，对产品损伤较少；

③机动性高，可以选择不同的行车路线，灵活制定营运时间表，所以服务便利，能提供门到门服务，市场覆盖率高；

④投资少，经济效益高。因为运输企业不需要拥有公路，所以其固定成本很低，且公路运输投资的周转速度快；

⑤操作人员容易培训。

其缺点有：

①变动成本相对较高。公路的建设和维修费经常是以税和收费站的形式向承运人征收的；

②运输能力较小，受容积限制，使它不能像铁路运输一样运大量不同品种和大件的货物；

③能耗高，环境污染比其他运输方式严重得多，劳动生产率低。

④土地占用较多。

综上，公路运输主要适用于以下作业：①近距离的独立运输作业；②补充和衔接其他运输方式。当其他运输方式担负主要运输时，由汽车担负起点和终点处的短途集散运输，完成其他运输方式到达不了的地区的运输任务。

(4)航空运输

空运在运输业中所占的比重比较低，但其重要性越来越明显。虽然空运费用比铁路或卡车运输高得多，但是如果要求迅速交货的紧急服务时，或者要将货物运送到遥远的市场时，空运仍是理想的运输方式。空运快速及时，价格昂贵，但对于致力于全球市场的厂商来说，当考虑库存和顾客服务问题时，空运也许是成本最为节约的运输模式。

其主要优点有：

①高速直达性。因为空中较少受自然地理条件限制，航线一般来取两点间的最短距离；

②安全性能高。随科技进步，飞机不断地进行技术革新，使其安全性能增强，事故率低，保险费率相应较低；

③经济性良好，使用年限较长；

④包装要求低，因为空中航行的平稳性和自动着陆系统减少了货损的比率，所以可以降低包装要求。而且在避免货物灭失和损坏上还有明显优势；

⑤库存水平低；

⑥可保持竞争力和扩大市场。

其缺点有：

①受气候条件的限制，在一定程度上影响了运输的准确性和正常性；

②需要航空港设施，所以可达性差；

③设施成本高，维护费用高；

④运输能力小，运输能耗高；

⑤运输技术要求高，人员（飞行员，空勤人员）培训费高。

物流话语

运输是物流的根本，没有运输，也就不可能有“物的流动”。

所以空运一般用于以下作业：①国际运输的重要工具，对于对外开外，促进国际间技术，经济合作与文化交流有重要作用；②适用于高附加值、高质量、小体积、易腐的物品运输，如科技仪器、珠宝、鲜鱼、鲜花等；③大多数情况下在日常的基础上进行的作业；④快捷运输途径；⑤邮政运输手段；⑥它是实现“鸟式联运”的一种新型运输方式。

（5）管道运输

管道运输是近几十年发展起来的一种专门由生产地向市场输送石油、煤和化学产品的新型运输方式。管道运输的运输形式是靠物体在管道内顺着压力方向顺序移动实现的，与众不同的是管道设备是静止不动的。目前，全球的管道运输承担着很大比例的能源物资运输，包括原油，成品油、天然气、油田伴生气，煤浆等，其完成的运量常常大大高于人们的想像。

管道运输主要优点有：

①运输效率高，适合于自动化管理，管道运输是一种连续工程，运输系统不存在空载行程，所以系统的运输效率很高；

②建设周期短、费用低、运输费用也低。管道运输石油产品比水运费用高，但仍然比铁路运输便宜；

③耗能少、成本低、效益好；

④运量大、连续性强；

⑤安全可靠、运行稳定、不会受恶劣多变的气候条件影响；

⑥埋于地下，所以占地少；

⑦有利于环境保护，它能较好地满足运输工程的绿色环保要求；

⑧对所运的商品来说损失的风险很小。

其缺点有：

①运输对象受到限制，承运的货物比较单一；

②灵活性差,不易随便扩展管道,战线往往完全固定,服务的地理区域十分有限;

③设计量是个常量,所以与最高运输量之间协调的难度较大,且在运输量明显不足时,运输成本会显著增加;

④仅提供单向服务;

⑤运速较慢。

所以它主要担负单向、定点、量大的流体状货物运输,且大部分管道都是被其所有者用来运输自有产品。

2. 联运方式

运输方式选择不仅限于单一的运输手段,事实上目前的大多数运输都会涉及到一种运输方式以上的服务,物流管理者面临的挑战就在于必须通过多数运输方式的合理组合实现物流的合理化,各种运输模式的均衡必须在整体物流系统的更大框架下完成。

这种由多种运输方式合理组合完成的运输,也即"联运",它是运输性质不断改变的一个反映,标志着物流管理者将两种或更多种运输方式的优势集中在一起,并天衣无缝地融入一种运输方式的能力,从而比单一方式运输为顾客提供更快、风险更小的服务,其组合方式有很多种:①铁路运输和公路运输;②铁路运输和水运;③铁路运输和航空运输;④铁路运输和管道运输;⑤公路运输和航空运输;⑥公路运输和水路运输;⑦公路运输和管道运输;⑧水路运输和管道运输;⑨水路运输和航空运输;⑩航空运输和管道运输。

这些组合并不是都实用,而其中有些可行的组合也未被采用,只有铁路运输和公路运输的组合("驮背运输")得到广泛使用,因为运输人既能享受到公路运输接送和发运的灵活性,又能获得火车在远程运输中的效率。公路运输和水上运输的组合("鱼背运输")也得到了越来越多的采用,尤其是高价值货物的国际运输中。在较小的一定范围内,公路运输与航空运输和铁路运输与水运运输的组合也是可行的。另外,几乎所有的航空运输都是联合运输。因为它需要由货车将货物接送和装到飞机上,然后由货车运至目的地。

公路运输在联运中扮演很重要的角色,它促使联运以最好的方式运作,提供灵活、定期和短途的服务,使联合运输的方式更有效率。

联运可以提高运输效率,简化手续,方便货主;保证货物流通过程的畅通,它把分阶段的不同运输过程,联结成一个单一的整体运输过程,不仅给托运人或货运人带来了方便,而且加速了运输过程,有利于降低成本,减少货运货差的发生,提高运输质量。因此,发展联合运输是充分发展我国运输方式的优势,使之相互协调,配合,建立起运输体系的重要途径。

物流的运输系统的目标是实现物品迅速完全和低成本的运输,而运输时间和运输成本则是不同运输方式相互竞争的重要条件,运输时间与成本的变化必然带来所选择的运输方式的改变,目前企业对缩短运输时间,降低运输成本的要求越来越强烈,这主要是在当今经营环境较复杂、困难的情况下,只有不断降低各方面的成本,加快商品周转,才能提高企业经营效率,实现竞争优势,缩短运输时间来降低运输成本是此长彼消的关系,这也是物流的各项活动之间的"效益悖反"(Trade off)的体现。所以选择运输方式时一定要有效的协调二者的关系,实现物流过程的合理运输。即从物流系统的总体目标出发,运用系统理论和系统工程原理和方法,充分利用各种运输方式,选择合理的运输路线和运输工具,以最短的路径,最少的环节,最快的速度和最少的劳动消耗,组织好物质产品的运输活动。

优化匹配运输方式对促进物流运输合理化,做好物流系统决策,有着重要的意义:合理组织物品的运输,有利于加速社会再生产过程,促进国民经济持续、稳定、协调地发展;能节约运输费用,降低物流成本;能缩短运输时间,加快物流速度;可以节约运力,缓解运力紧张状况,还能节约能源,这对缓解我国目前交通运输和能源紧张的情况具有重大的现实意义。

6.2 运输成本概述

6.2.1 运输成本的概念及研究意义

运输成本也称运输劳务成本,指企业原材料在制品以及成品的所有运输活动所造成的费用,包括直接运输费用和管理费用。运输是现代商品流通环节中极为重要的一项辅助作业,通过准确、快速的移动实现商品物理位置的转移,达到抵御市场客观存在的空间风险和时间风险(运输的车辆是小批量移动的仓库)的目的。

物流管理的两个最主要的范畴,也是对产品的客户可得性影响最大的两个物流功能环节,就是运输和储存。在中国大陆,对一般制造业来说,运输成本要占物流总成本的45%左右,而存货维持成本则要占物流总成本的37%左右。而依据2003年台湾物流年鉴调查,台湾的运输成本约占物流总费用的34%,存货保管成本约占58%(但两岸所定义之存货维持/保管成本项目会有所差异)。由以上数据可知,虽然两岸运输与储存成本比略有不同,但运输成本对物流总成本的影响都较大,同时与发达地区相比我国运输成本在总成本中的比例偏高,说明我国运输成本尚有较大的节约空间。

因此想要降低物流总成本很有必要严格控制在运输方面的开支,加强对运输成本的经济核算。运输成本在很大程度上反映企业生产经营活动的经济成果,表明企业经营管理工作质量。

运输成本管理即是通过对运输成本的预测、计划、控制、核算、分析和考核,挖掘企业内部降低运输成本的一切潜力,寻找降低运输成本的途径和方法,以降低直接运输费用和管理费用,增加利润。

6.2.2 运输成本分类

1. 按照运输成本产生的原因来分类

按照成本产生的原因可将运输成本分为会计成本、机会成本、联合成本和共同成本。

(1)会计成本(Accounting cost)

为运输而发生的各项财务支出,是运输的直接成本。

(2)机会成本(Opportunity cost)

机会成本是指把某种资源投入某一定特定用途所放弃的在其他用途中所能获得的最大利益,也就是被错过的商品和服务的价格。美国经济学家萨缪尔森认为做一件事的机会成本可以被认为是他为此而失掉的可能用同样时间做成另一件事,或者是他为此而牺牲掉的闲暇。在做出希望使损害最小的某种选择时,如果不做该选择可能会遭受的更大损害,就是该项选择所要避免的机会成本——“两害相权取其轻”。如,当运输公司用一辆卡车去运输5t棉花赚取200元时,公司不可能同时用它去运输10t矿砂赚400元,后者就是被前者错过的服务的机会成本。

已经用于运输服务的经济资源，仍然有在不同运输方式或在不同运输服务项目的区别，特定的资源被用于提供某种运输服务，就必须放弃被用于其他的运输服务，究竟用在哪方面更有利是需要权衡的，这也需要用机会成本去进行分析和权衡。

(3)联合成本(Joint cost)

联合成本是由于联合产品(或服务)的存在而引起的不可分割的间接成本，而联合产品是指两种产品(或服务)以某种无法避免和改变的比例关系被生产出来。

一架150座的客机，在为机上任何一个客座提供飞行服务时，也就同时提供了其余149个客座的飞行服务，这无法随意改变，因此这一个客座与其余149个客座的飞行服务也是联合产品，而这150个客座的飞行成本也是不可分割的联合成本。

联合成本对运输价格有很大影响，往返运输业务的合理准确组织可以大大提高一个运输企业的竞争能力。因为除了管道运输以外，承运人都面临着一个返程空驶的问题。显然，联合成本可以核算到往程运输费用当中，也可以通过寻求返程物资运输分摊。

(4)共同成本(Common cost)

共同成本与前述联合成本有相似之处，但概念是不同的。共同成本可以使其中的某一部分增量成本找到相应的对象，而联合成本中的任何一部分都不可能分离出来。

例如一列运货火车有50节车厢，这列火车的运输成本对这50节车厢来说是共同成本而不是联合成本，原因在于火车的长度是能够改变的，车厢可以多一些也可以少一些，因此从技术上看这50节车厢不是绝对不可分的。

机会成本、联合成本与共同成本的存在为不同运输产品或服务的成本分担造成了困难，因为技术原因比较难以核算，一般大多数情况下成本管理时我们主要考虑的还是会计成本。

2. 按照运输成本与运量的关系来分类

按照运输成本与运量的关系可将运输成本分为：固定成本，变动成本和半变动成本。

(1)固定成本(FC)

在短期内不发生变化，与运输里程和运量没有直接关系的费用。固定成本是指对于承运人来说，固定成本包括道路的投入和维护、端点设施成本、运输设备以及信息系统投入等成本。

(2)变动成本(VC)

变动成本是指与每一次运输直接相关的，与运输的距离和运量成正比的费用。变动成本包括燃料费用、人工费用、维护保养费用、道路使用费用、装卸费用等。

(3)半变动成本

成本随运量的变化而变化，但变化不成比例。如线路维修费虽受运量成比例影响，也受自然条件的不成比例影响。因为半变动成本比较难以估量，所以一般运输成本我们只考虑固定成本与变动成本。即：

$$\begin{aligned} TC &= FC + VC \\ &= (UFC + UVC) \times Q \\ &= UTC \times Q \end{aligned}$$

式中：TC—运输总成本；

UTC—单位运输成本，简称运输成本；

UFC—单位固定成本，是个变量；

UVC—单位变动成本，是个常量；

Q—运输周转量。

例 6-1:假设某运输企业每月的运输周转量为1000万t·km时,运输总成本为50万元;当周转量增至1100万t·km时,运输总成本达到54万元。计算原单位运输成本,新单位运输成本和边际成本。

解:

(1)由题意可知,TC=50万元,Q=1000万t·km

UTC=TC/Q=50/1000=0.05元/t·km

(2)由题意可知,TC′=54万元,Q′=1100万t·km

UTC′=TC′/Q′=54/1100=0.049元/t·km

(3) ΔTC=TC′-TC=54-50=4万元

ΔQ=Q′-Q=1100-1000=100万t·km

MC=ΔTC/ΔQ=4/100=0.04元/t·km

3. 按照与运距的关系来划分

按照与运距的关系可将运输成本分为与运距无关的成本和与运距有关的成本。发到作业费不随运距改变;中转作业费与运行作业费随运距的增加而成比例增加。

运输成本=发到作业费+中转作业费+运行作业费

单位运输成本=发到作业费/运距+单位中转作业费+单位运行作业费

当运输距离延长时,运输成本总额增加,此时单位中转作业费、单位运行作业费不变,但分摊的单位发到作业费减少,因此单位运输成本减少,从而使运输成本降低。

例 6-2:设某铁路局的货物运输成本在平均距离为500km时为100元/万吨·公里,其中发到作业费占20%,中转和运行作业成本占80%;当运输距离延长到1500km时,运输成本会发生什么样的变化?

解:

单位运输成本=发到作业成本所占百分比/(1+运距延长比)+中转和运行作业成本所占百分比

=20%/〔1+(1500-500)/500〕+80%

=86.7%

4. 按照成本的负担者来划分

按照成本的负担者可将运输成本分为运输直接成本和运输外部成本。运输直接成本是指运输提供者承担的由运输市场中购买要素服务而引起的财务成本和旅行者或托运人自己投入的实际成本;运输外部成本是指与运输有关的由运输使用者造成的使得未使用者受害的其他成本。例如运输业的发展给社会造成的环境污染和破坏,由消费者承担的拥挤成本等。

5. 按照运输活动的特殊性来划分

按照运输活动的特殊性可将运输成本分为固定运输设施成本,移动设备拥有成本和运营成本。

(1)固定运输设施成本

固定运输设施成本包括:运输基础设施的投资成本、在寿命期间所需要的养护和维修成本及其他相关成本。

固定设施对每一种运输方式都是必不可少的。如铁路运输需要轨道,车站和编组场,一般固定运输设施的所有者与相应运输服务的提供者是分离的,但有些像管道的所有者本身也提供相应的运输服务。

固定运输设施的投资被认为是一种沉没成本(sunk cost)。因为这些设施一旦建成就不能再移动,而且在一定程度上不能再被用于其他任何用途,例如港口和道路被废弃时,原来的码头和路基几乎无法改作他用。

固定设施的养护、维修及使用费用比较少,其中有些费用与使用这些固定设施提供的运输量关系不大,属于固定成本;另外一些则可能与运输量的多少有密切联系,因此被认为属于变动成本。

(2)移动设备拥有成本

除了管道运输以外,其他各种运输方式都同时包括固定设施和移动设备、可移动的载运工具,包括铁路机车车辆、各类卡车、公共汽车、小汽车、各类客货船舶和飞机。

在移动运输工具上的投资不属于沉没成本。因为以上运输工具均可按需要在不同运输市场之间甚至不同用途之间转移,也就是说它们的用途不是惟一的。各种载运工具都有自己的市价,其中既有新车、新船、新飞机的市场价,也存在很多载运工具的二手货市场,以方便人们转让这些还有使用价值的载运工具。

运输工具的折旧转移成本,即运输工具的价值在使用期内以运输工具折旧形式表现和逐步转化的成本。

如运输工具的使用寿命是以年限计算的,其折旧转移成本与其使用中所提供的运输量无直接关系,是每年或每月固定的成本。

如运输工具的使用寿命是以行驶里程计算的,其折旧转移成本就与其使用中提供的运输量直接有关,属于变动成本。

(3)运营成本

直接运营成本:直接与运输量相关的变动成本,包括直接运营人员的工资和运输工具消耗的燃料;运输工作量越大,直接运营成本数量也会越大。

间接运营成本:包括运输企业配备若干辅助人员和管理人员的工资以及所需要的工作开支,间接运营成本的一部分与是与运输量有关的变动成本,其他部分与运输量变动关系不大。

不同运输方式的运输成本中固定设施成本,移动设备拥有成本和运营成本各自所占的比重或涉及的程度是有差别的,其相应部分伴随产量的不变性或可变性也不一样。而且,这种不变性或可变性还要根据使用者的具体身份来确定。

例如,高速公路的保养和维护对其经营者大体上是一种固定成本,但对使用收费道路的汽车司机来说,却是根据行驶里程支付的变动费用。运输业的成本划分与产量变化的关系交织在一起,再加上运输经营者和使用者的极其多样化,使得运输成本分析管理具有较大的难度和挑战性。

6.3 运输成本核算

6.3.1 运输成本管理要求

运输成本管理的目的,是要通过对成本的核算、分析和考核,挖掘企业内部降低成本的潜力，寻找降低成本的途径和方法，以降低生产费用和一切非生产性消耗，增加盈利。为此，必须加强成本管理，做好成本核算的各项基础工作。

1. 加强运输成本管理的基础工作

成本计划、成本控制和成本分析，都是建立在成本核算资料的基础之上。因此为了获得运输成本核算资料，企业各职能部门必须在经理、财会部门的领导下，认真做好运输成本管理的基础工作。

(1) 要建立健全货物招揽业务记录，运输生产记录，车辆维修作业记录，车辆、设备利用记录、财产物资变动记录，管理信息记录等原始记录；

(2) 建立运输业务过程详细记录。司机填写每日运输票证卡，包括所有停靠站点、所有里程数、所有卸货数量、所有耽误时间（包括路上耽误的时间和客户耽误的时间）。这份记录通过使用流速计来保证准确度，可以用来分析运输效率和其他成本控制；

(3) 企业应对各种运输工具、燃料、轮胎和各级维修作业等，根据市场行情，制定计划价格，定期调整价格差异，保证成本核算的真实性；

(4) 对各种原材料、燃料、工具、工时、物资储备、资金占用、费用等制定出平均先进定额，并根据企业生产技术水平和管理水平的提高，生产环境的改善，定期或不定期地进行修订；

(5) 对一切物资进出都要经过计量、验收，计量仪表要配备齐全，并定期校正和维修，保证计量的准确性和可靠性。

2. 严格区分不同性质的费用支出范围

企业的费用支出种类多，且费用来源和用途不同。为了加强运输成本管理，必须严格按规定的成本开支范围和标准进行开支。在企业会计核算中，要严格区分营业费用与基建费用的开支范围、营业支出与营业外支出的界限，保证成本的真实性与可比性，防止乱挤、乱摊成本等违反财经纪律的行为。

3. 加强成本监督，保证成本的核算真实性

成本核算资料不真实，则不能发挥成本管理的作用，同时企业财务成果将会失真，因此必须加强成本监督工作。造成成本核算不真实的主要原因有：

(1) 企业原始记录不健全，计量不准确；

(2) 有些财务人员业务不熟悉，对各项费用的开支范围和标准不清，造成成本归集、分配和财务处理的方法不当；

(3) 有些企业负责人违反会计核算准则，假账真算，搞"经理成本"。

为保证企业成本核算真实，应加强成本管理、成本核算的学习和教育，认真审查成本计划和各项费用开支标准，经常进行成本检查。对违犯成本法规的，要及时制止；对明知故犯的，除处以罚款外，还要给予行政处分；对于违犯成本法规，情节严重且构成犯罪的，由司法机关依法追究责任。只有这样，方能保证成本核算的真实。

4. 实行全面成本管理

全面成本管理，是指企业全员参与企业生产经营全过程的成本管理。企业成本高低，关系到企业经济效益，也关系到企业每个职工的经济利益。因此，每个职工都应参与成本管理，做到干什么，管什么，成本管理责任到人。

汽车运输企业要从供应、维修、装卸、运行、结算全过程进行成本管理。生产经营全过程的每个环节都对总成本有直接影响。如：配件型号选择不当，或价高质次；维修成本过高，或维修

质量不好，既影响车辆的使用成本，又影响车辆使用效率和运输质量；在运输生产过程中，运行燃料消耗、运输质量、驾驶员劳动生产率等，都直接影响到运输成本。而运费结算方式不同，直接影响结算费用和资金回收时间，也会使运输成本发生变化。

6.3.2 自营运输企业运输成本核算

自营运输企业完成一定运输业务所发生的直接人工、直接材料、其他直接费用和营运间接费用等运输费用总额，组成了运输总成本。运输总成本除以运输周转量得出单位成本。其计算公式如下：

运输单位成本（元/千吨·公里）＝运输总体成本/运输周转量（千吨·公里）

运输成本是在分类（成本项目）归集运输费用的基础上计算出来的，其明细账就是按成本计算对象开设、按成本项目划分专栏的运输支出明细账。

运输支出明细账根据前述直接人工、直接材料、其他直接费用和营运间接费用等各种费用凭证或其汇总分配、计算表进行登记。

1. 直接人工的归集与分配

自营运输企业直接人工中的工资，每月根据工资结算表进行汇总与分配。对于有固定车辆的司机和助手的工资，直接计入各自成本计算对象的成本，对于没有固定车辆的司机和助手的工资以及后备司机和助手的工资，则需按一定标准（一般为车辆的车日）分配计入各成本计算对象的成本。计算方法如下：

每一车日的工资分配额＝应分配的司机及助手工资总额/各车辆总车日

营运车辆应分配的工资额＝每一车日的工资分配额×营运车辆总车日

2. 直接材料的归集与分配

（1）燃料

对于燃料消耗，企业应根据燃料领用凭证进行汇总与分配。但必须注意，在燃料采用满油箱制的情况下，车辆当月加油数就是当月耗用数；在燃料采用盘存制的情况下，当月燃料耗用数应按公式确定：

当月耗用数＝月初油存数＋本月领用数－月末油存数

例6-3：设某公司燃料耗用数采用盘存制计算，2003年12月根据燃料领料凭证及车存燃料盘点表等有关资料编制燃料（汽油）耗用计算汇总表如表6-2所示。

表6-2　　燃料（汽油）耗用计算汇总表

领用单位	本月领用	期初存油	期末存油	本月耗用	计划成本	成本差异
	升	升	升	升	2.4元/升	
南区营运车	54000	3000	1000	56000	134400	2688
北区营运车	71000	3500	4500	70000	168000	3360
保养厂	1000	–	–	1000	2400	48
公司本部	2000	–	–	2000	4800	96
合计	128000	6500	5500	129000	309600	6192

根据燃料耗用计算汇总表（表6-2），作会计分录如下：

借:主营业务成本 - 运输支出——南车队(燃料)　134400

——北车队(燃料)　168000

主营业务成本——辅助营运费用　2400

管理费用　4800

贷:原材料——燃料　309600

借:主营业务成本 - 运输支出——南车队(燃料)　2688

- 运输支出——北车队(燃料)　3360

主营业务成本——辅助营运费用　48

管理费用　96

贷:材料成本差异 - 燃料　6192

(2)轮胎

营运车辆领用轮胎、内胎、垫带以及轮胎零星修补费等,一般根据轮胎领用汇总表及有关凭证,按实际数直接计入各成本计算对象的成本。至于领用外胎,其成本差异也直接计入各成本计算对象的成本,而其计划成本如何计入各成本计算对象的成本,则有不同的处理方法。当采用外胎价值一次摊销计入成本的办法时,应根据"轮胎发出汇总表"进行归集与分配;发生外胎翻新费时,根据付款凭证直接(或通过待摊费用)计入各成本计算对象的成本。当采用按行驶公里预提轮胎费用摊入成本的办法时,其成本(包括废胎里程超、亏的费用调整)应根据"轮胎摊提费计算表"进行归集与分配;轮胎翻新费包括在摊提率之内计算的,发生翻新费时,实际翻新费用与计划翻新费用的差额,根据记账凭证所附原始凭证调整计入各成本计算对象的成本;轮胎翻新费用不包括在摊提率之内计算的,发生的轮胎翻新费直接计入相应成本计算对象的成本。

例 6 - 4:设保养场分配转入轮胎零星修补费 5100 元,其中南区车队 2000 元,北区车队 3000 元,公司本部 100 元。作会计分录如下:

借:主营业务成本 - 运输支出——南车队(轮胎)　2000

——北车队(轮胎)　3000

管理费用　100

贷:主营业务成本——辅助营运费用　5100

例 6 - 5:设委托外单位翻新外胎,实际支付翻新费用 5520 元。根据外胎费用摊提率计算资料及翻新费用有关凭证,编制外胎翻新费用差异计算表,如表 6 - 3 所示。

表 6 - 3　外胎翻新费用差异计算表(2003 年 12 月)

领用单位	外胎规格	翻新胎	每胎次计	计划翻新费	实际翻新费	差异数量
南车队	9.00 - 20	10	200	2000	2150	150
北车队	9.00 - 20	15	200	3000	3370	370
合计		25	400	5000	5520	520

根据外胎翻新费用差异计算表(图表 6 - 3),作会计分录如下:

借:预提费用——轮胎预提费用　5000

主营业务成本——运输支出——南车队(轮胎)　150

——北车队(轮胎)　370

贷:银行存款　　　　　　　　　　　　　　　　　　5520

3. 其他直接费用的归集与分配

(1)保养修理费

物流运输企业车辆的各级保养和修理作业,分别由车队保修班和企业所属保养场(保修厂)进行。由车队保修班进行的各级保修和小修理的费用,包括车队保修工人的工资及职工福利费、行车耗用的机油和保修车辆耗用的燃料、润料和备品配件等,一般可以根据各项凭证汇总,全部直接计入各成本计算对象的成本。对于保修班发生的共同性费用,可按营运车日比例分配计入各车队运输成本。由保养场(保修厂)进行的保修主要是大修理所发生的费用,视同辅助生产费用,通过"辅助营运费用"二级账户进行归集与分配。

必须注意的是,由于营运车辆大修理一般数额较大,修理的间隔期也较长,为均衡损益,一般采用预提的办法。即根据大修理费计提额预提时借记"主营业务成本——运输支出"账户,贷记"预提费用"账户,发生差异,同样要进行调整,前者大于后者为超支,应调增大修理费计提额和运输成本;反之则为节约而应予调减。即:

大修费用差异额超(+)节(-)=实际大修理费用-计划大修理费用

例 6-6:根据保养场修理成本计算资料,编制辅助营运费用分配表,如表 6-4 所示。

表 6-4　　辅助营运费用分配表(2003 年 12 月)

受益单位	车辆大修(次)(1000 元/次)	轮胎零星修补(元)	轮胎翻新(元)	合计(元)
南车队	20	900	2000	22900
北车队	31	600	3000	34600
公司本部	-	-	100	100
合计	51	1500	5100	57600

根据辅助营运费用分配表(表 6-4),作有关大修车费用分配的会计分录如下:

借:主营业务成本——辅助营运费用　　　　　　52500

　贷:预提费用——预提修理费用　　　　　　　　52500

(2)折旧费

物流运输企业计提固定资产折旧,可以采用平均年限法、工作量法、双倍余额递减法、年数总和法,但车辆的固定资产折旧一般采用工作量法计提。当采用工作量法时,由于外胎费用核算有两种不同的方法,所以车辆折旧的计算也有两种方法。如采用外胎价值一次摊销计入成本的方法,计提折旧时,外胎价值不必从车辆原值中扣减;如采用按行驶公里预提外胎费用摊入成本的方法,则计算折旧时,外胎价值就应从车辆原值中扣减,否则会出现重复摊提的现象。

(3)养路费

运输企业向公路管理部门缴纳的车辆养路费,一般按货车吨位数计算缴纳。因此,企业缴纳的车辆养路费可以根据缴款凭证直接计入各成本计算对象成本及有关费用。

例 6-7:设某物流公司 2003 年 12 月按规定缴纳的车辆养路费为 134840 元,其中南车队 96000 元,北车队 35000 元、公务车 3840 元。根据交款凭证,作会计分录如下:

借:主营业务成本-运输支出——南车队(养路费)　　　　96000

　　　　　　　　　　　　——北车队(养路费)　　　　35000

管理费用　　　　　　　　　　　　　　　　　　　　3840

贷:银行存款　　　　　　　　　　　　　　　　　　　134840

(4)其他费用

营运车辆发生的其他直接费用,除保养修理费、折旧费、养路费等项外,还包括其他几项有关费用,内容比较复杂,但费用发生时同样可以根据费用凭证直接计入各成本计算对象的成本。

营运车辆的公路运输管理费,一般按运输收入的规定比例计算缴纳。因此,企业缴纳的车管费可以根据交款凭证直接计入各类运输成本。

营运车辆在营运过程中因种种行车事故所发生的修理费、救援和善后费用,以及支付外单位人员的医药费、丧葬费、抚恤费、生活费等支出,扣除向保险公司收回的赔偿收入及事故对方或过失人的赔偿款后,净损失也可根据付款、收款凭证直接计入各类运输成本。如果行车事故较为严重复杂,处理时间较长,可在发生各项支出时通过“其他应收款——暂付事故赔款”账户核算,然后逐月将已发生事故净损失转入各该类运输成本。对于当年不能结案的事故,年终时可按估计净损失数预提转入运输成本;在结案的年底,再将预提损失数与实际损失数的差额,调整当年的有关运输成本。

车辆牌照和检验费、车船使用税、洗车费、过桥费、轮渡费、司机途中宿费、行车杂费等费用发生时都可以根据付款凭证直接计入各类运输成本。此外,领用随车工具及其他低值易耗品,可以根据领用凭证,一次或分资摊入各类运输成本。

例 6－8:设物流公司 2003 年 12 月缴纳的营运车辆车管费以及支付的车辆清洗费、过桥费、行车杂费等项费用,经汇总为 44500 元,其中:南车队 11822 元,北车队 32304 元,公务车 374 元。

根据上述各项费用的付款凭证,如予以汇总,则其会计分录如下:

借:主营业务成本－运输支出——南车队(其他费用)　　　11822

　　　　　　　　　　　　　——北车队(其他费用)　　　32304

管理费用　　　　　　　　　　　　　　　　　　　　　374

贷:银行存款、现金等　　　　　　　　　　　　　　　　　44500

4. 营运间接费用的归集与分配

运输企业所属基层营运单位(车队、车站、车场)为组织与管理营运过程所发生的不能直接计入成本计算对象的各种间接费用,应通过“制造费用－营运间接费用”,账户进行核算。企业如实行公司和站、队两级核算体制,“营运间接费用”账户应按基层营运单位设置明细账,并按费用项目进行明细核算,如实行公司集中核算体制,也可不分单位设置明细账,而直接按费用项目进行明细核算。

设某物流公司营运成本由公司集中核算,2003 年 12 月各站、队发生的营运间接费用,除前面列举的工资及职工福利费、折旧费外,还有以下几项:分配水电费,以银行存款或现金支付办公费,以现金支付或报销差旅费,等等。有关业务举例从略,各项费用已记入营运间接费用,采用直接成本。

例 6－9:某公司仅经营运输业务,各站、队合并设账归集营运间接费用,2003 年 12 月实际发生额为 20150 元,当月营运车日总计为 2015 元,其中:南车队为 930 元,北车队为 1085 元。根据以上资料,编制营运间接费用分配表,如表 6－5 所示。

表6-5　　营运间接费用分配表（2003年12月）

成本计算对象	分配标准(营运车日)	分配率	分配额
南区运输队	930	10	9300
北区运输队	1085	10	10850
合计	2015	10	20150

根据营运间接费用分配表(表6-5),作会计分录如下:

借:主营业务成本——运输支出——南车队(营运间接费用)　9300

——北车队(营运间接费用)　10850

贷:制造费用——营运间接费用　20150

5. 简便计算方式

一些企业可以利用时间耗费来简单计算劳动力成本,快速评定成本和价格定价。

(1)时间记录

①站点停靠时间计算

要确定每一次"停靠站点"所需时间并做好记录。通常为24分钟,这24分钟中包括卡车司机进入站点的时间、等待时间、等待签收时间以及卸货后的记数时间。假设总共有5站,就需要120分钟。通常码头高度和拖车平面一样,方便使用吊车卸货。但有一些可能导致超时的特殊情况,这些时间也需要记录下来,如没有码头时。卸货后将货物放在阁楼,或放进地下室的时间有时也属于特殊情况之一。

②卸货时间计算

接下来就要确定"卸货时间",通常每1公吨需要12分钟。假设货物重量为8公吨,就需要96分钟时间卸货。

③路上时间计算

最后,确定在路上需要花费的时间。拖车的速度通常平均为23公里/小时,也就是2.6分钟/公里。假设行驶100公里,就需要花费260分钟。

这样,三项所花费的总时间是476分钟,也就是约8小时。做好观察记录的目的在于由于工作组合的不同,时间和成本也会不同。

这里的时间是一个平均值。在详细的基本数据中,可能会有更多的具体时间数值。例如,在到站文件中,可将停靠时间确定在20到30分钟之间,而不一定非要使用24分钟。因为码头空间不足或需要地面卸货时,可能增加停靠时间。相反,场地宽阔就可以减少卸货时间。通常23公里/小时为道路运输平均速度。省际或长途运输可以选择25或30公里/小时。卸货时间平均为12分钟/公吨,如果经验丰富、运输状况良好的话,需要的卸货时间会更少。当然如果运输组合不佳,需要花费的时间会更高。

(2)时间换算为成本

将时间上的消耗转化成美元进行计算。第一步是应用直接小时率。如果驾驶员的直接小时消耗率是120元/小时,那么工作满8小时就需要消耗960元。

再将这些直接成本转化为生产成本。运输上的生产成本可能与一个因素有关,如用于卡车和拖车折旧、维修保养、税费和执照费用等等。其比率为200%,这样整个费用就增加到1920元。另外还有行政管理成本费用,这个比率通常是125%,因此总费用现在就增加到

2400 元。

在运输过程中包含了原料成本。柴油是最重要的因素。假如每升柴油为 3 元,消耗为 2 公里/升,那么原料消费就是 300 元。

其他直接原料成本为高速公路通行费、公路税等,汽油和轮胎也算直接成本,或者作为企业管理一般费用的一部分。直接需要柴油燃料费用 300 元,采用一般管理费用 1.25 倍的比例,就需要 375 元,采用行政一般管理费用 1.25 倍,则需要 468.75 元。

因此,整个运输过程中的成本为劳动力 2400 元 + 原料 468.75 元,总费用 2868.75 元。

阅读资料:1978 ~ 1990 年上海铁路分局运输成本与运输支出情况表

表 6 – 5　　1978 ~ 1990 年上海铁路分局运输成本与运输支出情况表　　单位:元

年份	每万换算吨公里成本	货运万吨公里成本	客运万人公里成本	运输支出(万元)	其中					
					工资	材料	燃料	电力	折旧	其他
1978	49.88	–	–	5578	1844	1139	1631	194	–	770
1979	54.19	–	–	6512	1986	1188	1824	213	–	1301
1980	60.60	–	–	7900	2161	1298	1973	212	1261	992
1981	57.78	–	–	7718	2011	1409	2021	213	1261	803
1982	57.84	–	–	7888	2000	1365	2132	217	1272	902
1983	68.44	–	–	9779	1913	1243	2528	195	2045	1855
1984	70.33	64.33	79.60	11202	2170	1409	3006	197	2215	2205
1985	79.65	78.95	80.69	13604	2670	1791	4464	244	2352	2083
1986	104.97	–	–	18799	4082	2430	6216	287	2778	3006
1987	114.67	–	–	21540	4496	2589	7279	299	3406	3471
1988	139.07	–	–	27236	5927	3305	9326	512	3774	4392
1989	156.20	–	–	30735	5878	4590	10329	747	4255	4936
1990	175.29	–	–	33023	6245	4997	10552	747	5275	5207

说明:每万换算吨公里成本:换算吨是指将体积或重量均换算为吨,按每吨 × 每公里计算成本。

6.3.3 外包运输企业运输成本核算

外包运输面临着不同运输方式的选择,不同运输方式有着不同的运费,下面介绍不同运输方式的计费方式。

1. 海运运费的计算

在班轮运输中,运价是固定的,租船人可通过班轮公司对外公布的班轮运价表得知运费。而在租船业务中,运费需由双方在租船合同中商订。这里主要以班轮运价为主介绍班轮运价的计算方法。

以海上班轮运输为例:

第一,审查托运人提供的货物名称、重量、尺码(是否超重、超长)、装卸港口、是否需要转船以及卸货港的选择等;

第二,根据货物名称,从货物分级表(见表 6 – 6)中查出该货物所属等级、计算标准;

第三,查找所属航线的等级费率表,找出该等级货物的基本费率;

第四,查出各附加费的费率及计算方法;

第五,根据以上内容,将各项数据代入班轮运费计算公式予以计算。

(1)班轮运价表的分类

班轮公会运价表。班轮公会制订的运价表,为参加公会的班轮公司所使用,规定的运价比较高,是一种垄断性的价格,承运的条件也有利于船方。远东水脚公会(亦称“班轮公会”,是由主要海运国家的班轮公司组成的跨国组织)运价表属于此种。

班轮公司运价表。由班轮公司自己制定的运价表,如中远集团运价表。

货方运价表。由货方制定,船方接受使用的运价表。能制定运价表的货方,一般是较大的货主,并能保证常年有稳定的货源供应。中外运运价表即属于此种。

(2)班轮运价表的内容

班轮运价表一般包括以下一些内容:

说明及有关规定。这部分内容主要是该运价表的适用范围、计价货币、计价单位及其他的有关规定。

港口规定及条款。主要是将一些国家或地区的港口规定列入运价表内。

货物分级表。列明各种货物所属的运价等级和计费标准。

航线费率表。列明不同的航线及不同等级货物的基本运费率。

附加费率表。列明各种附加费及其计收的标准。

冷藏货费率表及活牲畜费率表。列明各种冷藏货物和活牲畜的计费标准及费率。

(班轮运价表实务范本见表6-7)

(3)班轮运价的计算标准

按货物的毛重计收。在运价表中,以“W”字母(Weight)表示。一般以一公吨为计算单位。

按货物的体积计收。在运价表中,以“M”字母(Measurement)表示。一般以一立方米为计算单位。

按货物的毛重或体积计收运费,计收时取其数量较高者。在运价表中以“W/M”字母表示。按惯例凡一重量吨货物的体积超过一立方米或40立方英尺者即按体积收费;一重量吨货物其体积不足一立方米或40立方英尺者,按毛重计收。

按货物的价格计收运费,又称从价运费。在运价表中以“Ad. val”表示。一般按商品FOB货价的百分之几计算运费。按从价计算运费的,一般都属高值货物。

按货物重量或体积或价值三者中最高的一种计收,在运价表中以“W/M or Ad. val”表示。也有按货物重量或体积计收,然后再加收一定百分比的从价运费。在运价表中以“W/M plus Ad. val”表示。

(4)班轮运价的构成

班轮运价由基本运费和各种附加费所构成。

基本运费率即班轮航线内基本港口之间对每级商品规定的必须收取的费率。

不同的商品在货物分级表内划分为二十个等级,(参见表6-5)随着等级的增加,其基本运费率也随之增加。

附加费是对一些需要特殊处理的货物或由于客观情况的变化等使运输费用大幅度增加,班轮公司为弥补损失而额外加收的费用。附加费的种类很多,而且随着客观情况的变化而变化。如超重附加费、超长附加费、燃油附加费、港口附加费、绕航附加费、转船附加费、直航附加费、选卸附加费、货币贬值附加费等。

各种附加费的计算方法主要有两种，一种是以百分比表示，即在基本费率的基础上增加一个百分比；另一种是用绝对数表示，即每运费吨或每集装箱增加若干金额，可以与基本费率直接相加计算。

(5) 班轮运费的计算方法

班轮运费的计算公式为：

$F = F_b + \sum S$

在公式中，F 表示运费总额；F_b 表示基本运费；S 表示某一项附加费。

基本运费是所运货物的数量与规定的基本费率的乘积。即：

$F_b = f \times Q$

在公式中，f 表示基本费率；Q 表示货运量（运费吨）。

附加费是指各种附加费的总和。在多数情况下，附加费是按基本运费的一定百分比计算，其公式为：

$$\sum S = (S_1 + S_2 + \cdots\cdots + S_n) \times F_b$$
$$= (S_1 + S_2 + \cdots\cdots + S_n) f \times Q$$

其中 $S_1 S_2 \cdots\ldots S_n$ 为各项附加费率。代入运费计算公式，可得：

$$F = F_b + \sum S$$
$$= f \times Q + (S_1 + S_2 + \cdots\cdots + S_n) f \times Q$$
$$= (1 + S_1 + S_2 + \cdots\cdots + S_n) f \times Q$$

例 6-10：上海某公司出口一批全棉坯布（COTTON PIECE GOODS），货物的总毛重为 43050 公斤，尺码为 93035 立方米，进口商要求用散货运往日本的大阪港（OSAKA），试计算出口运费总额为多少美元？

解：查货物分级表知全棉细坯布为 10 级，计算标准为 M。

再查从中国到日本大阪的费率表，查出 10 级货物的基本费率为 52 美元，

代入计算公式

$$F = F_b + \sum S$$
$$= f \times Q$$
$$= 52.00 \times 93.035$$
$$= 4837.82 \text{ 美元}$$

在实际业务中，承运人为维护自身的最基本收益，对小批量货物收取起码运费，用以补偿其最基本的装卸、整理、运输等操作过程中的成本支出。起码运费的标准一般以 1 运费吨为件杂货和拼箱货的标准；有的以提单为单位收取起码运费，如按提单为标准收取起码运费后不再加收其他附加费。

在实际业务中，集装箱班轮货物运费的计算方法除了可以采用件杂货的方法外，还可以采用包箱费率。所谓包箱费率是指对单位集装箱计收的运费率。包箱费率也称为“均一费率”。采用包箱费率计算集装箱基本运费时，只需要根据具体航线、货物等级以及箱型、尺寸所规定的费率乘以箱数即可。

例 6-11：某货轮从广州港装载杂货——人造纤维，体积为 20 立方米、毛重为 17.8 公吨，

运往欧洲某港口，托运人要求选择港卸货，Rotterdam 或 Hamburg，Rotterdam 和 Hamburg 都是基本港口，基本运费率为 USD80.0/FT，三个以内选卸港的附加费率为每运费吨加收 USD3.0 "W/M"。请问：

(1)该托运人应付多少运费(以美元计)？

(2)如果该用集装箱运输，海运费的基本费率为 USD1100/TEU，货币附加费 10%，燃油附加费 10%。改用集装箱运输时，该托运人应支付多少运费(以美元计)？

(3)若不计杂货运输和集装箱运输两种方式的其他费用，托运人从节省海运费考虑，是否应选择改用集装箱运输？

解：①因为 W：17.8 公吨　M：20 立方米

M > W 运费吨为 20.0

所以，运费 = (80.0 + 3.0) × 20.0 = USD1 660.0

②可选用 1 个 TEU：

运费 = 1 100 + 1 100 × 10% + (1 100 + 1 100 × 10%) × 10%

= 1 100 + 110 + 121

= USD1 331

或者：

运费 = (1 + 10% + 10%) × 1 100 = USD1 320.0

因为①大于②，所以应选择改用集装箱运输。

租船运费主要有两种：一种是规定费率 × 计费数量，规定费率即按所装货物每单位重量(或单位容积)所表示金额，费率的高低主要决定于租船市场的供求关系，但也与运输距离、货物种类、装卸率、港口使用、装卸费用划分和佣金高低有关。合同中对运费按装船重量(INTAKEN QUANTITY)或卸船重量(DELIVERED QUANTITY)计算；另一种是整船包干运费，即按提供的船就一趟行程(程租船)或一定期限(期租船)付一笔运费，不管实际装货多少，一律照付。运费是预付或到付，均须订明。特别要注意的是应付运费时间是指船东收到的日期，而不是租船人付出的日期。

2. 航空运费的计算

以指定商品运费为例，运费计算的步骤为：①查询运价表，如有指定商品代号，则考虑使用指定商品运价；②查找 TACT RATES BOOKS 的品名表，找出与运输货物品名相对应的指定商品代号；③如果货物的计费重量超过指定商品运价的最低重量，则优先使用指定商品运价；④如果货物的计费重量没有达到指定商品运价的最低重量，则需要比较计算。

计费重量是指用以计算货物航空运费的重量。它可以是货物的实际毛重，或体积重量，或较高重量分界点的重量。

(1) 实际毛重(Actual Gross Weight)

包括货物包装在内的重量，称为货物的实际毛重。一般情况下，对于高密度货物(High Density Cargo)，应考虑其货物实际毛重可能会成为计费重量。

(2)体积重量(Volume Weight)

按照国际航协规则，将货物的体积按一定的比例折合成的重量，称为体积重量。

由于货舱空间的限制，一般对于低密度的货物(Low Density Cargo)，即轻泡货物，考虑其体积重量可能会成为计费重量。

(3) 计算规则

不论货物的形状是否为规则的长方体或正方体,计算货物体积时,均应以最长、最宽、最高的三边的厘米长度为准。长、宽、高的小数部分按四舍五入取整。体积重量按每6000立方厘米折合1公斤计算。即1体积重量=货物体积/6000立方厘米。

(4) 计费重量(Chargeable weight)

计费重量为货物的实际毛重与体积重量比较,取其高者;国际航协规定,国际货物的计费重量以0.5公斤为最小单位,重量尾数不足0.5公斤的,按0.5公斤计算;0.5公斤以上不足1公斤的,按1公斤计算。

例6-12:103.001 kg ——→103.5 kgs

103.501 kg ——→104.0 kgs

货物较高一个计费重量分界点的运费比计得的航空运费为低时,则以此分界点的运费作为最后收费依据。反之,则以计得的运费为准。这是航空公司给货主的一项优惠。

运费=适用运价×计费数量

另外,在计算航空运费时应注意:①起码运费:是航空公司办理一批货物所能接受的最低运费,不论货物的重量或体积大小,在两点之间运输一批货物应收取的最低金额。不同地区有不同的起码运费。②直达货物运价优先于分段相加组成的运价。③指定商品运价优先于等级货物运价和普通货物运价。④等级货物运价优先于普通货物运价。

例6-13:Routing: BEIJING, CHINA(BJS) to AMSTRDAM, HOLLAND(AMS)

Commodity:PARTS

Gross Weight:38.6 kgs

Dimensions: 101 ×58×32 CM 计算其航空运费。

公布运价如下:

解:(1)按实际重量计算,

Volume:101×58×32 = 187456 立方厘米

Volume Weight: 187456 立方厘米 / 6000 立方厘米/公斤 =31.24kgs =31.5kgs

Gross Weight: 38.6kgs

Chargeable Weight:39kgs

Applicable Rate:GCR50. 22CNY/KG

Weight charge: 39.0 ×50.22 = CNY1958.58

(2)采用较高重量分界点的较低运价计算,

Chargeable Weight: 45.0 kgs

Applicable Rate: GCR Q ——41.53 CNY/KG

Weight Charge: 41.53 × 45.0 = CNY 1868.85

(1)与(2)比较,取运费较低者。

Weight Charge: CNY 1868.85

3. 铁路运费的计算

铁路运费按照我国国内的《铁路货物运价规则》计算。

其公式是:

运价里程货物运价号→货物运价率×计费重量=运费

说明:

①运价里程:是指货物从发站至到站的距离,可根据货物运价里程表来确定。在计算联运进出口货物国内段运价里程时,应包括国境站至国境线的里程。

② 货物运价号:《国内价规》采用分号运价,对整车货物分为 1 至 12 号,零担货物分为 21 至 25 号,共 17 个运价号。根据货物名称查找《国内价规》上的货物运价分号表,以确定该货物适用的运价号。运价数目愈大,运价率愈高。

③ 计费重量:计费重量单位,整车货物以吨为单位,吨以下四舍五入;零担货物以 10 公斤为单位,不足 10 公斤进为 10 公斤。整车货物一般按货车标准计算;零担货物按货物重量计算。但对于接运进口整车货物还应考虑《价规》的有关计费重量的特殊规定。

④ 货物运价率:根据运价里程与运价号,在货物运价率表中查出相应的运价率。整车货物系每吨(或每辆)的运费,零担货物系每 10 公斤的运费。

运价率不同的货物在一个车内作一批整车货物运送及运价率不同的零担货物在一个包装内或按总重量托运时,均按其中高的运价率计算。

4. 公路运输运费的计算

整批货物运费 = 吨次费 × 计费重量 + 整批货物运价 × 计费重量 × 计费里程 + 货物运输及其他费用

零担货物运费 = 计费重量 × 计费里程 × 零担货物运价 + 货物运输及其他费用

集装箱运费 = 重(空)箱运费 × 计费箱数 × 计费里程 + 箱次数 × 计费数 + 货物运输及其他费用

包车运价 = 包车运价 × 包用车辆吨位 × 计费时间 + 货物运输及其他费用

按照《汽车运价规则》规定:

(1) 汽车货物运输计费重量单位,整批货物运输以吨为单位,尾数不足 100 千克时,四舍五入;零担货物运输以千克为单位,起码计费重量为 1 千克,尾数不足 1 千克时,四舍五入;轻泡货物每立方米折算重量 333 千克。

(2) 按重量托运的货物一律按实际重量(含货物包装、衬垫及运输需要的附属物品)计算,以过磅为准。由托运人自理装车的,应装足车辆额定吨位,未装足的,按车辆额定吨位收费。统一规格的成包成件的货物,以一标准件重量计算全部货物重量。散装货物无过磅条件的,按体积和各省、自治区、直辖市统一规定重量折算标准计算。接运其他运输方式的货物,无过磅条件的,按前程运输方式运单上记载的重量计算。拼装分卸的货物按照最重装载量计算。

(3) 汽车货物运输计费里程按下列规定确定:

货物运输计费里程以千米为单位,尾数不足 1 千米的,进为 1 千米。

计费里程以省、自治区、直辖市交通行政主管部门核定的营运里程为准,未经核定的里程,由承托双方商定。

同一运输区间有两条(含两条)以上营运路线可供行驶时,应按最短的路线计算计费里程或按承托双方商定的路线计算计费里程。拼装分卸从第一装货地点起至最后一个卸货地点止的载重里程计算计费里程。

表 6－6 班轮货物分级表（节选）

CLASSIFICATION OF COMMODITIES GENERAL CARGO

COMMODITY	BASIS	CLASS
Fishing Implements	M	9
Flour	W	5
Fruits, dried	M	7
Fruits fresh	M	7
Fruit Juice	M	8

班轮航线费率表（中国——加拿大）（节选）

SCALE OF CLASS RATES FOR CHINA——CANADA SERVICE In H. K. Dollars

West Canada Class	East Canada Vancouver	Halifax St.. John	Montreal, Quebec, Toronto Hamilton
1	150.00	177.00	193.00
2	159.00	185.00	202.00
3	167.00	193.00	211.00
⋮	⋮	⋮	⋮
19	629.00	735.00	802.00
20	711.00	844.00	920.00
Ad. val	4%	4%	4%

表 6－7 货 物 分 级 表（节选）

COMMODITIES 货名	CLASS 级别	BASIS 计费标准
⋮	⋮	⋮
COMPUTER & DUPLICATOR（计算机和复印机）	12	W/M
COTTON GOODS & PIECE GOODS（棉布及棉纱）	10	M
COTTON THREAD & YARN（棉线及棉纱）	9	M
⋮	⋮	⋮

费 率 表（节选）

亚 洲 散 货

中国香港、日本、新加坡、马来西亚、泰国、印尼

Hongkong	Hongkong
Japan	Kawasaki. Kobe. Moji. Nagoya. Osaka. Shimizu. Tokyo. Yokohama. Yokkaichi

Singapore	Singapore
Malaysia	Port Kelang. Penang
Thailand	Bangkok
Indonesia	Djakarta(Jakarta). Semarang. Surabaya. Medan

货物等级 Class	运费率 Hongkong US $/FT	运费率 Japan US $/FT	运费率 Singapore US $/FT	运费率 Malaysia US $/FT	运费率 Thailand US $/FT	运费率 Indonesia US $/FT
⋮	⋮	⋮	⋮	⋮	⋮	⋮
9	23.00	51.50	35.00	38.00	35.00	34.00
10	24.00	52.00	36.00	39.00	36.00	36.00
11	24.50	53.00	37.00	40.00	37.00	37.00
⋮	⋮	⋮	⋮	⋮	⋮	⋮

6.4 运输成本控制与分析

6.4.1 影响运输成本的主要因素

从一般的运输原理来看,运输量越大、运输距离越远、分摊的运输成本就越低,这是从变动成本的角度看的。运输的总成本除了运输方式、停靠站点(时间)、里程数、载货重量是主要决定因素以外,还与运输产品特性、运输工具的积载能力、搬运方式、物资易损性等因素有关。

1. 运输方式

不同运输方式的费用有很大的区别,在我们所提到的几种方式中,航空运输的费用最高,水运的费用最低(见表6-8)。应根据产品运输要求、合同要求合理选择运输方式,达到降低运输成本、提高运输效率的目的。

表6-8　　运输方式比较

运输方式	技术经济特点	运输对象
铁路	初始投资大,运输容量大,成本低廉,占用的土地多,连续性强,可靠性好	适合于大宗货物、件杂货等的中长途运输
公路	机动灵活,适应性强,短途运输速度快,能源消耗大,成本高,空气污染严重,占用的土地多	适合于短途、零担运输、门到门的运输
水路	运输能力大、成本低廉、速度慢、连续性差,能源消耗及土地占用都较少	适合于中长途大宗货物运输,海运,国际货物运输
航空	速度快、成本高、空气和噪声污染重	中长途及贵重货物运输,保鲜货物运输
管道	运输能力大,占用土地少,成本低廉,连续输送	适合于长期稳定的流体、气体及浆化固体物运输

2. 停靠站点及时间

在运输过程中,停靠站点的多少和停靠时间长短也会影响运输成本。在运输中,每次可能只运送一件产品,也可能一次运送十件或更多产品;每次运输可以运至一位客户,也可运至多位客户。这样就要根据客户的需要来进行计算了。因此,每一站中客户的产品数量要记录在案。假如每站只有一件货物,所有停靠时间就是这一件货物的;假如每一站停靠时有多件产品,停靠时间就被分裂成所有产品中,每件产品占用的停靠时间就大大减少了。假如每次运输只有一个站点,停靠时间少,但运输成本独立承担;假如有多个站点,停靠时间较多,运输成本分摊后较低。

3. 产品因素

密度:密度低的货物,单位重量的运输成本低。

搬运难易度:搬运难度较高的货物运输成本较高。

价值:产品价值高,需要承运人提供的可靠性越大,货物的运输价格越高。

物资易损性:有些物资易损、易腐、易燃、易爆,容易造成损坏风险导致索赔。运输过程中需要特殊的工具或方式,并且需要一定的保险措施,会引起运输成本的增加。

运价:在确定运价时,我们可以采用服务成本定价法、服务价值定价法等方法,不同计价方法计的运费略有不同,慎选定价法。

标准化:产品标准化,如尽可能多地采用标准零部件、模块化产品,可以减少因品种多变而导致附加配送成本。

4. 空驶行程

道路运输车辆的行驶过程,按其承载状况可分为载重行程和空驶行程,而空驶行程又可包括调空行程和空载行程。调空行程主要是指车辆由车场开往装载地点,或由最后一个卸载地点返回车场的行程;空载行程是指车辆在运输作业中由卸载地点空驶到下一个装载地点的行程。车辆的载重行程与总行程之比称为车辆行程利用率,它是影响车辆利用效率的重要因素之一。显然,车辆空驶率越高其行程利用率就越低,车辆的利用效率也就越低。

在汽车运输过程中,完全没有空驶行程是不可能的,有些空驶行程是不可避免的运输生产辅助过程,例如车辆到附近的装卸货地点之间的调空行程、在一个市区内短距离往返运送货物时的回程空载行程等。但我们要尽量减少城市之间和城乡之间长途运输过程中的回程空驶现象,即汽车由本地区向外地运送货物后空车返回。此外,还有部分车辆空车开往外地去运来一车货物,造成去程空驶等现象。根据有关调查资料,我国物流运输车辆的空驶率达37%;某些专门运送特种货物的专用车辆,如专门运送商品汽车的汽车物流车辆,其空驶率高达39%。

汽车空驶行程完全是消耗性生产过程,车辆的空驶行程越少,车辆的利用效率就越高,运输成本就越低。

5. 积载能力因素

积载能力因素是指由于物资的具体尺寸、形状等因素对运输工具的空间利用程度的影响。如有些物资由于尺寸、密度、形状等比较特殊,以及超重超长等特征,使运输工具不能很好地积载,浪费了运输工具的空间,从而增加了运输成本。积载能力因素也与装运规模有关,大批量装运往往能够相互嵌套,有利积载;小批量装运相互嵌套的机会较少,难以积载。

6. 搬运方式

物资在运输过程中通常要用刚性容器或承载工具进行成组形成运输单元,以提高搬运效率。成组后的集装单元增加了搬运灵活性,并且减少了装卸搬运过程中的损耗,从而可以降低运输成本。

7. 运输策略

运用不同运输策略也会对运输成本产生影响:

(1)混合策略

混合策略是指运输业务一部分由企业自身完成。

(2)差异化策略

差异化策略的指导思想是:产品特征不同,顾客服务水平也不同。

(3)合并策略

合并策略包含两个层次,一是运输方法上的合并;另一个则是共同配送。

(4)延迟策略

延迟策略的基本思想就是对产品的外观、形状及其生产、组装、配送应尽可能推迟到接到顾客订单后再确定,一旦接到订单就要快速反应。

实施延迟策略常采用两种方式:生产延迟(或称形成延迟)和物流延迟(或称时间延迟)。而配送中往往存在着加工活动,所以实施配送延迟策略既可采用形成延迟方式,也可采用时间延迟方式。

(5)标准化策略:尽量减少因品种多变而导致附加配送成本,尽可能多地采用标准零部件、模块化产品。

运输管理的重点,就在于努力减少车辆空驶行程、对车辆进行合理配载、科学规划运输行驶线路和车辆调度,提高车辆利用效率,减少无谓的浪费。在实践中,除了以上决策以外,运输管理活动还有:运费单审核、运输费率谈判、运输跟踪和加急、索赔处理等。总之,运输成本管理要从小处入手,每一项运输活动的产生都要有成本控制的环节,至于不产生经济效益的活动更是控制的重点。

6.4.2 运输成本预测与计划

1. 运输成本预测的意义

运输成本预测是在企业经营决策的总目标下,在正式编制成本计划之前,根据预计的各种情况变化,发动群众和各部门,收集资料进行分析研究,对成本可能达到的水平、降低幅度和成本目标进行的科学估计。成本预测是确定目标成本和选择达到目标成本最佳途径的重要手段。

运输成本预测是运输成本计划的基础,为编制科学、合理的成本控制目标提供依据。因此,成本预测对提高成本计划的科学性、降低成本和提高经济效益,具有重要的作用。加强成本控制,首先要抓成本预测。成本预测为成本确立行为目标,成本控制才有针对性;不进行成本控制,成本预测也就失去了存在的意义,也就无从谈起成本管理了。

加强运输成本预测工作,可以挖掘企业内部一切潜力,即以最少的人力、物力、财力来实现企业的经营目标,保证企业获得最佳的经济效益。从这种意义来说,成本预测过程,实际上是成本决策过程。

运输成本预测,可以是近期的,也可以是远期的。如月度和季度的成本预测,一般只对成本完成情况进行估计,不全面考虑降低成本的措施。又如企业负责人在月底前,预测哪些成本项目将会超支,从而采取措施,以期消除超支现象。远期成本预测,在预计成本完成情况时同进,并全面考虑降低成本的措施。

2. 运输成本预测与计划的步骤

运输成本预测与计划一般按如下五个步骤进行:

(1)提出一个初步目标成本。其提出方法:一是选择某一先进成本作为目标成本,它可选国内外同行业的先进成本水平,也可选企业历史上的最好成本水平,还可以根据定额成本的降低率来进行确定;另一种方法是,先确定目标利润,在运输收入(扣除税金)中减除目标利润即为初步目标成本。

(2) 收集整理成本数据和历史资料,分析可能影响成本水平的社会因素,按照技术经济分析提出降低成本的方案,根据目标利润、生产发展及消耗水平,测算目标成本。

(3)在目前情况下,初步预测成本可能达到的水平,并找出与初步目标成本的差距。其目的是找出现有成本与目标成本之间的差距,从而以现有成本为基础,采用加权平均法,对过去成本进行必要调整或根据成本构成进行初步成本预测。

(4) 进行试算平衡。编制成本计划要以提高经济效益为中心 ,进行运输、供应、市场、外包外协、资金、费用等方面计划的综合平衡。

(5)正式编制计划。根据综合平衡后确定的成本指标,由财务部门报经企业领导审批后,正式编制运输成本计划。

6.4.3 运输成本控制

1. 运输成本的计算方法分析

(1)会计成本计算方法

会计成本计算方法主要是用于核算在提供产品与服务时投入要素所发生的费用,目前运输业中也在使用这种方法。

对运输成本计算要求十分严格的美国政府运输主管部门,还专门规定了铁路和公路的运输成本标准计算方法。美国现行运输成本计算主要是将已发生的各种费用尽可能十分细致地分类,以便把这些费用直接归并到具体的运输服务项目中去,而无法直接归依的费用就作为综合费用或管理费用依某种指标分配到所有的服务项目中,最后汇总为运输服务的完全分配成本。

当然,会计成本计算方法仍存在很多问题。

直接费用大体上只是计算在现有运营水平上的平均变动成本,而不是计算边际成本;完全分配成本要被看作是单位平均成本也并不令人满意,原因是它在忽视沉淀成本的情况下很难真正反映机会成本,而且它对联合成本及共同成本的考虑也不够完善 。

(2)经济计量分析法

运输成本的经济计量分析是用于解释与某一类别运量相关的费用与运量本身及主要投入要素数量和价格的关系。某一个运输成本计量模型的方程是这样的:

$Ci = \alpha + \beta Qi + \sigma Wi + \tau Fi + \varepsilon i$

Ci:某类运量的成本;

Qi:该类旅客或货物的运输量;

Wi:工资水平;

Fi:燃料价格;

εi:其他不可知因素的影响;

α, β, σ 和 τ 则分别是待定参数。

经济计量模型的优缺点:

一旦分析者得到足够的有关该类运输量、工资和燃料等方面的时间序列数据资料或横断面资料,就可以确定模型中的参数,并进行经济分析,包括在一定程度上解决运输成本不可追溯的问题。

β 值体现运输成本与该类运输量增长变化的关系,有学者认为可将其作为边际成本的变化率对待,但边际成本在不同的产量范围内变化是有区别的,该模型中 β 值仅为线性变化,因此还是有一定的缺陷和不足。

其所需分析资料的取得有难度,因为它所需要的分类资料往往不如那些汇总的统计资料容易获得,所以运输成本的计量分析与会计分析还需要相互补充。

在运输管理中,我们首先可以确定运输总成本的上限,然后根据组织预计的利润率算出运输总收入,以反推的方法对每一项成本收入进行控制。

2. 运输成本控制

运输企业降低运输成本的途径主要有两条,一是增产,二是节约。要增产就要有充足的货源保证,同时努力提高车辆运用效率;要节约就必须节省一切支出。

根据周转量的计算公式:

周转量 = 日历日数 × 营运车数 × 工作率 × 平均车日行程 × 行程利用率 × 平均吨位 × 吨位利用率 × 1/(1 − 托运率)

可见,企业完成周转量时的车辆总行程,即

总行程 = 日历日数 × 营运车数 × 工作率 × 平均车日行程

Z = 行程利用率 × 平均吨位 × 吨位利用率 × 1/(1 − 托运率)

则:

周转量 = 总行程 × Z

其中:Z 为载运系数。故

周转量 = 总行程 × 载运系数

或:

载运系数 = 周转量/总行程

从上式可明显看出降低运输成本的关键所在:降低运输成本的主攻方向是提高载运系数,即提高行程利用率、平均吨位、吨位利用率、托运率这四个指标;提高车辆载重量,使用耗能少、效率高、大吨位的车辆是降低运输成本的有效途径。

成本构成和影响因素清楚后,进行成本控制就比较容易,一般应采取如下控制手段:

(1)对长途运输尽可能采用装载量大的运输工具,提高运输效率。

铁路、水路的运输工具装载量大,适于长途运输,但铁路、水路有时两段需要转运,反而会增大了运输成本,这就需要采取集装单元化和标准化,提高装卸效率以降低装运成本。

(2)采取共同配送,实现规模效益

配送是小批量、多频次的输送。为实现规模效益,共同配送是一种有效的方法。

(3)利用托盘制与联合运输的结合提高搬运效率。

利用托盘一贯制与联合运输结合的运输方式能提高搬运效率,缩短在途时间,也是一种控制运输成本的重要手段。

(4)加强网络建设,形成稳定平衡的运输体系

物流网络不仅可以完善服务功能,提高市场占有和利用率,而且有利于组织返程货源,建立平衡的运输体系。物流企业应根据自己的实力和环境条件,设立自己的货物可以利用的网点,以形成平衡的运输体系。

在长期的运输计划编制中为满意的运行路线和时间安排提炼出下列六条原则:

(1)应当避免停留工作时间太短的约束

如果停留点的工作时间确实影响到合理的送货路线,则可以与停留点商量,调整其工作时间或放宽其工作时间约束。

(2)车辆运行路线应将相互接近的停留点串起来,以便停留点之间的运行距离最小化,这样也就使总的路线上的运行时间最小化。

(3)将聚焦在一起的停留点安排同一天送货

要避免不是同一天送货的停留点在运行时间路线上的重叠,这样可有助于使所需的服务车辆数目最小化以及一周中的车辆运行时间和距离最小化。

(4)运行路线从离仓库最远的停留点开始

合理的运行路线应从离仓库最远的停留点开始将该集聚区的停留点串起来,然后返回仓库。

(5)最有效的运行路线通常是使用大载量的送货车辆的结果

在多种规格车型的车队中,应优先使用载重量最大的送货车。最好是使用一辆载重量大到能将路线上所有停留点所要求运送的货物都装载的送货车,这样一来可将总的服务备停留点所要求停留点的运行距离或时间最小化。

(6)提货应混在送货过程中进行,而不要在运行路线结束后再进。提货应尽可能在送货过程中进行以减少交叉路程量,而在送货结束后再进行提货经常会发生交叉路程。

运输费用是衡量运输效果的综合标准,也是影响物流系统经济效益的主要因素。一般说来,运输费用和运输时间是一对矛盾体,速度快的运输方式一般费用较高,与此相反,运输费用低的运输方式速度较慢。

当然,在考虑运输成本时,必须考虑运输费用与其他物流子系统之间存在着互为利弊的关系,不能单从运输费用出发来决定运输方式,而要从全部的总成本出发来考虑。

案例:百胜物流——降低连锁餐饮企业运输成本之道

对于连锁餐饮这个锱铢必较的行业来说,靠物流手段节省成本并不容易。然而,作为肯德基、必胜客等业内巨头的指定物流提供商,百胜物流公司抓住运输环节大做文章,通过合理地运输安排、降低配送频率、实施歇业时间送货等优化管理方法,有效地实现了物流成本的"缩水",给业内管理者指出了一条细致而周密的降低物流成本之路。

对于连锁餐饮业(QSR)来说,由于原料价格相差不大,物流成本始终是企业成本竞争的焦点。据有关资料显示,在一家连锁餐饮企业的总体配送成本中,运输成本占到60%左右,而运输成本中的55%到60%又是可以控制的。因此,降低物流成本应当紧紧围绕运输这个核心环节。

1. 合理安排运输排程

运输排程的意义在于，尽量使车辆满载，只要货量许可，就应该做相应的调整，以减少总行驶里程。

由于连锁餐饮业餐厅的进货时间是事先约定好的，这就需要配送中心就餐厅的需要，制作一个类似列车时刻表的主班表，此表是针对连锁餐饮餐厅的进货时间和路线详细规划制定的。

众所周知，餐厅的销售存在着季节性波动，因此主班表至少有旺季、淡季两套方案。有必要的话，应该在每次营业季节转换时重新审核运输排程表。安排主班表的基本思路是，首先计算每家餐厅的平均订货量，设计出若干条送货路线，覆盖所有的连锁餐厅，最终达到总行驶里程最短、所需司机人数和车辆数最少的目的。

规划主班表远不止人们想像得那样简单。运输排程的构想最初起源于运筹学中的路线原理，其最简单的是从起点A到终点O有多条路径可供选择，每条路径的长度各不相同，要求找到最短的路线。实际问题要比这个模型复杂得多，首先，需要了解最短路线的点数，从几个点增加到成百甚至上千个，路径的数量也相应增多到成千上万条。其次，每个点都有一定数量的货物流需要配送或提取，因此要寻找的不是一条串联所有点的最短路线，而是每条串联几个点的若干条路线的最优组合。另外，还需要考虑许多限制条件，比如车辆装载能力、车辆数目、每个点在相应的时间开放窗口等，问题的复杂度随着约束数目的增加呈几何级数增长。要解决这些问题，需要用线性规划、整数规划等数学工具，目前市场上有一些软件公司能够以这些数学解题方法作为引擎，结合连锁餐饮业的物流配送需求，做出优化运输路线安排的软件。

在主班表确定以后，就要进入每日运输排程，也就是每天审视各条路线的实际货量，根据实际货量对配送路线进行调整，通过对所有路线逐一进行安排，可以去除几条送货路线，至少也能减少某些路线的行驶里程，最终达到增加车辆利用率、增加司机工作效率和降低总行驶里程的目的。

2. 减少不必要的配送

对于产品保鲜要求很高的连锁餐饮业来说，尽力和餐厅沟通，减少不必要的配送频率，可以有效地降低物流配送成本。

如果连锁餐饮餐厅要将其每周配送频率增加1次，会对物流运作的哪些领域产生影响？

在运输方面，餐厅所在路线的总货量不会发生变化，但配送频率上升，结果会导致运输里程上升，相应地油耗、过路桥费、维护保养费和司机人工时都要上升。客户服务方面，餐厅下订单的次数增加，相应的单据处理作业也要增加。餐厅来电打扰的次数相应上升，办公用品（纸、笔、电脑耗材等）的消耗也会增加。在仓储方面，所要花费的拣货、装货的人工会增加。如果涉及短保质期物料的进货频率增加，那么连仓储收货的人工都会增加。在库存管理上，如果涉及短保质期物料进货频率增加，由于进货批量减少，进货运费很可能会上升，处理的厂商订单及后续的单据作业数量也会上升。

由此可见，配送频率增加会影响配送中心的几乎所有职能，最大的影响在于运输里程上升所造成的运费上升。因此，减少不必要的配送，对于连锁餐饮企业显得尤其关键。

3. 提高车辆的利用率

车辆时间利用率也是值得关注的，提高卡车的时间利用率可以从增大卡车尺寸、改变作业班次、二次出车和增加每周运行天数四个方面着手。

由于大型卡车可以每次装载更多的货物，一次出车可以配送更多的餐厅，由此延长了卡车的在途时间，从而增加了其有效作业的时间。这样做还能减少干路运输里程和总运输里程。虽然大型卡车单次的过路桥费、油耗和维修保养费高于小型卡车，但其总体上的使用费用绝对低于小型卡车。

运输成本是最大项的物流成本，所有别的职能都应该配合运输作业的需求。所谓改变作业班次就是指改变仓库和别的职能的作业时间，适应实际的运输需求，提高运输资产的利用率。否则朝九晚五的作业时间表只会限制发车和收货时间，从而限制卡车的使用。

如果配送中心实行24小时作业，卡车就可以利用晚间二次出车配送，大大提高车辆的时间利用率。在实际物流作业中，一般会将餐厅分成可以在上午、下午、上半夜、下半夜4个时间段收货，据此制定仓储作业的配套时间表，从而将卡车利用率最大化。

4. 尝试歇业时间送货

目前我国城市的交通限制越来越严，卡车只能在夜间时段进入市区。由于连锁餐厅运作一般到夜间24点结束，如果赶在餐厅下班前送货，车辆的利用率势必非常有限。随之而来的解决办法就是利用餐厅的歇业时间送货。

歇业时间送货避开了城市交通高峰时间，既没有顾客的打扰，也没有餐厅运营的打扰。由于餐厅一般处在繁华路段，夜间停车也不用像白天那样有许多顾忌，可以有充裕的时间进行配送。由于送货窗口拓宽到了下半夜，使卡车可以二次出车，提高了车辆利用率。

在餐厅歇业时段送货的最大顾虑在于安全。餐厅没有员工留守，司机必须拥有餐厅钥匙，掌握防盗锁的密码，餐厅安全相对多了一层隐患。卡车送货到餐厅，餐厅没有人员当场验收货物，一旦发生差错很难分清到底是谁的责任，双方只有按诚信的原则妥善处理纠纷。歇业时间送货要求配送中心和餐厅之间有很高的互信度，如此才能将系统成本降低。所以，这种方式并非在所有地方都可行。

附：中国百胜物流概况介绍

百胜餐饮集团是全球最大的餐饮集团之一，其旗下包括肯德基、必胜客、塔可钟（Taco Bell）、艾德熊（A&W）及Long John Silver's（LJS）五个世界著名餐饮品牌，分别在全球烹鸡、比萨、墨西哥风味食品以及海鲜连锁餐饮领域名列全球第一。目前，百胜集团在全球100多个国家拥有超过34,000家连锁餐厅和84万名员工，居世界餐饮业之首。中国百胜餐饮集团是中国最大的快餐集团，属于百胜餐饮集团的一部分。截至2005年年中，百胜中国旗下共有1584家肯德基，201家必胜客，3家塔可钟Grande和10多家必胜客急送餐厅。

中国百胜建立和管理着自己的物流网络，在全国设有十几个一级、二级配送中心，物流配送网络遍及全国的260多个城市，在业内创造出了较为成功的“灵活而实用”的物流运营模式。所以如果只是从覆盖地域上来讲，百胜物流是世界第三大物流公司。

在美国，百胜的配送一直由一家专业第三方物流公司Meclane Food Service来做，所以他们最初是想把美国的合作伙伴请到中国来继续为其服务，但当时中国市场小，营运条件落后，Meclane最终望而却步。百胜只得自己承担起这项工作。

如果从企业的发展角度来讲，像百胜这样的跨国企业，最理想的做法是把物流外包给专业的第三方物流公司，与之建立长期的战略合作伙伴关系。这样他们就可以集中精力开发市场，服务客户，增强核心竞争力。但是百胜从1987年进入中国到现在，一直都找不到一家理想的第三方物流公司，只好建立和使用自己的物流网络。中国百胜物流总经理表示：成就世界级，是一个过程。不光从设施上，还要从服务、食品品质、成本等方面去努力经营。为此，百胜在最关键的人员组织架构方面参考了世界级配销中心的组织架构配备，抽调了最优秀的管理和服务人员，打造出了适应中国国情的世界级食品物流体系。

中国商业流通业的发展在于连锁，而连锁经营的关键要素之一在于是否有强大的物流支持，物流必将成为其核心竞争力之一，而百胜在中国飞速发展的一个重要保障就是强大的物流系统。

本章小结

运输成本是物流成本构成的主要部分，想要降低物流成本不能不重视运输成本的管理。运输成本管理从运输成本的构成入手，分析运输成本的影响因素，做好运输成本的预测与控制工作，设法降低运输成本。

※ 习题

一、填空

1. 按照运输成本与运量的关系可将运输成本分为：______、______ 和 ______。

2. 运输企业降低运输成本的途径主要有两条，一是 ______，二是 ______。

3. 降低运输成本的主攻方向是提高载运系数，即 ____ 、____ 、____ 、____ 这四个指标。

二、判断

1. 海上运输运费计算可按货物的毛重或体积计收运费，即标准为"W/M"时，计收时取其数量较低者。(　　)

2. 对长途运输尽可能采用装载量小的运输工具，提高运输效率。(　　)

3. 降低运输成本应尽可能提高车辆载重量，使用耗能少、效率高、小吨位的车辆是降低运输成本的有效途径。(　　)

三、不定项选择

1. 运用不同运输策略也会对运输成本产生影响，可以选用的运输策略有：(　　)

A. 混合策略　　B. 差异化策略　　C. 合并策略

D. 延迟策略　　E. 标准化策略

2. 物流运输企业计提固定资产折旧，可以采用平均年限法、工作量法、双倍余额递减法、年数总和法，但车辆的固定资产折旧一般采用(　　)计提。

A. 平均年限法　　B. 工作量法　　C. 双倍余额递减法　　D. 年数总和法

3. 某公司组织一批贵重珠宝出口，应按(　　)计收运费。

A. W　　B. M　　C. W/M　　D. Ad. val

四、思考题

1. 举例说明什么是运输活动中的机会成本和沉没成本。

2. 试述自营运输成本的构成。

3. 比较不同运输方式的运输成本高低。

4. 试述降低运输成本的办法。

◆——第 7 章　仓储成本管理

●本章学习目标与要求

★引导案例

★章节内容

仓储成本概述

仓储成本的计算

仓储成本控制与分析

★阅读资料

国外物流成本分布状况

★案例

轻燕服装公司库存带来的灾害

两类管理法

一汽－大众汽车公司的“零库存”管理

库存为何不断增多

★本章小结

★习题

★学习目标

1. 了解仓储的功能、作用，充分认识库存的负作用。

2. 掌握仓储成本的计算范围，会按支付形态、仓储成本项目以及其他计算对象计算仓储成本。

3. 了解仓储成本合理化的涵义、仓储成本不合理的表现，掌握库存分类管理、库存数量的定量与定期控制技术，以及加强仓储作业成本管理等实现仓储成本合理化措施。掌握仓储成本的计划完成情况、结构变动、效益、效率与质量等分析方法。

---

*

你认识库存吗？

什么是库存？先看一看产品从工厂到消费者的整个过程：产品在工厂生产出来时，往往当天不能销售，需要存放在工厂的仓库中；产地的商业公司从多个工厂购进商品，需要在公司仓库中将多种商品汇集，等待销售；产地商业公司需经过运输部门将商品销往外地，有时商品在途中还得停留、中转；商品到达销地，往往要停留在配送中心才分送到零售商店；在零售商店还得停留等待，最后才销售给消费者。由上述可知，商品库存是指商品在各种仓库中处于暂时停滞状态。

为什么要有库存？

粮食只能在某个季节生产出来，但是人们却要天天消费。这说明商品的生产、销售、需求之间存在着季节差异，需要在生产季节储存起来供长年销售。

电视机厂只生产电视机，人们除了看电视外，还需用电冰箱、空调机。这又表明生产品种的单一性与消费品种的多样性之间存在着差异，需要将多种商品储存起来并进行归集、配送。

商业企业在价格上涨前，为规避风险并获取差价，往往低价购进商品而储存起来等待高价售出；大批量进货可以获得价格折扣，于是会增加库存。

纺织厂织布需要事先储存棉纱、棉布。

还有，为了“深挖洞，广积粮”、“备战、备荒、为人民”，国家还要储存大量的商品。……

因此，商品库存是商品生产、商品流通的必要条件，在商品流通领域中起着“蓄水池”的作用，在现代物流领域中起着“调节阀”的作用。

商品库存是必要的，但是现实中的商品库存，很大一部分是由于企业经营管理上的原因造成的。把握不好时，商品库存还是万恶之首。

库存只是商品，不会衍生利息，反而占用大量的流动资金，影响企业的资金运转效率；不像房地产，库存总的来说不会升值，只会损失、缩水、甚至贬值；不像机器设备，库存不能生产新的商品；不像应收账款，库存不易变现。人们把库存比作一潭湖水，把企业经营管理中存在的问题比喻成水中的石头，库存太高，掩盖了企业的问题存在，一旦库存水平下降，企业的问题就暴露出来了。

某企业老总说：“辛苦经营下来的结果，赚到的钱都是库存。”做生意必然遭遇库存问题，你永远也不可能百分之百地销售出所有的产品。企业越做越大，库存也越来越多。通常企业都有成品仓库，原材料仓库，大一点的企业算上分公司、办事处的仓库，代理商仓库、经销商仓库，光仓库数量就已经不是小数目了。管理落后点的，甚至根本不知道自己仓库里到底有多少价值的货品和材料。

丰田汽车公司创始人丰田喜一郎说：库存是万恶之首，维修、效率、质量、交期、大量资金占用或周转时间延长、客户服务水平低下、大面积场地被占用、巨大的管理费用及长期存放产生的损耗、大量的呆滞物料最终成为废品回收站的购买对象、公司的资产严重缩水等众多隐患均被巨大的库存全部掩盖！

应如何规避“库存是万恶之首”，而发挥仓储的“蓄水池”、“调节阀”作用呢？关键在于保持合理的库存。在这一章里，我们将了解仓储成本的内容，学习仓储成本的计算、控制与分析的基本方法。

7.1 仓储成本概述

在本章中，经常涉及到以下几个物流概念。

储存：是指保护、管理、贮藏物品。

保管：是指对物品进行保存，以及对其数量、质量进行管理控制的活动。

库存：是指处于暂时停滞状态的物品，主要是指在库物品的数量。

仓储：是指利用仓库储存物品的行为，包括入库、在库、出库等内容。

7.1.1 仓储的功能

1. 储存保管的功能

无论是储备仓库，还是周转仓库，储存的首先功能就是储存保管货物。

2. 集散货物的功能

仓库通过运输从各个生产者、供应商处收集货物，然后在仓库进行储存，通过整理、组配、流通加工、分拣、分发、分销、分运到各个不同需求的客户手中。

3. 衔接供需的功能

仓库就像一个储水池，它可以衔接供应者和需求者在供需时间上的不同步，缓冲供需矛盾，保证生产、流通和运输各个环节的顺利进行。

4. 服务客户的功能

仓库可以为顾客代储、代运、代加工、代服务，为顾客的生产、供应、销售、生活等提供物资和信息的支持，为客户带来各种方便。

5. 防范风险的功能

储备仓库以及周转仓库的安全储备都是用于防范灾害、战争、偶发事件以及市场变化而设置的保险库存。库存还可以规避货物涨价风险。

6. 物流中心的功能

仓库是各种物流活动集中的场所，除了储存以外，还可以运输、配送、包装、装卸、流通加工以及提供各种物流信息，因此仓库往往成为物流中心或配送中心、储运中心等。有的仓库还可以进行商流，仓库就成为流通中心。

成本话语

仓储是货物的蓄水池、集散地，是物流的节点、调节阀和纽带。

存放在仓库里的商品，还可以提供给购买方进行查看，这是大多数现货批量交易的方法。因而仓储又具有商品陈列的功能。

7.1.2 仓储的作用

1. 仓储是社会生产顺利进行的必要过程

现代社会生产的一个重要的特征就是专业化和规模化生产，劳动生产率极高，产量巨大，绝大多数产品都不能被即时消费，需要经过仓储的手段进行储存，这样才能避免生产过程被堵塞，保证生产过程能够继续进行。另一方面，生产所使用的原料、材料等必须有合理的储备，才能保证及时供应，满足生产的需要。

仓储本身是由生产率的提高造成的，同时良好的仓储条件可以确保生产规模的进一步扩大，促进专业化分工的进一步细化，劳动生产率进一步提高。

2. 仓储可以调整生产和消费的时间差别，维持市场稳定

人们的需求与产品的生产与之间存在着季节性、均衡性的差异，通过仓储将集中生产的产品进行储存，持续地向消费者提供，才能不断满足消费需求。

季节中生产的产品如果即时推向市场销售，必然造成市场短时期内产品供给远远大于需求，造成产品价格大幅降低，甚至无法消费而被废弃；相反，在非供应季节，市场供应量少会造成价格上涨，通过将产品仓储，均衡地向市场供给，才能稳定市场价格，有利于生市场经济秩序正常进行。

3. 仓储对劳动产品价值起到保存的作用

生产出的产品在消费之前必须保持其使用价值，否则将会被废弃。这项任务就需要由仓储来承担，在仓储过程中对产品进行保护、管理，防止损坏而丧失价值。

同时仓储也是产品提供消费的最后一道作业环节，可以根据市场对产品消费的偏好，对产品进行最后加工改造和进行流通加工，提高产品的附加值，以促进产品的销售，甚至增加收益。

4. 仓储衔接着流通过程的各个环节

产品从生产到消费，需要经过“分散——集中——分散”的过程，还可能需要经过不同运输工具的转换运输，为了有效率地利用各种运输工具，降低运输过程中的作业难度，实现经济运输，商品需要通过仓储进行集装、分装、配载等。为了满足销售的需要，商品需要在仓储中进行整合、分类、拆除包装、配送等处理和存放。

5. 仓储是市场信息的传感器

任何产品的生产都必须满足社会的需要，生产者都需要把握市场需求的动向。掌握仓储产品的变化是了解市场需求的极为重要的途径。仓储量减少、周转量加大，表明社会需求旺盛；反之则为需求不足。厂家存货增加表明其产品需求减少或者竞争力降低、或者生产规模不合适。仓储环节所获得的市场信息虽然说比销售信息滞后，但更为准确和集中，信息反映快捷，并且信息成本极低。现代企业生产特别重视仓储环节的信息反馈，将仓储量的变化作为决定生产的依据。现代物流管理特别重视仓储信息的收集和反应。

6. 仓储是物流管理的重要环节

仓储是物流的重要环节，物品在物流过程中相当一部分时间处在仓储之中，在仓储中进行运输整合，在仓储中进行配送准备，在仓储中进行流通加工，也在仓储中进行市场供给调整，仓储成本是物流成本的最重要的组成部分。开展物流管理必须特别重视对仓储的管理，有效的仓储管理才能实现物流管理的目的。

7. 仓储可以为购买方提供信用保证

在大批量货物的实物交易中，购买方必须检验货物、确定货物的存在和货物的品质，方可成交。购买方可以到仓库查验货物。由仓库保管人出具的货物仓单是实物交易的凭证，可以作为对购买方提供的保证。仓单本身就可作为融资工具，可以直接使用仓单进行质押。

8. 仓储是现货交易的场所

存货人要转让已在仓库存放的商品时，购买人可以到仓库查验商品，取样化验。双方可

以在仓库进行转让交割。在国内众多的批发交易市场，就是既有商品存储功能的交易场所，又有商品交易功能的仓储。众多具有便利交易条件的仓储都提供交易活动服务，甚至部分形成有影响的交易市场。近年来我国大量发展的仓储式商店，就是仓储交易功能高度发展、仓储与商业密切结合的结果。

7.1.3 库存的负作用

成本话语

物流离不开库存，管不好它，库存就是万恶之首。

1. 库存必定要占用资金，从而引起企业现金流紧张，增加企业的利息支出。

2. 库存会增加管理成本。库存会引起仓库建设、仓库管理、仓库工作人员工资、福利等费用开支增加，也会增加进货、验收、保管、发货、搬运等仓储作业的成本支出。

3. 库存会增加企业运作风险。例如，库存占用内部资金而发生机会成本，因库存而发生物品跌价、损耗、毁损、盘亏等物品损耗成本损失。

4. 大量库存的存在，往往掩盖了企业经营管理上的众多问题，如计划不周、采购不力、生产不均衡、产品质量不稳定及市场销售不力等。

案例 7-1：轻燕服装公司库存带来的灾害

库存是万恶之首。库存占用了大量的流动资金，影响着企业的资金运转效率，掩盖了企业的隐患。一旦库存水平下降，掩盖的问题开始显露，企业陷入困境。

1988 年陈老板从练摊开始，经过几年的发展逐步积累了些钱，1992 年注册了浙江轻燕服装有限公司，集设计、生产、销售为一体。凭着过硬的生产质量，低廉的价格，经营状况开始一直不错。

通常企业越做越大，仓库也越建越大，销售额翻了几番，账面上的流动资金却没见增长多少，几年辛苦的积累，都跑到仓库去了，这是服装企业最普遍的现象。陈老板也没有走出这一怪圈。1998 年公司“云梦”品牌获奖后，陈老板开始膨胀。首先公司购进了 4000 多平方米土地，添置了拥有 300 多台先进的生产设备和配套的包装整烫设备，员工增至 500 多人。

轻燕公司经营保暖内衣，前几年着实风光无限。进入新世纪后，因为新加入者不断增加，市场容量有限，轻燕公司产品卖不出去，库存大量积压。其他厂家纷纷跳水，陈老板看到自己多年经营的家底就这样要化水流走，犹豫不决，当他缓过神了准备跟进杀价时，连割肉的机会都没有了，他又不想“自杀”，所以他积压的保暖内衣最多。仓库里前几年的库存都还有。

在休闲服装市场上陈老板照样吃亏。前几年休闲服装市场增长很快，轻燕公司积极跟进。但是休闲服饰对流行非常敏锐，更新淘汰很快，班尼路、佐丹奴等时常见到新品上市时候八九十元左右，而到换季时候则经常 19 元、29 元一件的疯狂大甩卖，购者云集。轻燕公司一不小心又带来大量的库存。

轻燕公司的女装日子更难过，女装款式、面料更新很快，女性消费者谁也不愿意自己落伍。女装卖不出去的产品到第二年连处理都难。积压的产品在仓库里越堆越久，越堆越多。

轻燕公司的文胸也深受库存所累。有一阵子文胸产品特别好销，市场经常断货，商家一再要求补单。然而文胸的订料、生产周期长，当产品生产出来以后，市场状况已经发生变化，积极的生产换来的是大量的库存。

轻燕公司因为发展过速，几年下来库存过大，导致资金链断裂，原材料商拒绝供货，车间技工大量流失，2002 年只好关门大吉。

满脸沧桑的陈老板无不感叹地说：自己辛苦干了这么多年，都因库存管理不善，从穷光蛋变富，而如今又变成了穷光蛋。

7.2 仓储成本核算

7.2.1 仓储成本的计算范围

仓储成本的计算范围一般包括仓储持有成本、订货成本或生产准备成本、缺货成本和在途库存持有成本等几个方面。

1. 仓储持有成本

仓储持有成本是指为保持适当的库存而发生的成本，它包括以下四个方面：

(1)资金占用成本

资金占用成本也称为利息费用或机会成本，是仓储成本的隐含费用。包括存货占用资金所支付的利息，以及资金被存货占用而失去投入其他方面所发生的机会成本。

(2)仓储维护成本

仓储维护成本主要包括与仓库有关的租赁、取暖、照明、设备折旧、保险费用和税金等费用。对自有仓库，大部分仓储维护成本是固定的；企业利用公共仓库，则仓储维护成本一般是变动成本，随库存数量的变化而变化。

由于一些产品的体积小、价值高，一些产品易损坏变质，因此产品丢失或损坏的风险高，就需要较高的保险费用。许多国家还将库存列入应税财产，高水平库存导致高税费。保险费用和税金将随着产品不同而有很大变化，在计算仓储维护成本时，必须考虑它们。

(3)仓储运作成本

仓储运作成本主要是入库验收、装卸搬运、在库保管、出库发货等仓储作业发生的费用。

(4)物品损耗成本

物品损耗成本指库存商品的贬值、损坏、丢失、变质等损失。

2. 订货或生产准备成本

(1)订货成本

订货成本指企业为了实现一次订货而进行的各种活动的费用，包括处理订货的差旅费、办公费等支出。订货成本中有一部分与订货次数无关，如常设机构的基本开支等，称为订货的固定成本；另一部分与订货的次数有关，如差旅费、通信费等，称为订货的变动成本。

订货成本具体包括与下列活动相关的费用：

①检查存货费用；②编制并提出订货申请；③对多个供应商进行调查比较，选择最合适的供应商；④填写并发出订单；⑤填写并核对收货单；⑥验收发来的货物；⑦筹集资金并进行付款。

(2)生产准备成本

生产准备成本是指当库存的某些产品不由外部供应而是由企业自己生产时，企业为生产一批货物而进行准备的成本。其中，更换模具、增添某些专用设备等属于固定成本，与生产产品的数量有关的费用如材料费、加工费、人工费等属于变动成本。

3. 缺货成本

缺货成本是指由于库存供应中断而造成的损失。内部缺货成本是指原材料、零配件、工具等存货不能按时、按量、按质满足企业生产经营的需要而造成的损失。例如，原材料供应中断造成的停工损失、由于缺货而紧急采购代用材料所增加的采购费用。外部缺货成本是指对外供应发生品种缺少、数量不足、延期交货或不能交货而造成在损失。例如，缺货造成丧失销售机会的利润损失、商誉损失，还会造成失去客户而产生难以计量的间接或长期的损失。

4. 在途库存持有成本

在途库存包括入库在途商品和出库在途商品，在途商品应是库存商品的一部分。在途库存持有成本是指在途商品占用资金所产生的利息。

对仓储成本可以分为固定成本和变动成本两部分来计算。

固定成本是在一定范围内，与库存数量大小无关的成本，即固定成本不随库存商品数量的变化而变化，如仓储设备折旧、仓储设备的维护费用、仓库职工工资等。固定成本的特点是固定成本总额相对不变，而单位商品固定成本却随库存商品数量呈反向变化。

变动成本是一定范围内，与库存数量大小有关的成本，即变动成本随着库存商品数量的变化而变化，如库存占用资金的利息费用、仓储物品的毁损和变质损失、保险费用、搬运装卸费用、挑选整理费用等。变动成本的特点是变动成本总额随库存商品数量呈正向变化，而单位商品变动成本却相对不变。

成本话语

要计算仓储成本，
首先要知道它的构成。

在计算仓储成本时，还可以根据商品在仓储过程中的支出形态，分为保管费、仓库管理人员的工资和福利费、折旧费或租赁费、修理费、装卸搬运费、管理费用、仓储损失等成本。

7.2.2 仓储成本的计算方法

如果采用现行会计扩充的核算方式，则根据会计科目中有关“物流成本”的二级科目、三级科目或辅助账户提供的资料编制仓储成本计算表；如果采用会计与统计结合的核算方式，则根据物流成本统计台账提供的资料编制仓储成本计算表。

例 7 - 1：某公司仓储成本的计算

1. 按支付形态计算仓储成本

编制仓储费用形态别计算表，先逐行列出仓库租赁费、材料消耗费、工资津贴费、燃料动力费、保险费、修缮维护费、仓储搬运费、仓储保管费、仓储管理费、资金占用利息、税金等支付形态，再从企业的管理费用、经营费用、财务费用等会计科目中，将其中的仓储成本逐个分离出来，或者根据历史资料计算出的比较稳定的物流比率（例如，按物流人数、物流使用面积、物流用的固定资产等确定人数比率、面积比率、固定资产比率、仓储费比率等），乘以管理、经营、财务三项费用总额，从而计算出各种费用形态的仓储成本。

表7-1　　某公司按成本形态别计算的仓储成本计算表　　金额单位:元

仓储成本形态	管理等费用	计算基准(%)	仓储成本	备 注
	①	②	③=①×②	
(1)仓库租赁费	115000	100	115000	全额
(2)材料消耗费	35477	100	35477	全额
(3)工资津贴费	561260	22.4	125722	人数比率
(4)燃料动力费	18376	42.5	7810	时间比率
(5)保险费	9850	48.8	4807	面积比率
(6)修缮维护费	17403	45.2	7866	固定资产比率
(7)仓储搬运费	30135	51.8	15610	面积比率
(8)仓储保管费	31467	51.8	16300	面积比率
(9)仓储管理费	17632	37.1	6541	仓储费比率
(10)易耗品费	18410	37.1	6830	仓储费比率
(11)资金占用利息	26545	37.1	9848	仓储费比率
(12)税金等	35416	37.1	13139	仓储费比率
仓储成本合计	916971	39.8	364950	仓储费占费用总额比率

2. 按仓储成本项目计算仓储成本

表7-2　　某公司按成本项目别计算的仓储成本计算表　　金额单位:元

仓储成本形态	仓储成本	仓储成本项目						
		资金占用成本	仓储维护成本	仓储运作成本	物品损耗成本	订货成本	缺货成本	在途库存持有成本
仓库租赁费	115000		115000					
材料消耗费	35477		11825	16739	6913			
工资津贴费	125722		41907	62861		20954		
燃料动力费	7810		1562	6248				
保险费	4807		3606	1201				
修缮维护费	7866		3933	2622	1311			
仓储搬运费	15610			15610				
仓储保管费	16300		4890	9780	1630			
仓储管理费	6541		1059	960	256	2066	2200	
易耗品费	6830		1708	1707	1707	1708		
资金占用利息	9848	9356					492	
税金	13139		13139					
合计	364950	9356	198629	117728	11817	24728	2200	492
物流成本构成%	100	2.56	54.43	32.26	3.24	6.78	0.60	0.13

3. 按其他对象计算仓储成本

还可以根据需要以仓库、仓储作业、储存商品等为对象计算仓储成本。

(1)按仓库计算物流成本，是根据各个仓库的存储量、保管人员数量等因素，将仓储费用分配给各个仓库。可以掌握各仓库的物流成本，并进行纵向和横向比较，反映各仓库降低物流成本的业绩，了解各仓库仓储成本管理中存在的问题，以便加强管理。

(2)按仓储作业计算物流成本，是将耗费的仓储资源，按成本动因分配到各个仓储作业，计算仓储作业的物流成本。可以掌握各个仓储作业人、财、物力的耗费情况，为制定仓储作业成本标准提供依据，从而更好地提高仓储作业效率，降低仓储作业成本。

(3)按储存商品计算物流成本，是指把仓储费用按一定的标准分配给各类存储的商品，计算出各类依存商品的仓储成本。可以看出各类储存商品的储存成本大小，分析各类依存商品的保本、保利储存期，反映储存商品的盈亏情况。

7.3 仓储成本控制与分析

7.3.1 仓储成本控制

仓储成本控制的目标是实现仓储成本合理化，可通过库存分类管理，实行库存定量控制技术与库存定期控制技术来实现仓储合理化目标。

1. 仓储成本合理化的涵义

仓储成本合理化就是用最经济的办法实现仓储的功能。仓储成本合理化表现在以下几个方面。

(1)仓储低成本

首先确保物流总成本最小，在不影响其他环节的物流成本的前提下，仓储成本最小。

(2)仓储高效率

体现在进出库时间、装卸车时间、货物周转率、仓容利用率、破损率、差错率等指标上，做到“快进、快出、高利用、保管好”。

(3)仓储优服务

即用较低的成本做到仓储服务项目多、服务质量优。

2. 仓储成本不合理的表现

(1)仓储时间过长

仓储时间从两个方面影响储存这一功能要素的效果，好的情况是经过一定的时间，某些存货可以获得“时间增值”;不好的情况是随着储存时间的增加，存货损坏、变质等有形损失及存货的贬值、失效等无形损失也会随之增加。

当然仓储时间与仓储总效用之间有着复杂的关系，各种存货不能一概而论。但是对绝大多数存货，过长的仓储时间都会影响总效益，因而都是属于不合理的仓储范围。

(2)仓储的数量不合理

仓储数量的大小要影响仓储功能实现的效果，仓储数量应有一个最佳的经济储量，仓储数量过高或过低都是不合理的仓储。

仓储数量对仓储效果的影响是:

①仓储一定数量的存货，可以使企业具有保证供应、生产、消费的能力。一般而言，保证能力的提高不是与数量成正比，而是遵从“边际效用”的原理，每增加一个单位的仓储数量，总保障能力虽会随之增加，但边际效用却会逐渐降低。

②仓储的损失是随着仓储数量的增加而成正比例增加的。仓储数量增加，如果仓储管理能力不能按比例增加的话，仓储损失的数量也会增加。

③仓储数量过低，也会严重降低仓储对供应、生产、销售等保障能力。其损失可能远远超过减少仓储量，防止仓储损失、减少利息支出等方面带来的收益。当然，在现代物流行业发

达的今天，利用现代网络信息技术所提供的及时、准确的信息，通过建立有效的供应系统，进行“零库存”管理，是完全可能的。因而，不合理仓储所指的“仓储数量过低”是有前提条件的。

⑶仓储条件不足或过剩

仓储条件不足，主要指仓储条件不能满足被储存货物所要求的良好的仓储环境和必要的管理措施，因而往往造成储存货物的损失。如仓储设施简陋、仓储设施不足、维护保养手段及措施不力等等。

仓储条件过剩，主要是指仓储条件大大超过需求，从而使仓储货物过多地负担仓储成本，造成不合理的费用。

成本话语

做到仓储的条件合理、结构合理、数量合理、时间合理，实现低成本、高效率、优服务。

⑷仓储结构失衡

仓储结构失衡主要包括以下三个方面：

①仓储货物的品种、规格等失调；

②仓储物品的各个品种之间仓储期限、仓储数量失调；

③仓储地点选择不合理。

3. 实行库存分类管理

可以采用库存分类管理方法，实行库存定量控制技术与库存定期控制技术，采用精确进货法，加强仓储作业成本管理来实现仓储成本的合理化。

库存分类管理的基本方法是 ABC 分类法。

⑴ABC 分类法

ABC 分类法又称帕雷托分析法，也叫主次因素分析法，是项目管理中常用的一种方法。它是根据事物在技术或经济方面的主要特征，进行分类排队，分清重点和一般，从而有区别地确定管理方式的一种分析方法。由于它把被分析的对象分成 A、B、C 三类，所以又称为 ABC 分析法。

ABC 分类法的分类步骤：

①收集存货各品种的年销售额数据。

②编制 ABC 分析表。

表 7－3　　ABC 分析表

序号	品名	品种数	品种累计数	品种数累计比重%	年销售额	累计年销售额	年销售额累计比重%

将存货的年销售额，由大到小依次填入表中，并计算品种累计数、品种数累计比重、累计年销售额、年销售额累计比重。

③按 ABC 分类标准进行分类。

表 7-4　　ABC 分类标准

类别	品种数累计比重	年销售额累计比重
A 类	10% ~20% 左右	60% ~70% 左右
B 类	20% ~30% 左右	20% ~30% 左右
C 类	60% ~70% 左右	10% ~20% 左右

④对 ABC 三类存货进行有区别的管理。

A 类存货品种数少、销售额大，对企业最为重要，需要进行严格管理和控制。企业对 A 类存货进行重点管理，在满足企业内部需要和保证顾客服务水平的前提下，按品种制定最高库存量和最低库存量，定时进行盘点，经常检查存货的库存数量和质量，到点及时进货，加强进货、发货、运送管理，加快库存周转。

C 类存货品种数多、销售额小，对企业的重要性较低，因而被视为不重要的库存。从库存成本控制考虑，可以采取简单的管理方式，一般控制存货类别总额，不缺或少缺品种，以节约保管成本和管理成本。

B 类存货品种数和销售额都处于中等，是企业一般重要的库存。对这类库存的管理强度介于 A 类存货和 C 类存货之间，即对金额较高的 B 类存货按 A 类存货进行管理，对金额较低的 B 类存货按 C 类存货进行管理。

案例 7-2：两类管理法

1879 年，意大利经济与统计学家帕雷托在研究个人收入的分布状态时，发现少数人的收入占全部人收入的大部分，而多数人的收入却只占一小部分。由此提出帕雷托规律：在任何特定群体中，重要的因子通常只占少数，而不重要的因子则占多数，因此只要能控制具有重要性的少数因子即能控制全局。也被称之为“关键的少数与次要的多数”规律。这个规律经过多年的演化，已变成当今管理学界所熟知的“80/20”法则：即百分之八十的价值是来自百分之二十的因子，其余的百分之二十的价值则来自百分之八十的因子。帕雷托规律被不断应用于管理的各个方面。1951 年，管理学家戴克将其应用于库存管理，命名为 ABC 法。

在 ABC 分类管理法中，对于 A 类货物，采取定期订货方式，实行经常或定期检查，严格控制库存数量；对数量多、占用资金少的 C 类货物，采用定量不定期订货的方式，定期盘点适当控制库存；而对 B 类货物，则分为两小类，对金额较高的货物按 A 类货物管理，对金额较低的货物按 C 类物资管理。因此，ABC 分类管理法实际上是将库存货物分为两类。我们直接依据“80/20”法则，将库存货物分重点和一般两类进行管理。

1. 分类标准：

表 7-5　　品种分类标准表

类别	品种数比重	年销售额比重
重点类	20% 左右	80% 左右
一般类	80% 左右	20% 左右

2. 分类方法：

①统计存货各品种的年销售额，按年销售额大小排队；②计算存货品种的累计数及累计比重、年销售额累计数及累计比重；③按照分类标准，把年销售额累计比重为80%左右并且其品种数累计比重为20%左右的存货划为重点类，将其余存货划为一般类。

3. 管理方法：

对重点类存货按品种实行连续管理，即按品种制定库存定额，确定经济进货批量和采购点，计算保本储存期、保利储存期，做到每日检查、到点进货、控制存货库龄、确保获利。

对一般类存货按商品类别实行定期管理，即按种类制定库存定额，确定品种数，做到定期检查、定期进货、补齐品种、不超过最高限额。

(2)CVA 分类法

由于 ABC 分类法中 C 类货物得不到足够的重视，往往因此而导致生产停工，因此引进 CVA 分类法（又叫关键因素分析法）来对 ABC 分类法进行有益的补充，它是将存货分为最高优先级、较高优先级、中等优先级、较低优先级四个等级。

①最高优先级：是生产经营中的关键性存货，不允许缺货。

②较高优先级：是生产经营中的基础性存货，但允许偶尔缺货。

③中等优先级：是生产经营中比较重要的存货，允许合理范围内的缺货。

④较低优先级：是生产经营中需用的、但可以替代的存货，允许缺货。

4. 实行库存数量控制技术

储存是物流系统的中心环节，降低物流成本的一个极其重要方面就是要降低仓储成本，而降低仓储成本主要通过控制库存数量来实现。控制库存数量的方法有定量进货法、定期进货法、精确进货法等。

(1)定量进货法

定量进货法也称订购点控制法，是在库存量下降到一定水平（进货点）时，按固定数量进货的一种库存管理方式。

①确定进货点（订货点）

进货点 = 进货提前期需求量 + 安全库存量

　　　= 平均每天需求量 × 进货提前天数 + 安全库存量

安全库存量确定的方法通常有两类：

一类方法是定性确定法，根据安全库存量的影响因素来确定。

确定安全库存量时应考虑的因素：

一是考虑需求因素。包括需求变化、需求预测的准确度、顾客服务水平（售货满足率）。存货需求量变化越大，顾客服务水平越高，则企业应保持的安全库存量也越大。

二是考虑供应因素。比如供货前置期变化、前置期估计不准确、供货商服务水平（交货准时率、供货满足率）。进货周期和进货提前期的不确定性越大或时间越长，则存货的中断风险也就越高，安全库存量也应越高。

三是考虑仓储持有成本和缺货成本的效益背反现象。安全库存量大，则仓储持有成本大、缺货成本小；安全库存量小，则仓储持有成本小、缺货成本大。合理的安全库存量应使仓储持有成本和缺货成本之和最小。

另一类方法是定量确定法：

有很多定量确定安全库存量的方法，下面仅介绍在需求量的变化情况符合正态分布，并且进货提前期是固定的数值情况下，安全库存量的计算方法。

安全库存量 = 安全系数 × $\sqrt{\text{进货提前天数}}$ × 日均需求量标准差

如果需求量存在季节变动规律，则要运用季节变动分析法计算需求量的季节指数，在上述安全库存量的基础上乘以季节指数。

安全系数由顾客服务水平(对顾客订货的满足程度)来决定，顾客服务水平又等于1－缺货概率。安全系数与顾客服务水平存在以下一一对应的关系。

表7－6　　顾客服务水平及安全系数表

顾客服务水平(%)	安全系数z	顾客服务水平(%)	安全系数z
100.00	3.09	96.00	1.75
99.99	3.08	95.00	1.65
99.87	3.00	90.00	1.80
99.20	2.40	85.00	1.04
99.00	2.33	84.00	1.00
98.00	2.05	80.00	0.84
97.70	2.00	75.00	0.68
97.00	1.88		

例7－2：正态分布下的安全库存量的计算

某超市的某种食用油日均需求量的变化服从正态分布，其标准差为20瓶/天，进货提前期固定为4天，该超市确定的客户服务水平不低于95%，请计算该食用油的安全库存量。

因为，客户服务水平 = 95%，查表得安全系数 = 1.65

所以，安全库存量 = $1.65 \times \sqrt{4} \times 20 = 66$ 瓶

②确定进货量

$$\text{经济进货批量} = \sqrt{\frac{2 \times \text{年进货量} \times \text{每次进货费用}}{\text{每件商品的年储存费用}}}$$

定量进货法的优缺点

优点：管理简便；订货时间和数量不受人为判断的影响，较准确；库内作业易安排，节约理货成本；按经济进货批量进货可节约总成本。

缺点：不便于严格的库存管理；计划工作复杂。

适用范围：一是适用于常年销售、并且销售量比较稳定的货物；二是多用于C类货物。

(2)定期进货法

定期进货法也称固定订购周期法，是先确定进货间隔时间，再按变化的数量进货的一种库存管理方式。

首先确定进货周期：

进货周期又叫订货周期、进货间隔天数，它的长短会影响成本的大小。周期长时，每次进货量增多，使保管费用增加；如果缩短进货周期，就要增加进货次数，使进货所需的费用增加。因此如何决定进货周期，是极为重要的关键，除了从销售量来判断，还要从商品的采购

量、最小库存量等各个方面来加以分析后再做决定。

进货周期可以凭经验，考虑计划的周期来确定。也可以运用经济订货批量的计算公式来确定。

$$进货周期天数=\sqrt{\frac{2\times 每次进货成本}{年需求量\times 单位货物年储存费用}}\times 360$$

然后确定最高库存量：

最高库存量 =（进货间隔天数 + 进货提前天数）× 日均需求量 + 安全储备量

最低库存量 = 进货提前天数 × 日均需求量 + 安全储备量

进货量 = 最高库存量 − 现有库存量

适用范围：一是价值高，需要严密管理的重要货物；二是需求量不稳定、可以短时预测的货物；三是需要经常调整生产或采购数量的货物。

例 7－3：有关库存数量控制的计算

某仓库 A 商品年销售量 72000 件，每次进货成本 400 元，每件 A 商品年储存成本 10 元，平均日销售量的变化服从正态分布，日销售量的标准差为 25 件，如果进货提前期都是 6 天，仓库规定的客户服务水平不低于 99%。

$$则，经济进货批量=\sqrt{\frac{2\times 72000\times 400}{10}}=2400 件$$

年进货次数 = 72000 ÷ 2400 = 30 次

进货周期（进货间隔天数）= 360 ÷ 30 = 12 天

日均销售量 = 72000 ÷ 360 = 200 件

客户服务水平 = 99% 查表得安全系数 = 2.33

安全库存量 = $2.33\times\sqrt{6}\times 25\approx 143$ 件

最高库存量 =（12 + 6）× 200 + 143 = 3743 件

进货点（最低库存量）= 6 × 200 + 143 = 1343 件

⑶精确进货法

什么是准时采购？

准时采购是从准时生产发展而来的，要进行准时化生产必须有准时的原材料和外购件供应。JIT 是 Just In Time 的简称，意思是准时、适时。JIT 的基本思想是“在需要的时候，按需要的量生产所需的产品”，即在恰当的时间、恰当的地点，以恰当的数量、恰当的质量提供恰当的物品。

JIT 采购是一种理想的货物采购方式，它根据严密的生产的计划与控制，追求原材料和外购件零库存（或库存达到最小）。要求供货方做到：①按用户指定的地点送货；②按用户规定的时间送货；③按用户要求的品种、规格送货；④按用户要求的质量送货；⑤按用户要求的数量送货。

在企业建立 JIT 管理系统的基础上，实施准时采购还需要具备以下基本条件：

①有较宽松的外部进货环境，要求货源充足、采购方便、运输迅速，这是选择供应商的前提。

②供应商的商品供应能力强、价格合理、供应

成本话语

零库存不是库存等于零。

及时、位置适宜、交通方便。

③有可靠的供应商，制造商与供应商建立互利合作的战略伙伴关系。

④制造商向供应商提供综合的、稳定的生产计划和作业数据。

⑤企业建立了 JIT 采购的相应基础设施、组织机构与信息系统。

案例 7-3：一汽-大众汽车公司的“零库存”管理

一汽-大众汽车有限公司目前仅捷达车就有七八十个品种、十七八种颜色，而每辆车都有 2000 多种零部件需要外购。从 1997 年到 2000 年年末，公司捷达车销售从 43947 辆一路跃升至 94150 辆，市场兑现率已高达 95% 至 97%。与这些令人心跳的数字形成鲜明对比的是公司零部件居然处于“零库存”状态，而制造这一巨大反差的就是一整套较为完善的物流控制系统。

一个占地 9 万多平方米，可同时生产三种品牌的亚洲最大的整车车间，它的仓库也一定壮观非常吧？这里的人说：“我们这儿没有仓库，只有入口”。门前挂着“整车捷达入口处”牌子的是上千平方米的仓库，里面只摆着几箱汽车玻璃和小零件，四五个工作人员在有条不紊地用电动叉车往整车车间送零件。一位小伙子坐在电脑前用扫描枪扫描着一张张纸单上的条形码——把订货单发往供货厂。这时，一辆满载着保险杠的货车开进来，两个工作人员立即开叉车过去。几分钟后，这批保险杠就被陆续送进了车间。一汽-大众的零部件的送货形式有三种：一是电子看板，一汽每月把生产信息通过电脑网络传递到各供货厂，对方根据生产信息安排自己的生产，每天一汽按照生产情况发出供货信息，对方马上将零部件送到一汽的各车间入口处，再由入口处分配到车间的工位上。刚才看到的保险杠就采取这种形式。二是“准时化”，即一汽按装车顺序把配货单传送到供货厂，对方也按顺序装货直接把零部件送到工位上。三是批量进货，供货厂每月对于那些不影响大局又没有变化的小零部件分批量地送一到两次。过去这里堆放着大量的零部件，货架之间只有供叉车勉强往来的过道，大货车根本开不进来。现在每天平均两个小时进一次货，零部件放在这里一般不超过一天。一汽原有一个专门在各车间送货的车队，现经解散了。

为什么有如此大的变化？生产服务部的人说：“我们用不到 300 万元的人民币打造了傻子工程”。

一汽流行着这样一句话：“在制品是万恶之源”，用以形容大量库存带来的种种弊端。在生产初期，捷达车的品种比较单一，颜色也只有蓝、白、红三种。公司的生产全靠大量的库存来保证。1997 年，公司决定自己组织技术人员和外国专家进行物流管理系统的研究开发。1998 年年初，物流控制系统获得成功并正式投入使用。在整车车间，生产线上每辆车的车身上都贴着一张生产指令表，零部件的种类及安装顺序一目了然。计划部门按装车顺序通过电脑网络向各供货厂下计划，供货厂按照顺序生产、供货。生产线上的工人按顺序组装，一伸手拿到的零部件就是他所操作的车上的。物流管理使原本复杂的生产变成了简单而高效“傻子工程”。公司每年因此节约的成本达六七亿元。同时，供货厂也减少了 30% 至 50% 的在制品及成品储备。

一汽总经理陆林奎感慨地说：“一个单位谁是头儿？电脑！”一汽的电脑网络已经由控制实物流、信息流延伸到公司的决策、生产、销售、财务核算等各个领域。现在一汽主要部门的管理人员都有一台微机，随时可以了解每一辆车的生产和销售情况。一汽实现了“无纸化办公”，各部门之间均通过“e-mail”联系。德国大众公司每年的改进项目达 1000 多个，一汽大众依靠电脑网络实现了与德方同步改进，改变了过去那种对方图纸没送来就干不了活儿的被动局面。

5. 加强仓储作业成本管理

仓储作业一般包括入库验收、商品堆码、装卸搬运、商品养护、检查盘点、商品出库等作业。从下表资料可以看出仓储作业成本在物流总成本中的地位。

资料 7－1：国外物流成本分布状况

成本项目	美国	加拿大	欧盟	英国
运输成本	45%	44%	41%	42%
仓储作业成本	21%	23%	21%	24%
存货成本	25%	25%	23%	14%
管理成本	9%	8%	15%	20%

（资料来源：国际经贸消息 2001 年 10 月 13 日）

从表中数据可看出，美国、加拿大、欧盟、英国的物流成本中，以运输成本最大，都要占物流总成本的 40% 以上；其次是存货成本与仓储作业成本，四国的仓储作业成本也都占物流总成本的 20% 以上。因此，加强仓储作业成本的管理，对降低物流总成本有着重要意义。

⑴建立购销存管理系统，应用条形码，实现购销存业务单据自动完成，实现购销存数据共享，即时、准确地提供业务数据和分析报表，便于加强进货管理、客户管理、销售管理、库存控制，减轻了操作人员的劳动强度，提高了工作效率，减少人工成本和材料耗费，降低出入库作业成本。

⑵优化仓库布局，合理分区、分位，合理堆码。合理地安排仓储，可缩短出入库作业时间，缩短备货移动的距离，有利于提高出入库作业和备货作业的效率；有利于减少装卸搬运环节和搬运次数，提高装卸搬运作业的效率。

⑶加强仓储作业安全运作的管理，避免仓储设施、用具和货物的损坏。

⑷加强库存商品的养护，确保商品质量完好和数量准确，降低存货的损耗成本。

⑸实行仓储作业目标成本管理，分析各种仓储作业对资源的消耗情况，制订各种仓储作业的操作标准和成本标准，加强对仓储作业的总成本和单位成本的检查和控制。

案例 7－4：库存为何不断增多

许多公司的存货不断增加，表面上营业额屡创高绩，但获利却不见增加，到了年终看到财务报表时，就知道原因了，因为“赚的钱都堆在存货上”。从财务的角度来看，存货是资产，但是从另一个角度来看，存货也可能是负债，因为购入的原料或生产的成本在库房里积压三个月以上，企业就必须以现金支付所发生的原料、人工和制造费用。若企业缺乏现金，就必须向银行或使用其他管道借款来支付。因此过多存货也可视为负债。

存货会增加的原因有许多，它是由许多功能部门经年累月造成的，常见的有下列原因：

1. 一次生产或采购的批量太大，超出当时所需。

2. 需求的变动太大，包括预测不准，客户订单变动太大。

3. 供料商的交货期太长，必须提前备料。

4. 工程设计不良，产品不成熟就开始生产，设计变更经常发生。

5. 制造设备品质不良，必须增加投料量或损耗率。

6. 生产的周期太长。

7. 作业流程太长，包括许多没有价值的动作。

8. 生产换线和整备的时间太长。

9. 操作人员训练不足，熟练度不够。

10. 生产线以功能的方式布置，造成搬运和储存的作业。

11. 产品寿命周期短。

12. 生产计划及物料计划期间太短。

13. 仓储账不准，账物不符。

14. 缺乏整合性的计算机信息系统。

7.3.2 仓储成本分析

1. 仓储成本计划完成情况分析

进行仓储总成本计划完成分析，要求收集报告期计划和完成资料以及同期历史资料，计算计划完成程度、增长速度等指标，分析总成本和各构成实际完成与计划的差异及对总计划完成的影响，从中总结经验，发现问题，提高仓储成本管理水平。

例7-4：　　2006年某公司仓储成本计划完成情况分析表　　金额单位:万元

仓储成本项目别	计划	实际	计划完成%	实际与计划的离差	对总计划的影响%	上年实际	今年为上年%
	①	②	③=②/①	④=②-①	⑤=④/∑①	⑥	⑦=②/⑥
资金占用成本	8000	9356	116.95	1356	0.34	9046	103.43
仓储维护成本	210000	198629	94.59	-11371	-2.89	221340	89.74
仓储运作成本	135000	117728	87.21	-17272	-4.38	146712	80.24
物品损耗成本	14000	11817	84.41	-2183	-0.55	15835	74.63
仓储持有成本小计	367000	337530	91.97	-29470	-7.48	392933	85.90
订货成本	22000	24728	112.40	2728	0.69	22750	108.69
缺货成本	3000	2200	73.33	-800	-0.20	4640	47.41
在途库存持有成本	2000	492	24.60	-1508	-0.38	2100	23.43
合计	394000	364950	92.63	-29050	-7.37	422423	86.39

文字分析要点：

①从合计栏中分析仓储总成本的计划完成情况及增长情况；

②从仓储持有成本栏、订货成本栏、缺货成本栏、在途库存持有成本栏中，指出成本的计

划完成情况较好和较差的成本项目，说明其完成情况对总成本计划完成的影响；

③从资金占用成本栏、仓储维护成本栏、仓储运作成本栏、物品损耗成本栏中，指出成本的计划完成情况较好和较差的成本项目，说明其完成情况对总成本计划完成的影响。

进行仓储总成本计划完成分析，除了按仓储成本项目分组外，还可以根据需要按其他类别分组。如果企业对仓储各部门、仓储各作业、仓储成本各形态分别制订了成本计划，则还可以按仓储部门分组、按仓储作业分组、按成本形态别（仓库租赁费、材料消耗费、工资津贴费、燃料动力费、保险费、修缮维护费、仓储搬运费、仓储保管费、仓储管理费、易耗品费、资金占用利息、税金）分组，用来说明仓储各部门、仓储各种作业、仓储各成本形态的成本计划完成情况。

2006 年某公司仓储成本计划完成情况也可以按下表内容进行分析。

仓储成本项目	计划额（万元）	实际额（万元）	增减额（万元）	增减率%
资金占用成本	8000	9356	1356	16.95
仓储维护成本	210000	198629	-11371	-5.41
仓储运作成本	135000	117728	-17272	-12.79
物品损耗成本	14000	11817	-2183	-15.59
仓储持有成本小计	367000	337530	-29470	-8.03
订货成本	22000	24728	2728	12.40
缺货成本	3000	2200	-800	-26.67
在途库存持有成本	2000	492	-1508	-75.40
合计	394000	364950	-29050	-7.37

2. 仓储成本结构变动分析

按仓储成本构成（或仓储作业、仓储部门）分组，计算各构成中的比重，通过报告期与基期仓储总成本及其构成的对比分析，提示成本构成的变动情况，发现问题，提出改进措施。

例 7-5： **2006 年某公司物流成本构成情况分析表**

仓储成本项目	2005 年		2006 年		2006 年比 2005 年		
	万元	比重%	万元	比重%	±万元	比重±%	金额增长%
	①	②=①/∑①	③	④=③/∑③	⑤=③-①	⑥=④-②	⑦=⑤/①
资金占用成本	9046	2.14	9356	2.56	310	0.42	3.43
仓储维护成本	221340	52.40	198629	54.43	-22711	2.03	-10.26
仓储运作成本	146712	34.73	117728	32.26	-28984	-2.47	-19.76
物品损耗成本	15835	3.75	11817	3.24	-4018	-0.51	-25.37
仓储持有成本小计	392933	93.02	337530	92.49	-55403	-0.53	-14.10
订货成本	22750	5.39	24728	6.78	1978	1.39	8.69
缺货成本	4640	1.10	2200	0.60	-2440	-0.50	-52.59
在途库存持有成本	2100	0.50	492	0.13	-1608	-0.36	-76.57
合计	422423	100.00	364950	100.00	-57473	0.00	-13.61

3. 仓储的效益、效率与质量分析指标

进行仓储效益、效率与质量分析，就是先运用比率分析法，计算仓储效益、效率与质量的有关指标，再进行比较分析、因素分析。具体来说，可以从库容利用、存货周转、成本效益、作业质量等几个方面进行分析。

(1)库容利用指标

储位容积使用率 = 平均库存总体积 ÷ 储位总容积

储位面积使用率 = 储位使用面积 ÷ 储位总面积

单位面积保管量 = 平均库存量 ÷ 可保管面积

单位面积周转量 =（入库量 + 出库量）÷ 可保管面积

(2)存货周转指标

仓库流量 = 入库量 + 出库量

仓库流量与存量比率 = 仓库流量 ÷ 平均库存量

存货周转次数 = 计算期出货量（额）÷ 计算期平均库存量（额）

存货周转天数 = 计算期平均库存量（额）÷ 计算期日均出货量（额）

或　　　　　= 计算期天数 ÷ 存货周转次数

注：存货周转率用存货周转次数和存货周转天数两个指标来反映。计算某种存货周转时，一般用存货的数量；如计算多个种类或全部存货时，应该用存货的金额。下面有关公式也相同。

反映存货周转速度的指标有存货周转次数和存货周转天数。存货周转次数用来说明计算期内存货周转的次数，周转次数越来越多，则存货周转速度越快。存货周转天数用来说明存货周转一次所需的天数，周转天数越来越多，则存货周转速度越慢。存货周转速度越快，存货的占用水平越低，流动性越强，存货转换为现金或应收账款的速度就越快。提高存货周转率可以提高物流企业的变现能力，降低仓储持有成本。但存货周转率过高，也可能说明仓储管理方面存在其他方面的一些问题，如存货水平太低，甚至经常缺货，或者采购次数过于频繁，进货批量太小等。

(3)仓储成本效益指标

仓储成本率（仓储成本比重）= 仓储成本 ÷ 物流总成本

仓储费用率 = 仓储费用额 ÷ 平均库存额

仓库劳动生产率 = 出货额 ÷ 平均仓储员工人数

(4)仓储作业质量指标

存货完好率 = 商品完好量（额）÷ 平均库存商品量（额）

存货损坏率 = 商品损坏量（额）÷ 平均库存商品量（额）

出入库差错率 = 出入库误差量（额）÷ 出入库总量（额）

盘点差错率 = 盘点误差量（额）÷ 盘点总量（额）

顾客服务水平 = 订货满足量 ÷ 客户订货量

或　　　= 1 − 缺货率

顾客服务水平又叫订货满足率，是指对顾客需求情况的满足程度。顾客服务水平越高，说明缺货发生的情况越少，从而缺货成本就较小，但因增加了安全库存量，导致库存的持有成本上升；而顾客服务水平较低，说明缺货发生的情况较多，缺货成本较高，安全库存量水平较低，库存持有成本较小。

例 7-6　　存货周转速度分析　　金额单位：万元

	一季度	二季度	差异	指数%
出库额	500	750	250	150
平均库存额	100	125	25	125
存货周转次数	5	6	1	120
存货周转天数	72	60	-12	83.3

①存货周转速度的计算：

一季度存货周转次数 = 500 ÷ 100 = 5 次　　存货周转天数 = 360 ÷ 5 = 72 天

二季度存货周转次数 = 750 ÷ 125 = 6 次　　存货周转天数 = 360 ÷ 6 = 60 天

②存货周转次数的因素分析：

出库额增加对存货周转次数的影响 = 250/100 = 2.5 次

平均库存额增加对存货周转次数的影响 = 750 × (1/125 — 1/100) = -1.5 次

两者共同影响 = 2.5 - 1.5 = 1 次

本章小结

仓储是一项重要的物流活动，仓储具有储存保管、集散货物、衔接供需、服务客户、防范风险、物流中心等功能。对保证社会生产顺利进行，调节生产与消费之间的矛盾，保护产品的价值，传递市场信息，防范风险有着重要的作用。但是，如果库存控制不好，则是万恶之首。

要正确计算仓储成本，首先要掌握仓储成本的计算范围，它包括仓储持有成本、订货成本或生产准备成本、缺货成本和在途库存持有成本等几个方面。

其次是运用比率法，按仓库租赁费、材料消耗费、工资津贴费、燃料动力费、保险费、修缮维护费、仓储搬运费、仓储保管费、仓储管理费、资金占用利息、税金等支付形态，从企业的管理费用、经营费用、财务费用中将物流成本分离出来。

接着是将各种支付形态的物流成本，分解到资金占用成本、仓储维护成本、仓储运作成本、物品损耗成本、订货成本、缺货成本、在途库存持有成本等仓储成本项目中，计算出各个项目的仓储成本。

最后，根据需要以仓库、仓储作业、储存商品等为对象，将各种支付形态的物流成本分解到计算对象中，得到计算对象的仓储成本。

计算仓储成本的目的不仅是了解仓储成本，还要认识和掌握仓储成本，就需要对仓储成本进行分析与控制。

仓储控制的目标是实现仓储成本合理化，做到仓储低成本、仓储高效率、仓储优服务。还要纠正仓储时间过长、库存数量过大或过小、仓储条件不足或过剩、仓储结构失衡等不合理的现象。

可以采用库存分类管理方法，实行库存数量的定量与定期控制技术，加强仓储作业成本管理来实现仓储成本的合理化。

ABC 分类法是将库存商品按帕雷托定律分成 ABC 三类，进行有区别的管理。CVA 分类法是 ABC 分类法的改进，将存货分为四个等级，主要是为了加强 ABC 分类法中 B、C 类存货的管理。

控制库存数量有定量进货法、定期进货法、精确进货法等方法。定量进货法也称订购点控制法，是在库存量下降到一定水平(进货点)时，按固定数量进货的一种库存管理方式。它需确定进货点(需进货时的库存量)和每次进货量。其中，确定安全库存量是一个关键内容。

定期进货法也称固定订购周期法，是先确定进货间隔时间，再按变化的数量进货的一种库存管理方式。需要确定进货周期、最高库存量，根据最高库存量和现有库存量来计算进货量。

精确进货法就是准时采购 JIT，是一种理想的货物采购方式，追求原材料和外购件零库存(或库存达到最小)。实施准时采购需要具备一定的条件，一些工业生产企业实施"零库存"管理取得了很好的效果。

加强入库验收、商品堆码、装卸搬运、商品养护、检查盘点、商品出库等仓储作业的成本管理，对降低物流总成本有着重要意义。

仓储成本分析主要有仓储成本的计划完成情况分析、结构变动分析、仓储效益效率与质量分析。仓储成本计划完成情况分析是将仓储成本的本期完成数与计划数、上期完成数进行比较，分析仓储成本计划完成情况和增长情况。仓储成本结构变动分析是计算仓储成本的比重以及成本金额、比重的增减，分析仓储成本构成情况和构成变动情况。进行仓储效益、效率与质量分析，就是先运用比率分析法，计算仓储效益、效率与质量的有关指标，再进行比较分析、因素分析。

※ 习题

一、重要概念

仓储　库存　仓储持有成本　资金占用成本　仓储运作成本　订货成本　缺货成本　ABC 分类法　CVA 分类法　进货点　顾客服务水平　进货周期　最高库存量　JIT 采购　存货周转率

二、复习思考

1. 仓储有哪些功能和作用？怎样理解"库存是万恶之首"这句话？
2. 仓储成本的计算范围包括哪些内容？
3. 如何区分仓储成本中的固定成本与变动成本？
4. 仓储成本支付形态别包括哪些费用？
5. 为什么要根据以仓库、仓储作业、储存商品等为对象计算仓储成本？
6. 什么是仓储成本合理化？有何表现？
7. 试列举仓储成本不合理的表现。
8. 如何实现仓储成本合理化？

9. 什么是ABC分类法？它是怎样进行分类和管理的？

10. 什么是定量进货法？怎样计算进货点？怎样确定安全库存量？

11. 什么是定期进货法？怎样确定进货周期和进货量？

12. 定量进货法和定期进货法各有什么优缺点？

13. 什么是准时采购？实施准时采购应具备哪些基本条件？

14. 为什么要加强仓储作业成本管理？怎样加强仓储作业成本管理？

15. 进行仓储成本计划完成情况分析要计算哪些指标？

16. 怎样分析仓储成本的结构及结构变动？

17. 哪些仓储的效益、效率与质量分析指标？

18. 一般用哪些方法对仓储的效益、效率与质量进行分析？

三、计算题

1. 某企业2006年某物资每单位物资的价格为100元，单位物资产生的年持有成本为其价值的16%，单次订货费用为100元/次，通过预测，预计2007年该类物资的总需求量为1800单位。若2007年单位物资价格、持有成本和单次订货费维持在2006年水平，请计算出2007年的经济订购批量、经济定货周期和年总成本。

2. 企业计划全年销售电视机20000台，平均每次的订购费用为10元，货物单价为4000元，保管费用率为1%，求最佳订购批量。

3. 建材五金集团公司经营的水泥销售需求量成正态分布，每周期平均销售量为200吨，标准差10吨，订货提前期为20天。若库存满足率要求达到97.7%，每次进货成本为100元，保管费0.02元/吨·天。请计算经济进货批量、年进货次数、进货周期、最高库存量、进货点。

四、案例分析

1. 库数量决策

美国一家机械公司的配件的全年销售额为1.6亿美元，年实物配送费用是2600美元，为销售额的16.25%，发生如此高的费用是由于该公司坚持高质量的服务标准所致，公司在全国主要市场都设有仓库，共有504个之多。

高级管理层认为配送费用开支过大，服务标准不必要保持如此之高水平。他们请来知名专家研究，确认撤销204个仓库，可使配送费用降至最低，年可节省费用200万美元，但由于减少了仓库，用户不能就近及时迅速收到配件，经过计算机模拟将失去销售总额的20%。

请为该公司分析，应如何决策？为什么？

2. 拿别人的库存不当钱（资料来源:2004－12－30 中国第三方物流网）

我们看到:很多从事“流通”的经销或零售企业并没有在“库存”上动太大的“脑筋”——是这个问题不重要吗？不是，有人认为库存管理是零售企业的三大核心能力之一(另两个是商品管理和顾客行为分析),为什么分销企业对此“漠然”呢？原因也很简单:他们不知道同样做到了800万元的销售额，但A企业是用600万元库存做到的，而B企业是用1000万元库存做到的——B企业可能到资金链断裂而倒闭的那一天都不知道:是库存出了问题。

具体如何实现降低库存，不同类型的企业有着不同的库存政策，像上述库存问题就可以利用好的商品管理方法来改善。但这样做得再好也只是“各家自扫门前雪”。更重要的是:当你为转移了自己的库存风险而得意时，你的上下游正通过其他“卑鄙”的手法把库存损失再转回来——供应链上没有“一枝独秀”的美事。因此，分销企业应该鼓励或联合供应商一起来降低库存，提高周转率——“别拿别人的库存不当钱”。

让我们看看上海通用是如何解决这个问题的。

上海通用三种车型的零部件总量有5400多种！这相当于一个中型超市的单品数。通用的这些零部件来自180家供应商，这也和一个大型卖场的供应商数量相近。我们来看看通用怎么提高供应链效率、帮助整个供应链降低库存。

通用的部分零件是本地供应商所生产的，这些供应商会根据通用的生产要求，在指定的时间直接送到生产线上。这样，因为不进入原材料库，所以保持了很低或接近于“零”的库存，省去大量的资金占用。但供应商并不愿意送那些用量很少的零部件。于是，以前的传统汽车制造商要么有自己的运输队，要么找运输公司把零件送到公司。这种方式的缺点是：

①有的零件根据体积或数量的不同，并不一定正好能装满一卡车。但为了节省物流成本，他们经常装满一卡车才给你——如果装不满，就要等待。这样不仅造成了库存高，占地面积大，而且也影响了对客户的服务速度。

②不同供应商的送货环节缺乏统一的标准化的管理，在信息交流、运输安全等方面，都会带来各种各样的问题，如果想管好它，必须花费很多的时间和很大的人力资源。

所以通用就改变了这种做法，使用了叫做“循环取货”的小技巧：他们聘请一家第三方物流供应商，由他们来设计配送路线，然后每天早晨依次到不同的供应商处取货，直到装上所有的材料，再直接送到上海通用。这样，通过循环取货，通用的零部件运输成本可以下降30%以上。这种做法省去了所有供应商空车返回的浪费，充分节约运输成本，而且体现了这样的基本理念：把所有增值空间不大的业务外包给第三方，他们会比通用更懂得怎样节省费用。

同样，如果一个大卖场有300个供应商，他们是否有必要每一家都包一辆车，把货物送到收货处呢？你认为供应商会白白地替你送货吗？而且你用考核指标要求他们不能断货，要及时送到，那么这就是在逼迫供应商在当地为你保有一定的库存量。这部分库存成本，供应商是白白为你付出吗？如果没有厂家愿意出，他们都是把费用打到了商品价格中。

在日本7－11刚开始快速发展的时候，是让众多供应商非常头疼的一个客户，为什么？因为当时7－11的确发展很快，已经达到100家以上了，供应商不肯放弃或得罪这样一个有潜力的零售客户。但问题是，7－11在要求厂家直供门店时，供应商们发现：7－11都是便利店，由于定位针对年轻顾客，即食商品多，因此要求门店存货少。这样，供应商送货时要面对频繁的送货次数，复杂的送货路线，小批量的定单，大量的上下搬运作业——没有几个供应商愿意承担这样的成本。但如果采取大批量小频率送货，7－11就要承担大量库存的风险。于是，7－11建议自己的供应商联合起来送货，最初响应的人很少，但最终人们发现这样的确可以降低大量的成本。但问题出来了，为了保证7－11的低库存，为了能在7－11要货时就能备足各种品类，就要求供应商多准备很多库存，怎么办？

实际上上海通用也遇到了这种情况。上海通用采取的是“柔性化生产”，即一条生产流水线可以生产不同平台多个型号的产品。这种生产方式对供应商的要求极高，即供应商必须时常处于“时刻供货”的状态，这样就会给供应商带来很高的存货成本。但是，供应商一般不愿意独自承担这些成本，就会把部分成本打在给通用供货的价格中。同时，他们还会把另一部分成本“赶”到了其上游的供应商那里，于是上游就准备了更大的库存。

为了克服这个问题，上海通用与供应商时刻保持着信息沟通。通用有一年的生产预测，也有半年的生产预测，生产计划是滚动式的，基本上每个星期都有一次滚动，在滚动生产方式的前提下，通用的产量在作不断地调整。这个运行机制的核心是要让供应商也看到通用的计划，让其能根据通用的生产计划安排自己的存货和生产计划，减少对存货资金的占用。

实际上零售商一样可以做到这一点。问题就是，零售商要把销售数据和促销计划提前通知供应商。供应商至少在以下三个降低库存的方面非常需要零售商的 POS 数据：①销售预测：这决定了供应商的日常库存；②补货运作：这里终端数据决定了供应商的存货量和补货速度；③促销计划：这决定了供应商的促销库存，以及清理以往快过季的库存。

问题讨论：

(1)上海通用是如何有效降低库存的？

(2)零售商可以借鉴通用的哪些经验来降低库存？

◆——第 8 章　装卸搬运成本管理

●本章学习目标与要求

★引导案例

★章节内容

装卸搬运成本概述

装卸搬运成本的计算

装卸搬运成本控制

★案例

现代物流技术的应用：松下配送中心

★本章小结

★习题

★学习目标

装卸搬运是物流系统的功能要素之一，是为了采购、配送、运输和保管的物流需要而进行的作业，合理的装卸搬运是提高物流效率的有效手段之一。通过本章的学习，要掌握装卸搬运的涵义、成本构成及分类；了解装卸搬运合理化原则的内容；掌握装卸搬运成本计算的方法；掌握降低装卸搬运成本的途径以及控制装卸搬运成本的一般方法。

---

*

近几年，宜昌装卸中心大力开展技术革新和“节约型”活动，带来了显著成效。随着集装箱货物运输的发展，货场新增的20 英尺国际集装箱的箱货总量为24 吨，大大超过了20 吨门式起重机的额定起重量。针对这一情况，该中心对现有20 吨门式起重装置进行改造，避免了投资更新36 吨门吊的计划，仅此一项节省了上百万元的资金投入。与此同时，中心及时采纳了职工提出的“关于开发装卸系统起重机转子变频技术改进方案”，进行了技术改造。改造前，该门吊作业一车集装箱货物(20 吨)耗电 6 千瓦/小时，采用该系统后只需用电 3.8 千瓦/小时。

该中心还对装卸作业区域的机械设备，实行“单机核算”制，对每一台装卸机械核定任务指标和消耗定额，职工的收入与成本支出进行挂钩捆绑，实行利润提奖，把成本控制的责任和压力传递到每一个职工，职工每天干了多少，成本支出多少，自己能拿多少，心里都有一本清清楚楚的“账”。

8.1 装卸搬运概述

物料搬运(Material Handing)是制造企业物流过程中不可缺少的重要环节，是对物料、产品、零件或其他物品进行搬动、运输或改变其位置，以满足生产需要。随着工业生产规模的扩大和自动化程度的提高，物料搬运费用在工业生产成本中所占的比例越来越高。据统计，美国工业产品生产过程中装卸搬运费用占成本的20%～30%，德国企业物料搬运费用占营业额的1/3，日本物料搬运费用则占国民生产总值的10.73%。因此，设计合理的物料搬运系统，对改进物流管理、提高产品质量、降低生产成本、缩短生产周期，加速资金周转和提高整体经济效益都有重要意义。

8.1.1 装卸搬运概述

1. 装卸搬运的定义

所谓装卸是指“物品在指定地点以人力或机械装入运输设备或卸下”，而搬运是指在同一场所内，对物品进行水平移动为主的物流作业。也就是说，装卸搬运实际上包含两种物流活动，在同一地域范围内以改变货物存放状态的活动称为“装卸”(货物发生上下移动)，以改变货物空间位置的活动则称为“搬运”(货物发生水平移动)。

在实际操作中，装卸与搬运是密不可分的，两者常常是伴随在一起发生的。因此，在物流学科中并不过分强调两者差别而是作为一种活动来对待，两者全称装卸搬运。有时候或在特定场合，单称“装卸”或单称“搬运”也包含了“装卸搬运”的完整涵义。

装卸搬运作业是物流的主要环节之一，它贯穿于物流活动的全过程，是物流各项活动中出现频率最高的一项作业活动。装卸搬运活动效率的高低，会直接影响物流整体效率。虽然装卸搬运活动本身并不产生效用和价值，但是，由于装卸搬运活动对劳动力的需求量大，需要使用装卸设备，因此物流成本中装卸费用所占的比重较大。通过装卸搬运机械设备来减轻人的作业压力，改善劳动环境，提高装卸搬运效率，缩短物流时间，是现代装卸搬运作业发展的方向。

2. 装卸搬运的分类

(1)按装卸搬运施行的物流设施、设备对象分类

可分为仓库装卸，铁路装卸，港口装卸，汽车装卸，飞机装卸等。

(2)按装卸搬运的机械及机械作业方式分类

可分为使用吊车的“吊上吊下”方式，使用叉车的“叉上叉下”方式，使用半挂车或叉车的“滚上滚下”方式、“移上移下”方式及散装方式等。

(3)按装卸搬运物品的属性分类

可分为成件包装物品的装卸搬运，超大超重物品的装卸搬运，散装物品的装卸搬运，流体物品的装卸搬运，危险品的装卸搬运。

(4)按装卸搬运作业的特点分类

可分为堆垛拆垛作业、分拣配货作业、搬运移动作业。

因此，装卸搬运实际上包括了货物的装载、卸货、移动、货物堆码上架、取货、备货、分拣等活动以及附属于这些活动的作业。基本作业如下图：

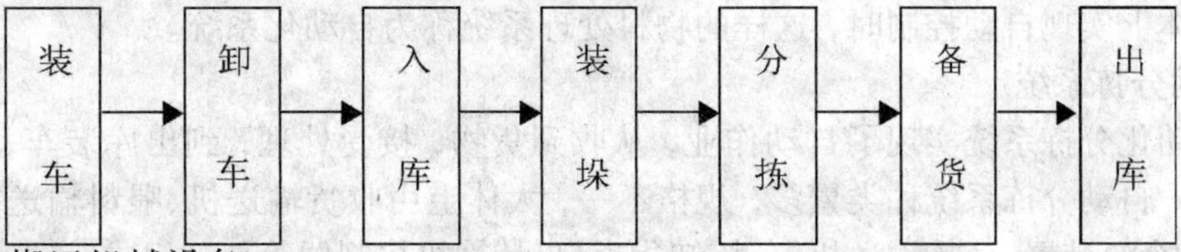

3. 装卸搬运机械设备

装卸搬运机械是指用来搬移、升降、装卸和短距离输送物料或货物的机械。装卸搬运机械是实现装卸搬运作业机械化的基础。因此，合理配置和应用装卸搬运设备，安全、迅速、优质地完成货物装卸、搬运、码垛等作业任务，是实现装卸搬运机械化、提高物流现代化的一项重要内容。

装卸搬运机械种类很多，分类方法也很多，为了便于运用和管理，常按以下方法进行分类。

(1)按主要用途或结构特征分类

可分为起重机械、连续运输机械、装卸搬运车辆、专用装卸搬运机械。其中，专用装卸搬运机械是指带专用取物装置的装卸搬运机械，如托盘专用装卸搬运机械、集装箱专用装卸搬运机械、船舶专用装卸搬运机械、分拣专用机械等。

(2)按作业性质分类

可分为装卸机械、搬运机械及装卸搬运机械三类。有些装卸搬运机械功能比较单一，只满足装卸或搬运一个功能，这种单一作业功能的机械结构简单，专业化作业能力较强，因而作业效率高，作业成本低，但使用上受局限。单一装卸功能的机械有手动葫芦、固定式起重机等;单一搬运功能机械主要有各种搬运车、带式输送机等。装卸、搬运两种功能兼有的机械可将两种作业操作合二为一，因而有较好的效果。这种机械有叉车、跨运车、车站用的龙门起重机、气力装卸输送机械等。

(3)按装卸搬运货物的种类分类

①长大笨重货物的装卸搬运机械。长大笨重货物通常指大型机电设备、各种钢材、大型钢梁、原木、混凝土构件等，这类货物的装卸搬运作业通常采用轨行式起重机和自行式起重机两种，轨行式起重机有龙门式起重机、桥式起重机、轨道起重机;自行式起重机有汽车起重机、轮胎起重机和履带起重机等。

②散装货物的装卸搬运机械。散装货物通常是指成堆搬运不计件的货物，如煤、焦炭、沙子、白灰、矿石等。散装货物一般采用抓斗起重机、装卸机、链斗装车机和输送机等进行机械装车,机械卸车主要用链斗式卸车机、螺旋式卸车机和抓斗起重机等。散装货物搬运主要用输送机。

③成件包装货物的装卸搬运机械。成件包装货物一般是指怕湿、怕晒、需要在仓库内存放并且多用棚车装运的货物，如日用百货、五金器材等。该类货物一般采用叉车，并配以托盘进行装卸搬运作业，还可以使用牵引车和挂车、带式输送机等解决成件包装货物的搬运问题。

④集装箱货物的装卸搬运机械。1 吨集装箱一般选用 1 吨内燃叉车或电瓶叉车作业;5 吨

及其以上集装箱采用龙门起重机或旋转起重机进行装卸作业；还可采用叉车、集装箱跨运车、集装箱牵引车、集装箱搬运车等。

4. 自动化系统

当库区的物料处理的全部功能都实现自动作业，并且各作业环节相互联成一体，从入库到出库在整体上实现自动控制时，这样的物料处理系统称为自动化系统。

(1) 自动分拣系统

现代自动化分拣系统实现了自动作业，从收到货物，接受处理，到出库装车，整个过程实现自动化。自动分拣系统种类繁多，规格不一，大体上由收货输送机、喂料输送机、分拣指令设定装置、合流装置、分拣输送机、分拣卸货道口、计算机控制器等部分组成。

(2) 自动高架仓库

高架仓库又称立体仓库或机械化仓库，由于货架很高，可以高达 20 多米，所以在高架仓库中，从收货入库到出库装运全部实现自动化。此类仓库由货架、存取设备、输入输出系统、控制系统四个基本部分组成。控制系统其实就是一个信息管理系统，由电脑实现控制。除了信息接受、处理、存储以外，还需要执行决策和产生作业指令，以控制设备的运行状态。高架仓库是一个完全意义上的全自动物料处理系统。

8.1.2 装卸搬运在物流中的地位

1. 装卸搬运是连接其他物流主要环节的桥梁

物流活动的主要环节如运输、保管、包装和流通加工等，都是靠装卸搬运活动联结起来的，又如在保管等活动中为进行检验、维护、保养等，需要对货物进行装上卸下、移送、拣选和分类等作业，也需要通过装卸和搬运来完成。

装卸搬运活动发生的区域见图 8－1 所示。

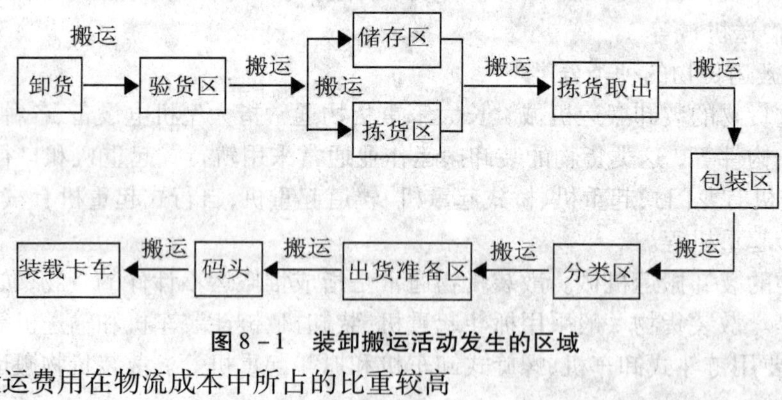

图 8－1 装卸搬运活动发生的区域

2. 装卸搬运费用在物流成本中所占的比重较高

从生产到消费的流通过程中，装卸搬运是必不可少的作业，装卸搬运中消耗的人力、物力对物流成本的影响很大。以我国为例，铁路运输的始发和到达的装卸作业费大致占运费的 20% 左右，船运占 40% 左右，而对制造业的统计也表明，机械工厂每生产 1 吨成品，需进行 252 吨次的装卸搬运，其成本为加工成本的 15.5%。因此，要降低物流费用，装卸搬运是个重要环节。

3. 装卸搬运对物流效率有重要的影响

在物流过程中，装卸搬运活动是不断出现和反复进行的，它出现的频率高于其他各项物流活动。每次装卸活动都要花费很长时间，据相关统计，我国的火车货运是以 500 公里为分歧点的，运距超过 500 公里，运输在途时间多于起止的装卸时间，而当运距低于 500 公里时，装卸时间则超过实际运输时间。因此，装卸搬运活动往往是决定物流速度的关键。

4. 装卸搬运作业质量关系到整体物流运作质量，对保障物流质量有重要作用

成本话语

运输、储存、配送、包装、加工，哪一项离得开装卸？

一般情况下，进行装卸搬运的操作时往往需要接触货物，这是在物流过程中造成货物破损、散失、损耗、混合等损失的主要环节。如袋装水泥的纸袋破损和水泥散失主要发生在装卸过程中；玻璃、机械、器皿等产品在装卸时最容易造成损失。目前我国由于野蛮装卸造成包装破损、丢失现象时有发生，货物破损率一直很高，自然也就增加了物流成本、影响整个物流过程的质量。

综上所述，尽管装卸搬运活动本身并不产生价值，但却是影响物流效率、决定物流运作质量和技术经济效果的重要环节之一。

8.1.3 装卸搬运合理化的目标及要求

如前所述，装卸搬运作业衔接其他物流环节，装卸和搬运质量的好坏、效率的高低是整个物流过程的关键所在。为此，科学组织装卸搬运作业，实现装卸搬运合理化对提高物流活动的质量，降低物流成本有着至关重要的作用。

1. 装卸搬运合理化的目标

装卸搬运合理化应达到以下目标：

(1)装卸搬运距离要短。在装卸搬运作业中，货物都会发生位移，而凡是“移动”都要产生距离，移动的距离越长，费用越大，反之则费用越小。所以装卸搬运合理化的目标之一，就是尽可能使装卸搬运距离最短。

(2)装卸搬运时间要少。主要指货物从开始装卸搬运到完成装卸搬运的时间少。如果能尽量压缩装卸搬运时间，就能提高物流速度，及时满足生产或顾客的需求。为此，应根据实际情况，实现装卸搬运机械化，尽量缩短时间。

(3)装卸搬运质量要高。装卸搬运质量高是装卸搬运合理化目标的核心。装卸搬运作业的质量高，是为客户提供优质服务的主要内容之一，也是保证生产经营顺利进行的重要前提。按要求的数量、品种，安全及时地将货物装卸搬运到指定的位置，这是装卸搬运合理化的主体和实质。

(4)装卸搬运费用要省。装卸搬运合理化目标中，既要距离短、时间少、质量高，又要费用省，这就要求真正实现装卸搬运机械化和物流现代化。采取机械化、自动化装卸搬运作业，既能大幅度削减作业人员，又能降低人工费用。为此，应合理规划装卸搬运工艺，设法提高装卸搬运作业的机械化程度，尽可能地实现装卸搬运作业的连续化，从而提高装卸搬运效率，降低装卸搬运成本。

2. 装卸搬运合理化的组织要求

在物流活动中组织装卸搬运，首先应精心进行装卸搬运过程的价值流设计，以减少不必要的装卸搬运环节，提高装卸搬运的有效性。为此，组织装卸搬运应注意以下要求：

(1)减少不必要装卸环节。从物流过程分析，装卸搬运环节不仅不增加货物的价值和使用价值，反而有可能增加货物破损的可能性和相应的物流成本。因此，需要系统地分析研究物流过程各个装卸搬运环节的必要性，尽量减少和避免不必要的装卸搬运作业，在保证各物流环节顺利进行的情况下，使装卸搬运的作业量最小，所消耗的活劳动和物化劳动最少。

(2)提高装卸搬运的连续性。必须进行的装卸搬运作业应按流水作业原则运作，各工序间应密切衔接;必须进行的换装作业，也应尽可能采用直接换装方式;尽量实现作业在空间和时间上的连续性，即无间隔、不中断作业。

(3)相对集中装卸场所和作业对象。装卸搬运场地的集中是在条件允许的情况下，把数量较多的、作业量比较小的分散的作业场地相对集中，以有利于固定式装卸搬运设备的配置，提高机械化作业水平，以及合理组织作业流程，提高作业效率;作业对象的集中是把零星的分散的货物汇集成较大的集装单元，整体作业，从而提高作业效率。

(4)力求装卸设备、设施和工艺等标准化。装卸搬运的工艺、装备、设施、货物单元或包装、运载工具、集装工具等作业的标准化、系列化、通用化，这是装卸搬运实现机械化、自动化的基本前提。

(5)提高货物集装化或散装化作业水平。成件货物尽可能集装成托盘系列、集装箱、货捆、货架、网袋等货物单元再进行装卸搬运作业。各种粉粒状货物尽可采用散装化作业，直接装入专用车、船、库。不宜大量化的粉粒状货物也可装入专用托盘箱、集装箱内，提高货物活化指数(“活化”的含义见本章8.3.1内容)，便于采用机械设备进行装卸搬运作业。

(6)做好装卸现场组织工作。使装卸现场的作业场地、进出口通道、作业线长度、人机配置等布局设计合理，能使现有的和潜在的装卸能力充分发挥或发掘出来。尽量避免因组织管理工作不当，造成装卸现场拥挤、阻塞、紊乱现象。同时，还要确保作业的安全性，包括货物安全、人身安全和设备安全，努力保证货物的完好性。

8.2 装卸搬运成本核算

8.2.1 装卸搬运成本构成

装卸搬运成本是指一定时期内，企业为完成装卸搬运业务而发生的全部费用，包括装卸搬运业务人员费用，装卸搬运设施折旧费、维修保养费、燃料与动力消耗等。

装卸搬运成本的主要内容一般包括：

1. 人工费用:指应由装卸成本负担的装卸工人、现场指导人员，机械司机、机械队保修人员，各种机械化装卸系统的操作人员、装卸工具的维修、保管人员，以及装卸队(或综合装卸队，下同)、机械队、工具队管理人员的工资，以及按上述应列入装卸成本的工资的规定比例计提的职工福利费。

对于全部依靠人工装卸作业和搬运作业的部门，人工费用构成了全部装卸搬运直接费用的总和。

2. 燃料动力费用：指应由装卸成本负担的各种装卸机械实际耗用的燃料（如汽油、柴油）、装卸作业中发生的动力及照明费；装卸工具维修耗用的燃料也列入本项目。这部分费用的大小主要与设备的功率和使用时间有直接关系。

3. 轮胎：指应由装卸成本负担的车辆领用的外胎、内胎、垫带以及外胎翻新费和零星修补费。

4. 折旧费用：指应由装卸成本负担的各种装卸机械、机械化装卸系统、机械队、工具队自行保养装卸机械、装卸工具所使用的机器设备，以及由装卸成本负担的机械库、工具库、队部办公用房等固定资产的折旧费。

5. 维修费用：指为装卸机械和装卸工具进行保养、大修、小修所发生的料、工、费，以及装卸机械在运行和操作过程所耗用的机油、润滑油的费用。为装卸机械保修所领用的周转总成的费用，也包括在本项目内。

6. 低值易耗品：指应由本期装卸成本负担，按照规定的摊销方法计算的抓斗、漏斗、网络、货盘工具等低值易耗品的摊销额。

7. 租费：指租用外单位装卸机械、设备、工具而发生的租费。

8. 劳动保护费：指应由装卸成本负担的劳动安全保护费用。

9. 事故损失：指应由本期装卸成本负担的货损、机损、人身伤亡等事故所发生的损失。

10. 保险费：指应由本期装卸成本负担的财产物资的保险费用。

11. 税金：指应直接由装卸成本负担的税金。

12. 营运间接费用：指各装卸队为组织与管理装卸业务而发生的管理费用和业务费用。

8.2.2 装卸搬运成本计算

企业如同时经营装卸业务，在企业下设立装卸队，装卸成本实行两级核算，各装卸队仅计算本装卸队的装卸成本，企业汇算各装卸队总的装卸成本。装卸成本的计算对象是机械装卸和人工装卸，计算装卸成本的单位是复合单位“元/千操作吨”。

另外，为装卸业务配备的车辆一般视同装卸机械，其所发生的费用计入装卸成本，不再单独核算。

1. 装卸搬运成本项目归集和分配

(1) 人工成本

装卸搬运的人工费用可根据“工资结算表”等有关资料，编制工资及职工福利费汇总表，据以直接计入各类装卸成本。

工资的计算和分配是工资核算的主要内容。工资计算的基本公式为：

$$\text{应付工资}=\frac{\text{计时}}{\text{工资}}+\frac{\text{计件}}{\text{工资}}+\frac{\text{加班加}}{\text{点工资}}+\frac{\text{奖}}{\text{金}}+\frac{\text{津贴和}}{\text{补贴}}+\frac{\text{特殊情况下}}{\text{支付的工资}}$$

实发工资 = 应付工资 - 各种扣款合计

职工工资的计算方法有两种：计时工资和计件工资。而计时工资又有月薪制和日薪制两种。在月薪制下，无论各月日历天数是多少，如果职工出满勤，每月的标准工资相同。但是，如果职工有缺勤的话，则需要计算日工资率扣除缺勤工资。

日工资率的计算一般有两种方法可供选择：

①每月固定按 30 天计算，以月工资标准除以 30 天，计算出每月的日工资率。

②每月固定按年日历天数 365 天减去 104 个休息日和 10 个法定节假日，再除以 12 个月计算出的月平均工作日数约为 21 天，再以月标准工资除以 21 天计算出每月的日工资率。

综上所述，采用计时工资，每月“应付工资”的计算一般有 4 种方法：

①采用月薪制，日工资率按 30 天计算；

②采用月薪制，日工资率按 21 天计算；

③采用日薪制，日工资率按 30 天计算；

④采用日薪制，日工资率按 21 天计算。

上述 4 种方法可由企业根据自身的具体情况选择其中任意一种使用，但一经选定后，不得随意变更。需要指出的是，在按 30 天计算日工资率的情况下，由于节假日也计算支付工资，所以缺勤期间所包含的节假日，应扣除工资；在按 21 天计算日工资率的情况下，所有的节假日均不计算工资．所以也不扣工资。

例 8-1：假设企业职工刘伟月标准工资为 600 元。5 月份刘伟请事假 8 天（其中包含 2 个休息日），实际出勤 17 天。按上述四种方法分别计算刘伟 5 月份的应付计时工资如下：

按 30 天计算的日工资率为：$600 \div 30 = 20.00$（元）

按 21 天计算的日工资率为：$600 \div 21 = 28.57$（元）

①采用月薪制，日工资率按 30 天计算：

应付月计时工资 $= 600 - 8 \times 20.00 = 440.00$（元）

②采用月薪制，日工资率按 21 天计算：

应付月计时工资 $= 600 - 6 \times 28.57 = 428.58$（元）

③采用日薪制，日工资率按 30 天计算：

应付月计时工资 $= (31 - 8) \times 20.00 = 460.00$（元）

④采用日薪制，日工资率按 21 天计算：

应付月计时工资 $= (31 - 8 - 6) \times 28.57 = 485.69$（元）

在实行计件工资制的企业，应付工人的计件工资等于职工完成的合格品数量乘以计件单价。作业中发生的货损货差，如果是因工作不慎造成的，不支付工资。如果工人在同一月份内从事多种作业，作业计件单价各不相同，就需逐一计算相加。

计件工资按照支付对象的不同可以分为个人计件工资和集体计件工资两种。

①个人计件工资的计算。当装卸搬运工人所从事的工作能够分清每个人的经济责任时，可采取个人计件工资方法。个人计件工资的计算公式如下：

应付计件工资 $= \sum$（装卸数量 × 装卸该种货物的人工单价）

例 8-2：某企业工人张华 8 月份共搬运 A 产品 1000 件，B 产品 800 件。验收时发现 A 产品损坏 15 件，其中 11 件属工人操作不当造成。该职工小时工资率为 6 元，搬运 A 产品定额工时为 0.2 小时，B 产品为 0.1 小时。则该职工本月份的应得计件工资为：

A 产品计件单价 $= 0.2 \times 6 = 1.2$（元）

B 产品计件单价 $= 0.1 \times 6 = 0.6$（元）

应付计件工资 $= (1000 - 11) \times 1.2 + 800 \times 0.6 = 1\,666.80$（元）

②集体计件工资的计算。当工人集体（如装卸队）从事某项工作，且不易分清每个工人的经济责任时，可采取集体计件工资的方式。这应首先按集体完成合格品的数量乘以计件单价，计算出集体计件工资总额，然后再采用一定的方法，将集体计件工资总额在集体成员内

部进行分配。通常可以按计件工资和计时工资的比例，按实际工作天数计算两种方法来进行分配。

在按计件工资和计时工资的比例分配时，其计算公式如下：

应付某职工计件工资 = 该职工应付计时工资 × 计件工资分配率

某职工应付计时工资 = 该职工实际工作小时数 × 小时工资率

按实际工作天数计算时，其计算公式如下：

每人每天应付计件工资 = 集体计件工资总额 ÷ 集体实际工作天数之和

应付某职工计件工资 = 该职工实际工作天数 × 每人每天应付计件工资

（举例略）

"工资结算汇总表"是进行工资结算和分配的原始依据。它是根据"工资结算表"按人员类别（工资用途）汇总编制的。"工资结算表"应当依据职工工作卡片、考勤记录、工作量记录等工资计算的原始记录编制。"职工福利费计算表"是依据"工资结算汇总表"确定的各类人员工资总额，按照规定的提取比例计算后编制的。

计入装卸搬运成本中的直接人工费用的数额，是根据当期"工资结算汇总表"和"职工福利费计算表"来确定的，并在期末据以编制"工资及职工福利分配表"，格式见表 8 - 1。

表 8 - 1　　　　　　工资及职工福利分配表

年　月　　　　　　　　单位：元

分配对象	工时	分配率	应付工资	应提职工福利费（14%）	合计
分配计入项目					
小 计					
直接计入项目					
合 计					

（2）燃料和动力

对于燃料和动力，企业可于每月终了根据油库转来装卸机械领用燃料凭证和"燃料动力消耗汇总表"，计算实际消耗数量与金额计入成本。企业耗用的电力可根据供电部门的收费凭证或企业的分配凭证，直接计入装卸搬运成本。

（3）轮胎

装卸搬运机械耗用的外胎、内胎、垫带，由于装卸搬运机械的轮胎磨耗是在装卸场地操作过程中发生的，与行驶里程无明显关系，因此其轮胎费用不宜采用胎公里摊提方法处理。一般可于领用新胎时将其价值一次直接计入装卸搬运成本。如一次集中领换轮胎数量较多，为均衡各期成本负担，可将其作为待摊费用或预提费用，在 12 个月内按月摊入成本、费用。

实际工作中，待摊费用的摊销一般是通过编制"待摊费用分配表"进行的，其格式见表 8 - 2 所示。

表8－2　　　　待摊费用分配表

年　月　　　　　　　　　　　单位:元

部门、车型	费用项目	本月摊销金额	尚未摊销金额
合计			

装卸搬运机械轮胎的翻新和零星修补费用，一般在费用发生和支付时，直接计入装卸成本。

装卸队配属各种车辆所领用新胎及翻新和零星修补的费用，也可按上述方法计入成本。

(4)保养修理费

由企业专职装卸搬运机械保修工或保修班组进行机械保养维修作业的工料费，直接计入成本;由保养场(或保修车间)进行机械保养维修作业的工料费，通过“辅助营运费用”账户归集和分配计入装卸搬运成本。

装卸搬运机械的大修理预提费用，可分别按预定的计提方法(如按操作量计提)计算，并计入装卸成本。

装卸搬运机械在运行和装卸操作过程中耗用的机油、润滑油以及装卸机械保修领用周转总成的价值，月终根据油料库、材料库提供的领料凭证直接计入装卸搬运成本。

(5)折旧

企业的装卸搬运设施应当按月提取折旧，企业一旦决定采用某种折旧方法，就不得随意改变。装卸搬运机械计提折旧一般采用工作量法，按其工作时间(以台班表示)计提。其计算公式如下：

$$\text{装卸搬运机械台班折旧额}=\frac{\text{装卸搬运机械原值}-\text{预计残值}+\text{预计清理费用}}{\text{装卸搬运机械由新至旧运转台班定额}}$$

装卸搬运机械月折旧额＝当月运转台班×台班折旧额

实际工作中，企业装卸搬运机械的折旧是按规定的折旧率计提的，并根据固定资产折旧计算表直接计入各类装卸成本。

(6)其他费用

装卸搬运机械领用的随机工具、劳保用品和装卸过程中耗用的工具，在领用时根据领用凭证可将其价值一次直接计入各类装卸搬运成本。一次领用数额过大时，可作为待摊费用处理。

工具的修理费用，以及防暑、防寒、保健饮料、劳动保护安全措施等费用，在费用发生和支付时，可根据费用支付凭证或其他有关凭证，一次直接计入各类装卸搬运成本。

企业对外发生和支付装卸费时，可根据支付凭证直接计入各类装卸成本。

事故损失一般于实际发生时直接计入有关装卸搬运成本，或先通过“其他应收款——暂付赔款”账户归集，然后于月终将应由本期负担的事故净损失结转计入有关装卸搬运成本。

由企业装卸基层单位直接开支的其他费用和管理费用，在发生和支付时，直接列入成本。

(6)营运间接费用

装卸队直接开支的管理费和业务费，可在发生和支付时，直接列入装卸成本。如果是按机械装卸和人工装卸分别计算成本的，平时应根据有关记账凭证和费用汇总表，归集“营运间接费用”，月终再按直接费用比例分配计入各类装卸搬运成本(分配方法见下)。

2. 成本费用的分摊

如果企业分货种分操作过程(如机械装卸、人工装卸)计算装卸搬运成本，则还要把按上述成本项目归集的费用按以下方法分配计入有关货种、有关操作过程的装卸成本。

(1)人工成本的分摊

有分货种分操作过程装卸搬运工人计件工资统计资料的企业，装卸搬运人工费中的计件工资费用按实际发生数计入有关货种操作过程成本，其他费用按装卸搬运工人计件工资的比例分摊，无统计资料的企业，装卸搬运人工费按装卸搬运工人作业工时或定额工时比例分摊。

$$\text{货种操作过程人工费} = \text{该货种该操作过程耗用作业工时} \times \text{单位工时成本}$$

$$\text{单位工时成本} = \frac{\text{人工成本合计数}}{\text{全部作业工时合计数}}$$

(2)装卸搬运机械费的分摊

装卸搬运机械按机械设备作业台时比例分摊。

$$\begin{matrix}\text{某货种某操作}\\\text{过程的机械费}\end{matrix} = \sum\left(\begin{matrix}\text{投入该货种方操作过程}\\\text{各类机械设备的作业台时}\end{matrix} \times \begin{matrix}\text{各类机械设备}\\\text{的台时单价}\end{matrix}\right)$$

各类机械设备的台时单价等于各类机械设备的营运成本除以各类机械设备的作业台时。各类机械的营运成本通过单车(或单类机械)经济核算取得。固定机械(一般为大型机械)实行单车核算、流动机械(一般为中、小型机械)实行分类核算，单车核算和分类核算都包括司机人工费用、保养维修费用、折旧费用和其他费用。

某类机械设备费用除以该机械设备的作业台时，即该机械设备单位台时成本。

$$\text{某类机械设备的单位台时成本} = \frac{\text{该类机械设备的费用}}{\text{该类机械设备的作业台时}}$$

(3)装卸搬运工具费的分摊

工具费按装卸搬运工具适用货类、适用操作过程的操作吨分摊。

①成组工具费用按成组工具适用货种的操作吨分摊。

某货种某操作过程的成组工具费用

$= \text{该货种操作过程操作吨} \times \text{单位成组工具费用}$

$$\text{单位成组工具费用} = \frac{\text{成组工具费用的总额}}{\text{成组货物操作吨}}$$

②特种工具费用直接计入有关货种的操作成本之中。

③通用工具费用则按所适用货种的操作吨比例分摊。

某货种某操作过程的其他工具费用

=该货种该操作过程完成的操作吨 ×单位通用工具费用

$$单位通用工具费用=\frac{成组工具费用的总额}{适用货类操作吨}$$

④工具管理费用(工具队发生的工具收发、整理、保管费用)按计入分货种分操作过程装卸搬运成本的工具直接费用比例分摊。

(4)其他装卸搬运直接费用、管理费用和财务费用的分摊

其他装卸搬运直接费用和计入装卸成本的营运间接费用、管理费用、财务费用等按受益对象操作过程的装卸成本直接费用(人工费+机械费+工具费)的比例分摊。分摊营运间接费用的计算公式为:

$$营运间接费用分配率=\frac{应由营运成本负担的营运间接费用}{各受益对象的直接费用总额}$$

$$\begin{matrix}某受益对象成本应\\负担的营运间接费用\end{matrix}=该受益对象直接费用\times营运间接费用分配率$$

企业也可以根据实际情况自行确定上述费用的分配方法。

例8-3:设公司装卸队2005年12月发生的管理费和业务费,除了工资及福利费10 260元、折旧费160元以外,还分配水电费、支付办公费、报销差旅费等1 080元,合计11 500元。已归集的机械装卸与人工装卸的直接费用,分别为158 000元和72 000元,根据装卸支出明细账和营运间接费用(装卸)明细账记录,可编制“营运间接费用(装卸)分配表”如下(表8-3):

表8-3 **营运间接费用(装卸)分配表**

2005年12月

成本计算对象	分配标准(直接费用)	分配率	分配额
机械装卸	158000		7900
个人装卸	72000		3600
合计	230000	0.05	11500

3.装卸搬运成本计算表

企业期末(月末、季末、年末)应编制装卸搬运成本计算表,汇总计算物流成本辅助账户及相应的二级、三级账户和费用专栏成本数额,按照表8-4、8-5的内容要求逐一填列。对于《企业内部物流成本支付形态表》中的装卸搬运成本,对应的支付形态一般为人工费、维护费和一般经费,凡成本项目中各明细项目有相应支付形态的,均需填写;无相应支付形态的,则不填写。

装卸搬运业务的单位成本,以“元/千操作吨”为计算单位。其计算公式如下:

$$\begin{matrix}装卸搬运单位成本\\(元/千操作吨)\end{matrix}=\frac{装卸搬运总成本}{装卸搬运操作量(操作吨)}\times1000$$

分货种分操作过程装卸搬运成本直接费用加上分摊入的其他装卸搬运直接费用、营运间接费用管理费用和财务费用,即为分货种分操作过程的装卸搬运总成本。分货种分操作过程的装卸搬运总成本分别除以相应的操作吨(或标准箱),即为分货种分操作过程的装卸搬运单

位成本。

表 8－4　装卸搬运成本计算明细表

编制单位：　　　　　　　　　　年　　　月　　　　　　　　　单位：元

成本项目	行次	计划数	本期实际数	本年累计实际数
一、装卸搬运直接费用	1			
1. 人工费用	2			
2. 燃料动力费	3			
3. 轮胎	4			
4. 保养修理费	5			
5. 折旧	6			
6. 其他	7			
二、装卸搬运间接费用	8			
三、装卸搬运总成本	9			
四、单位成本	10			

表 8－5　企业内部物流成本支付形态表

编制单位：　　　　　　　　年　　月　　　　　单位：元

成本项目 \ 内部支付形态			材料费	人工费	维护费	一般经费	特别经费	合计
物流功能成本	物流运作成本	运输成本						
		仓储成本						
		包装成本						
		装卸搬运成本						
		流通加工成本						
		小计						
	物流信息成本							
	物流管理成本							
	合计							
存货相关成本	资金占用成本							
	物品损耗成本							
	保险和税收成本							
	其他成本							
	合计							
物流成本合计								

8.3 装卸搬运成本控制

8.3.1 降低装卸搬运成本的途径

装卸搬运只能改变劳动对象的空间位置，不能提高劳动对象的使用价值。但装卸搬运必然要有劳动消耗，包括活劳动消耗和物化劳动消耗。这种劳动消耗量要以价值形态追加到装卸搬运对象的价值中去，从而增加了产品的物流成本。因此，应合理选择装卸搬运设备；防止机械设备的无效作业、合理规划装卸方式和装卸作业过程，如减少装卸次数、缩短操作距离、提高被装卸物资纯度等；尽量减少用于装卸搬运的消耗，以实现降低装卸搬运成本的目标。

降低装卸搬运成本的途径主要有：

1. 防止和消除无效作业

所谓无效作业是指在装卸搬运作业中超出必要的装卸搬运量的作业。显然，防止和消除无效作业对提高装卸搬运活动的经济效益有重要作用。为了有效地防止和消除无效作业，可从以下几个方面入手：

(1)尽量减少装卸次数

物品在整个物流过程中往往要经过多次的装卸作业，要使装卸次数降低到最小，主要措施有：尽量避免没有物流效果的装卸作业；减少人力、物力的浪费和货物损坏的可能性；采用集装方式进行多式联运等。

(2)提高被装卸物品的纯度

物品的纯度，指物资中含有水分、杂质与物资本身使用无关的物质的多少。物品的纯度越高则装卸作业的有效程度越高，反之，则无效作业就会增多。

(3)减少装卸作业的距离

物资在装卸、搬运当中，要实现水平和垂直两个方向的位移，选择最短的路线完成这一活动，就可避免超越这一最短路线以上的无效劳动。

(4)提高装载效率

充分发挥装卸搬运机械设备的能力和装载空间，中空的物件可以填装其他物品再进行搬运，以提高装载效率。

2. 提高物品的装卸活性和活化

装卸活性是指货物的存放状态对装卸搬运作业的方便(或难易)程度，称为货物的“活性”，也称为装卸活性。活性可用“活性指数”来进行定量的衡量。例如，工厂的物料处于散放状态的活性指数为0，集装、支垫、装载和在传送设备上移动的物料，其活性指数分别为1、2、3、4。在货场装卸搬运过程中，下一步工序比上一步工序的活性指数高，因而，下一步工序比上一步工序更便于作业时，便称为“活化”；当装卸搬运的工序、工步设计得使货物的活性指数逐步提高时，被称为“步步活化”。

通过合理设计工序、工步，以做到活化作业的同时，还要采取相应的措施和方法尽量节省劳力，降低能耗。

3. 合理选择装卸搬运方式，不断改善作业方法在装卸搬运过程中，必须根据货物的种类、性质、形状、重量来合理确定装卸搬运方式，合理分解装卸搬运活动，并采用现代化管理方法和手段，改善作业方法，实现装卸搬运的高效化和合理化。

4. 推进集装单元化

将零散放置的物体归整为统一格式的集装单元称为集装单元化。采用托盘、货箱等方式尽量扩大货物的物流单元，对装卸搬运作业的改善是至关重要的，可以达到以下目的：由于搬运单位变大，可以发挥机械的效能，提高作业效率，搬运方便，灵活性好；负载的大小均匀，有利于实行作业标准化；在作业过程中避免物品损伤，对保护被搬运的物品有利。目前发展较快的集装箱单元就是一种标准化的大单元装载货物的容器。

5. 促进装卸搬运作业标准化

装卸搬运作业标难化是对装卸搬运的工艺、作业、装备、设施、货物单元等所制定、发布的统一标准。装卸搬运的工艺、装备、设施、货物单元或包装、运载工具、集装工具等作业的标准化、系列化、通用化，对促进装卸搬运合理化起着重要作用，又是实现装卸搬运现代化的前提。

6. 提高装卸搬运的机械化、自动化、现代化水平

从总体上看，我国目前除部分大中型城市的物流部门外，还有许多部门、地区的装卸搬运作业机械化程度相当低，甚至主要依靠人工搬运，这种落后的作业方式劳动强度大、工作效率低、物品的损失也大。同时，由于物流作业是一环扣一环地连续进行，如果机械设备不配套，就会造成许多困难。因此，只有提高装卸搬运的机械化水平，采用合理的作业自动化，才能提高物流整体效率，最终降低装卸搬运活动的总成本。

7. 建设"复合终端"

近年来，一些发达国家为了装卸搬运合理化的改造，尝试在终端装卸场所集中建设不同的装卸设施，即创建所谓的"复合终端"。如在复合终端内集中设置水运港、铁路站场、汽车站场等，这样就可以合理配置装卸搬运机械，使各种运输方式有机地联结起来，提高设备的利用率；同时，也加快了物流速度，减少装卸搬运活动所造成的货物损失，有利于物流成本的降低。

8.3.2 装卸搬运成本控制的方法

控制是指调节系统能达到预期目标的一切手段。装卸搬运成本控制是采用特定的方法、制度等对装卸搬运活动各环节发生的费用进行有效的计划和管理。针对装卸搬运活动的特点，控制的重点包括：物流工艺流程设计科学合理、减少装卸搬运过程中物品损耗率；尽量压缩装卸搬运时间以及与物流其他环节衔接方式的优化；通过合理选择装卸搬运设备以提高作业的机械化程度，强化机械设备和人力无效作业的预防措施；科学合理的规划装卸方式和装卸作业过程，将搬运次数减至最少，管理好物资，减少浪费，破损等。

除此之外，对装卸搬运成本、费用的日常控制还应采用以下具体对策：

1. 分解、下达成本控制指标

分解下达的成本、费用指标是控制成本、费用的依据，企业的各成本、费用责任部门应将归口管理的指标按所属单位提出分项指标（包括技术经济指标和费用指标，如燃料消耗、物料消耗、修理费用、管理费用等），经财务部门综合平衡后统一下达。

2. 燃料、材料、低值易耗品等物资的控制

企业的燃料、物料、修理费用定额等是控制物资消耗的主要依据。企业应制定合理的消耗定额，并对定额执行情况经常分析。同时根据执行情况及成本计划的要求，制订降低燃料、材料等物资消耗的措施。

企业应根据消耗定额严格控制燃料、物料的消耗，对耗用量大，领料次数频繁并有消耗定额的燃料、材料、低值易耗品应实行限额发料制度，对各种零星机物料，应按材料费用定额控制。

企业应编制物资采购、储存、供应等费用预算，作为控制有关支出的依据。物资管理部门应规划经济采购点和采购路线，合理组织装卸、提运，并控制各项材料物资的采购质量，合理控制储备量，把好各项材料物资验收入库关，努力降低物资采购、储存、供应费用。

3. 工资的控制

企业应制定合理的劳动定额和编制定员，严格控制职工人数的增加，努力提高工时利用率，合理调配劳动力，提高劳动生产率，并按照规定的工资标准和上级下达的劳动工资总额指标，核定的人员编制，控制工资总额。

4. 折旧及修理费用的控制

企业应提高装卸机械、车辆等各项固定资产的利用率，控制折旧及修理费用，相对降低成本、费用。要充分挖掘现有固定资产的潜力，提高其利用率。新增车辆、装卸机械、机械设备以及对各项固定资产进行技术改造时，应事先组织有关部门进行技术经济论证和可行性研究，在确有经济效益的前提下，才予增添和改造，以控制折旧费用的增加。

企业在进行装卸机械、机械设备等固定资产修理时，如属日常维护修理，应严格按维护修理定额控制修理费用，如属大修理，应组织有关部门，提出大修方案，以降低大修理费用。

企业的财务会计部门应会同固定资产管理部门建立健全本企业的固定资产管理办法，对各类固定资产的增减变动，内部转移，维护修理，报废清理等规定统一而严密的管理制度。监督有关单位认真执行，要经常对固定资产利用效率进行分析，制定提高固定资产利用效率的措施。

5. 营运间接费用和其他费用的控制

企业对管理费用、营运间接费用和其他费用实行指标分级、归口管理，明确管理责任部门。各责任部门负责制定本部门分管的费用定额，编制费用预算，分解下达费用指标，审批费用开支，实行限额控制，加强管理。

归口管理部门和财务会计部门对各单位费用支出情况应根据支出标准和控制指标进行监督与检查，开支单位需要增加开支项目或开支金额时，需报经归口管理部门和财务会计部门审批，企业要严格控制非生产性支出。

案例：现代物流技术的应用：松下配送中心

成立于1997年的松下物流(Panasonic Logistics)的一个配送中心，由于在运作中有效地利用了高科技而声名鹊起。

松下清楚地认识到，由于操作系统不能达到自动化，致使操作人员在仓库内外转来转去，这实在是太浪费时间。新配送中心的指导思想是：采用自动传送装置及自动数据采集(ADC)技术(主要是射频数据通信RF/DC即条码技术)，将产品传送到操作人员面前，而不

是操作人员移动到产品所在之处。为此，松下安装了一系列的自动化设施。这不但减少了人工数据采集系统所需的员工数量，而且提高了整个操作过程的效率。

该配送中心采用了 ADC 系统，以实现对公司 8 万多台电视机、录像机、复印机，乃至医疗设备等产品的跟踪和配送。由于仓库面积为 3.6 万平方米，拥有 2.3 万个托盘站点，每个托盘站点高 22 米，有 5 个通道，高层货舱存储；还有 10 万个分检站点，从完整的托盘和箱体流开始，然后将其转移到圆盘传送带，直至最终搁置于货架上。设计这一套设施时，松下研究人员了解到，ADC 系统是跟踪货物出入仓库的关键。

仓库的自动化

该中心的建立旨在将不同的配送场所统一为一个配送中心，因此另外三个地区的仓库都已关闭，并入 Northampton。抵达的货物包括成品，零部件以及备用零件。成品和备用件被送到独立的零售商和国内客户。

跟踪仓库中的产品由 ADC 系统完成，它包括射频数据通信（RF/DC）终端、手持式条码扫描器、标签打印机和“按键亮灯”（put－to light）分类系统。另外 Microlise 公司还提供射频终端和扫描器。

货物一到达仓库，就由仓库工作人员人工码成托盘。一旦托盘被码好，就贴上一个交叉二五条码（ITF）标签。该条码包括产品号、数量和目的地的编号。标签是由放置于叉车上的 Blaster 直接热敏式条码打印机打印。然后，叉车将托盘放在传送带上，运送到仓库的高层货舱。标签将一直贴在托盘上直至托盘被拆卸或作为一个完整的托盘送出仓库。

分拣过程

仓库中有许多用于组装客户订单的分拣站。箱体流库存（由与传送带相邻的重力自动供给架支撑）主要服务于快速移动产品，也为移动速度较慢的产品提供搁置架。另外，还有 4 个垂直圆盘传送带传送小零件，2 个水平传送带传送组件。

订购的货物被装入塑料装运箱中，大件产品则装入单个的箱体中，如电视机。分拣每一件产品时，打印 Code39 条码标签并贴在装运箱上。该条码对产品、订单号及客户的信息进行编码。

操作人员利用带有累加器的特制分拣车对客户订单组装货物。此种工具车装备有名为 Tracker 的射频终端，该终端与条码扫描器和 Blaster 打印机连接。在每个圆盘传送带上的分件和输入工作由一个 PC 终端机装备有利用模糊运算进行译码的手持式激光扫描器进，而标签打印机的作用是指导操作人员检查备件货物是否正确。

一旦备件货物全部被分拣出来，累加器就被转移至用以发货的传送装置上。装有成品的箱体被分拣出来并放置于传送带上等待分类，箱体上的条码被扫描以识别其所属订单。

小型货物的特殊处理

备用件和小件货物，如轮齿、电阻器或芯片的分拣方式不同。按键亮灯系统时操作人员能够将 20 件不同的订货作为一个批次装入同一装运箱中。操作人员并不知道哪些货物应发给那个客户，他只要将装运箱放置到运送装置上，并贴上含有订单号的条码即可。装运箱在寄销运送装置上传送时，其标签将被安装在运送装置上的固定式扫描器扫描，系统再将装运箱送往分类系统。

分类工作站有三个组，每组 20 个站点，每个站点分别为一个用户准备一个专门的物料箱。操作人员将装运箱顶部的号码输入 PC 机之后，用射频扫描器扫描装运箱中的所有货物。

与该号码对应的物料箱的指示灯就会发亮，这便指示出了需要该货物的客户地址。据此，该货物就放置在这一物料箱中。

当所有的货物都被放置到正确的物料箱中后，物料箱则被转移到另一边。在那里，操作人员将他们包装起来等待发货。此时，下一个物料箱已经到达。操作人员将第二批货物分拣出来并进入下一20个站点组，接着是第三个站点组，然后再重返第一组站点。该系统提高了在备件区域的操作人员的平均工作效率。

与IT系统连接

Bracknell地区的松下公司的销售订单处理系统在24小时中共进行五次下载操作。该系统通过微波与位于Northampton的仓库管理系统相连。将该系统与线路计划、自动高层货仓的运输控制系统以及仓库与办公室周围的固定式PC终端连接的是区域网络(LAN)。该网络的主要中心枢纽由纤维链路在进货层、出货层、高分拣层及低分拣层连接。

本章小结

物流活动的主要环节，例如运输、仓储、包装和流通加工等物流活动，是依靠装卸搬运活动联结起来的，流通领域常将装卸搬运这一整体活动称为“货物装卸”，生产领域常将这一活动称为“物料搬运”。装卸搬运贯穿于物品实体运动的全过程，无论是商品的运输、储存和保管，还是商品的配送、包装和流通加工都伴随着装卸搬运作业。

本章首先介绍了有关装卸搬运的概念，装卸搬运的设施和设备，以及装卸搬运在物流中地位等方面的内容。

本章重点介绍装卸搬运成本的计算、管理。装卸搬运成本包括装卸搬运业务人员费用，装卸搬运设施折旧费、维修保养费、燃料与动力消耗等。如果企业分货种分操作过程(如机械装卸、人工装卸)计算装卸成本，则还要把分别成本项目归集的费用按一定的方法分配计入有关货种、有关操作过程的装卸成本；计算装卸成本的单位是复合单位“元/千操作吨”。

装卸搬运过程的劳动消耗要以价值形态追加到装卸搬运对象的价值中去，从而增加了产品的物流成本。因此，应合理选择装卸搬运设备；通过防止机械设备的无效作业、合理规划装卸方式和装卸作业过程等措施尽量减少用于装卸搬运的消耗，切实降低装卸搬运成本。除此之外，还要从财务管理的角度加强对装卸搬运成本、费用的日常控制。

本章最后介绍日本松下物流的一个配送中心利用高科技手段实施物流配送活动取得的成效。

※ 习题

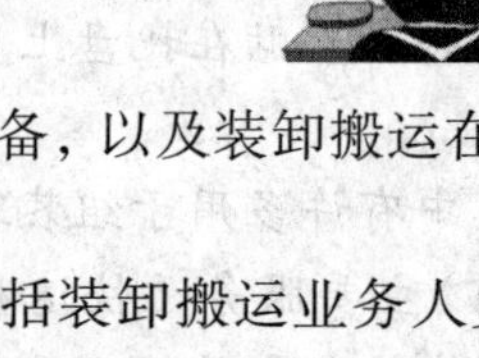

一、选择题(单选)

1. 在同一地域范围内进行的，以改变物的空间位置为主要内容和目的的活动称为(　　)

A. 运输　　B. 装卸　　C. 搬运　　D. 流通加工

2. 具有单一装卸功能的机械是(　　)

A. 手动葫芦　　B. 叉车　　C. 龙门起重机　　D. 抓斗起重机

3. “交替损益”原理不存在于(　　)环节

A. 货物装卸与货物包装　　　B. 客户服务水平和物流成本

C. 货物装卸与货物搬运　　　D. 货物包装与货物储存

4. 对物料搬运的不正确说法是(　　)

A. 物料的包装形态会影响搬运成本　　　B. 物料搬运本身并不产生附加价值

C. 物流搬运越机械化越好　　　D. 对单价低的物料，搬运成本占总成本的比例大

二、判断正误题

1. 装卸搬运存在于货物运输、储存、包装、流通加工和配送等过程中，贯穿于物流作业的始末。

2. 集装单元化就是把一定的物料整齐地集结成一个便于储放、搬运和运输的单元。

3. 装卸搬运活性指数越低，说明该存放状态下的物品越不容易进行装卸搬运作业。

4. 不同类的货物，不同的装卸搬运场所，所需要的装卸搬运机械不尽相同，合理选择装卸搬运机械，能够降低装卸搬运费用，提高装卸搬运效率。

5. 装卸搬运机械计提折旧的方法一般采用工作量法。

6. 因为搬运不能增加货物的价值与实用价值，反而会增加货物破损的可能性与成本，因此要千方百计地消除无效搬运，以最少的搬运次数达到目的。

三、基本概念

装卸搬运 活化 装卸搬运成本 集装单元化

四、思考题

1. 什么是装卸搬运，它包括哪些活动？

2. 按作业性质分，主要的装卸搬运设备有哪些？

3. 装卸搬运在物流中的地位如何？

4. 装卸搬运合理化的目标是什么？

5. 装卸搬运成本主要包括哪些内容？

6. 降低装卸搬运成本的主要途径有哪些？

◆——第9章 包装成本管理

●本章学习目标与要求

★引导案例

★章节内容

包装概述

包装成本的核算

包装成本控制与分析

★案例

物流发展推动包装变革

★本章小结

★习题

★学习目标

包装是现代物流系统的构成要素，与运输、储存、装卸搬运有十分密切的关系。为了提高仓储和运输的效率，保护好产品，需要采用符合国际标准的包装设计、包装技术和包装材料，在保证包装基本功能的基础上努力降低包装成本。通过本章的学习，要掌握物流过程中包装的基本概念、分类；了解包装的功能和作用；掌握包装成本的构成、分类及成本计算步骤；掌握包装成本控制及成本分析方法等。

*

小小的充气袋和聚酯打包带，每年带来4千多万元的营业收入。上海奥特玛特物流设备公司出口销售部经理透露，公司年内将在上海新建一家4000平方米的工厂，以满足出口和南方市场的需求。

该经理透露："公司去年仅充气袋就实现2000多万元的营业收入，其中70%出口到美国等国家，打包带每个月也有200多万元的销售。原先我们只在天津有一家工厂，但考虑到南方和海外市场的不断扩大，公司决定在上海新建一家工厂。"

据了解，通常集装箱尾部的空隙，企业都会用废旧托盘、泡沫塑料、木板等进行填充，以免货物受损。企业若是运送一些服装、玩具等普通商品，一般对使用什么材料并不在乎，但若是运送家具、家电等大型物件时，每个箱子往往需要1000多元的废旧托盘、木板等，还不能确保量是否足够。

例如，像宜家这样的家居企业，他们的货柜如要用托盘、泡沫塑料等来填充，每个货柜大约需近2000元的包装费，而用包装袋的话大约200元就够了，显然后者更具价格优势。正是物流包装市场的火爆需求，使得奥特玛特的业务近几年迅猛增长，年增长率达到200%。

9.1 包装概述

随着人类社会的进步和科学技术的发展，包装不仅是原来的只起保护产品的作用，还发展到起美化商品、促进销售的作用，也使商品包装发展成为独立于商品生产之外的工业行业。长期以来，我国的产品被称为“一流的质量，二流的包装，三流的价格”。近年来，许多地区尤其是经济较为发达的城市开始对包装工业加大投资力度，使包装产品最大限度满足顾客的需求。

9.1.1 包装的概念、分类

1. 包装的概念

包装是包装物和包装操作的总称。在我国颁发的GB/T18354－2001《物流术语》中，将包装解释为，包装是“为在流通过程中保护产品、方便储运、促进销售，按一定技术方法而采用的容器、材料及辅助物等的总体名称。也指为了达到上述目的而采用容器、材料和辅助物的过程中施加一定技术方法等的操作活动。”这一定义把包装的物质形态和盛装产品时所采取的技术手段和工艺操作过程，以至装潢形式和包装的作用联成一体，比较完整地说明了包装的涵义。

具体来讲，包装包含了两方面的含义：①静态的含义，指能合理容纳商品，抵抗外力，保护宣传商品，促进商品销售的物体，如包装容器等；②动态的含义，指包裹、捆扎商品的工艺操作过程。人们对包装概念的理解应用，是随着社会生产的发展不断变化的。早期人们对商品进行包装，主要是为了保护商品，随着科学技术的进步和商品经济的发展，人们对包装的认识不断深化，对其赋予了新的内容，即要方便商品运输、装卸和保管，它是商品在生产领域的延续。现代包装，又向消费领域延伸，起到了对商品销售的促进作用。

2. 包装的分类

包装的门类繁多，品种复杂，这是由于要适应各种物资性质的差异和不同运输工具等各种不同的要求和目的，使包装在设计、选料、包装技术、包装形态等方面出现了多样化。

(1)按功能不同分类

包装作为生产的终点，物流的起点，所起的作用与其包装的功能是分不开的。按包装的功能，包装可分为工业包装和商业包装两个大类。

①工业包装又称运输包装，是以提高物流效率、保护商品及传递流动信息为主要目的的包装。工业包装的重要特点，是在满足物流要求的基础上使包装费用越低越好。为此，必须在包装费用和对物流造成的损失两者之间寻找最优的效果。

②商业包装又称销售包装，是以促进销售、方便顾客、保护商品及传递商品信息为主要目

的的包装。这种包装的特点是外形美观，有必要的装潢，包装单位适于顾客的购买量以及商店陈设的要求。在流通过程中，商品越接近顾客，越要求包装有促进销售的效果。这是因为顾客能看到货架上商品的包装外衣。

需要说明的是，在有些情况下，工业包装同时又是商业包装。例如，装水果的纸箱子一般应属于工业包装，在连同箱子出售时，也可以认为是商业包装。为了促进销售，在有些情况下，也可以采用商业包装的办法来做工业包装，如家用电器的包装一般都是兼有商业包装性质的工业包装。

(2)按使用次数分类

①一次性包装。包装随商品的销售而消耗、损坏。

②重复使用包装。包装材料比较牢固，可以回收，并反复使用。

(3)按耐压程度分类

①硬质包装。包装材料的质地坚硬，能承受较大的挤压，例如木箱、铁箱等。

②半硬质包装。包装材料能承受一定的挤压，例如纸箱等。

③软质包装。包装材料是软质的，受压后会变形，例如麻袋、布袋等。

(4)按使用的材料分类

①纸制品包装。经过处理，具有韧性、抗压性、弹性和防潮性等特点，是目前使用越来越多的一种包装材料。

②纺织品包装。常用于存放小颗粒、粉状的货物。

③木制品包装。具有较强的抗挤压和抗冲击的能力，使用较广。

④金属制品包装。包装强度大，密闭性好，适合于盛装液体货物或较贵重的货物。目前在运输中使用广泛的集装箱是一种符合国际标准的大型金属箱。

(5)包装的其他分类

①按包装的层次，可分为单件包装、内包装和外包装。

②按包装容器结构，可分为可折叠包装、可拆卸包装、可携带包装、局部包装、敞开包装、托盘包装和集合包装等。

③按包装的保护技术，可分为防潮包装、防锈包装、防霉包装、防震包装、防尘包装、防辐射包装、防盗包装和危险品包装等。

9.1.2 包装的功能及包装在物流中的地位

1. 包装的功能

包装的基本功能有:保护功能、便利功能和促销功能。

(1)保护功能

包装的首要功能便是保护物品、便于储运。货物在整个流动过程中，要经过多次的装卸、存取、运输，甚至拆卸和再包装，会受到各种各样的外力冲击、碰撞、摩擦。另外，有可能在恶劣环境中受到有害物质的侵蚀。有效的产品包装可以起到防潮、防热、防冷、防挥发、防污染、保鲜、防易碎、防变形等系列保护产品的作用。如我们常见的电子产品包装，一般多采用较厚的纸板，结构以封闭式包装为主，内衬泡沫等填充物，以免电子产品受损坏,充分体现了包装的保护功能。

(2)便利功能

包装可以促进产品搬运和流动的有效性，有利于物流各个环节衔接作业。其便利性主要体现在：

①便利运输。商品经过包装，其外形符合一定的规格，根据标志上的重量、尺寸，可以进行合理组配，提高车、船等运输工具的装运能力，又有利于计数点件、办理运输交接手续。

②便利装卸。坚固整齐、体积重量得体的商品包装，既能适合运输工具的装卸吞吐条件，又方便在装卸搬运中的机械化操作；商品包装外表面印刷的指示标志，能正确指导装卸操作，减少货损货差，缩短物流各个环节的作业时间，提高工作效率。

③便利储存。根据商品包装上的各种标志提示，仓库管理者易于识别，易于存取，易于盘点，有特殊要求的商品便于引起注意；从商品验收角度来看，便于开箱拆包，便于重新打包，为验收提供了方便。同时，包装的集合方法、定量性，也为节约验收时间、加快验收速度起到重要作用。

(3)促销功能

合理的包装有利于促进商品的销售，因此包装的结构、形态，以及文字、图案、色彩等造型设计和装潢设计的效果，除了具有保护商品、方便流通等基本作用外，还具有美化商品、宣传商品，促进销售的作用。

毋庸置疑，包装能起到广告宣传的效果，良好的包装，往往能为广大消费者或用户所瞩目，从而激发其购买欲望，成为产品推销的一种主要工具和有力的竞争手段。产品包装后，可与同类竞争产品相区别。精美的包装，不易被仿制假冒、伪造，有利于保持企业的信誉。另外，通过改进包装，可以使一件旧产品给人带来一种新的印象。由此可见，包装能够有效地帮助产品上市行销，可以说包装是产品的“无声的推销员”。

2. 包装在物流中的地位

包装在整个物流活动中具有特殊的地位，包装的材料、形式、方法以及外形设计都对其他物流环节产生重要的影响。在社会再生产过程中，包装处于生产过程的末尾和物流过程的开头，既是生产的终点，又是物流的始点。因此应根据生产后的物流系统情况来考虑包装，同时物流也受包装的制约。

现代物流的研究认为，包装与物流的关系，比之与生产的关系要密切得多，其作为物流始点的意义比之作为生产终点的意义要大得多。因此，在进行包装设计时，不仅要在“生产的终点”的意义上考虑包装问题，更要考虑物流对包装的要求问题，这才是现代包装的完整意义。

包装设计会影响到所有的物流作业的效率。包装提高了设计水平和质量并顺应了物流的流通环境，几乎所有的物流活动的操作，都能用包装所组成的货物单元量来描述，物流活动的效率也能大幅提高。而且，包装本身就是物流信息的载体之一，在现代物流信息活动中起着极其重要的作用，提高包装的设计水平和质量是物流得以顺利进行、保障物流质量的前提，利用最先进的物流信息技术和合理的包装可为企业挖掘出更大的利润空间。

包装作为物流系统的构成要素之一，与运输、保管、搬运、流通加工均有十分密切的关系，主要体现在：

(1)从包装与运输的关系看，同样是杂货载运，如过去用装船混载，必须严格地用木箱包装，而改用集装箱后，用纸箱就可以了。

(2)从包装与搬运的关系看，如用人工搬运，应按人工可以胜任的重量单位和尺寸大小进行包装;如果运输过程中全部使用叉车，就无需包装成小单位，只要在交易上允许，则应尽量包装成大的单位，如与托盘相匹配的包装等。

(3)从包装与保管的关系看，货物在仓库保管，如果码高，最下面货物的包装应能承受压在上面的货物的总重量。以重量为20kg的货箱为例，如果货物码放8层，最下边的箱子最低承重应为140kg。

在现代物流条件下，包装对物流服务的成本和效率影响也很大，包装会影响到每一项物流活动的成本。比如，对存货盘存的控制主要依赖于人工或自动化的识别系统，都与商品的包装密切相关，因为商品分选的速度、准确性和效率都要受包装识别、包装形状和作业简便性的影响。

9.1.3 包装材料、包装机械和包装技术

1. 包装材料

包装材料是指构成包装实体的主要物质。包装材料与包装功能存在着不可分割的关系，无论物品包装材料的选择还是包装技术的实施，都是为了保证和实现物品包装的保护性、便利性等功能。由于包装材料的功能不同，成本相差也比较大。

常用的包装材料包括以下几种:

(1)草制包装材料。这是指用天然生的草类植物编制成草席、蒲包、草袋等的包装材料。其防水、防潮能力较差，强度也很低，在物流中的作用不断下降，已逐渐被淘汰。

(2)木制包装材料。它一般作为外包装材料，具有抗压、抗震等优点。木制包装材料一般有木箱、木笼、木桶，但由于木材资源有限，作为包装材料前景不佳。

(3)纸制包装材料。这是使用最为广泛的一种包装材料，具有价格低、质地细腻均匀、耐摩擦、耐冲击，容易粘合、不受温度影响、无毒、无味，适于包装生产的机械化等优点。目前在世界范围内,纸制包装占包装材料的比重比任何其他包装材料都大。纸作为包装材料的有纸袋、纸箱和瓦楞纸箱等。它的缺点是防潮、防湿性能较差。

(4)金属包装材料。这是指可把金属压制成薄片，用于物资包装的材料。用它制成的通常有白铁皮罐、金属圆桶、储气瓶、金属丝网等。优点是防水、防潮、防污染、抗腐蚀，易进行机械加工等。

(5)纤维包装材料。它是指用各种纤维制作的袋状容器。天然生的纤维有黄麻、红麻、大麻、青麻、罗布麻、棉花等。经工业加工的有合成树脂、玻璃纤维等。

(6)陶瓷与玻璃包装材料。此类包装材料的优点是耐风化、不变形、耐热、耐酸、耐磨等，尤其适合各种液体物资的包装。可回收复用，有利于包装成本的降低。其缺点是易碎。

(7)合成树脂包装材料。它泛指用合成树脂制作的各种塑料容器、塑料瓶、塑料袋和塑料箱等，是近20多年新发展起来的一种新兴包装材料。其优点是透明，对容器内包装的物资不必开封便一目了然;有适当的强度，有较好的防水、防潮、防霉等性能;密封性能好等。

(8)复合包装材料。复合材料是将两种以上具有不同性质的材料复合在一起，以改进单一包装材料的性能。应用最广泛的合成材料是塑料与玻璃纸复合，塑与塑、金属箔与塑料复合;金属箔和塑料及玻璃纸复合;纸与塑料复合等。

2. 包装机械

包装机械指完成全部或部分包装过程的一类机器，包括各种自动化和半自动化的销售包

装机械、运输包装机械、包装容器的加工机械、集合包装机械和搬运机械等。在成本核算中，包装机械主要是通过以折旧的方式，将费用转移到包装成本中去的。

常见的包装机械可以分为以下几类：

(1)填充包装机械类。是包装机械中最主要的一大类，主要有：装箱机械、装盒机械、装袋机械；液压产品的灌装机械；固体物品填充机械等。

(2)裹包和捆扎机械类。裹包和捆扎机械以及加标机械不同于充填机械，它们是直接使用材料来包装产品，而充填机则是用容器来包装的。裹包和捆扎机械主要包括：裹包机械、捆扎机械、封条和加标机械、封口机械等。

(3)罐装包装机械类。罐装包装机械主要用于罐装液体或半液体的商品。按照罐装产品的工艺，罐装包装机械分为常压罐装机、真空罐装机、加压罐装机等。罐装包装机械常与封口机、贴标机相连成一条机械化罐装流水线，如啤酒、饮料等的包装常采用这种包装机械。

3. 包装技术

包装技术是包装活动中所采用的硬技术与软技术的总称。为了使包装的功能能够充分发挥其作用，达到最佳的包装效果，包装时也应采用一定的技术措施。这些技术的设计实施所支出的费用，合称包装技术费用。

包装技术主要有：

(1)防震保护技术。防震包装又称缓冲包装，在各种包装方法中占有重要的地位。为了防止产品遭受损坏，就要设法减小外力的影响。所谓防震包装就是指为减缓内装物受到冲击和振动，保护其免受损坏所采取的一定防护措施的包装。

(2)防破损保护技术。除缓冲包装外，还可以采取以下几种防破损保护技术：捆扎及裹紧技术，是使杂货、散货形成一个牢固整体，以增加整体性来减少破损；集装技术，利用集装，减少与货体的接触，从而防止破损；选择高强保护材料，通过外包装材料的高强度来防止内装物受外力作用破损。

(3)防锈包装技术。主要有防锈油防锈包装技术、采用气相缓蚀剂的气相防锈包装技术等。

(4)防腐包装技术。在运输包装内装运食品和其他有机碳水化合物货物时，货物表面可能生长霉菌，甚至伸延至货物内部，使其发霉变质，因此要采取特别防护措施。主要的技术措施包括：采用冷冻包装、真空包装、高温灭菌或使用防霉剂等。

(5)防虫包装技术。常用的是驱虫剂，即在包装中放入有一定毒性和嗅味的药物，利用药物在包装中挥发气体杀灭和驱除各种害虫。也可采用真空包装、充气包装、脱氧包装等技术。

(6)危险品包装技术。危险品有上千种，包括爆炸性物品、易燃物品、毒害品、腐蚀性物品、放射性物品等，有些物品同时具有两种以上危险性能。对有毒商品的包装要明显地标明有毒的标志；对有腐蚀性的商品，要注意商品和包装容器的材质的选择。

(7)收缩与拉伸包装技术。收缩包装技术是用收缩薄膜将欲包装物品裹包，然后对收缩薄膜进行加热等有关处理的包装技术方法；拉伸包装技术是机械装置在常温下将弹性薄膜拉伸后，将待包装件紧裹的一种包装技术方法，拉伸包装技术也可以用于托盘物品之类的集合包装。

按包装的主要功能不同，可以将包装技术分为：商品包装技术和运输包装技术。商品包装技术的主要内容包括:热封技术、外壳包装技术、收缩包装技术、灭菌包装技术、防震包装技术以及印刷技术等。运输包装技术主要包括:外包装技术和内包装技术。外包装技术主要包括容器设计技术、印刷标记技术等内容;内包装技术主要包括缓冲包装技术、防潮包装技术、防锈包装技术、防虫包装技术、防鼠包装技术等内容。

9.2 包装成本核算

对于绝大多数商品,只有经过包装才能进入流通领域。据统计,包装费用约占物流成本的10%,有些商品特别是生活消费品,其包装费用所占比例高达40%~50%。因而加强其包装费用的管理与核算,可以降低物流成本,进一步提高企业经济效益。

9.2.1 包装成本的构成

包装成本是指一定时期内,企业为完成货物包装业务而发生的全部费用,包括包装业务人员费用,包装材料消耗,包装设施折旧费、维修保养费,包装技术设计、实施费用以及包装标记的设计、印刷等辅助费用。

包装成本主要由以下几部分构成:

1. 包装材料费用

各类物资在实施包装过程中耗费在材料支出上的费用称为包装材料费用。常用的包装材料种类繁多,功能亦各不相同,企业必须根据各种物资的特性,选择适合的包装材料,既要达到包装效果,又要合理节约包装材料费用。

2. 包装机械费用

使用包装机械(或工具)就会发生购置费用支出、日常维护保养费支出以及每个会计期间终了计提折旧费用,这些都构成了企业的包装机械费用。

3. 包装技术费用

为了使包装的功能能够充分发挥作用,达到最佳的包装效果,需采用一定的技术措施,如实施缓冲包装、防潮包装、防霉包装等。这些技术的设计、实施所支出的费用,合称包装技术费用。

4. 包装人工费用

在实施包装过程中,必须有工人或专业作业人员进行操作。对这些人员发放的计时工资、计件工资、奖金、津贴和补贴等各项费用支出,构成了包装人工费用。

5. 包装辅助费用

除了上述主要费用以外,企业有时还会发生一些其他包装辅助费用,如包装标记、包装标志的印刷、拴挂物费用的支出,以及一些低值易耗品的支出等。

6. 包装间接费用

主要是指应由本期包装成本负担的损耗费用、劳保费用、管理费用等。

9.2.2 包装成本的计算

包装成本的计算就是把企业物流活动实际发生的各项包装费用按照其用途,进行汇集、分配,计算出实际总包装成本和单位成本。正确地进行包装成本的核算,不仅可以控制包装费用开支范围，监督各项消耗定额和费用标准的正确贯彻，还可以与计划指标比较，了解包装费用计划的执行情况，正确而及时地把包装成本的节约情况及物流活动的经济效益反映出来。

1. 人工成本

包装人工成本包括工人工资、福利费、奖金、津贴、补贴等费用支出的总和。包装人工成本的计算，必须有准确的原始记录资料，包括工资卡、考勤记录、工时记录、工作量记录等原始凭证，企业的会计部门根据劳动合同的规定和企业规定的工资标准、工资形式、奖励津贴等制度，按照考勤记录、工时记录、产量记录等资料，计算每个包装工人及其他有关人员的工资。

人工成本的归集和分配的具体方法参见本书第 8 章“装卸搬运成本计算”的内容。

2. 包装材料

企业的包装材料除少数自制外，大部分通过采购取得。包装材料成本的计算要点如下：

(1) 材料买价

即购买价格。对于购货时存在的购货折扣应以扣除，即购入的材料，按扣除折扣后的净额计价。

(2) 材料入库前发生的各种附带成本

①运杂费(包括运输费、装卸费、保险费、包装费、仓储费等)。

②运输中的合理损耗，这是指运输途中所发生的定额范围内的合理损耗。

③入库前的挑选整理成本，这是在材料验收入库前进行整理挑选所发生的工、费支出，扣除下脚废料回收价值后的必要损耗。

④购入材料负担的不能抵扣的税和其他成本，包括购入进口材料的关税、外汇价差等。

以上内容凡能直接计入各种材料采购成本的，应直接计入；不能分清的一般应按材料的重量或买价比例，分摊计入材料的采购成本。为了简化核算，在材料采购过程中发生的、一般是以现金支付的采购人员的零星差旅费等，由于其金额较小，可直接作为管理费用列支不计入材料采购成本。

(3) 发出包装材料的成本

企业发出的各种包装材料，应按其用途分别计入有关账户。在采用按实际成本计价时，由于期初的单位成本和本期内不同批次购入的材料单位成本不相一致，因此，在确定发出(减少)的材料价值和期末库存材料价值时，就必须选择一定的存货计价方法，以解决发出(减少)的包装材料和期末库存材料的计价问题。对此，发出包装材料时，企业可以根据实际情况，选择使用加权平均法、先进先出法、个别计价法等方法确定发出材料的实际成本。

现以加权平均法为例说明如下：

加权平均法是一种综合加权平均的方法。它是在期末以材料的数量为权数来计算该材料的平均单价并据以计算发出材料实际成本的一种计价方法，其计算公式为：

$$\text{发出材料加权平均单价} = \frac{\text{期初结存材料金额} + \text{本期收入材料金额合计}}{\text{期初结存材料数量} + \text{本期收入材料数量合计}}$$

某批发出材料成本 = 该批发出材料数量 × 该批发出材料加权平均单价

以表9－1资料为例计算发出材料加权平均单价如下：

表9－1　　包装材料明细账(按加权平均法计价)

材料名称：A材料　　　　年　月　日　　　　计量单位：件

月	日	凭证及编号	摘要	收入			发出			结存		
				数量	单价	金额	数量	单价	金额	数量	单价	金额
8	1	（略）	期初余额							800	0.90	720
	1		领用				350			450		
	4		购入	2500	1.00	2500				2950		
	5		领用				650			2300		
	9		领用				100			2200		
	18		购入	400	0.95	380				2600		
	25		领用				500			2100		
	31	合计		2900		2880	1600	0.973	1557	2100	0.973	2043

$$发出包装材料加权平均单价=\frac{720+2880}{800+2900}=0.9730(元/件)$$

本月发出A材料成本＝1600×0.973＝1557(元)

(4)包装材料计划成本计价

包装材料按计划成本进行日常核算时，收、发账务均按材料的计划成本计价并结转；材料的实际成本与计划成本的差异，通过“材料成本差异”账户核算。月份终了，通过计算分配材料成本差异，将发出包装材料的计划成本调整为实际成本。

包装材料成本差异率的计算公式如下：

$$包装材料成本差异率=\frac{月初库存材料成本差异额+本月收入材料成本差异额}{月初库存材料计划成本+本月收入材料计划成本}\times 100\%$$

在以上公式中，本月收入材料计划成本包括外购、自制、盘盈和回收包装材料的计划成本等，但不包括暂估入账包装材料的成本。在上述公式中的差异额为超支额，若差异为节约额，则金额以负数表示。

有了材料成本差异率后，即可将发出包装材料计划成本调整为实际成本。其计算公式如下：

$$发出包装材料应分摊的材料成本差异额=发出包装材料的计划成本\times 材料成本差异率$$

$$发出包装材料的实际成本=发出包装材料的的计划成本\pm 发出包装材料应分摊的成本差异额$$

3.折旧

折旧是指包装机械设备由于在使用过程中的损耗而定期逐渐转移到包装成本中的那一部分价值。影响折旧的主要因素有包装机械设备的原值、折旧期限、净残值和计提折旧的起止时间。包装机械设备的净残值是指预计的该设施设备报废时可以收回的残余价值扣除预计清理成本后的数额。设施设备预计残值，一般由企业的会计政策所决定。

包装机械设备应当按月提取折旧，计提折旧的主要方法有:平均年限法、工作量法、加速折旧法等。企业一旦决定采用某种折旧方法，就不得随意改变。

实际工作中，企业包装机械设备的折旧是按规定的折旧率计提的，并根据“固定资产折旧计算汇总表”(见表9－2)直接计入各类包装成本。

表9－2 固定资产折旧计算汇总表

年 月 单位:元

使用部门	固定资产项目	上月计提的折旧额	月折旧率	上月增加固定资产		上月减少固定资产		本月应计提的折旧额
				原价	折旧额	原价	折旧额	

4. 维修保养费

包装机械设备的维修费是包装机械设备发生部分损坏，进行修理时支出的成本，可以分为中小修理和大修理。中小修理的成本直接计入当期包装成本，大修理的成本由于其支出额较大，可分期计入包装成本。

5. 技术成本

包装技术费用包括包装技术设计成本和包装技术实施成本。主要支出项目有:

(1)技术设计成本。包装技术设计成本是指人员在包装技术的设计过程中所发生的与设计包装技术有关的一切成本。主要包括设计人员的工资、设计过程中领用的材料或产品以及各种现金支出:

①设计人员的人工成本。包括设计人员的标准工资、奖金、津贴、福利、补助和加班工资及特殊情况下支付的工资。设计人员的工资，应根据其考勤记录和个人工资标准计算。

应付月工资＝月标准工资＋各种补贴＋加班工资＋各种奖金－事假或旷工日数×平均日工资－病假日数×平均日工资×病假应扣工资百分比

其中，平均日工资(称日工资率)计算公式如下:

平均日工资＝月标准工资÷30天(或21天)

其成本计算方法与企业产品成本计算方法相同。

②设计和实施技术中领用材料或产品。设计人员为试验领用的材料，以及企业在实施防震、防潮、防锈、防霉等技术时耗用的内包装材料，其成本计算方法与企业当期领用的包装材料成本相同。为简化计算，也可用计划成本进行计算，期末再将计划成本调整为实际成本。为试验领用的产品，其成本计算方法与企业产品成本计算方法相同。

( ) 其他费用。与设计和实施包装技术有关的、不属于上述支出的其他一些费用，均在发生时以实际支出额计入相关的包装成本中。

6. 辅助成本

包装辅助成本包括:包装标记、标志、标识的印制、拴挂物成本的支出，一些低值易耗品的支出等。

企业发生上述费用时，一般可根据支付凭证直接计入各类包装成本。低值易耗品收入的核算，同包装材料收入核算基本相同;领用低值易耗品时，采用“一次分摊法”、“多次分摊法”将其价值一次全部或分次计入包装成本中。

7. 其他费用

指除上述以外为完成包装业务所发生的费用，如办公费、差旅费、劳保费、相关税金等。

包装过程中支出的防暑、防寒、保健饮料、劳动保护安全措施等费用，在费用发生和支付时，可根据费用支付凭证或其他有关凭证，一次直接计入包装成本。

企业对外发生和支付包装费时，可根据支付凭证直接计入各类包装成本。

事故损失一般于实际发生时直接计入有关成本，或先通过“其他应收款－暂付赔款”账户归集，然后于月终将应由本期负担的事故净损失结转计入包装成本。

由企业开支的管理费用，在发生和支付时，可先通过“包装间接费用”账户汇集，月终按直接费用比例分配。

8. 包装成本计算表

企业期末(月末、季末、年末)应编制包装成本计算表(表9－3)，并按照表9－3、9－4的内容要求逐一填列。对于“企业内部物流成本支付形态表”中的包装成本，对应的支付形态一般为材料费、人工费、维护费和一般经费，凡成本项目中各明细项目有相应支付形态的，均需填写;无相应支付形态的，则不填写。

表9－3　　包装成本计算表

编制单位:　　年　　月份　　单位:元

成本项目	行次	计划数	本期实际数	本年累计实际数
一、包装直接费用	1			
1. 人工费用	2			
2. 包装材料	3			
3. 折旧	4			
4. 维修保养费	5			
5. 技术成本	6			
6. 辅助成本	7			
7. 其他	8			
二、包装间接费用	9			
三、包装总成本	10			
四、单位成本	11			

表9－4　　　　　　　　企业内部物流成本支付形态表

编制单位：　　　　　　　　年　　　月　　　　　　　单位：元

内部支付形态 / 成本项目			材料费	人工费	维护费	一般经费	特别经费	合计
物流功能成本	物流运作成本	运输成本						
		仓储成本						
		包装成本						
		装卸搬运成本						
		流通加工成本						
		小计						
	物流信息成本							
	物流管理成本							
	合计							
存货相关成本	资金占用成本							
	物品损耗成本							
	保险和税收成本							
	其他成本							
	合计							
物流成本合计								

9.2.3 包装成本管理的意义和内容

1. 包装成本管理的意义

包装是物流系统的构成要素之一，与运输、保管、搬运、流通加工均有十分密切的关系。包装是生产的终点，同时又是物流的起点。因此应根据物流全过程情况来考虑包装，同时物流过程也受到包装材料、方法和质量的制约。

包装费用是产品成本的一部分，包装费用管理是企业包装管理的一项重要内容，其目的就是要挖掘潜力，杜绝浪费，在符合产品包装质量的前提下不断地降低产品包装费用，达到以最小的支出获得最大收入的效果。如果一个企业只注重产品的技术方面，而忽视产品包装的经济效果，则不仅达不到产品包装的目的，影响企业的经济效益，而且会浪费有限的包装资源。而另一方面，使用大大超过产品包装标准要求的包装容器或包装材料对产品进行包装，虽然保护了产品，但由于包装费用开支过高，不仅减少了企业的盈利，同时也浪费了包装原材料。

包装本身就是物流信息的载体之一，在现代物流信息活动中起着极其重要的作用，如：包装上的标记、说明、条码等都是物流中不可缺少的信息。加强物流信息建设是整个物流系统的关键，提高包装的设计水平和质量是物流得以顺利进行、保障物流质量的前提，利用最先进的物流信息技术和合理的包装可为企业挖掘出更大的利润空间。

2. 包装成本管理的主要内容

包装成本管理的主要问题，是如何用科学的管理方法和技术设施，尽量降低产品的包装费用。包装费用的管理包括:包装费用计划，包装费用核算，包装费用控制与分析。

(1)包装费用计划。企业根据运作计划，包装含量和包装制品价格等资料，用货币的形式，预先规定计划期内各项包装费用的水平及其降低的程度。包装费用计划是对包装活动进行指导、监督、控制、考核和评价的重要依据，也是降低包装费用的重要保证。

(2)包装费用核算。包装费用核算就是把企业实际发生的各项包装费用按照其用途，进行汇集、分配，计算出实际总包装费用。正确地组织包装费用核算，不仅可以控制包装费用开支范围，监督各项消耗定额和费用标准的正确贯彻，还可以与计划包装费用比较，了解包装费用计划的执行情况，正确而及时地把增产节约的经济效益反映出来。

(3)包装费用控制。包装费用控制是指在包装费用形成的整个过程中，通过经常的监督和及时修正偏差，使各种包装费用的支出都限制在包装费用计划的范围内，保证达到降低产品包装费用的目的。

(4)包装费用分析。为了充分发挥包装费用管理的作用，不仅要事先计划、事后核算，而且还要认真作好包装费用分析。对企业包装费用形成情况进行评价、剖析、总结。其目的是确定实际包装费用达到的水平，查明影响包装费用升降的因素，揭示节约浪费的原因，寻找进一步降低包装费用的方向和途径。

9.3 包装成本的控制与分析

9.3.1 降低包装成本的途径

包装成本的高低直接影响着物流活动的经济效益，企业应加强对包装费用的管理，采用各种有效的措施降低包装成本。具体可以从以下几方面入手：

1. 用价值分析降低包装费用

价值分析法是广泛搜集具有同样功能的包装材料或包装容器资料，分别核算它们的成本，研究运用更为廉价的材料、容器及包装工艺，在保持同样包装功能的前提下进行包装。通过比较分析,可以发现包装工作中容易疏忽的问题和漏洞，可以大幅度降低包装费用。

2. 采用机械化包装降低包装费用

在市场经济不断发展,劳动费用不断升高的情况下，广泛采用机械化包装代替手工包装，是提高包装工作效率，以降低包装费用的重要手段。

3. 通过包装的标准化，降低包装费用

实现包装标准化，保证包装质量，并使包装的外径尺寸与运输工具、装卸机械相配合，方便商品堆码、装卸、储存，以降低商品的运输费，装卸费和管理费，提高物流活动的效益。

4. 在有条件的情况下组织散装运输

散装是现代物流中备受推崇的技术，也称之为无包装运输。所谓散装是指对一些颗粒或粉末状物资，在不进行包装的情况下，运用专门的散装设备来实现物资的运输。目前，美、日等物流发达国家水泥散装率超过了90%，而我国仅达15%左右。

5. 回收和利用旧包装，降低包装费用

我国每年产生的旧包装数量惊人，回收利用潜力巨大。企业可以通过各种渠道和各种方式回收旧包装，然后由有关部门进行修复、清洁、再次予以利用。包装物的回收使用可相对节约包装材料，节约加工劳动，节约因包装而造成的能源电力的消耗，既降低了包装成本又能及时解决产品(商品)的包装问题。同时，包装材料对资源的消耗数量较大，企业如能收回利用旧包装,还能为国家节省大量的资源。

6. 实行预算控制，降低包装费用

实行预算控制,首先要编制包装费用预算，包括包装材料费、包装人工费、包装技术费、间接包装费等的预算编制。直接包装材料费的预算编制，其包装材料价格要按三个因素来计算:对今年价格的判断，必须当年购进的包装材料数量，必须当年购进的包装材料总额;直接人工费的预算编制，根据包装一个单位所需的平均标准时间计算包装费用;间接包装费用的预算编制，要求对直接材料费和直接人工费以外的包装进行恰当的估计。

9.3.2 包装成本控制的方法

控制包装成本可从许多方面来实施，但是，在进行成本控制的同时必须要明确，成本控制的主要目的是在于找出并减少不必要的成本部分，并且在不影响产品(作业)质量的前提下，将成本做最有效的分配利用。包装成本的主要控制方式包括:选择包装材料时要进行经济分析;运用成本核算降低包装费用，如包装的回收和旧包装的再利用;实现包装尺寸的标准化、包装作业的机械化;了解用户情况，改进不必要的装潢，力求简单化、朴素化等。

本节主要介绍控制包装成本的一个常用方法:预算控制方法。

物流预算是数字化的物流计划，是用财务数字表明的企业预期物流成本或收入。物流预算控制是对企业涉及物流收入和费用支出活动所拟定的数量化标准，企业领导或相关责任部门通过比较预算标准与物流作业实际情况，以此来评价物流运作绩效，实现对物流成本控制的目的。

物流成本的预算应根据物流系统成本控制与绩效考核的需要，分解到各个部门、各个物流功能、各物流成本项目等，并在日常的成本核算过程中分别实施对这些形式的物流成本核算，以便有利于比较分析物流成本预算与实际物流成本发生额之间的差异，达到预算控制的目的。因此，物流成本预算的编制内容与物流成本的核算内容基本类似。

包装费用实行预算控制，必须编制包装费用预算，并对编制预算时和实际消耗之间的差异进行分析。

包装费用可分为直接包装费和间接包装费。因此，包装费用的预算编制，可相应的分为直接包装材料费、直接包装人工费、间接包装费等三种预算编制。

1. 直接包装材料费的预算编制

它是根据生产计划、包装含量和包装价格等资料编制的。编制时,必须考虑三个因素，即对今后价格的判断;当年购进的包装材料数量;当年购进的包装材料总额。

2. 直接包装人工费的预算编制

包装人工费，包括操作人员工资、包装机械的折旧与维修等费用。直接包装人工费的预算编制，是根据包装一个单位产品所需要的平均标准时间来计算包装费用。因此，要求预算编制时，对包装作业的始终、实施顺序和包装功能的内容调查清楚,制定出现场担任包装人员的包装作业时间和劳动费用，计算出每个包装的直接人工费。

3. 间接包装费的预算编制

直接材料费和人工费以外的包装费，统称为间接包装费。编制预算时、应对运费、仓储保管费等进行恰当的估计。

在编制某类物品的包装费预算时，直接包装费可按物品的包装件数乘以该物品每件的直接包装费计算确定。间接包装费用可用企业间接包装费总额按一定的分摊标准计算出一个分配比率，然后分别乘上各种产品的分配标准数（如包装的件数，包装产品的产值、销售收入等）以确定某种产品的间接包装费。

上述费用又进一步划分为固定费用和变动费用两类，由于直接包装费随包装件数的增减而成比例增减，因此，直接包装费一般属于变动费用。相反，间接包装费则属于固定费用，但也有一部分间接包装费是变动费用，如电费、煤气费、自来水费等。对固定费用实行定额控制，对变动费用实行与销售额挂钩的办法进行控制。

包装费用预算控制的管理办法，可采取分部门承包的形式，如，购销部门承包直接材料费、包装车间承包直接人工费等。承包和员工的经济利益直接结合起来，能调动广大员工的积极性，产生巨大的经济效益，员工会通过各种途径把包装费用控制在预算范围内，把包装费用降到最低限度。

9.3.3 包装成本分析

包装成本管理的一种主要分析方法是价值分析法。

价值分析法是美国通用电气公司在长期经营实践中总结出来的、能保证其产品在同样功能的前提下、行之有效的降低成本的科学方法。我国从 20 世纪 80 年代初开始在一些企业中引进这一方法，已取得了相当显著的效果。

所谓价值分析（Value Analysis，VA），就是通过综合分析系统的功能与成本的相互关系，寻求系统整体最优化途径的一项技术经济分析方法。它的任务是对一种产品、一项工程、一种材料、一种工艺、一道工序以及一种生产组织形式或管理方法，研究其功能和成本之间的关系（价值 = 功能/成本），目的在于用最低的成本实现或获取所要具备的必要功能。

价值分析法是用项目实现的功能来进行分析，而不是用实物或货币来计量。分析时应注意：一是是否存在既提高功能，又降低成本的可能；二是当功能相同或固定时，可否降低成本；三是当成本固定或相同时，功能可否提高；四是当成本和功能均提高时，功能的提高是否更多；五是当成本和功能均降低时，成本的降低是否更大。

1. 价值分析法的步骤

应用价值分析，包括选择对象、收集情报、功能分析，提出方案，选择方案，验证方案和效果评价等步骤。

（1）选定对象。选定产品的包装费用作为研究对象，并对构成产品包装费用的工业包装费和商业包装费逐一进行分析，并按其费用高低顺序排列，再按其累计费用在总成本中所占比重排队。

（2）收集情报。包括主要服务对象；主要用户用途；特殊用户及特殊用途；用户在不同用途上对包装质量的不同要求；对已使用包装产品的反馈意见。

（3）进行功能分析与成本分析。功能分析是价值分析活动的核心，是价值分析最重要的手段和最关键的环节。所谓功能分析就是把功能分解，使每个零部件的功能数量化，并结合实现功能的成本，来确定其价值的大小。要分析该对象为什么需要，应具备什么功能，分析功能在整个系统中所占的地位和重要程度，以便提出提高功能和降低成本的改进方案。功能分析包括功能的定义、功能分类、功能整理和功能评价四个过程。

功能定义是用最简明的语言来描述某包装产品的特定用途与使用价值，通过功能定义加深对包装产品功能的理解，便于改进。

功能分类是为了区分功能的主次，一般分为基本功能和辅助功能，也可分为使用功能和美学功能。包装的基本功能是保护货物、便于处理、促进销售、传递信息等，此外还有辅助功能和外观功能等，其中各种功能的重要程度互不相同。因此应该对各种功能的重要性做出评价。

功能整理就是对定义出的包装产品及其零部件的功能，从系统的思想出发，明确功能间的相互关系，排列出功能系统图，以便进行功能评价和思考改进方案。

功能评价就是探讨功能的定量价值，评定研究对象中功能是过剩还是不足，以及功能改善的期望值，从中选择价值低的功能区域作为改善对象，确定价值分析工作的重点顺序。通过方案创造，实现功能的改进，从而提高其价值。即用某种方法找出某一特定的功能所需要的最低费用或必需费用，并以这个费用与目前费用之比值作为评价功能的一个标准。进行功能评价的目的，在于挖掘一切可以节约的潜力。每种包装的功能项目可由评价人员讨论确定，参加评价的人员一般可定为熟悉该种包装的5～10人。在“功能”定义后，再对包装费用的“功能”采用多比例评分法进行评价。

(4)评价方案。评价方案是从技术上和经济上对各种方案进行分析比较，做出最优化选择，以选出最具“价值”的方案。包装具有的“价值”决定于包装必须具备的“功能”和生产使用该包装所耗费的“成本”。主要公式为 V(价值) = F(功能)/C(成本)。由此可知，评价包装价值的高低，不能单纯地看技术(功能)或经济(成本)某一方面，而要衡量两者的比值，即它们的综合效果。

2. 价值分析法分析的具体项目

价值分析法针对包装成本的分析通常包括下述项目：

(1)必要性。通过对逐次必要性检查，找出不必要的地方；

(2)效果。包装的各种功能是增强了，还是减少了；

(3)成本与用途对比是否相称；

(4)物品本身的性能是否需要、适应；

(5)价格是否合理，能否降低；

(6)规格尺寸是否恰当，是否标准化；

(7)包装生产时是否经济，效率高低；

(8)包装的安全性；

(9)成本各项构成是否合理等。

上述各项必须认真检查分析，达到最佳的经济效果方为最终结果。

价值分析法是包装成本管理的一种主要分析方法。价值分析法的目的是：从品质上、使用上、耐用性上、外观上等方面考虑降低包装成本的可能性。通过了解包装材料的效果，剔除不必要的功能和过剩质量，以达到效果好、成本省的目的。

采用价值分析法从寻找有代替性的廉价材料开始，采取合理的包装工艺，发挥专业人员的作用，一步一步地进行调查分析。在包装功能不变的情况下博取各家之长处，并把它集中起来，从而产生一种更新的物美价廉的包装。必须说明，价值分析法不是找一个代用品使之比原来的价格低就行了，而是为了实现更大的效果进行的周密的研究。

3. 价值分析法应用效果

实例：日本制作所对小型汽车用电动机的包装，原来外包装使用瓦楞纸，内包装使用塑料袋，缓冲材料用硬化蔗渣压制板，包装成本为：材料费 72%，直接人工费 12%，管理费 13%，运输费 3%，总包装费 100%。其中材料费：硬化蔗渣压制板 47%，瓦楞板 33%，平面板 10%，各种捆扎带 8%，塑料带 1%，缝合针 1%，合计 100%。

通过价值分析，实验了六个改善方案：

(1)变更瓦楞纸的材料质量。

(2)改变上部和下部的硬化压制板以发泡聚苯乙烯代替。

(3)改变上部硬化压制板，代之以增强平面板，使其兼有硬化板的构造。

(4)改变下部硬化压制板，采用与产品外形相符合的冲孔瓦楞纸板。

(5)废止增强平面板的使用。

(6)以瓦楞纸带取代贴糊法。

上述 6 个方案，试验结果表明，采用(1)、(2)、(5)、(6)等四个方案致使包装材料费比原来降低了 15%。

案例：物流发展推动包装变革

随着现代科学技术的迅猛发展和全球经济一体化趋势的加强，物流作为一种先进的组织方式和管理理念被广泛接受。然而，高速发展的物流业对包装也提出了更高的要求，现代包装为顺应物流系统各环节的要求，更好地为商品流通服务，其功能已不再只局限于传统意义上的“容纳”、“保护”、“便利”和“促销”四大功能了，而是还要兼有便于“运输”、“装卸”、“在库管理”、“智能识别”、“信息传递”等功能。因此，现代包装为了适应物流的发展呈现了以下态势：

一、包装容器的集装化、信息化

在运输方面，随着“多式联运”、“复合一贯式”运输方式的出现，集装箱和托盘这两种包装容器使用越来越多，发达国家以集装箱运输为中心的国际复合一贯制运输，在总运输包装中已占 80%，这大大方便了零散杂货的包装。利用周转集装箱装杂货只需用瓦楞纸箱、托盘进行初包装即可方便地储藏、保管、避免货损。而且采用大型的集装箱和托盘，途中转运时箱中货物无需倒装、换装，在物流过程中作为一个整体进行转运，既可以限制和防止发生货损，又可以提高转运效率。

在装卸、搬运方面，对于短途运输配送来说，大约有三分之二以上的时间是花费在零散货物的装卸、搬运上，因此提高零散货物的装卸、搬运效率，降低物流成本尤为重要。随着物流设施总体水平的提高，对于运输包装大多采用了叉车、吊车等机械装卸、搬运，避免了因人工野蛮装卸造成的货损；叉车、吊车机械化装卸、搬运为运输包装容器的大型化和集合化的实现创造了条件，而且装卸、搬运时叉车、吊车机械的通用化也促进了大型的集装箱、托盘的标准化。因此，使用大型化的集装箱和托盘包装产品有利于实现装卸服务文明化、装卸机械化、作业标准化和管理科学化；同时使用大型化或集合化的集装箱、托盘运输，也便于机械叉车装卸、搬运，有利于缩短装卸、搬运时间，从而降低物流成本。

在仓库管理方面，使用集装箱和托盘可将集装箱或托盘作为一个整体进行整齐堆码、统一管理。随着集装箱的品种越来越多，如保温集装箱、通风集装箱等功能性集装箱的出现使一个大型的集装箱作为一个仓库来管理成为可能，它不需要再有传统意义的仓库，在物流过程中，也就省去了入库、验收、清点、堆垛、保管、出库等一系列储存作业，使产品对仓库的要求降低，使产品的在库管理更易于实现；另外，使用集装箱、托盘在仓库中作为存储单元储存货物时可以增加仓储堆码高度，提高仓储密度，提高仓容利用率，实现高层货物仓库堆码的自动化，从而降低物流成本。使用集装箱作为储存单元在进行清点、堆码、转库等过程时，可采用机械分拣作业以提高货物分拣机械化水平。

在信息处理方面，目前数字化、网络化、信息化成为物流发展的一大主题，物流与电子商务结合更加促进包装信息化的进程。如物流信息收集数据库化和代码化，物流信息处理的电子化和计算机化，物流信息传递的标准化和实时化，物流信息存贮的数字化，电子订货系统(EOS)，电子数据交换(EDI)等技术的广泛应用均需要产品包装走向信息化，将自动识别系统、条形码技术适当地应用于包装中。物流的自动化，如条码/语言/射频自动识别系统、自动分拣系统，自动存取系统，货物自动跟踪系统都需要包装上有明确的标识及可以识读的信息码才能实现。目前一维码已不能满足产品信息描述的需求，富含产品名称、价格、制造商、生产日期、重量、有效期、检验员等信息的二维码技术正逐步用于产品的包装上。

二、包装企业由“传统单一包装产品”向“规模化的第三方包装”转化

随着物流柔性化的发展，“多品种、小批量、短周期”的产品日益增多，这就要求包装业对市场的反应能力极强。为了减少风险投资、降低库存，迫使包装业走向柔性化，即快速提供不同产品的不同包装服务。随着贸易自由化、全球资本市场的扩大，物流公司强强联手建立物流基地、物流产业园区，为了适应物流高速化发展这一重要趋势，传统单一的包装产品，不管是纸包装还是塑料包装或许很难满足物流企业大客户的成套包装解决方案的需求，就拿简单的一个牙膏包装来说，它既需要塑料软管包装，又需要用纸盒进行包装，而其外包装又涉及到瓦楞纸箱包装问题，这就迫使生产不同包装制品的企业走向联合发展之路，使包装制品在数量、质量和品种上都有所突破，以增强企业的竞争力。

另外，随着WTO的加入，我国产品外销日益增多，对于包装的需求也日益严格，物流企业的大客户日益意识到企业内部的包装采购、包装研发、包装策划的能力严重不足，因此越来越多的企业希望采用“外包式”、“合同式”的包装方式来完成产品的包装，这就要求具有较大规模的包装企业来提供一步到位式的包装成套解决方案，即产品的包装策划、包装生产、包装采购、产品包装均外包给除产品生产者和消费者之外的第三方，即本文中提到的“规模化的第三方包装”。包装企业的规模越大，采用新技术和技术创新的能力越强，越能满足物流园区、物流基地对包装的需求。因此，随着物流的发展，“规模化的第三方包装”会越来越成为市场的弄潮儿。

本章小结

包装被认为是物流系统中一个较重要的角色，既是生产的终点，又是物流的始点。本章首先介绍了有关包装的概念，包装在物流中的地位及包装的分类。包装的分类有按功能不同分，按使用次数不同分，按耐压程度不同分，按使用的材料不同分等多种分类方法。包装有三大功能:保护功能、便利功能和促销功能。

包装材料主要有纸及纸制品、木材、金属、塑料和玻璃等几大材料;包装机械包括销售包装机械、运输包装机械、包装容器的加工机械、集合包装机械和搬运机械等。包装技术也在不断发展，本章主要介绍几种与物流关系密切的包装技术。

包装成本也因其在物流总成本中的比重而日益受到重视，包装费用占整个物流费用的比率一般为10% ~50%。包装成本主要由包装材料费用、包装人工费用、包装机械费用、包装技术费用、包装辅助费用和包装间接费用几部分构成。包装成本的计算是将企业物流活动实际发生的各项包装费用按照其用途，进行汇集、分配，计算出实际总包装成本和单位成本。包装费用管理内容包括包装费用计划，包装费用核算，包装费用控制与分析。

包装成本的高低直接影响着物流活动的经济效益，企业应采用各种有效的措施降低包装成本。本章主要介绍控制和分析包装成本的两个常用方法:预算控制方法和价值分析法。

本章最后介绍了现代物流推动我国包装发展的现况。

※ 习题

一、选择题(前3题单选、后2题多选)

1. 工业包装是从物流需要出发，以运输、保管为主要目的的包装，亦称(　　)

A. 零售包装　　B. 运输包装

C. 消费者包装　　D. 单个包装

2. 生产活动的终点，物流活动的起点被认为是(　　)

A. 搬运　　B. 运输　　C. 包装　　D. 仓储

3. 按包装技术方法可分为(　　)

A. 防湿包装　　B. 硬包装　　C . 运输包装　　D. 出口包装

4. 按照包装的功能可以将包装分为(　　)

A. 单个包装　　B. 内部包装　　C. 外部包装

D. 销售包装　　E. 工业包装

5. 包装成本管理的主要内容包括(　　)

A. 包装费用计划　　B. 包装费用核算　　C. 包装费用分配

D. 包装费用控制　　E. 包装费用分析

二、判断正误题

1. 产品包装处于生产的始点，又是进入流通领域商品物流链的终点。

2. 可以根据包装层次将包装分为商业包装和工业包装。

3. 物流中的包装功能主要有三种:保护商品、提高物流效率和传递信息。

4. 过度包装不仅浪费包装材料，也会因为包装费用的增加而减少企业的盈利。

三、基本概念

包装　复合包装材料　包装成本　价值分析法

四、思考题

1. 什么是包装？物流包装的功能是什么？
2. 包装容器的种类有哪些？
3. 说明包装在物流中地位和作用。
4. 包装成本的构成项目有哪些？
5. 简述包装费用管理的主要内容。
6. 简述价值分析法的应用步骤。

◆——第 10 章　流通加工成本管理

●本章学习目标与要求

★引导案例

★章节内容

流通加工概述

流通加工成本核算

流通加工成本控制与分析

★案例

钢铁业新的增长点:发展加工、配售为主的物流体系

★本章小结

★习题

★学习目标

流通加工是按客户的需求，经济而合理地为客户提供服务的物流活动，其结果增大了产品的附加价值、提高了供需双方的效益与效率，从这个意义上说，对企业而言,流通加工与市场活动有密切关系。通过本章的学习，要掌握流通加工的基本概念，明确流通加工在物流系统中的地位和作用，掌握实现流通加工合理化的途径;掌握流通加工成本的构成和成本计算方法;掌握降低流通加工成本的途径和成本控制、成本分析方法。

---

*

只要我们留意超市里的货柜，便不难明白，那里摆放的各类洗净的蔬菜、水果、肉末、鸡翅、香肠、咸菜等无一不是流通加工的产物。这些商品在摆进货柜之前，已经由许多人进行了加工作业，包括分类、清洗、贴商标和条形码、包装、装袋等多种作业工序。这些流通加工都不在产地，而且已经脱离了生产领域，进入了流通领域。这种加工形式，节约了运输等物流成本，保护了商品质量，增加了商品的附加价值。

在国外的经济发达国家，早已把流通加工从生产领域中剥离出来，作为社会化分工的产物而备受推崇。

10.1 流通加工概述

流通加工活动是发生在流通领域的生产活动，目前，在世界许多国家和地区的物流中心或仓库经营中都大量存在流通加工业务，在日本、美国等物流发达国家则更为普遍。在日本的东京、大阪等地区有 90 多家物流公司，其中一半以上从事流通加工业务。随着我国经济总量的不断增长，国民收入增多，消费者的需求出现多样化，流通加工活动也势必成为一项有广阔前景的经营业务。

10.1.1 流通加工的概念、分类

1. 定义

依据国家标准《物流术语》的表述：流通加工是物品在生产地到使用地的过程中，根据需要施加包装、分割、计量、分拣、刷标志、拴标签、组装等简单作业的总称。流通加工是现代物流系统中的重要内容之一。流通加工是为了提高物流速度和物品的利用率，在物品进入流通领域后，按客户等要求进行的加工活动。即在物品从生产领域向消费领域流动的过程中，为了促进销售，维护产品质量，实现物流的高效率等对物品所进行的初级和简单再加工。

相对于生产加工而言，流通加工有如下特点：

(1) 流通加工的目的，流通加工主要是为了消费（或再生产）所进行的加工，是为了更好地满足用户的多样化需要，降低物流成本，提高物流质量和效率。

(2) 流通加工对象，主要是进入流通领域中的商品，包括各种原材料和成品，一般不是生产过程中的半成品。

(3) 流通加工一般是简单的加工或作业，是为了更好地满足需求对生产加工的一种补充。流通加工更趋向于完善商品的使用价值，多数是在商品不做大的改变下提高商品价值。

(4) 流通加工一般是由流通领域从事物流活动的物流经营者组织的加工活动。如商品流通企业、物资企业、运输企业等所从事的流通加工作业。

流通加工既是现代生产发展的产物，也是物流经营者随着用户需求多样化、高级化发展形成的服务。在市场经济条件下，从整个社会物流功能体系来看，它在一些特定的物流系统中是不可缺少的（构成核心服务），或是不宜缺少的（构成追加服务）。

2. 流通加工的主要类型

根据不同的目的，流通加工具有不同的类型：

(1) 以保存产品为主要目的的流通加工。目的是使产品的使用价值得到妥善的保存，延长产品在生产和使用期间的寿命。这种加工并不改变“物”的外形及性质，主要采取稳固、改装、冷冻、保鲜、涂油等方式进行。

(2) 为适应多样化的需要的流通加工。为了满足用户对产品多样化的需要，同时又要保证高效率的大生产，将生产出来的单一化产品进行多样化的改制加工。例如：对钢材卷板的舒展、剪切加工；平板玻璃按需要规格的开片加工；木材改制成枕木、方材、板材等加工。

(3) 为了消费方便、省力的流通加工。根据下游生产的需要将商品加工成生产直接可用的状态，如将钢材定尺、定型，将木材制成可直接投入使用的各种型材，将水泥拌成混凝土拌合料等。

(4)为提高产品的利用率的流通加工。许多生产企业的初级加工由于数量有限加工效率不高，也难以投入先进科学技术。流通加工以集中加工形式，可以提高物资的利用率，减少原料消耗，提高加工质量。例如,钢材的集中加工，可充分进行合理下料、搭配套裁，减少边角废料，从而达到加工效率高、加工费用低的目的。

(5)为提高物流效率，降低物流损失的流通加工。有些商品本身的形态使之难以进行物流操作，而且商品在运输、装卸搬运过程中极易受损，因此需要进行适当的流通加工加以弥补。例如，自行车在消费地区的装配加工可以提高运输效率，降低损失;石油气的液化加工，使很难输送的气态物转变为容易输送的液态物，也可以提高物流效率。

(6)为促进销售的流通加工。流通加工也可以起到促进销售的作用。比如，将过大包装或散装物分装成适合依次销售的小包装的分装加工;将以保护商品为主的运输包装改换成以促进销售为主的装潢性包装，以起到吸引消费者、促进销售的作用;将蔬菜、肉类洗净切块以满足消费者要求等。

(7)为衔接不同输送方式、使物流更加合理的流通加工。由于现代社会生产的相对集中和消费的相对分散，某些流通加工形式可以较为有效地解决这个矛盾。在流通加工点与大生产企业间形成大批量、定点运输的渠道，以流通加工中心为核心，组织对多个用户的配送，也可以在流通加工点将运输包装转换为销售包装，从而有效衔接不同目的的运输方式。比如，散装水泥中转仓库把散装水泥装袋、将大规模散装水泥转化为小规模散装水泥的流通加工，就衔接了水泥厂大批量运输和工地小批量装运的需要。

(8)为实施配送进行的流通加工。企业通过对物资进行各种加工活动，如拆整化零、定量备货、定尺供应等方式，实现配送活动，满足用户对物资供应的数量、供应构成的要求。例如，混凝土搅拌车可以根据客户的要求，把沙子、水泥、石子、水等各种不同材料按比例要求装入可旋转的罐中。在配送路途中，汽车边行驶边搅拌，到达施工现场后，混凝土已经均匀搅拌好,可以直接投入使用。

(9)以追求企业利润为目的流通加工。流通加工的一系列优点，可以形成一种“利润中心”的经营形态，这种类型的流通加工是经营的一环，在满足生产和消费要求基础上取得利润，同时在市场和利润引导下使流通加工在各个领域中能有效地发展。

10.1.2 流通加工在物流中的地位及作用

流通加工属于增值服务范围，它在物流中的地位是必不可少的。

1. 流通加工在物流中的地位

(1)流通加工有效地完善了现代物流的功能

流通加工在现代物流中的地位虽不能与运输、仓储等主要的功能要素相比拟，但它具有补充、完善、提高与增强的功能，能起到运输、保管等其他功能要素无法起到的作用。所以，流通加工的地位可以描述为:提高物流水平，促进流通向现代化发展。

(2)流通加工是物流的重要利润源

流通加工是一种低投入高产出的加工方式，往往以简单加工解决大问题。实践证明，有的流通加工通过改变装潢使商品档次跃升而充分实现其价值，有的流通加工可将产品利用率大幅提高30%，甚至更多，这是采取一般方法提高生产率所难以企及的。实践证明，流通加工提供的利润并不亚于从运输和保管中挖掘的利润，是物流企业的重要利润源。

(3)流通加工在国民经济中是重要的加工形式

在整个国民经济的组织和运行方面，流通加工是其中一种重要的加工形态，对推动国民经济的发展、完善国民经济的产业结构和生产分工具有一定的意义。

2. 流通加工的作用

(1)提高原材料利用率。利用流通加工环节进行集中下料，是将生产厂商运来的简单规格产品，按使用部门的要求进行下料。集中下料可以优材优用、小材大用、合理套裁，提高原材料的利用率，有很好的技术经济效果。北京、济南、丹东等城市对平板玻璃进行流通加工(集中裁制、开片供应)，玻璃利用率从 60% 左右提高到 85% ~95%。

(2)进行初级加工，方便用户。用量小或临时需要的用户，缺乏进行高效率初级加工的能力，依靠流通加工可使用户省去进行初级加工的投资、设备及人力，既方便了用户又搞活了供应。目前发展较快的初级加工有:将水泥加工成生混凝土，将原木或板方材加工成门窗，钢板预处理，整形、打孔等加工。

(3)提高加工效率及设备利用率。由于流通加工面向全社会，加工数量大，加工范围广，加工任务多。可以通过建立集中加工点，采用一些效率高、技术先进、加工量大的专门机具和设备，一方面提高了加工效率和加工质量，另一方面还提高了设备利用率。

(4)流通加工可以完善商品功能，提高经济效益。通过加工可以改变一些商品的功能，提高商品满足用户个性化、多样化需求，从而促进销售，提高企业的经济效益。

10.1.3 流通加工合理化

流通加工是在流通领域中对生产的辅助性加工，从某种意义来说是生产本身或生产工艺在流通领域的延续。这个延续可能有正、反两方面的作用，即一方面可能有效地起到补充完善的作用，但是，也有可能由于不合理的流通加工而产生抵消效益的负效应。流通加工合理化的含义是实现流通加工的最优配置，不仅做到避免各种不合理的流通加工形式，使流通加工有存在的价值，而且要做到最优的选择。实现流通加工合理化主要考虑以下几个方面:

1. 加工和配送结合

这是将流通加工设置在配送点中，一方面按配送的需要进行加工，另一方面加工又是配送业务流程中分货、拣货、配货之一环，加工后的产品直接投入配货作业，这就无需单独设置一个加工的中间环节，而使流通加工与中转流通巧妙结合在一起。同时，由于配送之前有加工，可使配送服务水平大大提高。这是当前对流通加工进行合理选择的重要形式，在煤炭、水泥等产品的流通中已表现出较大的优势。

2. 加工和配套结合

“配套”是指对使用上有联系的用品集合成套地供应给用户使用。一般而言，配套的主体是各个生产单位，如方便食品的配套。但是，完全配套有时无法依靠某个生产单位全部完成，进行适当流通加工，可以有效促成配套，大大提高流通作为供需的桥梁与纽带的能力。

成本话语

沃尔玛是全球最大的零售商，也是物流做得最成功的企业之一。

3. 加工和合理运输结合

流通加工能有效促进干线与支线两种运输形式的合理化。利用流通加工，在支线运输转干线运输或干线运输转支线运输这本来就必须停顿的环节，不进行一般的支转干或干转支，而是按干线或支线运输合理的要求进行适当加工，从而大大提高运输及运输转载水平。

4. 加工和合理商流相结合

加工和配送相结合，通过流通加工，提高了配送水平，促进了销售，使加工与商流合理结合。此外，通过简单地改变包装加工形成方便的购买量，通过组装加工解除用户使用前进行组装、调试的难处，都是有效促进商流的很好例证。

5. 加工和节约相结合

节约能源、节约设备、节约人力、节约耗费是流通加工合理化重要的考虑因素，也是目前我国设置流通加工并考虑其合理化的较普遍形式。

对于流通加工合理化的最终判断，是看其是否能实现社会的和企业本身的两个效益，而且是否取得了最优效益。流通加工企业只有在生产流通过程中不断补充、完善为己任的前提下才有生存的价值。如果只是追求企业的微观效益，不适当地进行加工，甚至与生产企业争利，这就有违于流通加工的初衷，或者其本身已不属于流通加工范畴了。

10.2 流通加工成本核算

10.2.1 流通加工成本的构成

流通加工成本是指一定时期内，企业为完成货物流通加工业务而发生的全部费用，包括流通加工业务人员费用，流通加工材料消耗，加工设施折旧费、维修保养费，燃料与动力消耗费等。

流通加工成本主要由以下几部分构成：

1. 直接人工费用

流通加工成本中的直接人工费用，是指直接进行加工生产的生产工人的工资总额和按工资总额提取的职工福利费。生产工人工资总额包括计时工资、计件工资、奖金、津贴和补贴、加班工资、非工作时间的工资等。

2. 直接材料费用

流通加工的直接材料费用是指对流通加工产品加工过程中直接消耗的材料、辅助材料、包装材料等费用。与制造企业相比，在流通加工过程中的直接材料费用，占流通加工成本的比例不大。

3. 燃料动力费用

是指加工设备在运行和操作过程中，所耗用的燃料（如汽油、柴油）、动力（如电力、蒸汽）费用。

4. 制造费用

流通加工制造费用是企业（或配送中心）设置的生产加工单位为组织和管理生产加工所发生的各项间接费用。主要包括流通加工生产单位管理人员的工资及提取的福利费，生产加工单位房屋、建筑物、机器设备等的折旧和修理费、加工生产单位固定资产租赁费、机物料消耗、低值易耗品摊销、取暖费、水电费、办公费、差旅费、保险费、试验检验费、季节性停工和机器设备修理期间的停工损失以及其他制造费用。

5. 流通加工间接费用

这是指除上述以外所发生的费用，如流通加工中发生的应由本期成本负担的损耗费用、劳保费用，以及为组织与管理流通加工活动而发生的管理费用等。

为简化核算，对流通加工成本设置直接材料、直接人工和制造费用三个成本项目。

10.2.2 流通加工成本的计算

流通加工成本的计算由于涉及多环节的成本计算，因此，需先对每个环节分别按成本项目归集计算成本，在此基础上汇算流通加工总成本。总成本是指成本计算期内成本计算对象的成本总额，即各个成本项目金额之和。

1. 流通加工成本的核算程序

流通加工成本核算的一般程序是：对企业流通加工过程中发生的各项费用，逐步进行归集和分配，按照一定的方法最终计算出各种加工对象的总成本和单位成本。主要程序包括：

(1)归集本月份发生的各项费用。是指对流通加工的各项费用进行严格地审核和控制，确定本月发生的各项费用是否应计入本月的加工成本中；对于应计入本月的费用，进一步确定各项费用应直接计入成本类账户，还是应计入期间费用类账户。然后依据各张原始凭证直接或编制费用分配表通过分配计入各有关账户。

(2)摊销和预提应由本月份负担的各项费用。将本期已经支付的、受益期较长的费用列入待摊费用，并按其受益期分期摊销转入各期成本；将本期已经受益、尚未支付的费用作为预提费用，预先提取计入本期的成本。以此划清各个会计期间的费用，以正确核算各期的流通加工成本。

(3)正确计算各种加工产品的成本。将应计入本月产品的各项生产费用，在各种产品之间按照产品成本项目进行分配和归集，计算出各种加工产品的总成本。具体包括：

①分配辅助生产费用。期末，企业应将辅助生产车间发生的辅助生产费用，按其服务的对象和提供的产品编制“辅助生产费用分配表”，分配计入成本和期间费用类账户。

②分配制造费用。将归集的间接费用，选用适当的分配标准，编制“制造费用分配表”，在各受益产品之间进行分配。并根据分配的结果，将制造费用转入各个成本账户及所属的明细账户。

分配间接费用的主要计算公式有：

费用分配率 = 待分配费用总额 ÷ 分配标准总额

某种产品应分配的费用 = 该产品的分配标准额 × 费用分配率

(4)正确计算完工产品的成本。对于月末既有完工产品又有在产品的产品，将该种产品所归集的生产费用，采用适当的方法，在完工产品与期末在产品之间进行分配，计算出完工产品总成本及单位成本。主要计算分式有：

某种产品的成本总额 = 直接计入额 + 分配计入额

某种产品的单位成本 = 某种产品的成本总额 ÷ 该种产品的产量

2. 流通加工成本项目的归集和分配

(1)直接材料费用

直接材料费用中，材料和燃料费用数额是根据全部领料凭证汇总编制的“耗用材料汇总表”确定的；外购动力费用是根据有关凭证确定的。

在归集直接材料费用时，凡能分清某成本计算对象的材料消耗，应当直接计入各成本计算对象直接材料成本项目；属于几个成本计算对象共同耗用的材料，应当选择适当的分配方法，分配计入有关成本计算对象的直接材料成本项目。材料费用的分配一般可以按产品的重量或体积分配、按定额耗用量比例分配等。

计算公式如下：

$$材料费用分配率=\frac{各种产品共同耗用的材料费用}{各种产品的重量(体积)之和}$$

某种产品应分配的材料费用 = 该产品的重量(体积)×材料费用分配率

例 10－1：某企业生产甲、乙两种产品，本月两种产品共同耗用 A 材料 144000 元，本月两种产品的净重分别为 2 000 千克和 3 000 千克。采用重量分配法，分配计算如下：

$$材料费用分配率=\frac{144000}{2000+3000}=28.8(元/千克)$$

甲产品应分配的材料费用 ＝ 2 000 ×28.8 ＝ 57 600(元)

乙产品应分配的材料费用 ＝ 3 000 ×28.8 ＝ 86 400(元)

在实际工作中，各种材料费用的分配一般是通过编制材料费用分配汇总表进行的。材料费用分配汇总表是按车间、部门和材料的类别，根据归类后的领退料凭证和其他有关资料编制的。其格式见表 10－1。

表 10－1　　材料费用分配汇总表

200×年 8 月　　　　单位：元

车间、部门	直接计入材料费用	间接计入材料费用			费用合计
		产品重量(千克)	分配率	金额	
A 产品	8300	2000		57600	65900
B 产品	6250	3000		86400	92650
小计	14550	5000	28.8	144000	158550
生产车间	10000				10000
修理车间	8000				8000
管理部门	4500				4500
合 计	37050			144000	181050

(2)外购动力费用

外购动力费用包括企业从外部购入的各种动力，如电力、热力等所支付的费用。外购动力有的直接用于产品生产，有的间接用于产品生产，如生产车间照明用电，有的则用于经营管理，如企业管理部门照明用电和取暖用电等。这些动力费用的分配，往往需要按照一定的分配标准在各部门和产品之间进行分配。

外购动力费用的分配与材料费用的分配程序和方法相同。直接用于产品生产的燃料动力，在企业只生产一种产品时，属于直接计入费用，可以直接记入各种产品成本的“燃料和动力”成本项目，若是生产几种产品共同耗用的燃料属于间接计入费用，则应采用适当的分配方法，在各种产品之间进行分配。分配标准可以按产品的重量、体积、所耗材料的数量或费用，也可以按燃料的定额消耗量或定额费用比例等。

例10-2：某企业生产A、B两种产品，本月两种产品共同外购动力费用总计44000元，采用工时分配法，分配计算见表10-2：

表10-2　　外购动力费用分配表

200×年8月　　　　单位：元

车间、部门	成本或费用项目	生产工时 分配率0.88元/小时	用电度数 单价0.8元/度	金额合计
A产品	直接材料	28800		25344
B产品	直接材料	21200		18656
小计		50000	55000	44000
生产车间照明用	制造费用		9000	7200
修理车间照明用	辅助生产成本		5000	4000
管理部门照明用	管理费用		11000	8800
合 计			80000	64000

上表中外购动力费用分配的计算如下：

分配率＝44 000 ÷(28800＋21200)＝0.88(元/小时)

A产品应分配的外购动力费＝28 800×0.88 ＝25 344(元)

B产品应分配的外购动力费＝21200×0.88 ＝18 656(元)

(3)直接人工费用

流通加工成本中的直接人工费用，是指直接进行加工生产的生产工人的工资总额和按工资总额提取的职工福利费。生产工人工资总额包括计时工资、计件工资、奖金、津贴和补贴、加班工资、非工作时间的工资等。

企业可以根据具体情况采用各种不同的工资制度来进行工资的计算，一般情况下主要有计时工资制度和计件工资制度两种。

所谓计时工资，就是根据考勤记录登记的每位职工出勤或缺勤日数，按照规定的工资标准计算的。工资标准按其计算时间的不同，分为月薪制和日薪制。计算公式如下(采用月薪制)：

应付月工资＝月标准工资＋各种补贴＋加班工资＋各种奖金－事假或旷工日数×平均日工资－病假日数×平均日工资×病假应扣工资百分比

其中，平均日工资(称日工资率)计算公式如下：

平均日工资＝月标准工资÷30天(或21天)

在实行计件工资制的企业，工人工资是根据规定的计件单价和完成合格品数量计算支付的。应付工人的计件工资等于工人完成的合格品数量乘以计件单价。对于由于材料的缺陷等客观因素产生的废品(料废)，应照付计件工资；对于由于工人加工等原因而产生的废品(工废)，则不应支付计件工资。计件工资按照支付对象的不同可以分为个人计件工资和集体计件工资两种。计件工资计算公式如下(个人计件工资)：

应付计件工资＝Σ[(某种产品合格品数量＋该产品料废数量)×该产品计件单价]

企业的工资费用，应按照它的用途和发生部门进行归集和分配。“工资结算汇总表”是进行工资结算和分配的原始依据，它是根据“工资结算单”按人员类别(工资用途)汇总编制的。“工资结算单”应当依据职工工作卡片、考勤记录、工作量记录等工资计算的原始记录编制。

计入成本中的直接人工费用的数额，是根据当期“工资结算汇总表”和“职工福利费计算表”来确定的,并在期末据以编制“工资及职工福利分配表”。

例 10－3:某企业采用计时工资制。200×年 8 月编制的“工资及职工福利分配表”见表 10－3 所示。

表 10－3　　工资及职工福利分配表

200×年 8 月　　单位:元

分配对象	生产工时	分配率	应付工资	应提职工福利费（14%）	合计
甲产品	30000		15000	2100	17100
乙产品	26500		13250	1855	15105
小计	56500	0.5	28250	3955	32205
生产车间			6400	896	7296
修理车间			8600	1204	9804
管理部门			7600	1064	8664
合 计			50850	7119	57969

上表中工资分配的计算如下：

工资分配率＝28 250 ÷(30 000＋26 500)＝0.5(元/小时)

A 产品应分配的工资＝30 000×0.5＝15 000（元）

B 产品应分配的工资＝26 500×0.5＝13 250（元）

(4)折旧费用

折旧费用作为加工产品成本的组成部分，按照固定资产的使用车间、部门进行汇总，然后与生产单位(车间或分厂)、部门的其他费用一起分配计入加工产品成本和期间费用。为了简化成本计算工作，不专设“折旧费用”项目，而是将生产产品的机器设备折旧费记入“制造费用”项目。企业行政管理部门和其他业务部门的固定资产折旧费用，则分别记入“管理费用”、“营业费用”等项目。

折旧费用的分配一般是根据各车间、部门的“固定资产折旧计算表”编制“固定资产折旧费用分配表”进行的，在实际工作中，也可合并两表的内容。

例 10 - 4:某企业采用年限平均法计提固定资产折旧。200 × 年 8 月编制的“固定资产折旧计算表”见表 10 - 4 所示。

表 10 - 4　　**固定资产折旧计算表**

200 × 年 8 月　　单位:元

使用单位（分配对象）	固定资本类别	月初应计提折旧固定资本原值	分类月折旧率(%)	月折旧额
基本生产车间（制造费用）	房屋建筑物	5000000	0.2	10000
	机器设备	9000000	0.4	36000
	小计	14 000000		46000
修理车间（辅助生产成本或制造费用）	房屋建筑物	1 000000	0.2	2000
	运输工具	400000	0.9	3600
	小计	1400000		5600
管理部门（管理费用）	房屋建筑物	3000000	0.2	6000
	运输工具	800000	0.9	7200
	小计	3800000		13200
合 计		19200000		64800

(5)制造费用

流通加工制造费用是企业设置的生产加工单位为组织和管理生产加工所发生的各项间接费用。主要包括流通加工生产单位管理人员的工资及提取的福利费，生产加工单位房屋、建筑物、机器设备等的折旧和修理费、生产单位固定资产租赁费、机物料消耗、低值易耗品摊销、取暖费、水电费、办公费、差旅费、保险费、试验检验费、季节性停工和机器设备修理期间的停工损失以及其他制造费用。

制造费用是通过设置制造费用明细账，按照费用发生的地点来归集的。制造费用明细账按照加工生产单位开设，并按费用明细账项目设专栏组织核算。由于流通加工环节的折旧费用、固定资产修理费用等占成本比例较大，其费用归集尤其重要。

例 10－5：某企业 200×年 8 月填制的“制造费用明细账”见表 10－5 所示。

表 10－5　　　　**制造费用明细账**

车间：基本生产车间　　　　200×年 8 月 31 日　　　　单位：元

摘 要	机物料消 耗	外购动力	工资及福利费	折旧费	修理费	水电费	低值易耗品	其他	合计
付款凭证					3200			150	3350
材料费用分配表	300								300
低值易耗品摊销								700	700
动力费用分配表		2200							2200
工资及福利费分配表			1000						1000
折旧费用分配表				12000					12000
辅助生产费用分配表							3500		3500
合 计	300	2200	1000	12000	3200	3500	700	150	23050
分配转出	300	2200	1000	12000	3200	3500	700	150	23050

如何分配制造费用呢？基本生产车间的制造费用是产品生产成本的重要组成部分。在只生产一种产品的车间，制造费用可以直接计入该种产品生产成本；在生产多种产品的车间中，制造费用则应该采用既合理又较简便的分配方法，分配计入各种产品的生产成本。制造费用的分配方法一般有生产工人工时比例法，生产工人工资比例法，机器工时比例法和按年度计划分配率分配法等。现以生产工人工时比例法为例予以说明。

生产工人工时比例法是以各种产品所消耗的生产工人工时数作为分配标准，分配制造费用的一种方法。生产工人工时数可以是本期的实际工时数，也可以是按实际产量计算的定额工时数。计算公式如下：

制造费用分配率＝应分配制造费用总额÷车间各种产品实际（或定额）生产工时之和。

例 10－6：接上表，某企业 8 月份基本生产车间发生的制造费用总额为 23050 元，该车间同时生产 A 与 B 两种产品，本月各种产品的实际生产工时分别为 A 产品 2 600 小时，B 产品 2 400 小时。制造费用的分配计算如下：

制造费用分配率＝23 050 ÷（2 600＋2 400）＝4.61（元/小时）

A 产品应负担制造费用＝2 600×4.61＝11 986（元）

B 产品应负担制造费用＝2 400×4.61＝11 064（元）

根据分配结果，编制“制造费用分配表”，见表 10－6。

表10－6　　　　　　　　　　　**制造费用分配表**

车间:基本生产车间　　　　　　　　200×年8月　　　　　　单位:元

产品品名	分配标准(生产工时)	分配率	分配金额
A产品	2600	4.61	11986
B产品	2400	4.61	11064
合 计	5000	–	23050

(6)结转完工产品成本

一般来说,企业月末还要将生产成本在完工产品和月末在产品之间进行分配。

通过前述各项要素费用和制造费用的归集和分配,企业基本生产车间在本期生产过程中发生的各项生产费用,已经集中反映在生产成本账户中。这些费用是本月发生的生产费用,并不是本月完工产品的成本。

月初在产品成本、本月发生的生产费用、本月完工产品成本和月末在产品成本之间的关系,可用以下的公式表示:

月初在产品成本+本月发生生产费用=本月完工产品成本+月末在产品成本

因此,要正确的计算出本月完工产品的成本,就还需要将本月发生的生产费用与月初在产品成本之和,在本月完工产品和月末在产品之间分配。常用的分配方法有:在产品不计算成本法、在产品按固定成本计价法、在产品按原材料费用计价法、约当产量比例法、在产品按完工产品成本计算法、在产品按定额成本计价法等。

3.流通加工成本计算表

企业月末应编制流通加工成本计算表,以反映流通加工业务的总成本和单位成本。流通加工总成本是指成本计算期内成本计算对象的成本总额,即各个成本项目金额的总和。"流通加工成本计算表"一般格式见表10－7。

表10－7　　　　　　　　　　**流通加工成本计算表**

编制单位:　　　　　　　　　　200×年　　月　　　　　　　　单位:元

产品名称 成本项目	加工产品A		加工产品B		加工产品C		合计
	总成本	单位成本	总成本	单位成本	总成本	单位成本	
一、直接材料							
二、直接人工							
三、制造费用							
合 计							
补充资料(略)							

10.3 流通加工成本控制与分析

10.3.1 降低流通加工成本的途径

如前所述，流通加工是现代物流系统构架中的重要结构之一，对物流活动具有增值作用。而流通加工过程也必然要有包括活劳动和物化劳动的消耗，这些消耗要以成本的形式加入到流通加工产品的价值中去。因此，必须对流通加工活动进行有效的规划和控制，尽量减少流通加工过程的消耗，切实地降低流通加工成本。

降低流通加工成本的途径主要有：

1. 合理规划流通加工的供应区域和加工点的分布

一般按经济区域来组织流通加工，便于流通加工与物资流通系统协调一致，提高加工的整体功能。为衔接单品种大批量生产与多样化需求的流通加工，加工地应设置在需求地区，这样既有利于销售，提高服务水平，又能发挥干线运输与末端配送的物流优势，如平板玻璃的开片套裁加工中心。为方便物流的流通加工应设在产出地，如肉类、鱼类的冷冻食品加工中心。这样使经过流通加工中心的货物能顺利到达，低成本地进入运输、储存等物流环节。同时，要注意同一层次、同一形式的加工点在同一地区的数量和消费需求的数量相平衡，防止重复或短缺。

2. 开展流通加工环节设置分析

流通加工有很多优越性，但同时也在产需之间形成了一项中间环节，因而，也可能存在许多降低经济效益的因素。因此，必须进行技术经济可行性分析加以论证，综合比较分析后，方能最终决定是否设置流通加工环节设置。一般需要从以下几个方面进行分析：

(1)从生产领域分析，主要考虑能否通过延续生产过程或改造原有生产过程使生产与需求衔接，而免去流通加工环节的设置。在生产过程确实不能满足产需衔接，或实现产需衔接表现的经济效益不好的情况下，才可考虑设置流通加工环节。

(2)从消费领域分析，主要考虑能否通过在使用单位进行加工来实现产需衔接。当在使用单位进行相关加工因技术、场地、设备、组织管理以及经济效益问题无法实现或无法完全实现其效益的情况下，方可考虑设置流通加工环节。

(3)从物流过程分析，主要考虑能否采用其他方式，如集装化、专门化等方法解决流通加工需解决的问题，若其他方式均不能较好地解决流通加工预期目的，方可考虑设置流通加工环节。

(4)从经济角度分析，流通加工仅是一种补充性、延伸性、辅助性加工，其技术设备要适用，规模要合理，这样投资方面的要求相对较低。

3. 加强流通加工的生产管理

加工的品种根据加工网络的分工来确定；分工的规模根据流通量的大小来确定；加工的技术水平根据物资的特点来确定；加强对流通加工环节人力、设备、财务、物资等的管理，提高出材率，降低消耗。

4. 加强流通加工的质量管理

通过加强对加工产品的质量控制，满足用户的质量要求，以质量确保企业持久的效益。流通加工中的控制职能突出表现在质量控制。由于流通加工所依据的质量控制标准是由用户提出来的，因此，用户要求不同，质量标准高低就有较大的差异。为了满足用户提出的质量要求，企业要实行过程控制，强化内部质量审核，以优秀的工作和工程质量保证流通加工质量。

5. 制定反映流通加工特征的技术经济指标

分析流通加工的可行性，对流通加工环节实施有效的成本管理和控制，可考虑通过制定以下经济指标进行衡量和考核。

由于流通加工的特殊性，不能全部搬用考核一般企业的指标。对流通加工较为重要的是劳动生产率、成本及利润指标。此外还有反映流通加工特殊性的指标，主要包括：

(1) 增值指标

反映经流通加工后，单位产品的增值程度，以百分率计：

$$加工产品增值率 = \frac{产品加工后价值 - 产品加工前价值}{产品加工前价值} \times 100\%$$

增值率指标可以帮助管理人员判断投产后流通加工环节的价值变化情况，并以此观察该流通加工的寿命周期位置，为经营者提供是否继续实行流通加工的依据。

(2) 品种规格增加额及增加率指标

反映某些流通加工方式在满足用户、衔接产需方向的成就；增加额以加工后品种、规格、数量与加工前之差决定。

(3) 资源增加量指标

反映某些类型的流通加工在增加材料利用率、出材率方面的效果指标。这个指标不但可提供证实流通加工的重要性证据，而且可具体用于计算微观和宏观经济效益。其具体指标分新增出材率和新增利用率两项：

新增出材率 = 加工后出材率 - 原出材率

新增利用率 = 加工后利用率 - 原利用率

10.3.2 流通加工成本分析

有效控制成本的前提是准确找出影响成本的因素，而影响成本的因素是多方面的，不同时期、不同条件下各种因素对成本的影响程度也不是一成不变的。因此，成本管理的重要内容之一，是利用成本核算资料及其他有关资料，全面分析成本水平及其构成的变动情况，研究影响成本升降的各个因素及其变动的原因，寻找降低成本的规律和潜力。

1. 成本分析的基本方法

成本分析采用的技术方法是多种多样的，具体进行成本分析工作中最广泛使用的技术方法，主要有“指标对比法”和“因素分析法”。

(1) 比较分析法

比较分析法又称指标对比法，它是将两个或两个以上相关的可比数据进行对比，从数量上确定差异的一种分析方法。通过对比，揭露矛盾，发现问题，寻找差距，分析原因，为进一步降低成本指明方向。比较分析法是实际工作中广泛应用的分析方法。由于成本分析的目的不同，比较分析法在实际应用中通常有以下三种形式。

①以成本的实际指标与成本的计划或定额指标对比；

②以本期实际成本指标与前期的实际成本指标对比；

③以本企业实际成本指标与国内外同行业先进指标对比。

(2)因素分析法

成本是反映企业工作质量的综合性指标。企业某个时期成本、费用的高低，受多种因素的共同影响。采用因素分析法是将某一综合指标分解为若干个相互联系的因素，并分别计算、分析每个因素影响程度的一种方法。

因素分析法是在比较法的基础上发展的，成为比较法的补充。

2.成本分析的内容

成本分析贯穿于成本管理工作的始终，包括事前成本分析、事中成本控制分析和事后成本分析。

(1)事前成本分析:是指事前预计和测算有关因素对成本的影响程度，其主要包括两个方面内容，即成本预测分析和成本决策分析。

(2)事中成本控制分析:是指以计划、定额成本为依据，通过分析实际成本与计划成本或定额成本差异，对成本进行分析控制。

(3)事后成本分析:是指产品生产过程中发生的实际成本与计划成本的比较，对产生的差异进行分析，找出成本升降原因，是成本分析的主要形式。主要包括:全部商品产品成本分析、可比产品成本分析、主要产品单位成本分析、产品成本技术经济分析。

3.全部产品成本计划完成情况的分析

全部产品生产成本计划完成情况的分析是一种综合分析。通过分析，可以总体地考核成本计划指标的完成情况，查明全部产品总成本中各个成本项目的成本计划完成情况，找出成本超支或降低幅度较大的产品和成本项目，为进一步分析指明方向。

企业全部产品包括可比产品与不可比产品。由于不可比产品没有历史成本资料，因此，对全部产品成本的分析，就不能用实际总成本与上年总成本进行比较，只能用实际总成本同计划总成本进行比较。

为进一步分析指明方向，在实际开展成本分析时，应以企业编制的产品成本表的资料为依据，按下列步骤进行分析：

例 10－7：根据企业产品成本计算表的有关资料编制下列分析表，考核全部产品、可比产品、不可比产品及各种产品成本计划的完成情况，见表 10－8。

表 10－8　　产品成本分析表（按产品别）

编制单位：　　200×年度　　单位：元

产品名称	全部产品总成本(实际产量)		成本降低指标	
	计划成本	实际成本	成本降低额	成本降低率
可比产品				
甲产品	205200	199800	5400	2.63%
乙产品	160000	160000	0	0
合 计	365200	359800	5400	1.48%
不可比产品				
丙产品	768000	691200	76800	10%
丁产品	307200	268800	38400	12.5%
合 计	1075200	960000	115200	10.71%
全部产品总计	1440400	1319800	120600	8.37%

成本降低额＝计划总成本－实际总成本

$$=\sum[\text{实际产量}\times(\text{计划单位成本}-\text{实际单位成本})]$$

$$\text{成本降低率}=\frac{\text{成本降低额}}{\sum(\text{实际产量}\times\text{计划单位成本})}\times 100\%$$

分析：该企业全部产品完成了成本计划，但在进一步分析全部产品中的两大类产品时，见出企业在产品生产过程中成本管理问题上还存在很大的不足。具体表现在：不可比产品总成本降低率达 10.71%，而可比产品的总成本降低率只有 1.48%，其中乙产品成本降幅为零。因此，虽然可比产品成本的计划完成了，但成本降低幅度均不及不可比产品，尤其是乙产品，其实际与计划持平，未实现降低的目标。这说明企业对于不可比产品的成本管理措施强于可比产品，企业应加大力度，查明原因，进一步挖掘降低可比产品成本的潜力，例如生产设备的更新、生产工艺过程的改进、共同费用的分配方法等方面。

在实际工作中，为了充分了解成本变动的原因，挖掘成本降低的潜力，还要编制按成本项目反映的产品生产成本分析表，对构成产品成本的各个项目支出的变动情况及其对总成本的影响程度进行比较分析。详见表 10－9。

表 10－9　　产品成本分析表（按成本项目别）

编制单位：　　200×年度　　单位：元

成本项目	产品总成本		成本降低指标		降低率构成
	计划成本	实际成本	成本降低额	成本降低率	
一、直接材料	209400	207306	2094	1.00%	0.59%
二、燃料及动力	56000	54880	1120	2.00%	0.31%
三、直接人工	45500	49862	－4362	－9.59%	－1.22%
四、制造费用	46200	44352	1848	4.00%	0.52%
合 计	357100	356400	700	0.20%	0.20%

分析:该厂按成本项目反映的全部产品成本计划完成情况，与计划相比的成本降低额为700元，成本降低率为0.20%，其主要原因是由于直接材料、燃料及动力、制造费用三个成本项目均实现了成本降低，但该企业的直接人工费用却存在着超支现象，且超支率高达9.59%;如果企业能够克服这个不足，则产品实际成本将比计划降低5 062元(2 094 +1 120 +1 848)，降低率将提高到1.42%。同时，企业应对超支的直接人工费用作进一步分析，找出问题所在，以便加以解决。

4.产品单位成本分析

为了能够更深入地了解产品单位成本计划完成情况及其节约或超支的具体原因，企业在进行产品成本分析时，还须进一步对主要产品成本进行分析，揭示各种产品单位成本及其各个成本项目的变动情况，查明主要产品单位成本升降的具体原因，从而采取有效措施，挖掘降低产品成本的潜力。

实际工作中，企业可根据各主要产品的单位成本表的资料，分别编制单位成本分析表(表10－10)，以了解成本升降情况及一般原因。

表10－10　　甲产品单位成本分析表

编制单位:　　200×年度　　单位:元

成本项目	计划成本	实际成本	降低(－)或超支(＋)		各成本项目升降对单位成本的影响
			金额	(%)	
一、直接材料	430	428	－2	－0.46	－0.32%
二、直接人工	70	65	－5	－7.14	－1.19%
三、制造费用	116	79	－37	－31.90	－8.81%
合计	616	572	－44	－7.14	－7.14%

通过表10－10的分析表明:甲产品实际单位成本比本年计划降低了44元，降低幅度为7.14%，致使甲产品成本降低的主要原因在于制造费用的大幅降低。从各成本项目分析，直接材料和直接人工都有所降低，但直接材料的降低幅度较小。这说明企业在降低甲产品的原材料消耗方面，在改进甲产品的生产组织和劳动组织、提高劳动生产率方面采取了措施，取得了较大的成绩。

(1)材料费用项目的分析

对单位产品成本中材料费用影响的基本因素，是单位产品材料耗用量和材料单价。它们对单位产品影响的计算公式如下:

①材料耗用量变动的影响＝Σ(实际单位耗用量－基准单位耗用量)×基准价格

②材料单价变动的影响＝Σ(实际单价－基准单价)×实际耗用量

上式中的“基准数”指的是计划数、定额数、上年实际平均、历史或行业先进水平等数值。

(2)人工费用项目的分析

对单位产品成本中工资费用影响的因素，是单位产品工时消耗量和小时工资额。它们对工资费用升降的影响可用下列计算公式:

$$①\ \begin{matrix}\text{工时消耗量}\\\text{变动的影响}\end{matrix}=\Sigma\left[\left(\begin{matrix}\text{实际单位}\\\text{工时消耗量}\end{matrix}-\begin{matrix}\text{基准单位}\\\text{工时消耗量}\end{matrix}\right)\times\begin{matrix}\text{基准小时}\\\text{工资额}\end{matrix}\right]$$

② $\begin{matrix}\text{小时工资额}\\\text{变动的影响}\end{matrix}=\Sigma\left[\left(\begin{matrix}\text{实际小时}\\\text{工资额}\end{matrix}-\begin{matrix}\text{基准单位}\\\text{工资额}\end{matrix}\right)\times\begin{matrix}\text{实际单位}\\\text{工时消耗量}\end{matrix}\right]$

(3)制造费用项目的分析

制造费用包括的费用项目繁多，很难对其像上述那样进行分析。因为制造费用项目是将许多费用综合在一起计算的结果，因此为便于分析可以将各种费用按一定标准进行划分，对其中那些重要费用项目如折旧费、人工资、修理费等分别进行重点分析。如固定资产折旧费用，单位产品负担的折旧费用与许多因素有关，影响该项费用的主要因素有当期固定资产折旧费用总额、当期产品产量、劳动生产率等。而影响折旧费用总额的因素又可以分为本期计提折旧的固定资产数量、折旧计算方法等，影响当期产品产量的因素又有本期产品生产任务、设备利用率变化等等。

在生产单一产品的企业或车间，单位产品费用的多少，直接受产量的高低和费用增减两个因素的影响。其计算公式如下：

产量变动的影响 =（计划制造费用 ÷ 实际产量）- 单位产品计划制造费用

费用变动的影响 = 单位产品实际制造费用 -（计划制造费用 ÷ 实际产量）

在生产多种产品的企业或车间里，一般是按照各种产品的工时数分配费用的。单位产品的制造成本的大小主要受单位产品工时变动和制造费用分配率两个因素的影响。

5. 产品成本技术经济指标分析

对成本产生影响的技术经济指标主要包括产量、材料利用率、劳动生产率、产品质量等方面。这些指标有的属于直接对成本产生影响，如材料利用率；有些通过间接方式影响成本，如劳动生产率等。产量变动主要会引起单位产品成本中的固定成本上升或下降；材料利用率则因为材料消耗的高低变化引起成本中材料数额的变化；劳动生产率则会引起成本中的人工费用变化；产品质量通过废品率的变化对成本发生影响，因为废品产生的各项损失应计入合格产品成本，因此，废品率也与产品成本休戚相关。

(1)材料利用率对成本的影响

材料费用在产品成本中占有很大的比重，企业提高材料利用率，对于节约消耗，降低单位产品材料成本有重要的影响。企业材料的利用率越高，消耗定额越低，单位产品中的材料成本越低。其计算公式为：

材料消耗的变动对产品成本降低率的影响

= 材料费用占成本的% × 材料消耗定额升降的%

降低材料消耗定额，可以通过提高材料利用率，即通过改进工艺加工方法，实行合理下料，节约用料等，使单位产品材料成本下降。其影响程度的计算公式为：

① $\text{材料利用率}=\frac{\text{产品零件的净重}}{\text{投入生产的材料重量}}\times 100\%$

②材料利用率变动对材料成本的影响额

= 变动后单位产品材料成本 - 变动前单位产品材料成本

③ $\begin{matrix}\text{材料利用率变动时}\\\text{材料成本的影响}\end{matrix}=\frac{\text{变动后材料单位成本}-\text{变动前材料单位成本}}{\text{变动前材料单位成本}}\times 100\%$

为降低单位产品材料消耗，企业还可以通过改进产品设计如缩小产品的体积、减轻产品重量、减少不必要的功能节约材料或者利用替代材料等方式，最终降低材料成本。

(2)劳动生产率变动对成本的影响

劳动生产率的提高，就可以降低单位产品工时消耗定额，即降低了单位产品的工资费用，但产品中的工资费用又受平均工资增长率的影响。

在工资增长率小于劳动生产率的前提下，劳动生产率的提高将导致单位产品中人工费用的下降。因此，计算劳动生产率增长对成本的影响，要看劳动生产率的增长速度是否快于工资率增长速度，一般采用的计算公式为：

$$\text{产品成本降低率} = \frac{\text{生产工人工资成本}}{\text{占产品成本比重}} \times \left(1 - \frac{1 - \text{平均工资增长\%}}{1 + \text{劳动生产率提高\%}}\right)$$

(3)产品质量变动对成本的影响

企业在生产消耗水平不变的前提下，产品质量提高必然会使单位产品成本降低。由于影响产品质量的因素很多，因此判断质量好坏的指标也是很多的，如合格品率、废品率、等级品率等。产品质量变动对成本的影响程度，一般从两个方面进行计算：

①废品率高低对成本水平的影响

废品是生产过程中的损失，这种损失最终是要计入产品成本的，因此，废品率的高低会直接影响产品成本水平。其影响程度的计算公式为：

$$\text{废品对成本水平的影响程度} = \frac{\text{废品率} \times (1 - \text{可回收价值占废品成本的\%})}{1 - \text{废品率}}$$

②产品等级系数变动对成本的影响

某些产品用同一种材料，经过相同的加工过程，生产出不同等级的产品。这些产品通常用“等级系数”来表示，等级系数越高，统一换算为一级品的总产量越大，产品的成本水平也会相应降低。产品等级系数变动对成本影响程度的计算公式为：

$$\text{产品等级系数变动对成本的影响程度} = \frac{\text{变动后的等级系数} - \text{原来分等级系数}}{\text{变动后的等级系数}}$$

案例：钢铁业新的增长点：发展加工、配售为主的物流体系

国内一些大型钢铁集团在深入研究钢铁流通领域以加工、配送为主体的现代物流产业将崛起的特点，已经把钢材配售作为发展物流业的突破口并朝此方向发展。像宝钢、鞍钢等集团凭借其钢材资源优势，在全国主要的钢材消费地区，依托资本纽带，实现多元化的投资主体，共建钢材剪切配送中心，形成了自有的钢材物流配送网络，他们利用剪切中心的网络以及信息优势，为国内主要的汽车、家电等企业实行原材料无库存管理；在销售区域200公里半径内建立了快速、高效的分销配送网络，并结合国外建材连锁店的方式，为最终用户逐步向“零库存”过渡创造条件。随着互联网技术和电子银行的不断发展，网上钢材营销将成为未来钢材营销的发展方向，如何逐步开展钢材网上分销配送和电子商务，将是钢铁生产企业和流通企业考虑的问题。

钢材在形成最终工业产品或社会消费品的价值链中属于原材料。为使95%以上的钢材经过延伸加工后直接被用于最终产品上，企业可充分利用国际通行的钢材深加工和第三方物流理念，由钢材加工配送中心把钢材深加工为制造最终产品的零部件，向需方提供钢材半成品，实现需方逐步向零库存过渡。这种钢材加工配送和第三方物流，不仅可给制造企业带来新的经济增长点，而且能优化资源配置，使有限的社会资源得到充分利用。

业内人士通过长期的市场调研认为，加工、配送这一物流体系之所以被市场认可，是因为它符合现代物流的发展方向。它通过钢材剪切加工配送，使卷板产品直接进入终端用户，既可为最终用户方便用料、节约成本，也可以提高公司产品附加值，增加效益，同时也为入世后国内钢厂向现代物流企业的模式迈进寻求新的营销模式积累实践经验。

钢材的加工配送业务不但使钢铁企业产生了新的经济效益，也使用户取得了可观的效益：除了提高成材率、降低采购成本外，还可大大减少钢材的库存量。据业内人士对上海汽车行业加工配送服务的推行状况和效果的调研表明，由加工配送中心按质按量按时发送，仅冷板流通资金占用一项就下降 1 亿多元。同样，为洗衣机行业进行钢材加工配送，使用户提高了钢材的利用率。如原先洗衣机厂自行采购的冷板都是宽 1250 厘米标准尺寸，而实际使用宽度 700 厘米和 800 厘米，自行剪切的用材利用率仅为 65%。由加工配送中心根据不同宽度套裁，用材利用率高达 95%，提高了 30 个百分点。加工配送中心配套服务齐全、协助用户查询资料、代订钢厂期货、代办托运等“一条龙”配送加工的功能，为用户降低了采购成本。而且开平、剪切加工的成材率高，有的卷板开平的成材率高达 95% 以上。用户来到配售公司，可以直接采购到所需的任何规格的冷热板，无需自己再去剪切加工，省去了一大笔加工费用。通过多种服务，企业进一步拉近了与终端用户的距离，从而实现了企业短渠道的营销策略。

本章小结

流通加工是物流的辅助功能之一，其在物流活动中的作用越来越重要。流通加工是伴随现代物流的发展而产生的，可弥补生产加工的不足，方便用户，为物流企业增加收益，具有一定的经济效益和社会效益。本章首先通过介绍流通加工的概念、内容和几种典型流通加工形式等内容加深对流通加工的理解。

流通加工成本包括流通加工业务人员费用、流通加工材料消耗、燃料与动力消耗、加工设施折旧费、维修保养费等。流通加工成本的计算要先对每个环节分别按成本项目归集计算成本，在此基础上汇算流通加工总成本。总成本是指成本计算期内成本计算对象的成本总额。流通加工成本计算设置直接材料、直接人工和制造费用三个成本项目。

由于流通加工过程的消耗最终要以成本的形式加入到流通加工产品的价值中去，因此，必须对流通加工活动进行有效的规划和控制，尽量减少流通加工过程的消耗，切实的降低流通加工成本。对流通加工成本的分析，主要是利用成本核算资料及其他有关资料，全面分析成本水平及其构成的变动情况，研究影响成本升降的各个因素及其变动的原因。

本章最后介绍了国内钢铁行业发展加工配送业务所产生了新的经济效益的一些做法。

※ 习题

一、选择题(前3题单选、后2题多选)

1. 下列选项中不属于流通加工的功能要素的是(　　)

A. 分割　　B. 组装

C. 刷标志　　D. 集货

2. 下列说法不正确的是(　　)

A. 流通加工属于物流增值服务的范围

B. 流通加工可以完善商品功能

C. 流通加工对象包括在生产过程完成的半成品

D. 流通加工成本核算一般设置直接材料、直接人工和制造费用三个成本项目

3. 核算加工单位的水电费，应该(　　)

A. 直接计入“直接材料”项目

B. 直接计入“制造费用”项目

C. 直接计入“管理费用”项目

D. 直接计入或分配计入“制造费用”项目

4. 制造费用在多种产品之间的分配方法，可选用的有(　　)

A. 生产工人工时比例法　　B. 生产工人工资比例法

C. 年度计划分配率分配法　　D. 机器工时比例法

5. 实现流通加工的合理化，主要应考虑做到(　　)

A. 加工和配送结合　　B. 加工和配套结合　　C. 加工和运输结合

D. 加工和包装结合　　E. 加工和商流结合

二、判断正误题

1. 方便运输、方便用户、便于综合利用是流通加工的目的。

2. 对流通加工是否合理的判断，是看其是否能实现企业本身的效益，而且是否取得了最大效益。

3. 流通加工的目的在于完善其使用价值，一般不对物品做大的改变。

4. 流通加工属于物流体系中具有增值功能的要素。

5. 分析加工产品质量的指标主要有产品的合格率、废品率和产品等级品率。

三、基本概念

配送　　配送中心　　配送成本　　混合策略

四、思考题

1. 何谓流通加工？流通加工的特点是什么？

2. 举例说明流通加工的作用。

3. 流通加工的成本主要由哪几部分组成？

4. 降低流通加工成本主要有哪些途径？

5. 对流通加工成本产生影响的技术经济指标主要有哪几个？它们是如何构成影响的？

◆——第 11 章　配送成本管理

●本章学习目标与要求

★引导案例

★章节内容

配送概述

配送成本核算

配送成本控制和分析

★案例

不仅仅是送报纸那么简单——香港报业物流配送方案简析

日本:零售业中的先进物流——发达的配送体系对连锁经营的支持

★本章小结

★习题

★学习目标

物流是企业的“第三利润源泉”，处于末端物流的配送具有提高物流经济效益，优化、完善物流系统、改善服务、降低成本的功能，在物流系统中占有重要的地位。通过本章的学习，理解配送的基本概念及配送业务在物流管理中的作用和地位，了解配送的要素和配送作业的组织模式;掌握配送成本的构成、分类及成本计算方法;掌握降低配送成本的途径及配送成本的控制方法。

---

*

物流配送专家詹姆斯·阿尔里德在其专著《无声的革命》中写道，主要通过提高物流配送打竞争战的时代已经悄悄来临。看清这点的企业和管理人员才是未来竞争激流中的弄潮者，否则，一个企业将可能在新的物流配送环境下苦苦挣扎，甚至被

成本话语

专家称：中国物流成本高在体制—体制上的分割使物“流”不畅。

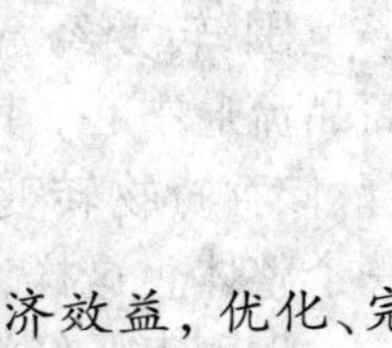

淘汰出局。

至2002年，在不过20年的时间内，戴尔计算机公司的创始人迈克尔·戴尔，白手起家把公司发展到382亿美元的规模，在全球个人电脑市场上，戴尔的占有率已经上升到了15.2%，成为该行业世界第二大公司。戴尔是如何创造出这一系列的业界奇迹的呢？对此，戴尔公司分管物流配送的副总裁迪克·亨特一语道破天机："我们只保存可供5天生产的存货，而我们的竞争对手则保存30天、45天，甚至90天的存货。这就是区别。"

信息时代，特别是在高科技领域，材料成本随着日趋激烈的竞争而迅速下降。以计算机工业为例，材料配件成本的下降速度为每周1%。从戴尔公司的经验来看，其材料库存量只有5天，当其竞争对手维持4周的库存时，就等于戴尔的材料配件开支与对手相比保持着3%的优势。当产品最终投放市场时，物流配送优势就可转变成2%至3%的产品优势，竞争力的强弱不言而喻。

11.1 配送概述

11.1.1 配送及其作用、类型

配送作为一种新型的物流手段，是在变革和发展仓库业的基础上开展起来的。传统的仓库业是以储存和保管货物作为主要职能，其基本功能是保持储存货物的使用价值，为生产连续运转和生活正常进行提供物资保障。但是在生产节奏加快、社会分工不断扩大、竞争日益激烈的情况下，迫切要求缩短流通时间和减少库存资金的占用。因此，急需社会流通组织提供系列化、一体化、多项目的后勤服务。许多经济发达国家的仓储业开始调整内部结构，扩大业务范围,转变经营方式，以适应市场的变化对仓储功能提出的新要求。许多老式仓库变成了商品流通中心，其功能由货物"静态储存"转变成"动态储存"，其业务活动由原来的单纯保管、储存货物转变成向社会提供多种服务，并且把保管、储存、加工、分类、挑选和输送等连成一个整体。这样，配送就真正形成和发展起来。

随着市场经济的发展和竞争的加剧，市场上出现多品种，小批量，产品多样化，消费多样化的趋势，配送就是为适应这种情况而产生的。配送是物流的基本功能，它体现了物流的最终效应——直接为客户服务，满足客户的各种需要。可以说，物流成果主要是通过物流配送来实现的，如果没有配送，就会大大削弱物流的经济效益和社会效益。

1. 配送的概念

配送最早在英语中的原词为"delivery"，即交货送货的意思。在日本工业标准JIS中，将配送定义为"将货物从物流结点送交收货人"，其本义是指运送、输送和交货，即按用户的订货要求，在物流结点进行分货、配货工作并将配好之货送交收货人。"配"包括货物的分拣和配货活动；"送"则包括各种送货方式和送货行为。在我国颁发的GB/T18354－2001《物流术语》中，将配送解释为："在经济合理区域范围内，根据用户要求，对物品进行拣选、加工、包装、分割、组配等作业，并按时送达指定地点的物流活动。"

可以从以下几个方面来认识配送的概念：

(1)配送的本质是送货，但配送又不仅仅是送货，它是配货、分货、送货等活动的有机结合体。其特殊性表现在它包含了某一段的装卸、包装、流通加工、保管等活动，但又不是这些活动的全部或全过程。因此，配送不能简单地等同于运输或其他物流活动的全部。

(2)配送是综合性的、一体化的物流运动，作业环节多，相互联系比较强。从作业环节上看，配送包含着货物运输、集货、存储、理货、拣选、配货、配装等活动;从运作程序上看,配送贯穿着收集信息、备货、运送货物等过程。

(3)配送是一种专业化的分工方式，是大生产、专业化分工在流通领域的体现。一般性的送货只是作为一种营销手段或售后服务而开展的活动，而配送已经上升为营销活动的重要手段。准确而又稳定的配送活动可以在保证供给的同时，最大限度地降低生产或者流通企业的商品库存，从而降低了总的销售成本。

2. 配送与传统“送货”的区别

“配送”与传统“送货”存在着明显的区别:

(1)配送比送货内容广

在配送业务活动中，还包括分货、选货、加工、配发、配装等工作，这些都是具有一定难度的作业;而送货仅仅是配送的一项活动。

(2)配送需要信息系统相配合

配送不仅是分发、配货、送货等活动的有机结合形式，同时，它与订货、销售系统也有密切联系。因此，必须依赖物流信息的作用，建立完善的配送系统，形成现代化的配送方式，这是传统送货不可比拟的。

(3)配送的技术要求高

现代配送作业的全过程，必须有现代化的技术装备和管理方法作为保障。因此，配送在规模、效率、速度、质量、服务水平等方面，都远远超过了传统的送货形式。

(4)配送是一种体制上的演进

传统的送货形式只是一种推销——代运的手段。配送则是一种新发展起来的物流职能，是大生产、专业化分工在流通领域的反映。因此，如果说传统送货是一种代运的服务方式的话，那么，配送就是一种物流体制上的演进，最终要发展为“配送制”。

3. 配送的作用

物流是企业的“第三利润源泉”，处于末端物流的配送具有提高物流经济效益，优化、完善物流系统，改善服务、降低成本的功能，在物流系统中占有重要的地位。配送的作用主要体现在以下几个方面:

(1)提高了物流终端服务质量和经济效益。配送中所包含的那一部分运输活动，在整个运输过程中是处于终端输送的位置，它将多个用户的需要集中在一起进行一次组配发货，可以代替过去的分散发货，并使用户以去一处订货代替过去的去多处订货，以一次接货代替过去的频繁接货等。配送以准时性、灵活性、适应性等特点，解决了过去终端物流的运力安排不当、质量差、成本高等问题，从而提高了终端物流的服务质量和经济效益。

(2)通过集中仓储与配送可以实现企业组织的低库存或零库存的设想，提高社会物流经济效益。“多批次、少批量”的配送，可以使用户的经常储备库存的平均值尽可能减少或趋近于零;专业化配送功能可以将企业外和企业内的两次供应合二为一，可直接将货物供应到车间或流水线，即使不依靠企业内部的供应库存，也可以保证生产的持续正常进行。

(3)准时配送提高了供应保证程度。依靠专业的配送机构联系面广、多方组织货源的优势，能够按用户企业的要求及时供应。若组织到的货源不能满足用户的需要，配送中心还可利用自己的加工能力进行加工改制，以适应用户的需要并及时地将货物送到用户手中。

(4)完善了干线运输中的社会物流功能体系。由于大吨位高效率运输工具的出现，使干线运输在铁路、海运、公路方面都达到了较高水平，长距离、大批量的运输实现了低成本化。

同时，采用配送作业方式，可以在一定范围内，将干线、支线运输与仓储等环节统一起来，使干线输送过程及功能体系得以优化和完善。

(5)配送不仅提高了物流服务水平，提高了货物供应的保证程度，而且可以解脱出大量储备资金用来开发企业新业务、改善财务状况。

(6)依托配送能够提供一体化物流服务，简化了手续，方便了用户，降低了交易成本。专业的配送机构按照用户的需要，批量购进各种物资，用户一次购买活动就可以买到多种商品，简化了交易次数及相应的手续，降低了交易成本。由于配送的“送”的功能，用户不必考虑运输方式、路线及装卸货物等问题，就可在自己的工厂甚至流水线处接到所需的商品，极大地方便了用户。

4. 配送的不同分类形式

随着配送的发展，为满足不同产品、不同用户和不同市场环境的要求，已有多种类型的配送方式。比较典型的主要有以下几种类型：

(1)按配送商品的类型及数量分类

①单(少)品种、大批量配送。单独一个品种或少数几个品种就可以达到较大的送货量，实行整车运输，由配送中心进行配送。由于运送量大，车辆满载率高，配送成本较低。适用于需求量大的商品。

②多品种、少批量配送。按顾客的订货要求，将所需要的各种数量不大的商品配备齐全，尽量凑成整车后送达指定地点。适合于设施齐全、计划性强、具有较高作业水平的配送中心。

③成套配套配送。按企业、尤其是装配型企业生产的需要，将生产中所需要的全部零部件配齐后，按生产节奏定时送达生产企业(装配线)。例如:汽车生产装配线的零部件供应。这种配送有利于提高生产效率。

(2)按配送时间及数量分类

①定时配送。指按规定时间间隔进行的配送。配送按计划执行，也可以提前联系商定。由于配送方式固定，便于安排运输车辆，也便于用户接收货物。

②定量配送。指按规定的批量在一个指定的时间范围内进行的配送。配送数量固定，备货工作比较简单，由于时间上没有严格的限制，便于将不同用户的货物凑成整车运送，运输效率高。

③定时定量配送。指按规定配送时间和配送数量进行的配送，计划性强，兼有定时、定量配送的特点，要求操作准确。

④定时、定路线配送。指在规定的运行路线上制定到达时间表，按运行时间表进行的配送。这种配送有利于计划安排送货车辆，也便于用户有计划地安排接货力量。

⑤即时配送。指完全按用户要求的时间和数量进行的配送。具有极强的随机性和灵活性，是服务水平最高的一种配送方式。由于没有计划，运力利用率低，配送成本较高。

(3)按配送的组织形式分类

①独立配送。配送企业依靠自身力量，在一定的区域内各自进行的配送。配送企业独立开拓市场，建立自己的业务渠道和配送网络。这是一种竞争性的配送方式。有时可能造成人力、物力的浪费。适合于实力雄厚的配送企业。

②集团配送。几个配送企业以一定的形式建立起联系紧密、统一调度、相互协调的企业集团，在较大范围内合理规划，统筹进行的配送。可以获得较理想的规模优势和协作优势。

③共同配送。几个配送企业联合起来，共同制定计划，共同使用配送车辆，共同对某一地区用户进行的配送。共同配送可以降低配送成本，提高配送效益。

(4)按配送采用模式的不同分类

①集货型配送模式。这种模式的配送，主要针对上家的采购物流过程进行创新而形成。其上家生产具有相互关联性，下家互相独立，上家对配送中心的依存度明显大于下家，上家相对集中，而下家分散且具有相当的需求。同时，这类配送中心也强调其加工功能，此类配送模式适于成品或半成品物资的推销，如汽车配送中心。

②散货型配送模式。这种模式主要针对下家的供货物流进行优化而形成。上家对配送中心的依存度小于下家，而且配送中心的下家相对集中或有利益共享特征(如连锁业)。采用此类配送模式的流通企业，其上家的竞争激烈，下家需求以多品种、小批量为主要特征，适于原材料或半成品物资配送，如机电产品配送中心。

③混合型配送模式。这种模式综合了上述两种配送模式的优点，并对物资的全过程物流进行监控，有效克服了传统物流的弊端。采用这种配送模式的流通企业规模较大，具有相当的设备投资，如区域性物资配送中心；在实际流通中，多采取多样化经营，降低了经营风险。

11.1.2 配送中心

1. 配送中心的含义

配送是从最后一个物流结点到用户之间的物资空间移动过程，物流结点一般是指由运输通道与物流据点等基础设施形成的物流通道、物流作业衔接、交汇点的场所或组织。一般将具有一定规模、功能比较齐全的物流结点称为物流中心或配送中心。2001 年 7 月开始施行的我国国家标准《物流术语》中，对配送中心做了如下描述："配送中心是从事配送业务的物流场所或组织。应基本符合下列要求：①主要为特定的用户服务；②配送功能健全；③完善的信息网络；④辐射范围小；⑤多品种、小批量；⑥以配送为主，储存为辅。"

配送中心可以接受生产厂家等供货商多品种大秕量的货物，按照多家需求者的订货要求，迅速、准确、低成本、高效率地将商品配送到目的地。它能很好地解决用户多样化需求和厂商大批量专业化生产的矛盾，因此，逐渐成为现代化物流的标志。

2. 配送中心的功能

一般来说，配送中心具有以下几种功能：

(1)储存功能

为了做到按时、按量、按质向生产企业和广大消费者配送货物，保证其生产和消费的需要，配送中心应兴建现代化仓库，并配备仓储设备和储存一定数量的货物。对某些区域性的大型配送中心来说尤其重要，没有一定的储存能力，配送中心也就很难顺利完成物流配送业务。

(2)分拣功能

配送中心的客户是为数众多的企业或零售商，这些众多的客户不仅各自经营性质、产品性质不同，而且经营规模和经营管理水平不一样。为满足不同用户的不同需求，有效地组织配送活动，配送中心必须采取适当的方式对组织来的货物进行分拣，然后按配送计划组织配送和分装。强大的分拣能力是配送中心实现按客户要求组织送货的基础，也是配送中心发挥其分拣中心作用的保证。

(3)装卸搬运功能

配送中心在进货、理货、装货、加工作业过程中，都要具有装卸搬运功能，才能顺利、准时完成作业，提高配送水平。

(4)流通加工功能

国内外多数配送中心，为了扩大经营业务，更好地开展物流服务，满足用户需要，一般都配备了流通加工设备和技术工人，形成一系列的流通加工能力。如加工成用户需要的一定规格、尺寸和形状，将大型包装进行分装等活动。在一些国际货物的集散地，尤其是国际化港口、自由港、保税区，货物流通加工已成为配送中心的重要业务。

(5)平衡协调功能

通过集货发货和储存货物，配送中心可以充分发挥其调节市场需求、平衡供求关系的作用。现代化的配送中心如同一个“蓄水池”，不断的进货、送货及快速的周转有效解决了产销不平衡，缓解了供需矛盾，在产、销之间建立了一个缓冲平台，这是配送中心衔接供需两个市场的表现。可以说，现代化的配送中心通过储存和发散货物功能的发挥，体现出了其衔接生产与消费、供应与需求的功能，使供需双方实现了无缝连接。

(6)信息处理功能

配送中心连接着物流干线和配送，直接面对产品的供需双方，因而不仅是实物的连接，更重要的是信息的传递和处理，包括在配送中心的信息生成和交换。

11.1.3 配送流程

不同种类的产品，其配送流程不尽相同；而同一类产品，在不同市场环境下，配送流程也不完全一样。但是，作为一项特殊的物流活动，配送所包括的基本要素(或称基本环节)及其运动规律却是相同的。

1. 配送的功能要素

配送主要是由备货、理货和送货三个基本环节组成的，其中每个环节又包含若干具体的、细节性的活动。因此，配送主要包括以下几个方面的功能：

(1)备货。是配送的准备工作或基础工作，备货工作包括筹集货源、订货或购货、集货、进货及有关的质量检查、结算、交接等。配送的优势之一，就是可以集中用户的需求进行一定规模的备货。备货是决定配送成败的初期工作，如果备货成本太高，会大大降低配送的效益。

(2)储存。配送中的储存有储备及暂存两种形态。配送储备是按一定时期的配送经营要求，形成的对配送的资源保证。这种类型的储备数量较大，储备结构也较完善，视货源及到货情况，可以有计划地确定周转储备及保险储备的结构及数量。配送的储备保证有时在配送中心附近单独设库解决。

另一种储存形态是暂存，是具体执行配送时，按分拣配货要求，在理货场地所做的少量储存准备。由于总体储存效益取决于储存总量，所以，这部分暂存数量只会对工作方便与否造成影响，而不会影响储存的总效益，因而在数量上控制并不严格。

(3)分拣及配货。是配送不同于其他物流形式的有特点的功能要素，也是配送成败的一项重要支持性工作。分拣及配货是完善送货、支持送货准备性工作，是不同配送企业在送货时进行竞争和提高自身经济效益的必然延伸，所以，也可以说是送货向高级形式发展的必然要求。有了分拣及配货就会大大提高送货服务水平，所以，分拣及配货是决定整个配送系统水平的关键要素。

(4)配装。在单个用户配送数量不能达到车辆的有效载运负荷时，就存在如何集中不同用户的配送货物，进行搭配装载以充分利用运能、运力的问题，这就需要配装。和一般送货不同之处在于，通过配装送货可以大大提高送货水平及降低送货成本，所以，配装也是配送系统中有现代特点的功能要素，也是现代配送不同于已往送货的重要区别之处。

(5)配送运输。配送运输属于运输中的末端运输、支线运输，和一般运输形态主要区别在于:配送运输是较短距离、较小规模、额度较高的运输形式，一般使用汽车做运输工具。与干线运输的另一个区别是，配送运输的路线选择问题是一般干线运输所没有的，干线运输的干线是惟一的运输线，而配送运输由于配送用户多，一般城市交通路线又较复杂，如何组合成最佳路线，如何使配装和路线有效搭配等，是配送运输的特点，也是难度较大的工作。

(6)送达服务。配好的货运输到用户还不算配送工作的完结，这是因为送达货和用户接货往往还会出现不协调，使配送前功尽弃。因此，要圆满地实现运到之货的移交，并有效地、方便地处理相关手续并完成结算，还应讲究卸货地点、卸货方式等。送达服务也是配送独具的特殊性。

(7)配送加工。在配送中，配送加工这一功能要素不具有普遍性，但是往往是有重要作用的功能要素。主要原因是通过配送加工，可以大大提高用户的满意程度。配送加工是流通加工的一种，但配送加工有它不同于一般流通加工的特点，即配送加工一般只取决于用户要求，其加工的目的较为单一。

(8)信息处理。配送作为连接供应者和需求者的中介，要同双方保持信息上的沟通。随着配送时效性的增强，信息的传递、处理速度必须加快，为此，必须构建高效率的信息处理和传递系统。此外，配送环节作业活动的效率化同样也离不开信息的支持。

2. 配送的一般作业流程

配送的一般作业流程见图 11－1。

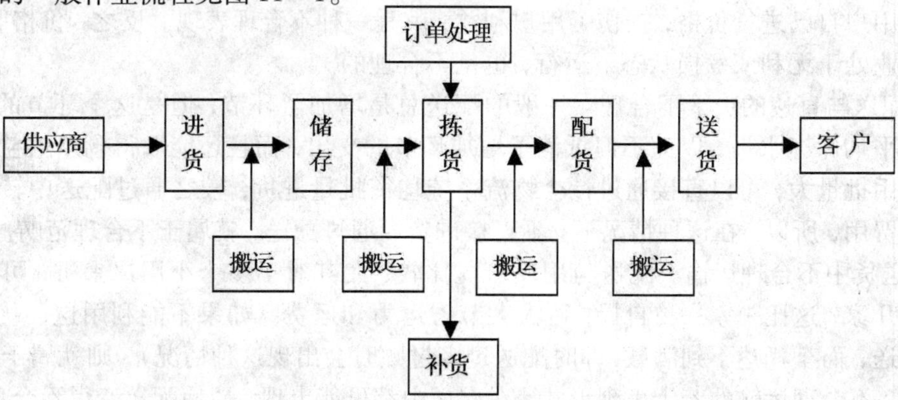

图 11－1　配送作业的典型流程

配送的一般流程比较规范，但并不是所有的配送者均按上述流程进行。不同产品的配送可能有独特之处，如燃料油配送就不存在配货、分放、配装工序，水泥及木材配送又多出了一些流通加工的过程，而流通加工又可能在不同环节出现。

11.1.4 配送合理化

实现配送合理化的总体要求是:在配送的诸环节，如流通加工、整理、拣选、分类、配货、末端运输中，从物流系统的总目标出发，充分利用各种运输方式优点，规划合理的配送路线和配送工具，以最短的路径、最少的环节、最快的速度和最少的费用，组织好物品的配送活动，避免不合理配送情况和次优化的出现。

1.不合理配送的表现形式

在配送决策时就要避免由于不合理配送出现所造成的损失，但有时某些不合理现象是伴生的，要追求大的合理，就可能派生小的不合理，所以，这里只单独论述不合理配送的表现形式，但要防止绝对化。

(1)资源筹措的不合理。配送是利用较大批量筹措资源。通过筹措资源的规模效益来降低资源筹措成本，使配送资源筹措成本低于用户自己筹措资源成本，从而取得优势。如果不是集中多个用户需要进行批量筹措资源，而仅仅是为某一、两户代购代筹，对用户来讲，就不仅不能降低资源筹措费，相反却要多支付一笔配送企业的代筹代办费，因而是不合理的。

资源筹措不合理还有其他表现形式，如配送量计划不准，资源筹措过多或过少，在资源筹措时不考虑建立与资源供应者之间长期稳定的供需关系等。

(2)库存决策不合理。配送应充分利用集中库存总量低于各用户分散库存总量的优势，从而大大节约社会财富，同时降低用户实际平均分摊库存负担。因此，配送企业必须依靠科学管理来实现一个低总量的库存，否则就会出现单是库存转移，而未解决库存降低的不合理。

配送企业库存决策不合理还表现在储存量不足，不能保证随机需求，失去了应有的市场。

(3)价格不合理。总的来讲，配送的价格应低于不实行配送时，用户自己进货时产品购买价格加上自己提货、运输、进货之成本总和，这样才会使用户有利可图。有时候，由于配送有较高服务水平，价格稍高，用户也是可以接受的，但这不能是普遍的原则。如果配送价格普遍高于用户自己进货价格，损伤了用户利益，就是一种不合理表现。反之，价格制定过低，使配送企业处于无利或亏损状态下运行，也是不合理的。

(4)配送与直达的决策不合理。一般的配送总是增加了环节，但是这个环节的增加，可降低用户平均库存水平，以此不但抵消了增加环节的支出，而且还能取得剩余效益。但是如果用户使用批量大，可以直接通过社会物流系统均衡批量进货，较之通过配送中转送货则可能更节约费用，所以，在这种情况下，不直接进货而通过配送，就属于不合理范畴。

(5)送货中不合理运输。配送与用户自提比较，尤其对于多个小用户来讲，可以集中配装一车送几家，这比一家一户自提，可大大节省运力和运费。如果不能利用这一优势，仍然是一户一送，而车辆达不到满载(即时配送过多过频时会出现这种情况)，则就属于不合理。

此外，不合理运输的若干表现形式，在配送中都可能出现，会使配送变得不合理。

(6)经营观念的不合理。在配送实施中，有许多是经营观念不合理，使配送优势无从发挥，相反却损坏了配送的形象。这是在开展配送时尤其需要注意克服的不合理现象。例如，配送企业利用配送手段，向用户转嫁资金、库存困难，在库存过大时，强迫用户接货，以缓解自己库存压力；在资金紧张时，长期占用用户资金；在资源紧张时，将用户委托资源挪作他用获利等。

2. 配送合理化的判断标志

合理配送能加速商品流通，减少商品损耗，提高库存周转率，减少仓库面积、节约土地面积，提高经营的灵活性和工作效率。对于配送合理化与否的判断，是配送决策系统的重要内容，目前国内外尚无一定的技术经济指标体系和判断方法，按一般认识，以下若干标志是应当纳入的。

(1)库存标志。库存是判断配送合理与否的重要标志。具体指标有以下两方面：

①库存总量。库存总量在一个配送系统中，从分散于各个用户转移给配送中心，配送中心库存数量加上各用户在实行配送后库存量之和应低于实行配送前各用户库存量之和。

此外,从各个用户角度判断，各用户在实行配送前后的库存量比较，也是判断合理与否的标准，某个用户上升而总量下降，也属于一种不合理。

库存总量是一个动态的量，上述比较应当是在一定经营量前提下。在用户生产有发展之后，库存总量的上升则反映了经营的发展，必须扣除这一因素，才能对总量是否下降做出正确判断。

②库存周转。由于配送企业的调剂作用，以低库存保持高的供应能力，库存周转一般总是快于原来各企业库存周转。

此外，从各个用户角度进行判断，各用户在实行配送前后的库存周转比较，也是判断合理与否的标志。

为取得共同比较基准，以上库存标志，都以库存储备资金计算，而不以实际物资数量计算。

(2)资金标志。总的来讲，实行配送应有利于资金占用降低及资金运用的科学化。具体判断标志如下：

①资金总量。用于资源筹措所占用流动资金总量，随储备总量的下降及供应方式的改变必然有一个较大的降低。

②资金周转。从资金运用来讲，由于整个节奏加快，资金充分发挥作用，同样数量资金，过去需要较长时期才能满足一定供应要求，配送之后，在较短时期内就能达此目的。所以资金周转是否加快，是衡量配送合理与否的标志。

③资金投向的改变。资金分散投入还是集中投入，是资金调控能力的重要反映。实行配送后，资金必然应当从分散投入改为集中投入，以能增加调控作用。

(3)成本和效益。总效益、宏观效益、微观效益、资源筹措成本都是判断配送合理化的重要标志。对于不同的配送方式，可以有不同的判断侧重点。例如，配送企业、用户都是各自独立的以利润为中心的企业，则不但要看配送的总效益，而且还要看对社会的宏观效益及两个企业的微观效益，不顾及任何一方，都必然出现不合理。又例如，如果配送是由用户集团自己组织的，配送主要强调保证能力和服务性，那么，效益主要从总效益、宏观效益和用户集团企业的微观效益来判断，不必过多顾及配送企业的微观效益。

由于总效益及宏观效益难以计量，在实际判断时，常以按国家政策进行经营，完成国家税收及配送企业及用户的微观效益来判断。

对于配送企业而言（投入确定了的情况下），则企业利润反映配送合理化程度。

对于用户企业而言，在保证供应水平或提高供应水平（产出一定）前提下，供应成本的降低，反映了配送的合理化程度。

成本及效益对合理化的衡量，还可以具体到储存、运输具体配送环节；使判断更为精细。

（4）供应保证标志。配送的重要一点是必须提高而不是降低对用户的供应保证能力，才算实现了合理。供应保证能力可以从以下方面判断：

①缺货次数。实行配送后，对各用户来讲，该到货而未到货以致影响用户生产及经营的次数，必须下降才算合理。

②配送企业集中库存量。对每一个用户来讲，其数量所形成的保证供应能力高于配送前单个企业保证程度，从供应保证来看才算合理。

③配送能力。即时配送的能力及速度是用户出现特殊情况的特殊供应保障方式，这一能力必须高于未实行配送前用户紧急进货能力及速度才算合理。

特别需要强调一点，配送企业的供应保障能力，是一个科学的合理的概念，而不是无限的概念。具体来讲，如果供应保障能力过高，超过了实际的需要，属于不合理。所以追求供应保障能力的合理化也是有限度的。

（5）社会运力节约标志。末端运输是目前运能、运力使用不合理，浪费较大的领域，因而人们寄希望于配送来解决这个问题，这也成了配送合理化的重要标志。

运力使用的合理化是依靠送货运力的规划和整个配送系统的合理流程及与社会运输系统合理衔接实现的。送货运力的规划是任何配送中心都需要花力气解决的问题，而其他问题有赖于配送及物流系统的合理化，判断起来比较复杂。可以简化判断如下：

①社会车辆总数减少，而承运量增加为合理；

②社会车辆空驶减少为合理；

③一家一户自提自运减少，社会化运输增加为合理。

（6）用户企业仓库、供应、进货人力物力节约标志。配送的重要观念是以配送代劳用户。因此，实行配送后，各用户库存量、仓库面积、仓库管理人员减少为合理；用于订货、接货、搞供应的人减少为合理。

（7）物流合理化标志。配送必须有利于物流合理，这可以从以下几方面判断：

①是否降低了物流费用；

②是否减少了物流损失；

③是否加快了物流速度；

④是否发挥了各种物流方式的最优效果；

⑤是否有效衔接了干线运输和末端运输；

⑥是否不增加实际的物流中转次数；

⑦是否采用了先进的技术手段。

物流合理化的问题是配送要解决的大问题，也是衡量配送本身的重要标志。

3. 配送合理化的主要措施

国内外推行配送合理化，有一些可供借鉴的办法，简介如下：

（1）推行一定综合程度的专业化配送。通过采用专业设备、设施及操作程序，取得较好的配送效果并降低配送过分综合化的复杂程度及难度，从而追求配送合理化。

(2)推行加工配送。通过加工和配送结合，充分利用本来应有的这次中转，而不增加新的中转求得配送合理化。同时，加工借助于配送，加工目的更明确和用户联系更紧密，更避免了盲目性。这两者有机结合，投入不增加太多却可追求两个优势、两个效益，是配送合理化的重要经验。

(3)推行共同配送。通过共同配送，可以以最近的路程、最低的配送成本完成配送，从而追求合理化。

(4)实行送取结合。配送企业与用户建立稳定、密切的协作关系，配送企业不仅成了用户的供应代理人，而且承担用户储存据点，甚至成为产品代销人，在配送时，将用户所需的物资送到，再将该用户生产的产品用同一车运回，这种产品也成了配送中心的配送产品之一，或者作为代存代储，免去了生产企业库存包袱。这种送取结合，使运力充分利用，也使配送企业功能有更大的发挥，从而追求合理化。

(5)推行准时配送系统。准时配送是配送合理化的重要内容。配送做到了准时，用户才有资源把握，可以放心地实施低库存或零库存，可以有效地安排接货的人力、物力，以追求最高效率的工作。另外，保证供应能力，也取决于准时供应。从国外的经验看，准时供应配送系统是现在许多配送企业追求配送合理化的重要手段。

(6)推行即时配送。即时配送是最终解决用户企业担心断供之忧，大幅度提高供应保证能力的重要手段。即时配送是配送企业快速反应能力的具体化，是配送企业能力的体现。

即时配送成本较高，但它是整个配送合理化的重要保证手段。此外，用户实行零库存，即时配送也是重要保证手段。

11.2 配送成本核算

现代物流配送优化是第三利润源的一个重点，从物流成本的构成比重上看，配送成本占物流总成本的比重也是最高的，约为 35% ~60%。因此，降低配送成本对降低物流成本、提高物流效益有重大意义。

11.2.1 配送成本的构成

配送是集货、分拣、配载、包装、组配及加工等一系列活动的集合。通过配送，物流活动才得以最终实现，但完成配送活动是需要付出代价的，即需配送成本。配送成本是指商品在空间移位(含静止)过程中所耗费的各种活劳动和物化劳动的货币表现。通俗的说，配送成本是配送过程中所支付的费用总和。

配送成本有狭义与广义之分。广义的配送成本指企业为了开展配送业务所发生的各种直接和间接费用，包含配送运输费用、分拣费用、配装费用、仓储保管费用、包装费用、流通加工费用、装卸搬运费用等。可见，广义的配送成本的构成是复杂的，几乎涉及到了物流成本的各个构成项目。因此在核算分析时，要根据企业的实际情况以及所选择的成本核算方法具体分析，要避免配送成本费用重复交叉，夸大或减小费用支出。而狭义的配送成本是指配送环节所特有的主要成本费用，包括配送运输费用、分拣费用、配装费用和流通加工费用。以下主要介绍狭义配送成本的构成，即：

配送成本 = 配送运输费用 + 分拣费用 + 配装费用 + 流通加工费用

1. 配送运输费用

配送运输费用是指配送车辆在完成配送货物过程中发生的各种车辆费用和配送间接费用。配送运输费用主要包括以下方面：

(1)车辆费用。是指从事配送运输生产而发生的各项费用。具体包括驾驶员及助手等工资及福利费、燃料、轮胎、修理费、折旧费、养路费、车船使用税等项目。

(2)配送间接费用。是指配送运输管理部门为管理和组织配送运输生产所发生的各项管理费用和业务费用。包括配送运输管理部门管理人员的工资及福利费;配送运输部门为组织运输生产活动所发生的管理费用及业务费用，如取暖费、水电费、办公费、差旅费、保险费等;配送运输部门用固定资产的折旧费、修理费用;直接用于生产活动，构成配送运输成本但不能直接计入成本项目的其他费用。

一般情况下，配送运输费用在配送总成本的构成中所占比例最大，应进行重点管理。

2. 分拣费用

分拣费用是指分拣机械及人工在完成货物分拣过程中所发生的各种费用。包括分拣的直接费用和间接费用两种。

(1)分拣直接费用。包括：

①分拣人工费用:指从事分拣工作的作业人员及有关人员工资、奖金、补贴等费用的总和。

②分拣设备费用:指分拣机械设备的折旧费用及修理费用。

(2)分拣间接费用。是指配送分拣管理部门为管理和组织分拣生产，需要由分拣成本负担的各项管理费用和业务费用。

3. 配装费用

配装费用是指在完成配装货物过程中所发生的各种费用。包括直接费用和间接费用两种：

(1)配装直接费用。包括：

①配装材料费用:常见的材料有木材、纸、自然纤维和合成纤维、塑料等。这些材料功能不同，成本相差很大。

②配装辅助费用:除上述费用外，还有一些辅助性费用，如标记、标志的印刷、标签、拴挂物等的支出。

③配装人工费用:指配装作业工人及有关人员的工资、奖金、补贴等费用。

(2)配装间接费用。是指配装管理部门为管理和组织配装生产所发生的各项费用，由配装成本负担的各项管理费用和业务费用。

4. 流通加工费用

流通加工费用是指企业为完成货物流通加工业务而发生的全部费用。流通加工费用主要包括以下方面：

(1)流通加工设备费用。是指在流通加工过程中，由于流通加工设备的使用而发生的实体损耗和价值转移。流通加工设备因流通加工形式不同而不同，如木材加工需要电锯，剪板加工需要剪板机等，购置这些设备所支出的费用，以流通加工费的形式转移到被加工的产品中去。

(2)流通加工材料费用。是指在流通加工过程中，投入到加工过程中的一些材料消耗的费用。

(3)流通加工劳务费用。是指在流通加工过程中，支付给从事加工活动的工人及有关人员的工资、奖金等费用。

(4)流通加工其他费用。是指除上述费用外，在流通加工中耗用的电力、燃料、油料以及管理费用等。

实际应用中，不同的配送模式，其成本构成差异较大;相同的配送模式下，由于配送物品的性质不同，其成本构成差异也很大。

配送成本费用的计算由于涉及多环节的成本计算，需要分别对每个环节计算总成本和单位成本。总成本是指成本计算期内成本计算对象的成本总额，即各个成本项目金额之和。其计算公式如下：

配送成本 = 配送运输成本 + 分拣成本 + 配装成本 + 流通加工成本

11.2.2 配送运输成本的计算

1. 配送运输成本的归集和分配

配送运输成本的核算，是指将配送车辆在配送生产过程中所发生的费用，按照规定的配送对象和成本项目，计入到配送对象的运输成本项目中去的方法。

(1)工资及职工福利费。根据“工资分配汇总表”和“职工福利费计算表”中各车型分配的金额计入成本。

(2)燃料。根据“燃料发出凭证汇总表”中各车型耗用的燃料金额计入成本。配送车辆在本企业以外的油库加油，其领发数量不作为企业购入和发出处理的，应在发生时按照配送车辆领用数量和金额计入成本。

(3)轮胎。轮胎外胎采用一次摊销法的，根据“轮胎发出凭证汇总表”中各车型领用的金额计入成本;采用按行驶胎公里提取法的，根据“轮胎摊提费计算表”中各车型应负担的摊提额计入成本。发生轮胎翻新费时，根据付款凭证直接计入各车型成本或通过待摊费用分期摊销。内胎、垫带根据“材料发出凭证汇总表”中各车型成本领用金额计入成本。

(4)修理费。辅助生产部门对配送车辆进行保养和修理的费用，根据“辅助营运费用分配表”中分配各车型的金额计入成本。

(5)折旧费。根据“固定资产折旧计算表”中按照车辆种类提取的折旧金额计入各分类成本。

(6)养路费及运输管理费。配送车辆应缴纳的养路费和运输管理费，应在月终计算成本时，编制“配送营运车辆应缴纳养路费及管理费计算表”，据此计入配送运输成本。

(7)车船使用税费。根据付款凭证等直接计入有关的车辆成本 。

(8)车辆保险费。按实际支付的投保费用和投保期按月份分车型分摊计入有关车辆成本。

(9)事故费。运输车辆在运营过程中因行车事故所发生的事故损失在扣除向保险公司收回的赔偿收入以及事故对方或过失人的赔偿金额后计入有关车辆成本。在事故发生时，可预估事故损失。预估事故费用时，通过预提费用账户进行核算。当年结案事故的实际损失与预提数的差额调整本年度有关业务成本。因车站责任发生货损、货差等事故损失，应计入“营运间接费用”账户。

(10)其他费用。如果是通过银行转账、应付票据、现金支付的，根据付款凭证等直接计入有关的车辆成本;如果是在企业仓库内领用的材料物资，根据“材料发出凭证汇总表”、“低值易耗品发出凭证汇总表”中各车型领用的金额计入成本。

(11)营运间接费用。通过编制“营运间接费用分配表”计入有关配送车辆成本。本项目不包括企业管理部门的管理费用。

2. 配送运输成本计算表

企业月末应编制配送运输成本计算表，以反映配送总成本和单位成本。配送运输总成本是指成本计算期内成本计算对象的成本总额，即各个成本项目金额之和。单位成本是指成本计算期内各成本计算对象完成单位周转量的成本额。各成本计算对象计算的成本降低额，是指用该配送成本的上年度实际单位成本乘以本期实际周转量计算的总成本，减去本期实际总成本的差额。它是反映该配送运输成本由于成本降低所产生的节约金额的一项指标。

按各成本计算对象计算的成本降低率，是指该配送运输成本的降低额与上年度实际单位成本乘以本期实际周转量计算的总成本比较的百分比。它是反映该配送运输成本降低幅度的一项指标。

各成本计算对象的降低额和降低率的计算公式如下：

成本降低额 = 上年度实际单位成本 × 本期实际周转量 - 本期实际总成本

成本降低率 = 成本降低额/(上年度实际单位成本 × 本期实际周转量) × 100%

运输成本具体计算方法可参见本书第6章。

11.2.3 分拣成本的计算

1. 分拣成本项目的归集和分配

分拣成本的核算，是指将配送分拣货物过程中所发生的费用，按照规定的配送对象和成本项目，计入到配送对象的分拣成本项目中去的方法。

(1)工资及职工福利费。根据“工资分配汇总表”和“职工福利费计算表”中分配的金额计入分拣成本。

(2)修理费。辅助生产部门对分拣机械进行保养和修理的费用，根据“辅助生产费用分配表”中分配的分拣成本金额计入成本。

(3)折旧。根据“固定资产折旧计算表”，按照分拣机械提取的折旧金额计入成本。

(4)其他费用。根据“材料发出凭证汇总表”、“低值易耗品发出凭证汇总表”中分拣过程领用的金额计入成本。

(5)分拣间接费用 。根据“配送管理费用分配表”计入分拣成本。

2. 分拣成本计算表

企业月末应编制配送环节分拣成本计算表，以反映分拣过程发生的成本费用总额。成本计算表的项目根据分拣成本构成项目进行填列。分拣成本计算表的格式见表 11 - 1。

表11－1　　配送分拣成本计算表

编制单位:　　年　月　　单位:元

产品名称 / 成本项目	行次	货物数量	货物品名			合计
			甲货物	乙货物		
一、分拣直接费用	1					
1. 工资	2					
2. 职工福利费	3					
3. 修理费 、	4					
4. 折旧费	5					
5. 其他	6					
二、分拣间接费用	7					
三、分拣总成本	8					
四、分拣量	9					
五、分拣单位成本	10					
六、成本降低额	11					
七、成本降低率%	12					
补充资料(略)	13					

11.2.4 配装成本的计算

1. 配装成本项目的归集和分配

配送环节的配装活动是配送的独特要求，其成本的计算方法，是指配装过程中所发生的费用按照规定的成本计算对象和成本项目进行计算的方法。

(1)工资及福利费。根据“工资分配汇总表”和“职工福利费计算表”中分配的配装成本的金额计入成本。

“职工福利费计算表”是依据“工资结算汇总表”确定的各类人员工资总额，按照规定的提取比例计算后编制的。

(2)材料费用。根据“材料发出凭证汇总表”、“领料单”及“领料登记表”等原始凭证记载的、配装成本耗用的金额计入成本。

直接材料费用中，材料费用数额是根据领料凭证汇总编制“耗用材料汇总表”确定的；在归集直接材料费用时，凡能分清某一成本计算对象的费用，应单独列出，以便直接计入该配装对象的成本计算单中；属于几个配装成本对象共同耗用的直接材料费用，应当选择适当的方法，分配计入各配装成本计算对象的成本计算单中。

(3)辅助材料费用。根据“材料发出凭证汇总表”、“领料单”中的金额计入成本。

(4)其他费用。根据“材料发出凭证汇总表”、“低值易耗品发出凭证”中配装成本领用的金额计入成本。

(5)配装间接费用。根据“配送间接费用分配表”计入配装成本。

2. 配装成本计算表

企业月末应编制配送环节配装成本计算表，以反映配装过程发生的成本费用总额。

配送配装成本计算表的格式见表 11－2。

表 11－2　　配送配装成本计算表

编制单位：　　　　年　　月　　　　单位：元

成本项目＼产品名称	行次	货物数量	货物品名			合计
			甲货物	乙货物		
一、配装直接费用	1					
1. 工资	2					
2. 职工福利费	3					
3. 材料费	4					
4. 辅助材料费	5					
5. 其他	6					
二、配装间接费用	7					
三、配装总成本	8					
四、配装单位成本	9					
补充资料（略）	10					

11.2.5 配送成本的管理要求

1. 配送成本管理的意义

由于物流活动贯穿于企业活动的全过程，包括原材料物流、生产物流，从工厂到配送中心再到用户的过程。因此，包装、装卸搬运、储存、流通加工等各个活动中的费用都计入配送成本。因此，配送成本在物流总成本中所占的比例最高，约占 35% ~60%。所以，控制配送成本对降低整个物流成本、提高物流效益有极大意义。

所有的物流活动都可以利用一个统一的尺度来计算衡量总的得失，这个统一尺度就是成本。例如，想要了解运输活动发生变化时对其他活动产生的影响，就可以通过计算总成本的变化，得出结果。又如配送中心决定利用集装箱来简化包装，这是利用集装箱运输的好处；但是另一方面，包装强度下降，配送中心大仓内不能往高堆码，仓容不能充分利用，装卸作业时间也延长了，这是不利的方面。那么，要不要使用集装箱呢？衡量的尺度只有一个——总成本。由于成本具有以上特征，所以所有的配送活动，也都能够通过成本来加以掌控。增加企业利润有扩大收入和降低成本两个最基本的方法，但对物流活动来说，降低成本比扩大收入更为有效。因为在这一过程中不仅降低了成本，而且有助于提高服务水平，提高物流质量，从而进一步扩大物流量。因此控制配送成本在物流管理中有非常重要的地位。

2. 配送成本的管理要求

（1）调节好配送各功能要素之间的矛盾，追求配送活动的整体效益

物流配送中的各项活动，如运输、保管、搬运、包装、流通加工等都具有各自提高自身效率的机制，也就是说配送系统中具有运输系统、保管系统、搬运系统、包装系统、流通加工系统等子系统。这些子系统的活动存在二律背反（trade－off）问题。所谓二律背反是指对于同一资源的两个方面处于相互矛盾的关系中，想要较多地达到其中一个方面的目的，必然使另一方面的目的受到损失。这种背反关系在配送活动中多有表现，较为常见的现象如：

①货物库存量与保管费用的背反关系。增加库存量，虽然保管费用增加，但可以避免脱

销，降低货物的脱销率；反之，减少库存量，虽然可以降低保管费用，但增加了脱销的可能性，使货物的脱销率上升。

②货物库存量与运输费用的背反关系。减少库存数量，虽然保管费用减少，但却使得库存补充变得频繁，增加运输次数，提高了运输成本。

③包装与仓储、装卸费用的背反关系。简化货物包装，可以减少包装成本，但容易造成包装强度降低，仓库里的货物就不能堆放过高，无形中降低了保管效率；而且在装卸和运输过程中也容易出现破损，致使装卸效率下降，破损率增加。

④运输与仓储成本的背反关系。将铁路运输改为航空运输，虽然运费增加了，而运输速度却大幅度提高了，不但减少了各地配送据点的库存，还可以大量减少了仓储费用。

由此可见，配送系统是以成本为核心的，它强调的是调整各要素之间的矛盾，把他们有机地结合起来，使物流总成本最小。因此，在设计配送活动时，要综合考虑各方面因素的影响，按最低成本的要求，使整个配送系统化，实现配送活动的最优化。

(2)处理好配送成本与配送服务的关系

虽然配送各功能之间多存在“二律背反”现象，但配送成本与配送服务之间的“背反”当属关键和难点。基于这种背反现象，企业应当准确把握配送服务的水平与配送成本之间的关系。

一般来讲，提高配送服务，配送成本即上升，成本与服务之间受“收益递减法则”的支配。高水平的配送服务是由高水平的配送成本作保证的，在没有较大的技术进步情况下，企业很难做到既提高了服务水平，同时也降低了配送成本。因此，与处于竞争状态的其他企业相比，在处于相当高的服务水平的情况下，想要超过竞争对手，提出并维持更高的服务标准就需要有更多的投入。

现代物流观念认为，物流不仅是一种降低成本的手段，而且还可以作为一种战略工具，为企业带来竞争优势，所以不能只是简单地减少物流费用，还要考虑到物流与服务之间的关系。因此，在有些情况下，为了更好地占领市场，还要加大物流投入。美国市场营销学权威菲利普·科特勒也指出：实现物流目的必须引进投入与产出的系统效率概念，才能得出较好的定义。决策层虽然可以提出降低成本的要求，但这时必须认真考虑成本变化与服务水平之间的关系。

一般说来，综合考虑处理配送服务与成本的关系有以下四种对策：

①在配送服务不变的前提下，考虑降低成本。不改变配送服务水平，通过改变配送系统来降低配送成本。这是一种尽量降低成本来维持一定服务水平的办法。

②积极的物流成本对策。即在成本不变的前提下提高服务水平，在给定成本的条件下提高服务质量。这是一种追求效益的办法，也是一种有效地利用物流成本性能的方法。

③为提高配送服务，不惜增加成本。这是许多企业提高配送服务的做法，是企业在服务特定客户或其特定商品面临竞争时所采取的具有战略意义的做法。

④用较低的物流成本，实现较高的物流服务。这是增加销售、增加效益，具有战略意义的办法。

如何进行选择，才能处理好上述关系，应全面考虑诸多因素再做出决定，这些因素包括：商品战略和地区销售战略，流通战略和竞争对手的情况，配送系统所处的环境以及配送经营者所采取的方针等。

11.3 配送成本控制与分析

11.3.1 降低配送成本的原则

要降低配送成本，首先应清楚配送成本构成和影响成本的因素，才能有针对性地制订降低成本的措施以及相关的成本控制的方法。

1. 影响配送成本的主要因素

影响配送成本的因素有很多，比如:配送规模，配送的服务水平等，这些都是企业需要仔细考虑的因素。还需要指出的是自建配送体系的方案前期投入虽然非常大，但是在以战略经营为主的今天，自建配送体系对企业长期的发展是有好处的，企业应该根据自身的实力和成本因素综合考虑。

(1)时间

配送持续的时间直接影响的后果是对配送中心的占用，耗用仓储中心的固定成本。而这种成本往往表现为机会成本，使得配送中心不能提供其他配送服务获得收入或者在其他配送服务上增加成本。

(2)距离

距离是构成配送运输成本的主要内容。距离越远,运输成本越大;同时造成运输设备需要增加，送货员工需要增加。

(3)配送物的数量、重量

数量和重量增加虽然会使配送作业量增大，但大批量的作业往往使得配送效率能够提高。配送的数量和重量是委托人获得折扣的理由。

(4)配送物的易损性

有些物品具有易损、易腐、易自燃、易自爆等特性，容易造成损坏风险和导致索赔事故，运输或配送这些商品除需要特殊的运输工具和运输方式外，承运人还必须通过货物保险来预防可能发生的索赔，从而增加了运输成本。

(5)货物种类及作业过程

不同的货物种类可能造成配送作业的要求不同、难度不同，承担的责任也不一样，因而对成本会产生较大幅度的影响。采用原包装配送显然成本支出要比配装配送要低，因而不同的配送作业过程直接影响到成本。

(6)外部成本

配送经营时或许要使用到配送企业以外的资源，比如当地的起吊设备租赁市场具有垄断性，则配送企业就需要对租用起吊设备增加成本支出;当地的路桥收费普遍且无管制，则必然使配送成本剧增。

2. 降低配送成本的一般原则

由于实际运营中物流情况复杂多变，降低配送成本的方法也是多种多样、变化不定，但是一般要遵循以下原则:

(1)加快物流速度，扩大物流量。物流速度越快，其成本越小。从物流速度与流动资金需要量的关系来看，在其他条件不变的情况下，物流速度越快，所需流动资金越少,从而减少资金占用，减少利息支出，使配送成本降低。

(2)减少物流周转环节。尽可能减少流通环节和节约物流时间，尽可能直达运输，尽可能减少物资集中和分散，这样能加快物流速度，降低配送成本。

(3)采用先进、合理的配送技术。采用先进、合理的配送技术是降低配送成本的根本措施。它不仅加快物流速度，增加物流量，还可以减少物流中的损失。

(4)改善配送管理，加强经济核算。实现管理现代化是降低配送成本最直接有效的方法。在具体实施过程中，采用岗位责任制、加强经济核算、实行目标管理等都是行之有效的措施。

11.3.2 配送成本的控制方法

配送是物流运作过程最后一个环节，该作业环节面对最终顾客，是顾客对整个物流系统运作绩效最直接的感知，顾客对物流服务要求的有关时间、地点等方面的质量指标也是由该环节来体现。对配送成本的控制就是要在配送目标即满足一定的顾客服务水平与配送成本之间寻求平衡；在一定的配送成本下尽量提高顾客服务水平，或在一定的顾客服务水平下使配送成本最小。

配送成本的控制可以采用以下的对策：

1. 导入目标成本管理

对于企业配送经营的总目标还应从财务会计的角度去分析，并且导入目标成本管理，设定一些具体指标，如：成本、现金流量、净投资回报率、库存、净利润等分目标来进行具体的控制。实施要点如下：

(1)这些目标之间存在二律背反现象。在同一技术水平中，为了满足这些目标中的一些目标，必须牺牲其他目标，但随着高科技的发展，通过使用先进的信息技术和创造性的网络设计，二律背反现象对这些目标的影响在减小。

(2)实现这些目标时，要以总目标“经济效益”为基准。降低库存成本、流通加工成本和运输成本，通常是用牺牲对顾客服务和提高供应商的库存成本、运输成本为代价的。可能会出现配送环节的成本、费用在减少，商品的周转率、资金周转率在加快，但与此同时供应商对所提供的商品的价格在上升，来自顾客的埋怨越来越多，顾客似乎正在萎缩，接着配送机构运营甚至面临困境。因此，在配送运营中，应在成本和服务之间做出权衡，结合自身能力对先进的信息技术加以引进，同时在设计目标成本时，利用这些新生力量使目标成本和服务共同迈上一个台阶。另外，现金流量对正常运营起着关键性的作用，在条件允许的情况下，配送机构要加快资金周转率，同时保持充足的现金流量，这样更有利于配送机构在竞争中降低成本，获得竞争优势。净投资回报率低是一种机会成本，引进技术和设备的同时要作技术经济分析，选择最佳投资方式。

(3)把目标管理的重点放在控制影响成本降低的瓶颈因素。因为在很多时候，配送机构在许多方面的运营都是良好的，但往往由于某一环节的制约作用而影响整个配送机构甚至整个供应链的成本降低。

2. 利用标准成本法控制配送成本

(1)制定控制标准。成本控制标准是控制成本费用的重要依据，物流配送的成本标准的制定，应按实际的配送环节分项制定。不同的配送环节，其成本项目是不同的，在进行标准成本制定过程中要充分考虑各环节的实际情况。流通加工各环节的标准成本和业务数量标准通常由技术部门研究确定;配送作业的成本控制标准和业务数量标准通常由技术部门研究确定;费用标准由财务部门和有关责任部门研究确定,同时尽可能吸收负责执行标准的职工参加各项标准的制定,从而使所制定的标准符合实际配送活动的要求。

(2)揭示成本差异。成本的控制标准制定后要与实际费用比较,及时揭示成本差异。差异的计算与分析也要与所制定的成本项目进行比较。

(3)成本信息反馈。成本控制中,成本差异的情况要及时反馈到有关部门,以便及时控制与纠正。

3. 合理选择配送策略

(1)混合策略。混合策略是指配送业务一部分由企业自身完成,另一部分则外包给第三方物流公司完成。这种策略的基本思想是:尽管采用纯策略(即配送活动要么全部由企业自身完成,要么完全外包给第三方物流公司完成)易形成一定的规模经济,并使管理简化。但由于产品品种多变、规格不一、销量不等等情况,采用纯策略的配送方式超出一定程度不仅不能取得规模效益,反而还会造成规模不经济。而采用混合策略,合理安排企业自身完成的配送和外包给第三方物流企业完成的配送,能使配送成本最低 。

(2)差异化策略。差异化策略的指导思想是:产品特征不同,顾客服务水平也不同。当企业拥有多种产品线时,不能对所有产品都按同一标准的顾客服务水平来配送,而应按产品的特点、销售水平来设置不同的库存、不同的运输方式以及不同的储存地点,忽视产品的差异性会增加不必要的配送成本。

(3)合并策略。合并策略包含两个层次,一是配送方法上的合并,另一个则是共同配送。配送方法上的合并是指企业在安排车辆完成配送任务时,充分利用车辆的容积和载重量,做到满载满装。由于产品品种繁多,不仅包装形态、储运性能不一,在容重方面,也往往相差甚远。一车上如果只装容重大的货物,往往是达到了载重量,但容积空余很多;只装容重小的货物则相反,看起来车装得满,实际上并末达到车辆载重量。这两种情况实际上都造成了浪费。实行合理的轻重配装、容积大小不同的货物搭配装车,就可以不但在载重方面达到满载,而且也充分利用车辆的有效容积,取得最优效果。最好是借助电脑计算货物配车的最优解决方案。共同配送是在中心机构的统一指挥和调度下,各配送主体以经营活动(或以资产)为纽带联合行动,在较大的地域内协调运作,共同对某一个或某几个客户提供系列化的配送服务,这样可以大大降低单位配送成本。

(4)延迟策略。传统的配送计划安排中,大多数的库存是按照对未来市场需求的预测量设置的,这样就存在着预测风险,当预测量与实际需求量不符时,就出现库存过多或过少的情况,从而增加配送成本。延迟策略的基本思想就是对产品的外观、形状及其生产、组装、配送应尽可能推迟到接到顾客订单后再确定。一旦接到订单就要快速反应,因此采用延迟策略的一个基本前提是信息传递要非常快。一般说来,实施延迟策略的企业应具备以下几个基本条件:①产品特征:模块化程度高,产品价值密度大,有特定的外形,产品特征易于表述,定制后可改变产品的容积或重量;②生产技术特征:模块化产品设计、设备智能化程度高、定制工艺与基本工艺差别不大;③市场特征:产品生命周期短、销售波动性大、价格竞争激烈、市场变化大、产品的提前期短。

实施延迟策略常采用两种方式:生产延迟(或称形成延迟)和物流延迟(或称时间延迟)。配送机构往往存在着加工活动,所以实施配送延迟策略既可采用形成延迟方式,也可采用时间延迟方式。具体操作时，常常发生在诸如贴标签（形成延迟）、包装（形成延迟）、装配（形成延迟）和发送（时间延迟）等领域。

(5)标准化策略。标准化策略就是尽量减少因品种多变而导致附加配送成本，尽可能多地采用标准零部件、模块化产品。如服装制造商按统一规格生产服装，直到顾客购买时才按顾客的身材调整尺寸大小。采用标准化策略要求厂家从产品设计开始就要站在消费者的立场去考虑怎样节省配送成本，而不要等到产品定型生产出来了才考虑采用什么技巧降低配送成本。

4. 推广使用现代化信息技术，提高配送作业效率

(1)加强自动识别技术的开发与应用，提高入货和发货时商品检验的效率。配送企业可以通过加强自动识别技术的开发与应用来提高入货和发货时商品检验的效率。一方面是条码技术的推广和使用，要求在商品包装上贴附的条码应增加信息量，包括商品的本身的基本信息、储运、包装、配送等方面的内容，增强商品检验的自动化程度；另一方面是推广电子标签的使用。电子标签采用的是无限射频技术，其有效范围远远大于条码识读设备的有效工作范围，而且是非接触全方位识读的，标签中包含的信息量也大，只要标签进入有效范围，不需要卸货、开箱便能在几秒中之内完成整车货物的验收。

(2)使用自动化智能设备提高保管、装卸、备货和拣货作业的效率。从事现代配送中心再建的企业都极力在中心内导入自动化作业，在实现配送作业快速化的同时，极力削减作业人员、降低人力费。备货自动化中最普及的是数码备货，所谓数码备货就是不使用人力、而是借助于信息系统有效地进行作业活动，具体地讲，是在由信息系统接受顾客订货的基础上，向分拣员发出数码指示，从而按指定的数量和种类，正确、迅速地进行备货作业的系统。实行自动化备货作业后，各个货架或货棚顶部装有液晶显示的装置，该装置标示有商品的分类号以及店铺号，作业员可以很迅速地查找到所需商品。

(3)采用先进的计算机分析软件，优化配送运输作业，降低配送运输成本。包括采用解析法、线性规划法或静态仿真法对配送中心选址进行合理布局；使用车辆安排程序，合理安排配送运输的路线、顺序、积载等来降低成本。

5. 实行责任中心管理

随着企业规模的扩大，企业应把配送环节作为一个责任中心来对待，并考虑划分若干责任区域，并指派下属经理进行管理。责任中心是指企业具有一定权力并承担相应的工作责任的各级组织和各个管理层次，是由一名对其行为负责的管理者领导的组织单元。根据管理者的承担的责任和职权不同，责任中心分为成本中心（其经理人员只对成本负责的责任中心）、收入中心（其经理人员只对收入负责的责任中心）、利润中心（其经理人员同时对成本和收入负责的责任中心）和投资中心（其经理人员不仅要对成本和收入负责，还要对投资负责的责任中心）四种。配送机构应属于哪一种责任中心要视不同的实体而言，如在制造商、中间商中，属于标准的成本中心；对于物流企业而言则可以视为收入中心或利润中心、甚至可以作为投资中心。

为了指导各责任中心管理者的决策，并评估其经营业绩和该中心的经营成果，企业实施责任中心管理的关键是制定一个业绩计量标准，包括制定决策规则、标准和奖励制度；利用这个标准，可以表达公司希望各中心应该如何做，并对他们的业绩进行判断和评价。

业绩计量标准制定的工作大体上可从两方面入手：首先，详细规定各中心允许的和可被

采纳的行为规范，并限制中心经理可以选择的行动方案。如指定供应商，禁止处理某些资产，限定项目投资的最高额度等。其次，还必须建立一套完善的奖励制度以激励中心经理，促使其行动达到最优化。另外，在制定业绩计量标准时，还应注意：

(1)目标要一致。比较理想的计量标准是应该与企业总目标保持高度一致，但在复杂的不确定环境下，任何一个单一的业绩计量标准都不可能保证分散经营的分目标与企业总目标保持完美的协调一致,原因在于:①计量标准的选择带有人为因素，它与企业战略目标的相关性主要是靠高层管理者的主观判断;②大多数计量标准是以内部业绩，而不是以外部机会为基础的，而有时候外部机会恰恰是影响企业总目标实现的关键因素;③单一计量标准没有考虑到各中心当前活动对未来经营所带来的后果。

(2) 协调各责任中心的关系。各中心的业务活动之间是相互作用的，一个独立单位的业务活动可能不仅影响到自身的业绩计量，而且也会影响到其他单位的业绩计量。因此，各中心之间转移价格的制定通常是最容易引起争议的。

即使转移价格问题能够比较圆满地解决，各责任中心之间仍存在着许多疑难的非价格因素。例如，某些产品质量以及转移的时效性会影响到下一个环节接受单位的经营，但是这种延误所带来的财务影响却难以将它量化。处于同一价值链的不同环节的各责任中心，其业务活动的关联性导致各自业绩计量的相互干扰现象也比较容易发生。例如，制造工厂的效率是受到供应部门效率的影响，由此造成的不利差异按理应是供应部门的责任而不能算在制造工厂的账上，但事实上往往难以区分。

(3)避免过度消费。在责任中心管理中，因为各自负责任的考核标准不同，如果拥有费用支配权力的下级管理人员耗费无度，比如花巨资装修办公室、雇用大量的临时工、无节制的职位消费，这些支出尽管会降低自身业绩，但只要他从过度消费中获得的实惠远远超过业绩奖励，就不能杜绝这种“寻租”行为的发生。

总之，配送活动既要提高服务水平，又要降低运营的总成本，是一个难度很大的课题，配送机构应在整个企业的总成本目标和服务水平总体要求的指导下，进行合理的控制。

11.3.3 配送成本分析

在配送成本管理中，特别要处理好总成本最低与个别物流费用降低之间的关系，坚持总成本最低的思想，这也是进行配送成本分析应遵循的重要原则。配送成本分析的方法很多，下面简述全面分析和详细分析的主要内容。

1. 配送成本的全面分析

计算出配送成本之后，可以计算出以下各种比率，再用这些比率同前年、大前年比较来考察配送中心物流成本的实际状况，还可以与同行业其他企业比较，或者与其他行业比较。

(1)单位销售额物流成本率 = 物流成本/销售额 ×100%

这个比率越高则其对价格的弹性越低，从物流企业历年的数据中，大体可以了解其动向。另外，通过与同行业和行业外进行比较，可以进一步了解配送中心的配送成本水平。该比率受价格变动和交易条件变化的影响较大，因此作为考核指标还存在一定的缺陷。

(2)单位成本物流成本率 = 物流成本/总成本 ×100%

这是考察物流配送成本占总成本比率的一个指标，一般作为连锁企业内部的物流合理化目标或检查企业是否达到合理化目标的指标来使用。

(3)单位营业费用物流成本率 = 物流成本/(销售额 + 一般管理费) × 100%

通过物流成本占营业费用(销售额 + 一般管理费)的比率，可以判断连锁企业物流成本的比重，而且这个比率不受进货成本变动的影响，得出的数值比较稳定，因此适合于做连锁企业配送中心物流合理化指标。

(4)物流职能成本率 = 物流职能成本/物流总成本 × 100%

该指标可以明确包装费、运输费、保管费、装卸费、流通加工费、信息流通费、物流管理费等各物流职能成本占物流总成本的比率。

2. 配送成本的详细分析

通过全面分析，我们可以了解配送成本的变化情况及变化趋势，但是对引起配送成本变化的原因，我们还要进一步按照职能分类，对配送成本进行详细分析，然后提出对策。详细分析所用的指标有四类，通过这四类指标的序时分析或按部门、设施分类比较以及与同行业其他企业进行比较，就可以掌握配送成本的发展趋势及其差异。

(1)与运输、配送相关的指标：

装载率 = 实际载重量/标准载重量 × 100%

车辆开动率 = 月总开动次数/拥有台数 × 100%

运行周转率 = 月总运行次数/拥有台数 × 100%

单位车辆月行驶里程 = 月总行驶里程/拥有台数

单位里程行驶费 = 月实际行驶三费/月总行驶里程

(行驶三费 = 修理费 + 内外胎费 + 油料费)

单位运量运费 = 运输费/运输总量

(2)有关保管活动指标：

仓库利用率 = 存货面积/总面积 × 100%

库存周转次数

= 年出库金额(数量)/平均库存金额(数量)

= 年出库金额(数量) × 2/[年初库存金额(数量) + 年末库存金额(数量)]

(3)有关装卸活动指标：

单位人时工作量 = 总工作量/装卸作业人时数

(装卸作业人时数 = 作业人数 × 作业时间)

装卸效率 = 标准装卸作业人时数/实际装卸作业人时数

装卸设备开工率 = 装卸设备实际开动时间/装卸设备标准开动时间

单位工作量修理费 = 装卸设备修理费/总工作量

单位工作量卸装费 = 装卸费/总工作量

(4)有关物流信息活动指标：

物流信息处理率 = 物流信息处理数量(传票张数等)/标准物流信息处理数(传票张数等)

单位产品物流信息流通费 = 物流信息流通费/总产量

案例 11-1：不仅仅是送报纸那么简单——香港报业物流配送方案简析

香港是世界各大城市中报纸发行量最大的城市之一，出版日报的有两家英文报社和十多家中文报社。每份报纸多达 12 至 16 大张不等，重量足有 0.3-0.5 公斤。发行量如此之巨，涉及物流量之大，可想而知。每天一大早，从印刷厂运送到各区配送中心，再从配送中心配送到各大街小巷的零售点以及每座大厦的每层办公室。各报社的配送渠道和配送方法大同小异，在此介绍的是香港某大型报业集团报纸印刷之前的原材料采购、运输、储存和配送等物流过程。

1. 前期处理

在设计整个物流方案以前，必须充分了解客户所处的商业环境及其对物流服务的特殊要求。香港是完全市场化的商业社会，同业之间的竞争异常激烈，处理每一次交易的每一个环节都必须注意保守商业秘密，并且要绝对保障企业的正常运作，万一出了事故，期望同行的支援是不切实际的。因此，一要绝对保密，二要绝对安全，三要绝对保障正常运作。

2. 包装和运输

香港报社用纸通常来自加拿大、印尼、马来西亚、澳大利亚、新西兰等国家。为安全起见，在同一时期报社会向两个以上不同国家或地区的厂家订货。万一某个供应商出了事故，另一厂家可继续供货。报纸用纸内地称为“新闻纸”，香港运输行业称其为“大炮纸”，是重件货，每件包装成直径 90 厘米，高 76 厘米的圆柱体，每件重 550 公斤，适宜用 40 英尺集装箱装运，每箱可装 52 件，由于报社用纸量大，而且是长期物流消费者，对海运班轮公司来说是重要的长期客户。因此，作为报社的物流供应者，可向班轮公司争取到较优惠的海运条件，如班期、舱位保障、运价优惠、到港后长达 30 天的免费仓储期优惠等等。如从加拿大和澳大利亚运到香港，报社会选择实力强，信誉好，班期准，运价合理的大型海运公司以及对集装箱堆场的条款完成海运。

3. 仓储

利用班轮公司提供的 30 天免费仓储期，利用加拿大温哥华/香港/澳大利亚默尔本/香港的周班集装箱船不断补充，货到香港后无需入仓，大大节约了物流成本。但是，海运班轮有时受不可抗力因素影响，如遇台风和装货港工人罢工等延误船期，供货可能会脱节。因此，还需要在香港货仓储存约 30 天的用量。货仓必须通风、干燥、不渗水，且消防设施齐备，保安严密，货物和车辆出入仓方便，备有专用装卸“大炮纸”的纸夹车。派集装箱车从班轮公司集装箱堆场提取集装箱到货仓拆箱，入仓，堆叠 4 层高，仓内整齐排列堆放，出仓时逐行逐件取出。仓储安排应遵循三个原则，一是储备用途，一旦班轮受阻，班轮公司集装箱堆场内的存货用完了才用储仓货；二是每批货储存最长不超过 180 天，入仓满 180 天之前需安排出仓使用，出完仓再安排一批新货补充；三是储量为 30 天用量，尽量节约仓租成本。

4. 配送

由于印刷厂存放备用纸的空间有限，一般只可储备 2 天用量的存货，以预防码头工人罢工或交通阻塞或台风袭港，不能按时补充备用纸时不致于断货。因此，从班轮公司的集装箱堆场或货仓配送“大炮纸”到印刷厂，每天上午固定派出 4 台集装箱车提取 4×40 英尺重箱，于 12 时前送抵印刷厂拆箱。如因各种原因，当天未能完成配送，第二天需多增派 4 台集装箱车补送。

5. 相关信息处理

报社会将每批订货计划和海运批量计划的指令及时通过电脑联网传递到珠江仓码运输有限公司。珠江仓码运输有限公司要将每一批量海运订舱结果、预计到港时间、储仓计划、配送计划及时规划好并反馈到报社。报社如有不清楚或不放心，可要求修订计划。集装箱抵港数据、出入仓数据和库存数据全部及时输入电脑并传递到报社物流主管，实现实时数据处理和交换。香港物业价格昂贵，仓租和货物出入仓成本高，加上物流环节多，操作复杂，大部分报社都把有限的人力资源用于采编业务上，而把自己不擅长的物流操作外包出去。香港物流市场化程度较高，竞争也比较激烈，物流公司为了提高竞争力，必须做到一切为客户着想，充分发挥专业知识和经验，利用一切有利条件，做到既满足客户需要，又能将物流环节减到最少，商品库存量减至最小，成本减至最低。

案例 11－2：日本：零售业中的先进物流——发达的配送体系对连锁经营的支持

在日本，零售业是首先建立先进物流系统的行业之一。便利店作为一种新的零售业态迅速成长起来，现已遍及日本，正影响着日本其他的零售商业形式。这种新的零售商业业态需要利用新的物流技术，以保证店内各种商品的供应顺畅。日本 7－11 是有着日本最先进物流系统的连锁便利店集团。7－11 原是美国一个众所周知的便利店集团，后被日本的主要零售商伊藤洋华堂引入，日本 7－11 便利店公司创建于 1973 年，并于当年与世界上最大的便利店公司——美国修士公司签订在日本地区特许经营合同。到 20 世纪 90 年代末期，该公司在日本国内已拥有 7000 多家店铺，年销售额达 2 兆日元，入店顾客 16.5 亿人次，相当于日本总人口的 10 倍。

日本 7－11 把各单体商店按 7－11 的统一模式管理。自营的小型零售业，例如小杂货店或小酒店在经日本 7－11 许可后，按日本 7－11 的指导原则改建为 7－11 门店，日本 7－11 随之提供独特的标准化销售技术给各门店，并决定每个门店的销售品类。

7－11 连锁店作为新兴零售商特别受到年青一代的欢迎，从而急速扩张。现在，全日本有 4000 多家 7－11 商店。

便利店依靠的是小批量的频繁进货，只有利用先进的物流系统才有可能发展连锁便利店，因为它使小批量的频繁进货得以实现。

典型的 7－11 便利店非常小，场地面积平均仅 100 平方米左右，但就是这样的门店提供的日常生活用品达 3000 多种。虽然便利店供应的商品品种广泛，通常却没有储存场所，为提高商品销量，售卖场地原则上应尽量大。这样，所有商品必须能通过配送中心得到及时补充。如果一个消费者光顾商店时不能买到本应有的商品，商店就会失去一次销售机会，并使便利店的形象受损。所有的零售企业都认为这是必须首先避免的事情。

JIT 体系不完全是交货时间上的事，它也包含以最快的方式通过信息网络从各个门店收到订货信息的技术，以及按照每张特定的订单最有效率地收集商品的技术。

完善高效的配送体系是零售业实现连锁经营的基础条件。7－11 公司在连锁经营中把地区集中建店和信息灵活应用作为发展的基本政策，在配送体系的建设上他们没有建立自己的配送中心，而是凭借公司的知名度和经营实力，利用其他企业的配送中心，采取汇总配送和共同配送的方式，实现自己的连锁化经营战略。首先由批发商自筹资金建设配送中心，然后在日本 7－11 的指导下进行管理。通过这种协议，日本 7－11 无需承受任何沉重的投资负担就能为其门店建立一个有效率的分销系统。为了与日本 7－11 合作，许多批发商也愿意在配送中心上做必要的投资；作为回报，批发商得以进入一个广阔的市场。配送中心在其中起着桥梁作用。

日本7－11重组了批发商与零售商，改变了原有的分销渠道，由此，配合先进的物流系统，使各种各样的商品库存适当，保管良好，并有效率地配送到所有的连锁门店。

从给便利店送货的卡车数量下降上可以体现出物流系统的先进程度。如果是在十几年前，每天为便利店送货的卡车就有70辆，现在只有12辆左右。显然，这来自于新的配送中心的有效率的作业管理。

本章小结

本章首先介绍了配送的概念、分类及作用。配送在长期的实践中以不同的运作特点和形式满足不同的顾客需求，形成不同的配送形式。可以分别按配送类型及数量、配送时间及数量、配送的组织形式、配送采用模式的不同等标准进行分类，每一类有其各自的特点。逐渐成为现代化物流标志的配送中心主要有储存、分拣、装卸搬运、流通加工、平衡协调、信息处理等功能。

配送是由备货、理货和送货等三个环节组成的，其中每个环节又包含着若干项具体的、枝节性的活动。配送包括以下几项作业：接受并汇总订单、进货、理货和配货及出货等基本流程。实现配送合理化要求从物流系统的总目标出发，以最短的路径、最少的环节、最快的速度和最少的费用，组织好物质产品的配送活动，避免不合理配送情况和次优化的出现。

配送成本有狭义与广义之分。广义的配送成本指配送中心为了开展配送业务所发生的各种直接和间接费用，包含配送运输费用、分拣费用、配装费用、仓储保管费用、包装费用、流通加工费用、装卸搬运费用等。狭义的配送成本是指配送环节所特有的主要成本费用，包括配送运输费用、分拣费用、配装费用和流通加工费用。配送成本核算包括归集分配各成本要素费用和编制配送成本计算表、汇总表两个步骤。配送成本的控制可以采用导入目标成本管理、标准成本法、合理选择配送策略、实行责任中心管理等方案进行；配送成本分析的方法可从全面分析和详细分析两个方面去把握。

本章最后介绍了香港报业物流配送系统运行的基本情况和日本先进物流配送体系对零售业支持的典型范例。

※习题

一、选择题（前5题单选、后2题多选）

1. 下列选项中不是配送的功能要素的是（　　）

A. 送货　　B. 包装　　C. 分拣　　D. 配货

2. 下列选项中属于配送的功能要素的是（　　）

A. 包装　　B. 集货　　C. 装卸搬运　　D. 储存

3. 不属于增值服务功能的是（　　）

A. 加快反应速度　　B. 业务延伸　　C. 订货　　D. 增加便利性

4. 下列说法不正确的是（　　）

A. 配送本质上是运输，但又不同于运输，它是运输在功能上的延伸。

B. 配送除创造空间效用外，还具有其他功能。

C. 配送就是物流的末端运输活动 。

D. 配送是指在经济合理区域范围内，根据用户要求，对物品进行拣选、加工、包装、分割、组配等作业，并按时送达指定地点的物流活动 。

5. 在规定的时间间隔进行物品配送，每次配送的品种和数量,按用户要求进行配送的配送服务的形式是( )

A. 定时配送 B. 定量配送 C. 定线配送 D. 加工配送

6. 配送中的“备货”包括( )

A. 分拣货物 B. 运送货物 C. 保管货物 D. 组织货源 E. 配装货物

7. 从总体上看，配送的基本环节包括( )等

A. 备货 B. 分拣、配货、配装 C. 配送运输 D. 送达服务 E. 储存

二、判断正误题

1. 以完善化送货为表现形态的配送不是一般性的、单纯的送货活动，而是建立在备货和配货基础上的送货活动,配送是大范围、综合性、一体化的物流运动。

2. 所有物品的移动都是运输，而配送则专指短距离、小批量的运输。

3. 配送本质上是运输，但又不同于运输，它是运输在功能上的延伸。

4. 配送和装卸长期以来被看作物流活动的两大支柱。

5. 配送是集货、分拣、配载、包装、组配及加工等一系列活动的集合。因此，配送成本实际上是配送运输成本、分拣成本、包装成本及流通加工成本的总和。

三、基本概念

配送 配送中心 配送成本 混合策略

四、思考题

1. 何谓配送？何谓配送中心？

2. 配送的功能有哪些？

3. 配送包括哪些基本作业流程？

4. 配送的成本包括哪些项目？

5. 如何控制配送成本？

◆——第 12 章　物流绩效评价

●本章学习目标与要求

★引导案例

★章节内容

物流绩效评价概述

主要的绩效评估指标

绩效评价方法

★案例

某公司改革供应商评估体制的程序

★本章小结

★习题

★学习目标

通过本章的学习，要求了解物流绩效评价的概念、作用、评价原则；熟悉物流绩效评价的设计要求和常用的绩效评价指标；掌握物流绩效评价主要方法——标杆法。要求学生通过本章的学习，能够运用所学的物流绩效评价的观念，全面规划物流作业过程，正确分析运行过程中存在的问题，并通过切合实际的物流成本控制和绩效评价方法，帮助企业有效控制各项物流成本支出，不断提高物流管理水平和企业经济效益。

---

*

珠江啤酒集团企业效绩管理系统建设实践

近年来，广州市工业企业的信息化建设一直走在全省甚至是全国的前列，企业信息化建设观念好，意识强，起点高，不断涌现出一批信息化建设示范企业。珠江啤酒集团就是广州信息化重点示范单位，其不仅是国内同行中首位尝试 ERP 应用的企业，更率先采用 BI 系统的企业。目前，珠江啤酒已投入 BI 二期工程，亦即 BPM 的建设，开展企业绩效管理的信息化。

BI即为企业智能分析系统，建立在数据库的基础上，对ERP系统的数据进行挖掘和分析，进一步提升企业的应变能力。珠江啤酒最早引入BI系统建设缘自于一个契机，政府财务监督平台的建设。政府为加强对国有企业及国有控股企业的监督管理，由经贸委提出，在广州试点BI系统建设。在公开招标的过程中，菲奈特作为国内软件企业，以实力和符合国情的BI系统成功中标，自此开始了长期合作。

珠啤集团信息总经理助理、信息中心主任王志斌向记者介绍，早在1999年初，珠江啤酒就开始了企业管理工具ERP项目的应用，在企业的运作流程中积累了大量规范化的数据，为后来的BI建设提供了优良的数据平台和实施平台。菲奈特为珠江啤酒设计建设的BI平台建立在企业三大报表，资产负债表、现金流量表和盈利表的基础上，对数据进行实时分析，计算周期仅为一天。在BI系统启用之前，对于信息的分析往往只有在月终结算才可以进行，出现问题只能回头跟进，费时费力。现在每天都可以看到数据分析结果，可以随时查看数据，跟进决策，极大的方便了工作的开展，提高了工作的效率。并且，BI平台具备预警功能，可以对不合格数据发出警报，并且可以对数据来源逐层回溯，一直到最小层面的原始数据，确保找出问题的来源。

菲奈特软件在基于商业智能平台BI.Office之上，从企业各层次管理的角度出发，推出行业商业智能解决方案BPM，BPM软件可以帮助管理者有效、及时地掌握企业的完整信息，让管理者更好地驾驭企业，促进企业战略目标实现的解决方案。该解决方案帮助企业全面了解业务运营中的每一个关键环节，使企业准确获悉可靠信息，并在此基础上做出更英明的决策。珠江啤酒的BPM系统建设将推动企业完成从财监平台到决策管理系统的递进和发展，并以此满足企业个性化需求，这也是企业内外环境对企业管理的现实要求。

12.1 物流绩效评价概述

12.1.1 物流绩效评价的含义、作用

1. 物流绩效评价的概念

任何工作都要通过对该项工作涉及的一系列活动所产生的效果进行度量和评价，以此判断这项工作的绩效及其存在的价值。物流绩效评价是指在会计和财务管理的基础上，运用数量统计和运筹学方法，采用特定的指标体系，对照统一的评价标准，按照一定的程序，通过定量、定性分析，对企业物流系统的运行状况和物流活动的业绩进行的综合评判。

2. 物流绩效评价的作用

在企业中，物流绩效评价具有以下几个方面的作用：

(1)物流绩效评价是企业对物流管理及作业人员进行有效考核与激励的基础

首先，只要确定物流绩效评估的集体指标，并明确各个指标的要求，企业中的物流管理人员及作业人员才具有明确的奋斗目标和努力方向，知道该从何入手，提高自己的工作效果。其次，企业只有制定明确的物流评估绩效指标，才能够对物流管理人员及作业人员的工作成果进行有效的评价，作为对他们进行激励的基础。对优秀员工的褒奖有利于为其他员工指明行动的方向，而对后进员工的惩罚则能够对员工起到警示作用。

(2)物流绩效评价是企业改进物流作业及管理流程的基础

通过对企业物流绩效各项指标的实施效果进行阶段性的总结与分析，能够暴露出企业物流作业及管理环节中存在的各种问题。企业应认真分析：在这些问题中，哪些问题对企业非常关键，哪些问题相对次要一些，哪些问题是企业内部可控的，哪些问题属于企业合作伙伴的问题，哪些问题的解决在当前具有资源保证，哪些问题超出了企业资源所及的范围。对于那些属于企业内部可控范围的问题，应根据问题的轻重缓急和企业的资源情况，首先针对重要的、资源有保障的问题对其作业流程或管理流程予以改进。

(3)物流绩效评价是企业优化供应链合作关系的基础

对于物流绩效评价分析中暴露出来的问题，有些是由于企业的供应链合作伙伴所导致的。比如，由于供应商的零部件送货准时率不高，导致企业不得不增加一定数量的安全存货，使得企业存货费用提高。在类似这样的情况下，企业就应该与供应链合作伙伴，包括供应商、经销商、物流服务商等协商解决有关问题，探讨具体的改进措施。如果供应链合作伙伴在限定的期限内无法达到企业的要求，则企业应该考虑重新选择供应链合作伙伴。

12.1.2 物流绩效评价的内容

物流绩效评价，实质是对物流活动的质量和经济效率进行评价，从而确保物流活动各项目标的实现，并明确物流活动未来的改进方向与改进方向与改进重点。绩效评估要从对物流活动实施分权管理开始，把整个物流过程划分为各种不同形式的责任中心，对每个责任中心，明确起权力、责任及业绩计量和评价方式，建立起以各个责任中心为主体，责、权、利相统一的机制，通过信息的积累、加工、反馈，形成物流系统内部严密的控制系统。具体包括以下几个方面：

(1)合理划分责任中心，明确规定权责范围。实施责任制度，首先要按照分工明确、责任易辨、成绩考核的原则，合理划分责任中心。其次必须依据各个责任中心的特点，明确规定其权责范围，使每个责任中心在其权限范围内，独立自主履行其职责。

(2)编制责任预算，明确各物流责任中心的业绩考核标准。编制责任预算，使物流活动的总体目标按各物流责任中心进行分解、落实和具体化，并以此作为它们日常工作的准绳和评价成果的基本标准。业绩考核标准，应当具有可控性、可计量性和协调性等特征，即其考核的内容只应是物流部门的能够控制的因素，考核指标的实际执行情况，要能比较准确的计量和报告，并能使各个物流责任中心，在完成物流活动总目标过程中，明确各自的目标和任务，以实现整体和局部的统一。

(3)区分每个责任中心的可控与不可控费用。对各个责任中心的工作成果评价与考核，应仅限于能为其工作的好坏所影响的可控项目。不能把不应由它所负责(如运输线路中断)的不可控项目列为考核项目。为此，要对所发生的全部物流费用——判别其责任归属，分别落实到各个责任中心，再根据可控费用来科学地评价各责任中心的成绩。

(4)建立健全严密的记录、报告系统。也就是要建立一套完整的日常记录、计算和考核有关责任预算执行情况的信息系统，以便为各责任中心的实际业绩提供可靠依据，并能对现责任中心的实际工作业绩起反馈作用。

(5)制定合理而有效的奖惩制度。也就是对每个物流责任中心制定一套既完整又合理有效的奖惩制度，根据其实际工作成果的好坏进行奖惩，做到功过分明，奖惩有据。

(6)定期编制业绩报告。通过定期编制业绩报告，对各物流责任中心的工作情况进行全面的分析和评价，并以此为依据实行奖惩，以促使各责任中心相互协调并卓有成效地开展物流活动，共同为最大限度降低物流费用水平、提高经济效益而努力。

12.1.3 物流绩效评价的原则

物流活动涉及范围广，构成要素多，开展有效的物流绩效评价应遵循下列基本原则：

1. 客观性原则

客观性主要表现在两个方面：首先是评价指标体系的建立必须客观，能反映被评价对象的整体绩效；其次是评价工作本身的客观性，即评价人员必须站在客观、公正的立场，全面、可靠、正确、科学地进行物流绩效评价。

2. 整体性原则

物流系统由储存、装卸、搬运、包装、流通加工、配送等若干个子系统构成，物流系统的效益表现为系统的整体效益。在某些情况下，从局部看某一子系统是经济的，但从全局看整个系统却是不经济的，这种方案理所当然是不可取的。反之，在某些情况下，从局部看某一子系统是不经济的，但从全局看整个系统却是较好的，这种方案则是可取的。

3. 短期绩效与长期绩效相结合原则

在进行绩效评价时，不仅要考虑企业物流活动的短期绩效，更要注重长期绩效。某些行为从短期来看绩效甚微或无绩效可言，但从长期角度考虑，它对规范上、下游企业的行为，促进企业间的资源共享和“共赢”，推动企业物流活动持续协调发展具有重大的意义。从统一性来看，长期绩效是短期绩效的保障，离开了长期绩效，短期绩效最终也要落空。

4. 经常化、制度化的评价原则

企业必须制定科学合理的绩效评估制度，并且明确评价的原则、程序、方法、内容及标准，将正式评价与非正式评价相结合，形成评价经常化、制度化。

5. 评价结果落实性原则

评价的主要目的是改善和提升企业物流系统和物流活动的绩效，而不是为了其他的目的。为此，在绩效评价过程中，应当及时地将评价的结果落实到个体，分清责任归属和权利范围，做到责、权、利明晰，赏罚分明。

12.1.4 物流绩效评价体系设计要求

物流绩效评价体系的设计要满足以下要求：

1. 准确

要使评价结果具有准确性，与绩效相关的信息必须准确。在评价过程中，计量什么、如何计量，都必须十分清楚，才能做到量化值的准确。

2. 及时

只有及时获取有价值的信息，才能及时评价，及时分析，迟到的信息会使评价失真或无效。因此，何时计量及以什么样的速度将计量结果予以报告，是绩效评价体系的关键。

3. 可接受

绩效评价体系，只有为人利用才能发挥其作用。而不被人们所接受或者不甚情愿地接受下来，就称不上是有价值的体系。因此，在体系设计时必须以满足使用者的需求为出发点。

4. 可理解

能够被用户理解的信息才是有价值的信息，难以理解的信息则会导致各种各样的错误。所以，确保信息的清晰度是设计物流绩效评价体系的一个重要方面。

5. 反映企业的特性

一个有效的绩效评价系统，必须能够反映企业独有的特性。从控制的观点出发，企业绩效评价的焦点一般集中在评价公司及经理上，以确定被评价对象的业绩及效益。

6. 目标一致性

有效的物流绩效评价体系，其评价指标与企业的发展战略目标应该是一致的。

7. 可控性与激励性

对管理者的评价必须限制在其可控范围之内，只有这样，他才能接受，对管理者也公平。而且，评价指标应具有一定的先进性、挑战性，这样才能激发评价对象的工作潜能。

物流话语

无规矩不成方圆，物流绩效评价要有原则和要求。

8. 应变性

良好的绩效评价体系，应对企业战略调整及内外部的变化非常敏感，并且体系自身能够较快地做出相应调整，以适应变化要求。

12.2 物流绩效评价指标

12.2.1 物流绩效评价指标分类

建立完善合理的物流绩效评价指标体系对客观、全面地评价企业物流业绩具有重要的意义。开展物流绩效评价的指标，一般可分为内部绩效评价指标和外部绩效评价指标两大类。

1. 内部绩效评价

内部绩效评价着重将企业物流活动和过程同以前的作业和(或)目标进行比较，常用的内部绩效评价指标有：

(1)物流成果指标。包括：①实际生产率；②资源利用率；③计划完成指标；④成本指标。

(2)物流消耗指标。包括：①物流周转费；②物流费用率；③物流费用水平降低率。

(3)物流工作效率指标。如每人每小时的实际件数与定额数之比等。

(4)物流工作质量指标。包括：①数量的正确性；②质量的正确性；③时间的正确性；④地点的正确性。

2. 外部绩效评价

外部绩效评价是对企业物流运作外部环境、物流服务形象和能力的系统评价。

(1)客户满意度评价。客户满意度评价指标主要有服务水平指标、满意程度指标、客户投诉率、客户退货数、准时交货率、对用户问询的响应率、用户特殊送货要求满足率、售后服务的完善性等。

(2)物流标杆法。标杆法又称基准法，是指通过选定的先进标准作为参照系数确定的标杆，进行全面对照比较和评价企业物流运作绩效。

12.2.2 主要绩效评价指标

反映企业物流综合绩效的评价指标主要有：

1. 产销率指标

产销率是指在一定时间内已销售出去的产品与已生产的产品数量的比值。

$$产销率=\frac{一定时间内已销售出去的产品数量}{一定时间内生产的产品数量}$$

该指标反映企业资源（包括人、财、物、信息等）的有效利用程度，产销率越接近 1，说明资源利用程度越高。同时，该指标也反映了企业库存水平和产品质量，其值越接近 1，说明企业成品库存量越小，产品质量越高。

2. 产需率指标

产需率是指在一定时间内，企业所提供的产品和服务的数量与顾客（或用户）对该产品或服务的需求量的比值。

$$产需率=\frac{一定时间内企业生产的产品数量}{一定时间内生产的产品数量}$$

该指标反映企业生产能力和快速响应市场能力。若该指标数值大于或等于 1，说明企业整体生产能力较强，能快速响应市场需求，具有较强的市场竞争能力；若该指标数值小于 1，则说明企业的生产能力不足，不能快速响应市场需求。

3. 物流费用率指标

物流费用率是一定时期物流费用总额与货物销售总额的比值，即物流工作消耗水平。

4. 成本率指标

该指标用于衡量某项作业的成本费用是否合理。企业的物流成本，是指直接或间接用于收货、储存保管、拣货配货、流通加工、信息处理和配送作业的费用的总和。

5. 总运营成本指标

企业物流总运营成本包括通信成本、库存费用及外部运输总费用。该指标是物流中心管理水平的综合体现。

6. 成本利润率指标

成本利润率是指单位产品净利润占单位产品总成本的百分比。在市场经济条件下，产品价格是由市场决定的，因此，在市场供需关系基本平衡的情况下，物流中心提供的产品价格可以看成是一个不变的量。

7. 产品和服务质量指标

该类指标反映了企业物流提供的产品和服务的质量。主要包括合格率、废品率、退货率、破损率、破损物价值等指标。

8. 产品质量合格率指标

产品质量合格率是指质量合格的产品数量占产品总数量的百分比，它反映了企业提供的产品或服务的质量水平。质量不合格的产品数量越多，则产品质量合格率就越低，说明企业提供产品的质量不稳定或质量差，企业必须承担对不合格的产品进行返修或报废的损失，这样就增加了企业的总成本，降低了其成本利润率。因此，产品质量合格率指标与产品成本利润率指标密切相关。

12.3 物流绩效评价方法

企业绩效评价的方法有很多种，各种方法都有它的适用范围及优缺点。本节重点介绍在现代企业管理方法体系中得到越来越多应用的“标杆法”。

12.3.1 标杆法概述

1. 标杆法的含义

标杆法是建立在过程概念之下，通过对先进的组织或者企业进行对比分析，了解竞争对手的长处和具体的行事方式，在此基础上，对比自己的行事方式，然后制定出有效的赶超对策来改进自己的产品服务以及系统的一种有效的改进方式或改进活动。

标杆法可以描述为：以那些出类拔萃的企业作为基准，将本企业的产品、服务和管理措施等方面的实际状况与这些基准进行定量评价和比较，分析这些基准企业的绩效达到优秀水平的原因，在此基础上选取改进的最优策略。这种程序连续不断地反复进行。利用所获取的信息作为制定企业绩效目标、战略和行动计划的基准。

2. 标杆法的特点

标杆法是美国施乐公司确立的经营分析手法，以定量分析自己公司现状与其他公司现状，并加以比较。其主要特点在于：将那些出类拔萃的企业作为企业测定基准，以它们为学习的对象，迎头赶上，并进而超过之；除要求测定相对最好公司的企业的成效外，还要发现这些优秀公司是如何取得这些成就的，并利用这些信息作为制定企业绩效目标；它是战略和行动计划的基准；作为企业测定基准的优秀公司也并非局限于同行业中的佼佼者，也可以是各种业务流程的活动中已取得出色成绩的企业；标杆法也并不总是一定要与竞争对手比较，也经常与非竞争对手比较。

3. 绩效标杆的种类

绩效标杆一般分为三种：

第一种是战略性标杆，它包含一个企业的市场战略与其他企业的市场战略的比较，通常包括以下几个方面的问题：①竞争对手强调什么样的市场？②竞争对手是什么样的市场战略？③支持竞争对手市场战略的资源水平？④竞争对手的竞争优势集中于哪些方面？战略性标杆可以使一个企业获取优秀企业的市场战略。

第二种是操作性标杆，它是以各方面的职能性活动作为重点，找出有效的方法，在各种职能方面都取得最好的成绩。为了解决主要矛盾，一般选择对标杆职能有重要影响的有关职能与活动，以便使企业获取最大效益。

第三种是支持活动性标杆，企业内的支持功能应该显示出比竞争对手更好的成本效益，通过支持活动性标杆控制内部间接费用和防止费用的上升。

12.3.2 美国施乐公司“绩效标杆法”的运作

在北美，绩效标杆法（Benchmarking）这个术语是和施乐公司同义的。以往 15 年，有 100 多家企业去施乐学习它在这个领域的专门知识。施乐创立绩效标杆法开始于 1979 年，当时日本的竞争对手在复印行业中取胜，他们以高质量、低价格的产品，使施乐的市场占有率在几年时间里从 49% 减少到 22%。为了迎接挑战，施乐高级经理们引进了若干质量和生产率计划的创意，其中绩效标杆法就是最有代表性的一项。

在施乐公司，绩效标杆法是一个由如下 4 个阶段和 10 个步骤组成的程序：

第一阶段（3 个步骤）：识别什么可成为标杆；识别可作为对照或对比的企业；数据的收集。

第二阶段（3 个步骤）：确定当今的绩效水平；制定未来绩效水平计划；标杆的确认。

第三阶段（2 个步骤）：建立改进目标；制定行动计划。

第四阶段（2 个步骤）：执行行动计划和监督进程；修正绩效标杆。

一个绩效标杆作业往往需要 6－9 个月的实践，才能达到目标。需要这么长时间，是因为绩效标杆既需要战略的，也包括战术或运作的因素。从战略上讲，绩效标杆涉及到企业的经营战略和核心竞争力问题；从战术上讲，一个企业必须对其内部运作有充分的了解和洞察，才能将之与外部诸因素相对比。

绩效标杆的实践运作主要包括以下三种类型：

第一种类型是工作任务标杆。比如搬运装车、成组发运、排货出车的时间表等单个物流活动。

第二种类型是广泛的功能标杆。就是要同时评估物流功能中的所有任务，例如改进仓储绩效的标杆（从储存、堆放、订货、挑选到运送等每一个作业）。

第三种类型是管理过程的标杆。把物流的各个功能综合起来，共同关注诸如物流的服务质量、配送中心的运作、库存管理系统、物流信息系统及物流操作人员的培训与薪酬制度等，这种类型的标杆更为复杂，因为它跨越了物流的各项功能。

运用绩效标杆法实际上可打破根深蒂固的不愿改进的传统思考模式，而将企业的经营目标与外部市场有机地联系起来，从而使企业的经营目标得到市场的确认而更趋合理化。

例如，它建立了物流顾客服务标准，鼓励员工进行创造性和竞争性的思维，并时常提高员工物流运作成本和物流服务绩效的意识。缺乏准备是绩效标杆法失败的最大原因。对别的企业做现场视察，首先要求物流经理能完全理解本企业内部的物流运行程序，这种理解有助于识别哪些是他们要去完成的，哪些是要从绩效标杆中寻求的信息。

施乐公司物流绩效标杆已取得了显著的成效。以前公司花费了 80% 的时间关注市场的竞争，现在施乐公司却花费 80% 的精力集中研究竞争对手的革新与创造性活动。施乐公司更多地致力于产品质量和服务质量的竞争而不是价格的竞争。结果，公司降低了 50% 的成本，缩短了 25% 的交货周期，并使员工增加了 20% 的收入，供应商的无缺陷率从 92% 提高到 95%，采购成本也下降了 45%，最可喜的是，公司的市场占有率有了大幅度的增长。

案例：某公司改革供应商评估体制的程序

A 公司是一个有多年历史的生产制造型企业。通过不断的自我完善，他们意识到以往的由采购部经理进行供应商评估的体制，已经不适应公司的发展需要，并很难公平对待供应商。同时，这也可能带来暗箱操作等腐败现象。公司除了采购部以外，还有储运部、质量部、生产部、财务部和销售部等多个业务部门。在工作中，他们逐渐注意到材料的价格，已不再是决定供应商或评估供应商的惟一因素。许多的非价格因素，如售后服务、质量、技术支持等，最终还是影响着公司的成本和效率。因此，公司的管理层决定由多个部门的代表共同组成一个小组，来进行供应商的评估。

评估小组的几个代表分别列出了各自关心的项目：

部门	关心项目
采购部	价格、交货数量的稳定性、按时交货
质量部	送货规格的准确性、质量的稳定性、包装和外观、供应商的质检报告和文件的准确、书面投诉
生产部	质量、技术支持、按时交货
财务部	单证的准确

经过多次的讨论，评估小组统一了思想，并将所需评估的项目根据其权重排列如下：

名称	分数(分)
质量	25
价格	25
按时交货	10
技术支持	10
书面投诉	7
包装/外观	7
送货规格的准确性	6
单证文件的准确	5
交货数量的稳定性	5
总分	100

接下来，小组成员要做的是各个评估项目制定评估标准。

1. 质量

因质量问题的退货率(Reject Rate)，指一段时间内，退货数量占收货数量的比率。

例如，一段时间内，供应商 A 有 5 次退货。收货数量和退货数量如下表。

收获	1	2	3	4	5
收货	25	15	20	10	30
退货数量	2	1.5	0.5	0	0.5

而供应商 A 质量分值为：

退货率	分数(分)
0% ~1%	25
1% ~2%	22.5
2% ~3%	20
3% ~4%	17.5
4% ~5%	15
5% ~6%	12.5
6% ~7%	10
7% ~8%	7.5
8% ~9%	5
9% ~10%	2.5

这里引入参数 P，是因为对公司来说，其供应商的质量退货率一般都远小于1%。P 值可对退货率进行调整放大，使得质量分能体现退货率的细小差别。根据公司质量部门的建议，P 值取为 10，这意味着供应商的退货率大于 10%，供应商的质量分值为负数。在实际操作中，公司对应负数的分值均取零。

2. 价格

公司考核供应商的价格因素时，又将其分为三个方面：

项目	分数(分)
价格的表现	10
对新材料或新项目的反应	10
供应商的开放程度	5

3. 按时交货：即在规定时间范围内的送货比率

规定的范围：如果合同交货期为 T，则对于本地供应商，时间范围为 T=1 天；对于外地供应商，范围 T=1 周；对于境外的供应商，交货时间范围 T=15 天。

例如，在一段时间内，外地供应商有 5 次交货。合同交货期 T 为 20 天，而其实际交货周期表现为下表：

交货(次)	1	2	3	4	5
实际交货周期	25	27	26	27	30
是否在规定范围	是	是	是	是	否

因此，供应商在规定时间内的交货比率为 80%。其按时交货的分值 = 80% ×10 = 8 分

4. 书面投诉

来自质量部门记录，其评估标准为：

投诉次数	3	2	1	0
分值	0	3	6	10

5. 技术支持

该项目主要是评估供应商对公司人员有关材料的技术询问以及研发过程中遇到的问题的反应速度和效率。公司的供应商评估小组成员一致认为，目前这一项目尚难建立一套量化评估。暂由生产部、质量部和采购部的三个代表共同给供应商打分。

6. 包装与外观

公司的质量部已经有了一套对供应商送货的包装/外观的级评估体系，因此评估小组同意沿用过去的系统，只是将每次评估换算成新的分值体系，以便统一比较。

投诉次数	A	B	C
分值	7	5	4

7. 送货规格的准确性

评估供应商每次送货按订货的规格送货的准确性，例如，在一段时间内，供应商 A 有 5 次送货，其送货规格准确性的表现如下表：

送货	1	2	3	4	5
是否按规格	是	否	是	是	否

则该项的分值:6 ×60% =3.6 分。

8. 文件单据的准确性

由于公司的质量部门要求供应商在每次送货时都要提供品质证明，生产合格证等文件；而财务部门供应商每次的增值税发票都要开具准确。这些要求对于公司的质量体系和税务要求均是十分重要的，因此 A 公司把每次文件单据是否齐全准确列入供应商评估的范围。

例如，在一段时间内，供应商 A 有 5 次送货。(见下表)

送货	1	2	3	4	5
文件单据是否齐全准确	是	否	是	是	否

则供应商 A 的该项分值:6 ×60% =3.6 分。

9. 送货数量稳定性

即每次送货数量与订货数量差异的比率。评估小组认为，供应商送货数量的误差在 5%以内是可以接受的，评分方法见下表：

数量差异	<5%	≥5%
分值	5	0

公司的供应商评估小组根据以上各个因素，定期(每季度)对供应商进行考核。在实际工作中，企业应结合自身的目标和情况制订考核的因素和权重，以及评估 3 的标准。

本章小结

物流绩效评价，是研究建立什么样的指标体系能够客观公正地评价物流运作管理的情况，这些评价指标不仅能为各级领导了解企业物流的运作情况提供数据资料，而且也能为物流活动提供标杆数据。一个设计得好的物流企业绩效评价体系，可以使高层管理者判断现有经营活动的获利性，及时发现尚未控制的领域，有效地配置企业资源。

本章共包括四部分内容。首先介绍了物流绩效评价的基本内容，包括绩效评价的含义、绩效评价的内容、评价原则和评价指标设计的要求等；第二部分介绍主要的评价指标体系，包括内部绩效评价指标和外部绩效评价指标，主要描述了一些物流绩效综合评价的指标和运用；第三部分重点介绍了美国施乐公司“绩效标杆法”的运作程序和实施成效。最后一部分是案例分析，通过案例介绍，使读者对物流成本控制和绩效评价的内容了解得更具操作性。

※ 习题

一、选择题

1. 物流成本绩效管理的内容不包括(　　)

A. 成本管理　　　B. 有效考核

C. 激励　　　D. 运输

2. 物流绩效评估的作用没有(　　)

A. 物流绩效评估是企业对物流管理的及作业人员进行有效考核与激励的基础

B. 物流绩效评估是企业改进物流作业及管理流程的基础

C. 物流绩效评估是企业优化供应链合作关系的基础

D. 物流绩效评估不是企业管理的重要要求

3. 绩效标杆法是(　　)公司创立的。

A. 施乐公司　　　B. 可口可乐　　　C. 摩托罗拉　　　D. 通用公司

二、填空题

1. ________，是指对物流活动的质量和经济效率进行评估，从而确保物流活动各项目标的实现，并明确物流活动未来的改进方向与改进方向与改进重点。

2. ________是建立在过程概念之下，通过对先进的组织或者企业进行对比分析，了解竞争对手的长处和具体的行事方式，在此基础上，对比自己的行事方式，然后制定出有效的赶超对策来改进自己的产品服务以及系统的一种有效的改进方式或改进活动。

3. 在北美，绩效标杆法(Benchmarking)这个术语是和________同义的。以往15年，有100多家企业去施乐学习它在这个领域的专门知识。

三、基本概念

物流绩效评价　　　标杆法

参考文献

1. 傅桂林:《物流成本管理》,中国物资出版社,2004 年。
2. 傅锡原、高风琴:《物流企业成本核算》,中国物资出版社,2006 年。
3. 李延喜、刘彦文、周颖:《成本管理》,大连理工大学出版社,2005 年。
4. 朱伟生、张洪革:《物流成本管理》,机械工业出版社,2003 年。
5. 李伊松、易华:《物流成本管理》,机械工业出版社,2005 年。
6. 李建丽:《物流成本管理》,人民交通出版社,2005 年。
7. 牟伟明:《成本会计》,电子工业出版社,2002 年。
8. 李葜:《物流管理与实例 1001 法》,中国国际广播出版社,2004 年。
9. 刘刚:《物流管理》,中国人民大学出版社,2005 年。
10. 金占明:《企业管理学》,清华大学出版社,2001 年。
11. 牛鱼龙:《需求链物流:成本与利润》,海天出版社,2004 年。
12. 郝渊晓:《现代物流管理学》,中山大学出版社,2001 年。
13. (澳)约翰.加托纳:《供应链管理手册》,电子工业出版社,2004 年。
14. 蔡淑琴:《物流信息系统》,中国物资出版社,2004 年。
15. 张建伟:《物流运输业务管理模板与岗位操作流程》,中国经济出版社, 2005 年。
16. 吕军伟:《国际物流业务管理模板与岗位操作流程》,中国经济出版社, 2005 年。
17. 龙桂先:《国际物流与货运代理实务》,机械工业出版社,2005 年。
18. 李永生、黄君麟:《运输经济学》,机械工业出版社,2004 年。
19. 曲昭仲:《物流运输管理与实务》,机械工业出版社,2004 年。
20. 吴彦龙:《成本管理规范操作》,中国时代经济出版社, 2005 年。
21. 赵家俊 、于宝琴:《现代物流配送管理》,北京大学出版社,2004 年。
22. 王辛平 、陈增寿:《成本会计学》,清华大学出版社 ,2004 年。
23. 黄中鼎:《现代物流管理学》,上海财经大学出版社,2004 年。
24. 陈子侠:《现代物流学理论与实践》,浙江大学出版社,2003 年。
25. 韩永生:《包装管理、标准与法规》,化学工业出版社,2003 年。
26. 戢守峰:《物流管理新论》,科学出版社,2004 年。
27. 彭彦平、王晓敏:《物流与包装技术》,中国轻工业出版社,2004 年。
28. 孙宏岭、戚世均:《现代物流活动绩效分析》,中国物资出版社,2001 年。
29. 兰丕武、曹翠珍著:《现代物流管理导论》,经济科学出版社,2005 年。
30. 宋 华:《供应链管理环境下的战略采购》,中国工业经济,2003(6)(总 183 期)。
中国物流信息联盟网:http://www. wl668. com.
中国物流与采购网:http://www. chinawuliu. com. cn.
锦程物流网:http://www. jctrans. com.
三山国际物流网:http://www. e3356. com.
一诺钢铁物流网: http://www. cnnis. net.

读者反馈意见

亲爱的读者：

感谢您对《物流成本管理》的学习和热爱！为了今后能给您提供更优质的服务，请您抽出宝贵时间填写下面意见反馈表，以便我们更好地对本教材做进一步的改进。同时如果您在使用本教材的过程中遇到了什么问题，或者有什么好的建议，也请您来信、来电告诉我们。

地址：北京市丰台区科学城南极星大厦 108 室

电话：010 – 83794403/ 83794590

电子邮箱：caikai6223@263. net

网址：WWW. KFHWH. CN　　QQ：1694299827　　QQ：649319527

教材名称：《物流成本管理》

个人资料：

姓名：__________ 年龄：__________ 所在院校/专业 __________

文化程度：__________ 通讯地址：__________

联系电话：__________ 电子信箱：__________

您使用本书是作为：□指定教材、□选用教材、□辅导教材

您对封面设计的满意度：

□很满意、□满意、□一般、□不满意　改进建议 __________

您对本书印刷质量的满意度：

□很满意、□满意、□一般、□不满意　改进建议 __________

您对本书的总体满意度：

从语言质量角度看：□很满意、□满意、□一般、□不满意

从科技含量角度看：□很满意、□满意、□一般、□不满意

本书最令您满意的是：

□指导明确、□内容充实、□讲解详尽、□实例丰富

您认为本书在哪些地方应进行修改？（可附页）

____

____

您希望本书在哪些方面需进行改进？（可附页）

____

____